Zu diesem Buch

Arno Schmidt – wohl kaum ein anderer Autor deutscher Sprache hat wie er seine Leser vor immer neue Rätsel gestellt und damit heftige Parteinahmen für und wider provoziert. Seine Texte seien blasphemisch, pornographisch, ja schlimmer noch, sie seien gar keine Literatur im eigentlichen Sinn, sondern bloß manische, sinnleere Sprachspielereien. Auf der anderen Seite schlossen sich Schmidt-süchtige Leser zu regelrechten Fan-Gemeinden zusammen, gründeten eigene Zeitschriften und versuchten, noch die letzte Anspielung des Meisters zu dechiffrieren.

Arno Schmidt hat durch seine schroffe Selbststilisierung diesem Treiben zweifellos Vorschub geleistet. Das oft gehörte Argument, mit seiner Sprache, seinem schneidenden Witz müsse man eben ‹auf gleicher Wellenlänge› sein, ist heute jedoch nicht mehr akzeptabel. Die von Schmidt angelegten Labyrinthe stehen allen Lesern offen – an ihnen allein liegt es, wie weit sie sich vorwagen.

Der vorliegende Band ist der Versuch einer kritischen Einführung in Leben und Werk Arno Schmidts, zugleich aber auch eine vorläufige Bilanz: Seine literarische Entwicklung, seine wesentlichen Motive und Techniken werden ebenso beleuchtet wie die Spuren, die er in der zeitgenössischen Literatur hinterließ.

Die Literaturwissenschaftler *Michael Matthias Schardt* (geb. 1954) und *Hartmut Vollmer* (geb. 1957) sind durch Forschungen zu Arno Schmidt und durch vielfache Herausgebertätigkeiten ausgewiesen. Ihr besonderes Interesse gilt der deutschsprachigen literarischen Moderne.

Michael Matthias Schardt
Hartmut Vollmer
(Hg.)

ARNO SCHMIDT

LEBEN - WERK - WIRKUNG

Rowohlt

Originalausgabe
Veröffentlicht im Rowohlt Taschenbuch Verlag GmbH,
Reinbek bei Hamburg, September 1990
Copyright © 1990 by Rowohlt Taschenbuch Verlag GmbH
Redaktion Reiner Stach
Reinbek bei Hamburg
Umschlaggestaltung Nina Rothfos (Foto: dpa)
Gesetzt aus der Sabon (Linotron 202)
Jung Satz Centrum, Lahnau
Druck und Bindung Clausen & Bosse, Leck
Printed in Germany
1980 –ISBN 3 499 18737 X

Inhalt

DIE WIRKUNG

ANHANG

Einleitung

«*Dichter :* erhältst Du den Beifall des Volkes, so frage Dich : was habe ich schlecht gemacht ? ! Erhält ihn auch Dein zweites Buch, so wirf die Feder fort : Du kannst nie ein Großer werden.» (*Brand's Haide*) – Wäre dem erfolgskritischen und -pessimistischen Arno Schmidt die Popularität recht gewesen, die sein Werk posthum erfährt? Gewundert hätte er sich schon – er, der in den fünfziger Jahren große Mühe hatte, überhaupt engagierte und couragierte Verleger für seine ungewöhnlichen, eigen-artigen Texte zu finden. Der Sarkasmus und Zynismus, mit denen er auf seine Unpopularität, auf die Ignoranz des bundesdeutschen Literaturbetriebs in einem Akt der Selbstbehauptung reagierte, schlossen ‹Gefälligkeit› von vornherein aus. Immer massiver hatte ihn seine, gesuchte und ihm aufgezwungene, Außenseiterstellung in die *Literaturwelt* gedrängt, in der er sich (geistige) Souveränität erschrieb, in der er die in seinem Werk stetig propagierte und postulierte ‹Seligkeit› fand, die ihm das alltägliche Leben verwehrte. Arno Schmidt hat es den Lesern zweifellos nicht leicht gemacht: « ‹*Für Leser ?* [...] Nee ! !› (Sowas kenn ich nicht).» (*Schwarze Spiegel*) Sein eigenwilliges, originelles Werk schuf auf breiter Ebene Distanz, schlug aber auch nicht wenige in den Bann der Faszination. Den endgültigen Graben zog Schmidt 1970 mit seinem opus magnum *Zettels Traum,* dessen voluminöse Gestalt und vielschichtiger Gehalt die Lesewelt noch heute verschreckt. – Ganz anders das vor *Zettels Traum* veröffentlichte erzählerische Werk, das in der achtbändigen, 1985 erschienenen *Zürcher Kassette* inzwischen eine ungeahnte Popularität erreicht hat.

Trotz der Fülle der Publikationen Arno Schmidts liegt sein gesamtes schriftstellerisches Werk noch immer nicht vor. Neues belletristisches und dokumentarisches Textmaterial erscheint in jährlicher Regelmäßigkeit aus dem Nachlaß. Die große Werkedition der Arno-Schmidt-Stiftung (die *Bargfelder Ausgabe*) wird voraussichtlich erst Ende der neunziger Jahre vollständig vorliegen. Von einer geplanten, umfangreichen Briefedition sind erst zwei Bände erschienen; abgesehen von wenigen Auszügen harren auch die Tagebuchaufzeichnungen noch der Veröffentlichung.

Arno Schmidt publizierte zwischen 1949, dem Erscheinungsjahr seines ersten Buches, des Erzählungsbandes *Leviathan*, und seinem Todesjahr 1979 ein sehr umfangreiches und vielseitiges Prosa- und Übersetzungswerk, zahlreiche literarhistorische Essays, zwei Monographien (über Friedrich de la Motte Fouqué und Karl May), kleinere theoretische Texte u. a. m. Von Anfang an sind seine Werke von der Literaturkritik umstritten rezipiert worden: schroffer Ablehnung stand enthusiastische Begeisterung gegenüber, und es dürfte wohl schwerlich in der deutschen Literaturgeschichte ein Œuvre zu finden sein, das Kritik und Publikum in solcher Weise polarisierte und in Fraktionen spaltete. Während etwa Peter Rühmkorf befand: «Denen, die es noch nicht wissen: Arno Schmidt ist mit Abstand Deutschlands bedeutendster Prosa-Autor der mittleren Generation. Meines Wissens der einzige, der die Sprache im Kern und an der Wurzel verändert und dem keineswegs ein Bruch ins Blaue, ein Experiment auf Kosten von Sinn, Klarheit und Zusammenhang nachzusagen ist» (*Konkret*, Februar 1958), ärgerte sich Otto F. Beer in gezwungen parodistischer Weise: «So eine Art James Joyce mit Soda. Tomaten-Joyce. Rattatá. Gesteilte Prosa. Ne Art gekotzter Expressionismus. Habn wa schon so ähnlich bei Döblin gehabt, nur klangs dort weniger affig. Gesteiltes Leid ist halbes Leid. [...] Issen Quatsch, aber wenn mans lange genug wiederholt, denken die Deutschen, 's iss Literatur. Iss aber mehr Litera-Tortur» (*Neues Österreich*, Wien, April 1960).

Die Forschung wandte sich Schmidt, allerdings nur zögernd, erst in den späten sechziger Jahren zu; nach seinem Tod setzte jedoch eine wahre Publikationsflut an Sekundärliteratur ein. Man darf heute wohl behaupten, daß über kaum einen anderen deutschsprachigen Nachkriegsautor so viel gearbeitet worden ist wie über Arno Schmidt. Über fünfzig Monographien, zahllose Aufsätze und nicht zuletzt drei ausschließlich Schmidt gewidmete Zeitschriften dokumentieren eindrucksvoll die philologische Betriebsamkeit. Sie zeigen zugleich, welche vielfältigen Interpretationen Schmidts Werk zu provozieren vermag. Dabei darf eine gewisse Forschungsmisere freilich nicht übersehen werden: Ein wesentlicher Teil der Sekundärliteratur besteht aus ‹Dechiffrierarbeiten›, den Versuchen, bewußte oder unbewußte

Schreibquellen nachzuweisen und Verschlüsselungen aufzudecken, wobei der literaturwissenschaftliche Erkenntniswert meist in keinem Verhältnis zum Aufwand steht. Ein weiterer Teil kommt über den Status der Hobby-Philologie nicht hinaus, bestehend aus Marginalien und Miszellen oder Anekdotenhaftem. Zudem läßt ein erheblicher Teil kritische Distanz vermissen und ist Apologie in engstem Sinne. – Nicht sehr häufig werden zentrale Themen oder Motive Schmidts analysiert, rar bleiben auch übergreifende Fragestellungen. Schließlich ist es bisher noch nicht gelungen, in einem Studienband die wesentlichen Themen und Charakteristika des Gesamtwerks zu behandeln und miteinander in Beziehung zu setzen.

Der vorliegende Sammelband unternimmt es erstmals in der Arno-Schmidt-Rezeption, einen *zusammenfassenden* Überblick über Leben, Werk und Wirkung des ‹Haide-Dichters› zu geben. – Angesichts des vielbändigen, heterogenen Œuvres Schmidts ist ein derartiges Vorhaben natürlich mit nicht geringen Schwierigkeiten verbunden. Durch die Orientierung an den vier – allgemein anerkannten – Werkphasen wird versucht, Schmidts literarische Entwicklung, Kongruenzen und Divergenzen sichtbar zu machen. So widmet sich Dieter Sudhoff nach der ‹biographischen Annäherung› von Michael Matthias Schardt zunächst dem zwischen Anfang der 1930er Jahre und Ende des Krieges entstandenen ‹Jugendwerk›, den *Juvenilia*, die erst 1988 gesammelt aus dem Nachlaß publiziert worden sind und die mit ihrer recht konventionellen Diktion und ihren traditionellen Sujets doch einige Überraschung ausgelöst haben. Die folgenden Werkphasen werden in jeweils zwei Untersuchungen mit unterschiedlicher Akzentuierung – inhaltlich-thematisch und formal-stilistisch – beleuchtet: Hartmut Vollmer und Bernhard Sorg betrachten die zwischen 1949 und 1959 erschienenen ‹frühen› Erzählungen und Kurzromane, die geprägt sind von Schmidts neuer Prosatheorie, den *Berechnungen*; Boy Hinrichs und Michael R. Minden analysieren die ‹mittlere› Werkphase (1960–1969), insbesondere den ‹Doppelroman› *Kaff auch Mare Crisium* und die *Ländlichen Erzählungen* des 1964 veröffentlichten Bandes *Kühe in Halbtrauer*, die Entstehung synchroner Erzählstruktur und die Entwicklung der an Freud und Joyce geschulten ‹Etym-Theorie›; Thomas Krömmelbein und Hubert Witt zeigen Spezifika des vieldeutigen ‹Spätwerks› (1970–1979) auf, der großen Typoskripte von *Zettels Traum* bis *Julia*, oder die Gemälde, in denen Schmidt mit der ‹Verschreib-Kunst› zu einer neuen Prosaform gelangte. – Sechs daran anschließende Beiträge behandeln werkübergreifende Thematiken und Fragestellungen: Schmidts kritische und essayistische Arbeiten (Heiko Postma), seine Zeit- und Religionskritik (Georg Guntermann), die Frauenfiguren und das Motiv der Sexualität (Elke Schmitter, Monika Albrecht), die Aufnahme und Verarbeitung literarischer Traditionen (Friedrich P. Ott) und Schmidts Position in der deutschen Nachkriegsliteratur (Volker Wehdeking). Ein zusammenfassender Überblick über die Rezeption – Schmidt in der Literaturkritik (Helmut Schmiedt), der Forschung (Michael Schneider) sowie seine Wirkung auf Schriftstellerkollegen (Friedhelm Rathjen) – dokumentiert schließlich die rege und divergente Auseinandersetzung mit diesem Autor. Vervollständigt wird der Band durch eine Zeittafel und eine Auswahlbibliographie der Primär- und Sekundärliteratur.

Wenngleich im begrenzten Rahmen eines Sammelbandes nicht alle Aspekte von ‹Leben, Werk und Wirkung› Arno Schmidts tiefgreifend und erschöpfend untersucht werden können, verdeutlichen und erklären die verschiedenen, eigens für diesen Band verfaßten Beiträge das breite Schaffensspektrum des experimentierfreudigen Schriftstellers, die Grundzüge, die inneren Beziehungen und Brüche seines Werks. Nicht zuletzt belegen sie Arno Schmidts Geltung als einer der bedeutendsten Autoren der deutschen Nachkriegsliteratur.

Paderborn,   Michael Matthias Schardt
im April 1990   Hartmut Vollmer

DER AUTOR

Michael Matthias Schardt

Arno Schmidt – eine biographische Annäherung

1. Vorbemerkung

Konsequenz, das ist das Schlagwort, wenn man Arno Schmidts Lebens-
führung seit seiner Übersiedlung ins endgültige Domizil nach Bargfeld
Ende der fünfziger Jahre auf einen Begriff bringen will: konsequent
schreibt er an seinem Lebenswerk, konsequent hält er sich vom Literaturbetrieb fern, konsequent verharrt er in seinem Fachwerkhaus in der
Heide. Dieser Gradlinigkeit stehen tiefgreifende Brüche, unüberseh-
bare Risse und Antagonismen in der Persönlichkeit gegenüber. Will
man behaupten, daß Widersprüchlichkeit das Hauptcharakteristikum
des Menschen Schmidt war und Konsequenz das des Künstlers, so ent-
spräche dies auf verblüffende Weise einer vielzitierten Äußerung des
Autors, wonach der große Künstler nur als Werk *oder* Mensch existieren könne; im ersten Fall bliebe nur ein defekter Rest, den man sich
besser nicht besehen solle (vgl. POC 395). Damit wäre die Arbeit des
Biographen ad absurdum geführt und allein die Interpreten des Werks
auf den Plan gerufen. Schaut man jedoch etwas genauer hin, dann zeigt
sich über die ohnehin gegebene Verschränkung von Biographie und
Werk hinaus, daß Arno Schmidt in seiner Haltung gegenüber der
‹Archivierung› der eigenen Lebensdaten und -materialien widersprüch-
lich war. Einerseits verdeckte er – aus welchen Gründen auch immer –
wichtige Fakten seines Lebens und Werks, andererseits war er um möglichst lückenlose Datensammlung bemüht. So überrascht es nicht, daß
beispielsweise noch immer nicht sicher ist, ob Schmidt wirklich, wie er
stets behauptet hatte, Anfang der dreißiger Jahre Mathematik in Breslau studierte, oder wann die Erzählung *Pharos* nun tatsächlich entstanden ist. In beiden Fällen hat Schmidt bewußt die Daten verschleiert,
vielleicht aus historischer Notwendigkeit, vielleicht auch, weil ihm die
Vorstellung mühsam recherchierender Literarhistoriker Vergnügen

bereitete. Andererseits hielt er Personen seiner Umgebung, seine Frau oder seine Haushälterin, an, das Leben mit ihm akribisch aufzuzeichnen, damit unmotivierten Spekulationen kein Platz gelassen werde.

Während es in den letzten fünfzehn bis zwanzig Jahren üblich geworden ist, ausführliche, oft wenig ergiebige Interviews mit Schriftstellern über ihr Leben, ihr Werk und ihre Schreibintentionen zu führen und sie, der historischen Dimension solcher Äußerungen unbedacht, häufig zum Schaden der eigenständigen Wirkung der vom Autor selbst interpretierten Werke zu veröffentlichen, hat Schmidt – hier weiter denkend – zu Lebzeiten von für den Tagesgebrauch bestimmten, aber für *immer* rezipierbaren öffentlichen Statements weitgehend Abstand genommen. So kam er nicht in das zweifelhafte Vergnügen mancher seiner Kollegen, noch in recht jungen Jahren Beschreibungen des eigenen Lebens lesen zu können. Dennoch hat er wenige Jahre vor seinem Tod, ausgelöst durch die entdeckten Lebenserinnerungen seiner Mutter, einen Materialienband angeregt, der Dokumente zu seiner Kindheit und Jugend enthalten sollte. Dies freilich nicht, um seine Person in den Vordergrund zu stellen oder das eigene Lebensdenkmal zu errichten, das ohnehin bereits durch sein Werk erbaut war, sondern in der Absicht, Umstände seiner persönlichen (und künstlerischen) Entwicklung festzuhalten, die möglicherweise – durch den Tod beteiligter Personen etwa – für immer verlorenzugehen drohten. Als Autor zweier umfangreicher Dichterbiographien wußte Schmidt nur zu gut, daß für eine Wirkungsabsicht langfristig die eigenen Lebensumstände wichtige Hinweise liefern.

Seit Arno Schmidts Tod hat eine ungeahnte Publikationsflut über sein Werk eingesetzt. Eine Biographie fehlt jedoch bis heute. Welche Ursachen sind dafür anzuführen? Zwei wichtige Gründe wurden bereits angesprochen: sowohl die Mystifikationen Schmidts als auch die Materialarmut geboten Zurückhaltung. Auch die Tatsache, daß er selbst sich als Biograph betätigte, erleichtert nicht unbedingt die Sache. Die dort vorexerzierten Herangehensweisen, eine detailversessene, positivistische zu Fouqué, die wegen ihrer Faktenhäufung beinahe mehr verdeckt als enthüllt, und die umstrittene tiefenpsychologische im Falle Karl May, die zu teilweise unhaltbaren Charakterdeutungen führte, stehen in ihrer methodologischen Problematik nur allzu deutlich vor Augen.[1] Auch die Unnahbarkeit des Schmidtschen Habitus mag eine Rolle spielen, oder die Tatsache, daß über das gesamte Werk autobiographische Einsprengsel und Empfehlungen für zukünftige Schmidt-Biographen verstreut sind.

Wenn hier dennoch erstmals der Versuch eines biographischen Essays gewagt wird, dann geschieht dies im Bewußtsein der Gefahren allzu einfacher Erklärungsmuster. Eines sei hier ausdrücklich genannt: Die Ansicht, die Schmidtschen Helden zeigten doch, wie der Autor gewesen sei, so daß man nur deren Charakter zu beschreiben habe, um das Bild des Dichters zu gewinnen, ist unsinnig. Bei den Protagonisten handelt es sich um Kunstfiguren, die aus dem Geist ihres Schöpfers geboren wurden, die zwar häufig ein reales Vorbild hatten, die jedoch mit literarischen Mitteln dargestellt, verfremdet und in der Deutung des Schreibenden konturiert sind; es sind erdachte, stilisierte Figuren, die vielleicht nur so sind, wie sich Schmidt – und viele seiner Leser ihn – gerne gesehen hätte(n).[2]

Die Quellenlage hat sich in den letzten sechs, sieben Jahren deutlich verbessert. 1982 erschien unter dem Titel *Porträt einer Klasse* das schon angesprochene Materialienbuch über Schmidts Hamburger Kindheitsjahre; wertvoller noch, weil ergiebiger, ist der 1986 publizierte Band «*Wu Hi?*» mit Selbstzeugnissen, Briefen und Dokumenten für die Jahre 1928–1945. Zwei umfangreiche Briefeditionen und vereinzelt veröffentlichte Briefe sowie das sporadische Aufdecken biographischer Details geben genaueren Einblick in die Nachkriegsjahre. Das reicht bei weitem nicht aus, um eine abgesicherte Beschreibung der inneren Befindlichkeiten und psychologischen Entwicklungen in Angriff zu nehmen, zumal wichtige Briefbände und private Aufzeichnungen noch fehlen. Eine wirklich gültige Vita Schmidts kann daher noch nicht vorgelegt werden; doch ist es möglich, die bekannten Daten und Fakten in eine zusammenhängende Darstellung zu bringen – nicht viel, aber doch etwas.

2. Herkunft und Kinderjahre (1914–1928)

Am Vorabend des Ersten Weltkriegs, am 18. Januar 1914, wurde Arno Otto Schmidt in Hamburg-Hamm geboren. Seine Eltern entstammten ärmlichen, kleinbürgerlichen Verhältnissen. Der Vater Friedrich Otto Schmidt (30.1. 1883 Halbau – 8. 9. 1928 Hamburg) trat nach der Glasschleiferlehre in seinem schlesischen Geburtsort als Einundzwanzigjähriger ins Militär ein, das er nach achtjähriger Berufssoldatenzeit verließ, um eine Stelle als Polizist in Hamburg anzutreten. Noch in Schlesien hatte er die junge Clara Gertrud Ehrentraut, Schmidts Mutter, kennengelernt. Diese, Tochter eines Gerbers, geboren am 30.7. 1894 in Lauban, war noch keine sechzehn Jahre alt, als sie schwanger wurde. Am 18. 3. 1911 kam Arno Schmidts ältere Schwester Luzie Hildegard zur Welt. Dieses ungewollte Ereignis mag ausschlaggebend gewesen sein für den Berufswechsel und die Übersiedlung der Familie nach Hamburg, wo dann, genau ein Jahr nach der Geburt der Tochter, die unfreiwillige Eheschließung stattfand.

Arno Schmidt hat rückblickend kaum ein gutes Haar an seinen Eltern (und seiner Schwester) gelassen. Er schildert den Vater zwar als den geistig Überlegenen, der jedoch großen Egoismus und Genußsucht an den Tag legte: «er wollte ‹leben & glänzen› ! – aber beides nur im Unt'roffziers-Stil» (PEK 161). Auch aus den «Erinnerungen» der Mutter ergibt sich ein wenig günstiges Bild des Vaters. Sie, die elf Jahre Jüngere, hatte viel unter dem herrischen Ton, dem Suff und den Frauengeschichten ihres Mannes zu leiden. Als pubertierendes Mädchen bereits Mutter, früh unter Zwang verheiratet und ohne jede Entwicklungsmöglichkeit, erduldete sie ein typisches Frauenschicksal jener Jahre; zwanzigjährig erlebte sie den Ausbruch des Ersten Weltkriegs; als sie 34 Jahre alt war, starb ihr Mann, den sie um 45 Jahre überleben sollte. Von nicht geringer Herzenskälte zeugen Arno Schmidts auch im fortgeschrittenen Alter beibehaltene diskriminierende Distanz zu seiner Mutter und die nachträgliche Schuldzuweisung für seine eigene Entwicklung:

«Ich erkläre hiermit ausdrücklich, daß [meine Mutter] mit ihren Intrigen und erotischen Affären meine ganze Jugend während der Laubaner Jahre (1928 – 37) vergiftet hat; [...] die ganze unsägliche Einsamkeit und Bitternis jener Jahre (und der späteren!) sind hierauf zurückzuführen. Meine Eltern waren mein Fluch! Aber meine Mutter am meisten!!» (WH 242; handgeschriebener Zettel, dat. v. 16. 1. 1955)

Was der vierzigjährige Schmidt hier in eigenartig verstelltem Blick für die Realität und in befangener Egozentrik nicht sehen will, sind die ersten eigenständigen Schritte, erste Emanzipationsversuche einer ständig dominierten Mittdreißigerin, die in ihren sechzehn Ehejahren zahllose – Schmidt spricht von «fünfzig» – sexuelle Abschweifungen ihres Mannes hatte ertragen müssen.

Von der kleinbürgerlichen muffigen Enge, in die Arno Schmidt hineingeboren wurde und die seine Kindheit entscheidend prägte, zeugen seine «Erinnerungen an Hamburg-Hamm». In der viel zu kleinen Wohnung, wo man das Vorhandensein eines eigenen WCs als Luxus empfand, gab es eine «gute Stube», die nur zwischen Weihnachten und Neujahr benutzt wurde, ein kleines Schlafzimmer, wo alle vier Familienmitglieder schliefen, und die Küche, in der die Schmidts «jahraus-jahrein» «hausten», in «drangvollster Enge; in Koch- und Wäsche-Dunst» (ᴘᴇᴋ 146). Das Interieur, wie es Schmidt später ironisch nannte, bestand aus ein paar altgedienten Möbelstücken, die die Mutter aus Schlesien mitgebracht hatte, und ‹second hand›-Ware («meist wird's wohl die 4. oder 5. gewesn sein»; ᴘᴇᴋ 145), die der Vater billig erstanden hatte.

Resümierend deutet Schmidt die ersten Jahre für seine spätere Entwicklung:

«Ich kann, als Resultat so enger dürftijer Kindheit, nich großzügich denk'n. Ich habe nie gelernt, mich richtich zu benehmen, in keiner Gesellschaft – aber das teile ich ja auch mit den Meist'n.» (ᴘᴇᴋ 149)

Auf die Gründe «unsäglicher Einsamkeit», die er bereits in der Abrechnung mit der Mutter für seine Jugend- und späteren Jahre konstatierte und nun auch für die Kinderzeit bestätigt, geht er dann in einer zentralen Stelle seiner «Erinnerungen» ausführlich ein:

«Speziell Mir eign war die Isoliertheit, von BabyBeinen an : um mich unbestimmtes $\stackrel{\text{Lächeln}}{\text{Zürnen}}$ auf unbestimmten Gesichtern : so schlecht sah ich ! (und meine Eltern, grausam unerfahren & indolent, hielten's für kindische Unaufmerksamkeit, wenn ich mein'n Vater auf 20 m nur noch als blauen Fleck sah, und ihn nicht erkannte – id VolksSchule hatte's der Lehrer natürlich am 1. Tage weg, was mir fehlte. Aber immerhin) : Ich hatte, 6 Jahre lang, eine gewisse Abgesperrtheit von der Außenwelt erfahren. Der zweite Anlaß, mich auf mich selbst zurückzuziehen, war meine dialektliche Isolierung : ich ward es sehr bald überdrüssig, mich von all'n Kindern mit meinem ‹schpitz : Schtein : schtolpern› auslachn zu lass'n ! (Und als ich endlich deren Lingo erlernt hatte, so daß mein Missingsch passieren konnte ? : da nahmen wiedrum meine Eltern Anstoß an Mir, wenn ich von ‹Feudel und Leuwagn› s-prach.) Die Lehrer freilich hattn mich, als Phönix mit BühnenSchprache, gern. Und, zumal in den Volksschul-Jahren, auch wieder gar nicht :
denn nun kommt der schlimmste Grund für meine, unverschuldet-selbstgestiftete, splendid isolationship : ich lernte, gleichzeitich mit meiner um 3 Jahre älteren Schwester, lesen; und begriff die Kunst – wie auch anschließnd Schreibm und Rechnen – mit Windeseile; (meine Schwester pflegte's, in spätern Jahrzehntn noch, nachzumachen : wie Sie saß und drucksDe : ‹h.-u.-n.-d. : ?› ;

und ich Ihr die Hand auf der Zeile geschobm hätte : ‹HUND : weiter.›). Ich konnte jednfalls, mit 3 – 4 Jahren dann, alle Bücher lesen, (und tat das auch; was mir erreichbar wurde). Was denn freilich, als ich Ostern '20 in die Schule kam, die schwerwiegendsten Folgen hatte : ich saß gelangweilt; umgebm von auf die (blaue) Fibel stier starrenden Schwitzend'n. Und ebm auch schon vorher kannte ich Genüsse, die den andern SandkuchenBackenden unbegreiflich waren : während ich JULES VERNE-Welten nachträumte – (und dabei das Zünglein an ältlichen WissenschaftsWorten gelenkich machte) – gingkam $^{mir die}_{ich der}$ Realität in gewissem Sinne abhanden; (un Häi danzt gans alleen op de achterstn Been.) – [Verwickelter Fall : das extreme Voraneilen einer der Instanzen der Persönlichkeit; (das iss nämlich bei all'n Drei'n möglich).]» (PEK 149 f.)

Es versteht sich von selbst, daß eigene Aussagen nicht vorbehaltlos als authentische Zeugnisse genommen werden dürfen, da sie Stilisierungen und Glättungen und durch die Jahre hindurch in der Erinnerung Trübungen erfahren haben. Und in der Tat zeigt diese Aussage – wie oft bei Schmidts späteren autobiographischen Bekundungen – einen Hang, schon in der Kindheit die Ursachen seines konsequenten Künstlertums, seines Nicht-anders-Könnens zu sehen, frei nach der Maxime, daß Alles zu einer großen Lebenskonfession gehört. Doch muß man die glaubhaft beschriebenen Kinderängste ernst nehmen, die Gängelung durch die Klassenkameraden, die Unbeholfenheit der Eltern, die, genau wie die Andersartigkeit der älteren, lebensfrohen Schwester, («umtanzt von Ihren Freundinnen»; PEK 150) den Jungen seine Schüchternheit, die sicher auch zu seiner Abgeschlossenheit geführt hat, besonders spüren ließen.

Arno Schmidt hat sich später nie gescheut, seine Belesenheit, seine Bildung und geistige Überlegenheit demonstrativ zur Schau zu stellen, und offensichtlich gehören auch die Erinnerungen an die eigene Kindheit zu diesem Imponiergehabe. Es ist zwar nicht auszuschließen, aber kaum wahrscheinlich, daß Schmidt mit drei oder vier Jahren bereits dickleibige Bücher in großer Zahl las und sich aus der Bedrängnis der elterlichen Wohnung in die Welt der Literatur flüchtete. Schmidt war wohl als Kind scheu und ängstlich, vielleicht auch etwas frühreif[3]; daß jedoch eine solch extreme Begabung vorlag und daß dies der Hauptgrund für die empfundene Einsamkeit gewesen sein soll, ist kaum glaubhaft.

Zwei weitere nachhaltige Kindheitseindrücke sind aus den Aufzeichnungen Schmidts zu rekonstruieren: Zum einen – von ihm direkt angesprochen – die frühe Naturverbundenheit, zum anderen – eher indirekt zu erschließen – das kindliche Erfahren erotisch-sexueller Vorgänge;

beides – wie auch die Literaturtradierung – motivische Konstanten des erzählerischen Werks.

Geradezu symptomatisch für sein Verhältnis zur Sexualität bzw. Natur ist eine Bemerkung aus den «Erinnerungen»:

«Ich laß ma aus, was Alle Menschn als Kinder erfahren, zum Beispiel die sexuellen Beobachtungen an den Eltern; deren ‹Verkehr›, (eventuell sogar mit Bekannt'n oder Fremdinnen) [...] (aber ich will ein anderes-wichtijeres erwähnen: meine ersten Berührungen mit d Natur).» (PEK 150)

Über grüne Flächen, Bäume, Tümpel, Wald und Wiesen gerät Schmidt sofort ins Schwärmen, seitenlang berichtet er über die ersten Ausflüge in die Natur, die er mit seinem Vater unternommen hatte. Erstaunlich auch, wie genau Schmidt schon als Kind ‹seine› Landschaft gefunden haben will. In einem biographischen Entwurf aus dem Jahre 1961, der mit «1. Bezugslandschaft» überschrieben ist, berichtet er von einem langandauernden «absonderlichen Ärger», der ihm die Vorstellung machte, daß er – zwar in Hamburg geboren – schlesischer Abstammung sei. Da er eine «instinktive übermächtige Neigung zu Flachland» (WH 17) bei sich von Anfang an feststellte, bereiteten ihm die Erzählungen der Eltern großes Unbehagen, worin ihre Heimat als ausgesprochen bergige Gegend geschildert wurde. Beruhigung konnte ihm erst die eigene Inaugenscheinnahme während einer Ferienfahrt um 1920 verschaffen.

Im Gegensatz zum Enthusiasmus, der sich in Schmidts Beziehung zur Natur unwillkürlich zeigt, spart er das Thema Sexualität zumindest hier aus. Problematisch schien sein Verhältnis zur Sexualität immer gewesen zu sein, und die entsprechende Ausblendung in den «Erinnerungen» scheint dies auch für die Kindheit indirekt zu bestätigen, ja, der Eindruck wird noch verstärkt durch den bewußt gesetzten Hinweis «Ich laß ma aus». Bezeichnend für die subjektiv als unnatürlich empfundenen Vorgänge ist, daß Schmidt das Wort ‹Verkehr› in Anführungszeichen setzt. Deutlicher noch sind seine Äußerungen zum sexuellen Verhalten der Eltern, die zeigen, wie tief verwurzelt diese im Kindes- und Jugendalter gemachten Erfahrungen in der Persönlichkeit Schmidts bis ins Alter geblieben sind. Mit Ekel und Abscheu spricht er in der bereits zitierten Passage noch zwanzig Jahre danach haßerfüllt von seiner Mutter. Will man seinen Erinnerungen Glauben schenken, so scheint es durchaus plausibel, daß er schon in jungen Jahren Schaden im erotisch-sexuellen Empfinden genommen hat. Danach muß inmitten der Not der Kriegs- und Nachkriegsjahre ein derb-sinnenhaftes Leben im Rumpffsweg 27 geherrscht haben, dessen Zentrum die Familie Schmidt war:

«100 Frauen & Mädchen hatte mein Vater vor meiner Zeugung benützt, (und 50 danach noch) [...]. Wenn, nach Tanz & Suff, der Trieb einmal unaufschiebbar wurde, genügte die Erste [die Mutter], die willig & zur Hand war. [...] Ihr [der Eltern] ‹Umgang› war auch genau dementsprechend : SchutzmannsKollegn, dumm und geil; mit ihren Ehe-Hälften, geil & dumm : [...] alle Männer nahmen, bei fortschreitndm Abemd, alle Frauen auf den Schoß; manche KollegnPaare tauschtn regulär-monatlich die Frauen; [...] (Sagnhafte Familjen befandn sich darunter; die wohl intressanteste $\substack{\text{Amandus \&} \\ \text{Antoinette}}$ Wixförtgen – allein schon die Namen ein Programm; [...]) Und meine Eltern waren nich die Bestn in dem Schwarm; darauf kannsDe Gift nehm'm.» (ΡΕΚ 144 und 161)

Ostern 1920 wurde Arno Schmidt eingeschult; vier Jahre, bis zum Wechsel in die Realschule, besuchte er die Volksschule Pröbenweg. Bereits vor der Einschulung jedoch hatte sich der kleine und auffallend schmächtige Junge wenig angetan gezeigt von der ins Haus stehenden einschneidenden Lebensveränderung. «In die Schule gegangen ganzungern», heißt es in den «Erinnerungen», «Ich war, in jedem Sinne, der geborene Autodidakt.» (ΡΕΚ 155) Wie sehr sich Schmidt gesträubt haben muß, geht aus den Schilderungen seiner Mutter hervor:

«Ich will Dir nun heut Deinen ersten Schultag aufschreiben. / Tagelang vorher warst Du schon in großer Aufregung; es konnte Dich Niemand beruhigen; nun war der Tag gekommen. [...] nach der Uhr sahst Du alle Augenblicke. [...] nach dem Klo bist Du so oft gelaufen [...]. Du hast meine Hand nicht losgelassen [...]. Du gingst nicht von mir weg [...]. Nun ging es in das Schulzimmer [...]. Die andren Mütter waren nun schon größtenteils gegangen, Du ließest meine Hand nicht los [...]. Ich [...] hatte mich von Dir losgemacht; aber ehe ich die Tür erreicht hatte, warst Du schon wieder hinter mir.» (ΡΕΚ 206 f.)

Dieses Spiel setzte sich fort, bis der Lehrer ihr riet, den Jungen wieder mit nach Hause zu nehmen, weil er die Klasse ganz durcheinanderbrächte. Erst in den nächsten Tagen konnte Schmidt zum regelmäßigen Schulbesuch überredet werden. Die Mutterbindung, das zeigt sich hier deutlich, war ebenso eng wie die Furcht vor Neuem groß war. Irgendwann muß sich der Junge an die Realität gewöhnt haben, er hatte Kameraden, die ihn auf dem Schulweg begleiteten, mit denen er sich nach der Erledigung der Schulaufgaben traf und spielte. Er lernte leicht und schaffte als einer der wenigen Schüler die Qualifikation, um auf eine weiterführende Schule gehen zu können. Der Vater, der nach Schmidts Aussage trotz einer gewissen Begabung keinen Sinn für höhere geistige Ziele, für Bildung und Kultur hatte, stand der Entwicklung des Sohnes skeptisch-distanziert gegenüber. Solange ihn das keinen Pfennig kostete, duldete er den höheren Schulbesuch, obwohl er eine «in seinen KollegenKreisen weit verbreitete» Auffassung teilte: « ‹Laß die Kinder ja nich mehr lern'n als de Eltern : die seh'n dann auf se herab !› » (PEK 167)

Abwechslung in das triste Familienleben und den Schulalltag brachten die zahlreichen kleineren Ausflüge während der Woche ins Hamburger Umland und die regelmäßigen Schlesienfahrten in den Sommerferien, die vor allem Mutter und Sohn aneinanderbanden und die Kluft zwischen Vater und Sohn ständig vergrößerten und schließlich unüberbrückbar machten. In einer Randglosse markiert Schmidt die grundlegende Wesensverwandtschaft mit der Mutter und die Andersartigkeit des Vaters: «Ein ganz fundamentaler Unterschied war zB folgender : für Vater und Schwester waren *Personen* das Entscheidende; für meine Mutter und mich *Landschaften und Lokalitäten.*» (PEK 190)

Als Arno Schmidt zusammen mit einigen Klassenkameraden aus der Volksschule Ostern 1924 in die Realschule am Brekelbaumspark eintrat, änderten sich die Leistungsanforderungen für den Zehnjährigen erheblich. Das verdeutlichen schon die Schülerzahlen. Zunächst waren in der von Lehrer Dr. Heinrich Michaelsen geleiteten Quinta a, die eigentlich die Sexta war, zweiundfünfzig Schüler. Vier Jahre danach, zur Zeit von Schmidts Abgang, war der Stamm auf etwa die Hälfte dezimiert. Unter welchem Druck die Jungen standen, beschreibt Schmidts Schulkamerad Ernst Braunschweig exemplarisch:

«Die Psychologen sagen, daß die Schuljahre der Mittelstufe [...] die angenehmsten sind. [...] für einen Schüler der Realschule Hamm stand damals solcher Glückseeligkeit doch ziemlich viel Schulisches entgegen. Einmal war da der tägliche Packen Schulaufgaben, [...] den eigentlich niemand so erledigen konnte, daß er nicht davor bangen mußte, am nächsten Morgen getadelt zu werden. [...] Der andere Punkt, den körperlich zu fühlen ich heute noch in der Lage bin, war die Angst, in jeder Minute einer Schulstunde ‹abgefragt› zu werden, unter welcher Prozedur man damals als Lehrer offenbar den Triumph seiner Persönlichkeits-Verwirklichung und als Schüler das letzte Wort vor der Hinrichtung verstand.» (PEK 12)

In einer solchen Atmosphäre – man denke an Musils *Törless,* Hesses *Unterm Rad* oder Torbergs *Schüler Gerber* – ist Schmidt, zumindest in der Erinnerung seiner Schulkameraden, nicht sonderlich aufgefallen. «Schmidt (wie gesagt: immer preußisch-spartanisch) war einer von uns und kaum mehr und kaum weniger.» «Ich meine, daß er auch zu jenen vielen Namenlosen gehörte, deren schulische Laufbahn Höhen und Tiefen aufwies.» «Arno Schmidt zählte zu den Unauffälligen in der Klasse» (PEK 12 und 57); so oder ähnlich blieb er im Gedächtnis der Mitschüler, sofern man sich überhaupt noch deutlich an ihn erinnerte. Charakterisiert wird er als scheu, introvertiert (vgl. PEK 108), aber auch als mitfühlend und spielfreudig (vgl. PEK 128). Schmidt scheint ein ganz ‹normaler› Schüler gewesen zu sein, etwas still vielleicht, aber offenbar ohne eine herausragende Fähigkeit, die auf sein späteres Künstlertum hin- oder auf das selbstbezeugte Frühreif-Genialische zurückdeuten würde. Er war – wie andere auch – für eine Rolle im Weihnachtsspiel vorgesehen, die er wegen der Übersiedlung nach Schlesien jedoch zurückgeben mußte; er beteiligte sich wohl auch an der jugendlichen Mode, Geschichten und Verse zu schreiben, und gehörte kurzfristig zu einem kindlich-jünglinghaften «Schwertbund». Einzig an eine Besonderheit erinnern sich gleich mehrere Schüler übereinstimmend. Schmidt, zwölf- oder dreizehnjährig, inzwischen großgewachsen und die meisten seiner Kameraden körperlich überragend, stand, als ein junger Mathematiklehrer den Lösungsweg einer Aufgabe nicht souverän erklären konnte, kurzerhand auf, schrieb seine Version an die Tafel und setzte sich kommentarlos wieder hin. Mathematik und Logik müssen schon in jenen Jahren seine liebsten Fächer gewesen sein.

Daß die Erinnerungen der Klassenkameraden an Schmidt in summa etwas blaß bleiben, hängt zum einen sicher mit seinem vorzeitigen Abgang zusammen, zum anderen aber auch mit seiner Eigenart, bestehende Kontakte nicht weiter zu pflegen. Lediglich seinem Pultnachbarn Walter Voß hat er aus Lauban noch einmal geschrieben. Die Verbindung brach jedoch ab, weil der Brief von Voß nicht mehr beantwortet wurde. Die Klasse hat sich auch nach dem Zweiten Weltkrieg einmal jährlich getroffen und ihren mittlerweile schriftstellernden Mitschüler mehrfach eingeladen, jedoch ohne Erfolg.

Insgesamt ist aus dem zur Verfügung stehenden Material der Eindruck zu gewinnen, daß die Schule für Schmidt durchaus eine angemessene geistige Herausforderung war. Es ist denkbar, daß die dort herrschende Gelehrtheit, die faszinierende Welt der Atlanten, Karten, Instrumente und Bücher ein für den wißbegierigen Schüler wohltuender Ausgleich zur Dominanz der Lehrer, der Strenge und Disziplin, war. Deutlich fühlbar muß die Kluft gewesen sein, die sich zum niedrigen Bildungsniveau des eigenen Elternhauses auftat. Noch in den siebziger Jahren veranlaßten Schmidt diese schmerzlichen Erfahrungen zu verärgerten Kommentaren. In einer Randglosse heißt es:

«Mein Vater *kaufte* sehr wenig Bücher, eigentlich nur ein halbes Dutzend vom Weltkrieg (‹Unser Seekriegsbuch› o. A.) die damals verramscht wurden. Ansonsten bestand unsere Bibliothek aus rund 30 Bänden, fast sämtlich Kitsch und Schnulzen.» (PEK 186)

Unangenehm berührt erinnert sich Schmidt, daß die Mutter in jenen Jahren beim Stricken Unmengen Courths-Mahler-Romane verschlang und nur selten mit den Kindern in Theateraufführungen oder Ausstellungen ging; der Vater weigerte sich gar, irgendwelche kulturellen Veranstaltungen zu besuchen. Einzig durch die später abonnierte wöchentliche Büchermappe («wichtigste[s] Bildungsmittel»), die auch die Zeitschrift *Jugend* enthielt, kam Schmidt mit moderner Kunst (‹Neue Sachlichkeit›, Franz Sedlacek war sein früher Liebling) und Literatur in Berührung. Noch schlechter war es mit der klassischen Musik bestellt, zu der er zu Hause so gut wie keinen Zugang hatte. – Kulturelle Anregung und künstlerische Förderung hat Schmidt also dort kaum erfahren. Das Fehlen solcher Ambitionen bei seinen Eltern und auch der Schwester hat schon früh zu einem tiefen Graben zwischen ihm und der Familie geführt, der zum Teil auch mitverantwortlich für die nie aufgegebene Distanz zur Mutter und zu Luzie war. Besonders tief getroffen hat es Schmidt, von seiner Schwester erfahren zu müssen, daß sich der Literaturgeschmack der Mutter bis ins hohe Alter nicht verändert hatte und sie sogar die Bücher des Sohnes zu verbrennen pflegte.

3. Die Jugend- und Vorkriegsjahre (1928 – 1939)

Als Schmidts Vater schwer krank wurde (so krank, daß er seine ihn besuchenden Kinder wieder heim schickte; vgl. die Gesprächswiedergabe mit der Schwester von John Woods, PEK 221) und – erst fünfundvierzigjährig – am 8. 9. 1928 starb, sah sich die Mutter veranlaßt, Hamburg zu verlassen. Bereits zwei Monate später, im November, siedelte sie mit den beiden Kindern nach Lauban, ihrer schlesischen Heimat, über.

Vom Dezember 1928 an besuchte der nun fast fünfzehnjährige Arno Schmidt als Fahrschüler die Oberrealschule in Görlitz.[4] Über diese Jahre bis hin zum Abitur weiß man noch verhältnismäßig wenig. Einzig

Heinz Jerofsky hat seine Freundschaft mit Arno Schmidt während der gemeinsamen Pennälerzeit (Dezember 1928 bis Ostern 1933) und darüber hinaus beschrieben. Jedoch erfährt man nicht viel Spezifisches über die Atmosphäre in dieser Schule, über die Lehrer, den Klassenverband und Schmidts Stellung darin; gar nichts ist über die Familie, über das Verhältnis zur Mutter und Schwester und die Haltung zum frühen Tod des Vaters zu lesen. Aus zwei Gründen jedoch sind die «Erinnerungen» Heinz Jerofskys von Bedeutung: Sie zeigen die Entwicklung einer frühen Freundschaft Schmidts und geben Einblick in seine literarischen Anfänge.

Bei der Übersiedlung der Familie nach Lauban hatte die Mutter den gesamten Besitz aus Hamburg überführt in das Haus in der Walkgasse 12, das sie nach Alice Schmidts Vermutung «halb wohl erbte, halb kaufte» (WH 187). Schmidt hatte sein Arbeitszimmer im 1. Stock des im Vergleich zur Hamburger Stadtwohnung geräumigen Gebäudes. Über das familiäre Zusammenleben hat er sich gegenüber Freunden und Bekannten, wenn überhaupt, nur sehr selten geäußert: «Etwas über seine Mutter, seine Schwester? ‹Kein Wort.› », bezeugt Johannes Schmidt, ein Bekannter aus der Greiffenberger Zeit, dessen Verschwiegenheit (WH 150). Daß sich die bereits erwähnten «erotischen Affären» seiner Mutter für ihn und alle sichtbar ereignet hätten, so daß man ihm auf offener Straße «Hurenjunge» (WH 242) nachgeschrien habe, ist zweifelhaft. Alice bemerkt dazu in einem Brief vom 19. 10. 1973:

«Meine[r] Schwiegermutter, noch eine junge und keineswegs häßliche Frau, [...] gefiel das Leben einer ‹Beamtenwitwe› recht wohl. Einige Heiratsanträge schlug sie ‹ob ihrer Pension› aus, ließ sich aber in das ein- oder andere ‹Verhältnis› ein, was sie sehr vor ihrem Sohn, den sie ja sicherlich recht liebte, zu verheimlichen strebte und was ihr wohl auch jahrelang gelang [...].» (WH 188)

Wohl erst 1937 hat Arno Schmidt davon erfahren, daß seine Mutter nicht ganz klösterlich in den fast zehn Jahren nach der Übersiedlung gelebt hatte. Es mag ein Zeichen für seine Verletzlichkeit und enge Mutterbindung sein, daß ihn die ‹Wahrheit› so schmerzlich traf.[5] Die im nachhinein getroffene Feststellung, seine Mutter sei für die Bitternis jener Jahre verantwortlich gewesen, ist insofern also nicht schlüssig.

In der Görlitzer Schule machte Schmidt, durch einen Zufall begünstigt, bald nähere Bekanntschaft mit Heinz Jerofsky, dessen Nachbarplatz zu der Zeit unbesetzt war. Da beide die einzigen Schüler der Klasse waren, die am Religionsunterricht nicht teilnahmen, boten die

Freistunden regelmäßig Gelegenheit zum Gedankenaustausch. Dabei fielen Jerofsky die schon ausgeprägten Kenntnisse Schmidts in der Literatur und Philosophie auf:

«Ich hatte damals von all dem, was er mir über die Geistesgrößen der alten Inder, Chinesen, Perser, Araber, Griechen und Römer zu berichten und zu zitieren wußte, nur wenig Ahnung. Auch konnte ich bei seinen Meditationen über Kant, Hegel, Schopenhauer und Nietzsche nicht mithalten.» (WH 32)

Jerofsky erinnert sich, daß Schmidt ab und an über seine Lieblingsthemen vor der Klasse referieren durfte und bald aufgrund seiner Belesenheit eine «gewisse Achtung» der Mitschüler genoß. Der Beginn der Freundschaft zwischen beiden ist aber nicht allein auf ihre Geistesverwandtschaft zurückzuführen. Es war ein kleines Mißgeschick, das sie einander näherbrachte. Schmidt fühlte sich schuldig an einem Unfall seines Klassenkameraden, den er durch einen übermütigen Schubs unabsichtlich verursacht hatte. Jerofsky berichtet, Schmidt habe sich erst beruhigt, als er ihm versicherte, daß er ganz von selbst ausgerutscht sei: «Als er dies begriffen hatte, atmete er tief auf, und ich sah in seinem Gesicht einen Ausdruck von Freude und innerer Bewegung, wie ich sie kein zweites Mal bei ihm erlebt habe.» (WH 33)

Die Gespräche mit seinem Freund müssen Schmidt in dieser Zeit in intellektueller Hinsicht wesentlich mehr bedeutet haben als beispielsweise der Deutschunterricht, dem er – wenn überhaupt – nur gelangweilt folgte. Möglichkeiten zum Gedankenaustausch gaben außer den Religionsstunden vor allem die Wartezeiten zwischen Schulschluß und der Abfahrt des Zuges, der Schmidt nach Lauban brachte. Wenn die Freunde am Bahnhof warteten, bestand aber die «erste Aufgabe [...] nun darin, die Parade der Lyzeumsschülerinnen abzunehmen, die [...] vorbeidefilierten.» (WH 36) Eine dieser Schülerinnen war Johanna Wolff, die auch aus Lauban kam und häufig denselben Zug wie Schmidt benutzte. Jerofsky erinnert sich, daß Schmidt sie sehr verehrte, jedoch nur aus der Ferne. Sie muß lange Zeit seine idealisierte Liebe geblieben sein, auch noch nach dem Krieg. In seiner Erzählung *Leviathan* hat er die weibliche Hauptfigur ihr nachgebildet.

Etwa zur gleichen Zeit, 1931/32, reifte in Schmidt der Plan, mit Jerofsky eine Oper zu schreiben, die, frei nach E. T. A. Hoffmann, «Das Bergwerk zu Falun» heißen sollte. Er wollte das Libretto schreiben, Jerofsky hatte die Musik dazu zu liefern. Jedoch protestierte der Freund so heftig dagegen, daß das Vorhaben schnell fallengelassen wurde. Statt dessen begann Schmidt, Gedichte zu schreiben, die er Jerofsky stets zur Beurteilung vorlegte. Am 1. 2. 1933 schenkte er ihm sogar ein Heftchen, in dem alle bis dahin von ihm verfaßten Verse handschriftlich niedergeschrieben waren. Darin stand: «Schritte in der Nachtstille, erste und einzige Ausgabe in 1 Exemplar, gewidmet Herrn Heinz Jerofsky von seinem Freunde Arno Schmidt» (WH 46). Das Heft ist im Zweiten Weltkrieg verlorengegangen. Einen Teil dieser Gedichte, etwa ein Drittel, hat Heinz Jerofsky nach einem halben Jahrhundert aus dem Gedächtnis aufgeschrieben, andere haben sich als handschriftliche Widmungen in Büchern oder im Typo- bzw. Manuskript erhalten. Es sind die frühesten bekannten Texte Schmidts. 1934 und Anfang 1935 hatte er einige dieser Gedichte an Hermann Stehr und Hermann Hesse («Dem Dichter des Steppenwolfes in hoher Verehrung», GED 656) gesandt, welcher sich – etwas enttäuschend für Schmidt – lediglich mit einem eigenen Gedicht und nicht mit lobenden Worten oder gar konkreten Förderungsvorschlägen bedankte. – Dazu bieten die ersten lyrischen Versuche allerdings auch keinen Grund. Sie vermeiden zwar die oft in jugendlichen Gedichten zu bemerkende Sentimentalität, allzu aufdringliche Bildhaftigkeit oder andere Anfängerfehler, ja sie zeigen teilweise sogar bemerkenswerte Sprachgewandtheit, doch kommen die Liebesverse und Nachtanbetungen nicht über den Status von Fingerübungen hinaus.[6] In stilistisch-formaler Hinsicht läßt die frühe Lyrik nichts von der späteren Wortkunst erahnen, jedoch weist ein Gedicht mit dem Titel *Gadir* bereits auf die gleichnamige spätere Erzählung des Autors hin.

Zunächst mußte es bei sporadischer literarischer Betätigung bleiben, denn die Reifeprüfung stand an. Schmidt war – soweit es aus den Dokumenten ersichtlich ist – ohne große Schwierigkeiten in die Oberprima gekommen. Hervorgetan hatte er sich u. a. im Fach Mathematik, wo ihn der verehrte Studienrat Hasenfelder in Arbeitsgemeinschaften «in die Geheimnisse der Einsteinschen Relativitätstheorie einführte» (WH 44). Im Deutschunterricht zog sich der Neunzehnjährige allerdings mehr und mehr den Unmut von Lehrer Dr. Thomae zu, weil er im letzten Jahr öfters «vom Leder zog» (WH 35). Die Folge davon war, daß Schmidt keine Eins als Abschlußnote bekam. Aus Enttäuschung verließ er gleich nach der Prüfung das Schulgebäude, so daß er nicht auf dem Klassenfoto zu sehen ist. In seinem späteren Zeitungsartikel *Begegnung mit Fouqué* hat Schmidt den Grund für die Abwertung genannt und erklärt, was mit «vom Leder ziehen» gemeint war: Er habe den

Expressionismus gepriesen, was ihn «folglich im Frühjahr 33 das ‹Sehr Gut› im Abschlußzeugnis kostete». (TBZ 311)[7]

So blieb für Schmidt der 10. 3. 1933, der Tag der Entlassung, unbefriedigend, obwohl das Abiturzeugnis die Gesamtbeurteilung «Er hat die Reifeprüfung gut bestanden» auswies (WH 43). Abweichend von der Note «gut» fiel die Bewertung der zweiten Fremdsprache Französisch und – überraschend – auch die des Fachs Physik mit «genügend», sowie Zeichen- und Kunstunterricht mit «nicht genügend» aus. Da Jerofsky Schmidt als ausgesprochen unsportlich bezeichnet, verwundert das «sehr gut» in Leibesübungen. Die gleiche Note erhielt er auch in Biologie und Musik. Für Schmidts Interesse an den Geisteswissenschaften spricht, daß er an einer philosophischen Arbeitsgemeinschaft freiwillig und mit Erfolg teilnahm. Mit einem guten, aber nicht überragenden Zeugnis und der Bemerkung «Schmidt will Bankbeamter werden» verließ er die Oberrealschule in Görlitz.

Ob er allerdings wirklich ernsthaft erwogen hatte, Bankbeamter zu werden, ist fraglich. Seine tabellarische Biographie verzeichnet für die Zeit von März bis September 1933: «Höhere Handelsschule Görlitz» (WH 11). Nach Heinz Jerofskys Erinnerung hatte Schmidt zunächst noch keine Stelle gefunden. Übergangsweise belegte er deshalb einen Halbjahreskurs für Buchführung und Stenographie an der besagten Schule. Anschließend muß er einige Monate arbeitslos gewesen sein, bis er im Januar 1934 eine Ausbildungsstelle als kaufmännischer Lehrling bei den Greiffwerken, einer großen Textilfirma, fand, die er im Januar 1937 abschloß. Die Lebensdaten für die vier Jahre nach dem Abitur, also bis zur Beendigung der Lehre, sind damit weitgehend lückenlos rekonstruierbar. Schwierigkeiten bei der Beschreibung des Lebenswegs macht jedoch die nach dem Krieg mehrfach von Schmidt aufgestellte Behauptung, er habe in Breslau Mathematik und Astronomie studiert. Das Studium soll er sich durch Auftritte in Kneipen finanziert haben, wo er vielstellige Zahlen im Kopf multiplizierte. Beides ist nicht belegt.[8] Nach Lage der Dinge wäre lediglich denkbar, daß er im Jahr nach dem Abitur für ein oder zwei Semester als Gasthörer die eine oder andere Veranstaltung besuchte, obwohl die Unterlagen der Universität Breslau keine Immatrikulation Schmidts verzeichnen. Aber auch das darf man mit einigem Recht in Zweifel ziehen, denn in den Briefen an Jerofsky, die Schmidt von August 1933 an hin und wieder schrieb, fehlt ein solcher Hinweis sogar dort, wo er von seiner Stellensuche in Liegnitz und Breslau berichtet (vgl. WH 57).

Aufschlußreicher ist die Korrespondenz im Hinblick auf Schmidts literarische Ambitionen. In den Briefen vom 29. 8. und 10. 10. 1933[9] ist die Rede von einem Versepos, «Sataspes», das knapp zur Hälfte als bereits fertiggestellt gemeldet wird (vgl. WH 61). Im Nachlaß fand es sich jedoch nicht und muß deshalb als verschollen gelten. – Der erste Versuch einer Veröffentlichung wird im gleichen Brief ebenfalls angesprochen:

«Schon vor Jahren weissagtest du mir, ich würde früher oder später einmal elend als Schriftsteller endigen! [...] Der Anfang ist gemacht. (Um gott! Welch ein Anfang!!) Ich habe ein kleines, in sich geschlossenes Teilergebnis, aus meiner unfertigen Arbeit über nietzsche [sic!] einem Verlage (so einem kleinen, häßlichen, weißt du!) eingesandt. Er hat es akzeptiert gegen das fürstliche honorar von 25,– (fünfuzw.) mark;» (WH 59)

Auf die etwa vier Druckseiten umfassende Veröffentlichung war der knapp Zwanzigjährige recht stolz, obwohl er – den Publikationsort ins Auge fassend, («kleine[s] Jahrbüchelchen, [...] zwischen statistischen Tabellen und anderen Auswüchsen verrückter Verlegergehirne», WH 60) – betont: «Hoffentlich erscheint es überhaupt nicht im Druck» (ebd.). Der Brief, aus dem hier zitiert wird, klingt beinahe wie ein frühes Zeugnis gekonnter Selbstinszenierung («Hebe ja unsre Korrespondenz auf! Wir müssen die Nachwelt durch esprit rasend machen», WH 60). Die kleine Publikation des Nietzsche-Aufsatzes konnte jedoch bis heute noch nicht ermittelt werden.[10]

Nach einem Jahr des Suchens, des Müßiggangs und erster literarischer Versuche brachte der Eintritt ins Berufsleben in den letzten Tagen des Januars 1934 wieder alltägliche Regelmäßigkeit und äußerlich geordnete Verhältnisse in Schmidts Dasein zurück. Durch die Fahrten von Lauban nach Greiffenberg war der Arbeitstag recht lang. Im Sommer fuhr Schmidt bereits um halb sieben von seinem Wohnort los und kehrte erst nach 17 Uhr zurück. Im Winter war er sogar mehr als zwölf Stunden unterwegs. Über die Arbeit äußerte sich Schmidt schon nach einigen Tagen wenig angetan:

«Heinz! Hast du jemals 1100 Bogen nach Nummern geordnet, wenn neben 47 die Nr. 983 liegt, welche der Nachbar von 709 ist? – –: Ich habe!! Schon 3 Tage!! [...] Erlaß es mir, meine Arbeit weiter zu schildern: ich mache in Stumpfsinn [...];» (WH 63)

Zu Schmidts Tätigkeiten im Betrieb gehörten die üblichen kaufmännischen Angelegenheiten: Postablage, Rechnungskontrolle, Buchhaltung und ähnliches. Er empfand die Arbeit zwar als «blöde, aber leicht» und erledigte sie auch zur Zufriedenheit der Ausbildungsleiter. Das Verhältnis zu den Mitarbeitern scheint ganz in Ordnung gewesen zu sein: «ich habe auch anständige Kollegen mit bösen Witzen» (WH 63), so daß Schmidt die Lehrzeit nicht nur als Frondienst empfunden haben dürfte, der ihn von seinen eigentlichen Interessen Literatur und Schriftstellerei abhielt.

Im Gegenteil: Der Ton in seinen Briefen ist locker und zeigt wenig von persönlicher Unzufriedenheit. Dazu hat sicher auch ein Ereignis beigetragen, das er in demselben Brief, in dem er Jerofsky von der stumpfsinnigen Arbeit berichtet, enthusiastisch schildert:

«Halte dich am nächsten Stuhl! [...], ‹I've found "HER"› (nicht H.!), aber was ist H. [gemeint ist wohl Hanne Wolff] gegen my new love! Ich bin halt ganz hin!!! Alles weitere by mouth (‹Sie› mich auch!!! Fein, was? [...] Man sagt gemeinhin, daß Liebe zehrt : grinse nicht, es stimmt! (Übrigens, [...] sie heißt Hilde, Hilde Stefan): she's cursed terribly by nearly the whole crew: but I love her – – – na, you know all this!! noch einmal: ‹Sie› mich auch!!! –» (WH 63 f.).

Ein solcher Ton ist für Schmidt ungewohnt. Man kann den Eindruck gewinnen, daß er dem Freund sein Verliebtsein vorspielt. Jerofsky hatte ja Schmidts Schüchternheit kennengelernt, als dieser sich nicht traute, Hanne Wolff anzusprechen. Daß Schmidt jetzt glauben machen will, die neue Liebe, eine Arbeitskollegin vermutlich, habe Hanne in seinen Empfindungen gleich verdrängt, scheint doch arg übertrieben. Die Ausrufezeichenhäufung verstärkt diese Annahme noch. Eigenartigerweise erwähnte er diese Hilde in keinem späteren Brief mehr, während Hanne noch in *Zettels Traum* (1970) genannt wird.

Schmidts Verhältnis zu Frauen war – soweit die Dokumente Einblick gewähren – eher von ideeller als von sinnlicher Art. Seine Schwester bestritt sogar, daß er außer seiner späteren Frau Alice je eine andere Geliebte hatte: «Und I'm sure he never had another girl friend than his wife. He really didn't, ja.» (PEK 269) Hinweise auf mangelnde Erotik hat Schmidt mitunter selbst gegeben. In bezug auf Alice meinte er 1937 beispielsweise selbstironisch: «Eine ganz ideale vertikale Liebe (meine Spezialität! Leider!)» (WH 71)

Besagte Alice Murawski hatte Schmidt im Betrieb kennengelernt. Er erwähnte sie erstmals in einem Brief an Jerofsky vom 17.12.1934: «Die Sache mit A. M. kannst Du Dir denken! Natürlich nur meinerseits! terrible world!» (WH 65) Doch so hoffnungslos, wie er die Situation hier einschätzt, war sie nicht. Alice muß durchaus seine Gefühle erwidert haben. Über das nähere Kennenlernen und die raschen Heiratspläne weiß man jedoch kaum etwas. Das Ehepaar Niehaus erinnert sich:

«Die Hochzeit zwischen Arno Schmidt und Alice Murawski kam für die Arbeitskollegen der beiden sehr überraschend; keiner hatte vorher etwas von dieser Verbindung gemerkt. Man hatte mehr damit gerechnet, zwischen Arno Schmidt und Rosa Junge würde sich etwas anbahnen.» (WH 164)

Alice war am Tag der Hochzeit (21. 8. 1937) einundzwanzig Jahre alt und bei den Greiffwerken als kaufmännische Angestellte tätig, wo sie in der Postabfertigung eine größere Anzahl von Lehrlingen zu beaufsichtigen und anzuleiten hatte. Obwohl sie keine höhere Schulausbildung genossen hatte, war sie zu einer wertvollen Mitarbeiterin geworden und wäre gerne weiter im Betrieb geblieben, wenn Arno Schmidt ihr dies nach der Hochzeit nicht verboten hätte. Angesichts der ärmlichen Verhältnisse, in denen beide lebten – Schmidt war im Februar 1937 nach der Beendigung seiner Lehrzeit von der Firma als graphischer Lagerbuchhalter übernommen worden –, ist diese Maßnahme unverständlich. Für Alice brachte die Heirat gravierende persönliche Einschränkungen mit sich. Der bestimmende Charakter Schmidts und ihr fehlendes Durchsetzungsvermögen verhinderten, daß sie ihre Rechte und Ansprüche gegenüber ihrem Mann geltend machte. Statt dessen fügte sie sich in ihr Schicksal, die häusliche als die für sie bestimmte Welt hinzunehmen, obwohl sie für die Führung eines Haushalts wenig Interesse zeigte und dafür überhaupt ungeeignet schien. So blieb Arno Schmidt von Anfang an ihre nahezu einzige Verbindung zur Außenwelt.

Alice teilte seine Interessen, stöberte gemeinsam mit ihm in Antiquariaten nach alten Büchern, schloß sich ausgedehnten Bibliotheksgängen an, spielte gegen ihn – mehr schlecht als recht – Schach und nahm als bewundernde Zuhörerin an den literarischen, astronomischen oder mathematischen Unterhaltungen teil, die Schmidt mit Bekannten führte. Er hingegen zeigte sich wenig bereit, ihre Freizeitvorschläge anzunehmen. Im Gegenteil: lange Fahrradtouren oder Badenachmittage, wie sie Alice liebte, fanden kaum noch statt. In einem nie abgeschickten Brief an Rosa Junge, in dem sie ihrer Freundin stolz von der Englandreise berichtet, die Schmidt nach langem Drängen mit ihr unternommen hatte, fallen Bemerkungen wie «Du weißt ja, wie Arno ist», «Nun kennst Du vielleicht Arno soweit, [...] daß er nun anfing, ungeduldig zu werden u. zu brummen», «Aber Arno benahm sich [gegenüber Mitreisenden] ganz kalt u. abweisend», «Arno ließ mich immer fragen u. half nur im Notfalle aus, wofür ich ihm sehr dankbar war» (WH 97 und 112 f.). Diese leisen Klagen der jungen Frau bezeugen, daß Schmidt bereits in jenen Jahren nicht einfach im Umgang war. Anders zeigt sich die Welt seines ersten ihr gewidmeten Erzählfragments *Die Insel,* das 1937 entstand. Darin stellt er Alice idealisiert in einem Bücherwunderland dar, das beim Lesen einen Gedanken an die Wirklichkeit erst gar nicht aufkommen läßt. Eine psychoanalytische Deutung würde hier – wie in der Frage der Sexualität überhaupt – einen Kompensations- und Verdrängungsprozeß des Schriftstellers erkennen, der die Realität zu ignorieren sucht, wenn er sich seinen Wunschphantasien oder Träumen literarisch hingibt.

Die Wirklichkeit der Jungvermählten sah nicht besonders rosig aus. Sie fanden zwar in Greiffenberg eine kleine Zweizimmer-Werkswohnung, wo sie jedoch bis zum Kriegsausbruch mit unliebsamen Nachbarn fast asketisch leben mußten. Einziger ‹Luxus› war eine kleine Bibliothek, die sie nach und nach zusammenstellten. Arno Schmidts Mutter hatte ihr Haus in Lauban verkauft und war etwa zur gleichen Zeit nach Quedlinburg übergesiedelt, wo sie bis zu ihrem Tod am 17. 10. 1973 lebte. Mit Schmidts Anteil konnte das junge Brautpaar dann nach längerem Drängen Alices Anfang August 1938 eine einwöchige Englandreise unternehmen, auf der sie sich vor allem Museen, historische Gebäude und andere kulturelle Sehenswürdigkeiten in und um London anschauten. Diese und eine weitere Fahrt nach Weimar und Oßmannstedt (Wielands Grab) im Mai 1939 dürften wohl die einzigen Urlaubsreisen gewesen sein, die die Schmidts je unternommen haben.

Die wenige Freizeit, die ihm seine Arbeit in den Greiffwerken ließ, wo er mittlerweile beruflich und sozial gut integriert war[11], verbrachte Schmidt mit dem Studium alter Bücher, mit der Sammlung von Material für eigene kleine Texte, von denen außer der *Insel* jedoch keiner überliefert ist, sowie mit der Arbeit an einer 7–10stelligen Logarithmentafel, die er erst im Sommer 1948 fertigstellte.

Die Jahre 1933–39 brachten für Arno Schmidt wichtige persönliche Entscheidungen: der berufliche Werdegang, die Ehe und das Verlassen des Elternhauses. Trotz weiterer sporadischer Schreibversuche schien der Entschluß, freier Schriftsteller zu werden, jedoch in weite Ferne gerückt. – Verwunderlich ist die Tatsache, daß Schmidt während dieser ganzen Zeit mit keinem Wort Anteil an den bedrohlichen politischen Entwicklungen nahm, die sich seit 1933 abzeichneten und Europa zum zweitenmal innerhalb eines Vierteljahrhunderts in die Katastrophe stürzten.[12]

4. Die Kriegsjahre (1939–1945)

Anläßlich seiner Musterung kam Arno Schmidt erstmals direkt mit dem Militär in Berührung. Darüber schrieb er am 20.7.1935 Heinz Jerofsky:

«Enrico! Nach soeben über mich ergangener Musterung teile mit: 1 Jahr zurückgestellt, außerdem vorgesehen für Ersatzreserve II; also praktisch vom Wehrdienst befreit. – Commentar überflüssig! Du Glücklicher kannst also dem Vaterlande mit der Waffe dienen? Meinen Neid kannst du dir kaum vorstellen; die Engländer nennen meines Wissens derartig große Beträge Zero.» (WH 67 f.)

Schmidts Freude über die Zurückstellung ist verständlich; jedoch zeigte sich schon bald danach, daß die Einschätzung «praktisch vom Wehrdienst befreit» falsch war. Am 19.5.1937 hatte er sich in Sprottau einzufinden, wo er als Kanonier bis Mitte Juli eine Wehrübung absolvierte.[13] Anderthalb Jahre später, Anfang Dezember 1938, war Schmidt acht Tage Soldat beim Sudeteneinmarsch, wurde jedoch vorzeitig aus Krankheitsgründen aus dem Lazarett in Hirschberg entlassen. Bei der ersten Mobilmachung zum Krieg erhielt er am 26.8.1939 nachts die Einberufung, aber auch hier war der Einsatz nur von kurzer Dauer, denn schon eine Woche später, am 2.9., erfolgte die erneute Entlassung wegen Überzähligkeit. Schmidt arbeitete zunächst in seiner alten Stellung als Lagerbuchhalter weiter, bis ihn dann die endgültige Einberufung nach Hirschberg am 10.4.1940 aus der gewohnten Lebensumgebung riß. Hirschberg im Riesengebirge war ein Stützpunkt der leichten Artillerie, wo Schmidt zunächst Dienst in der Schreibstube zu leisten hatte, bald aber zum Dolmetscherdienst vorgeschlagen wurde. So nahm er im August des gleichen Jahres an einem militärischen Dolmetscherlehrgang in Halle teil. Der Garnisonsaufenthalt in Hirschberg dauerte unterdes noch bis zum Januar 1941 an.

Schmidt gehörte während der Jahre 1939 bis 1942 der ruhenden Truppe in Einsatzbereitschaft an. Mit dem Kriegsgeschehen kam er in dieser Zeit nicht direkt in Berührung. Noch Mitte 1940 schien er die

zerstörerischen Vorgänge für eine Inszenierung zu halten, die bestenfalls die Wirklichkeit einer Theateraufführung besaß. Aus einem Brief
an Jerofsky vom 26. 5. 1940 geht hervor, daß er an alles andere als an
einen Fronteinsatz dachte:

«Also Du meinst beim Kriege handele es sich nur noch um Sekunden ? Hm,
schon recht. Ist ja alles nur Schein. Falls wir uns in einigen – Sekunden, mal
sehen sollten, werde ich Dir voller Stolz meine Bücherei vorführen. Wunder-
same Dinge darin, alte Sachen, 1600, 1700, eine Rechenmaschine für den
Mathematikus [. . .].» (WH 87)

Ob sich eine solch leichtfertige Haltung aus einer kaum überbietbaren
Naivität heraus erklären läßt oder ob dahinter ein Eskapismus von
ungewöhnlichem Ausmaß steckt, der als eine unbewußte Flucht vor
den schrecklichen Ereignissen in eine geistige Welt interpretierbar
wäre, ist schwer zu sagen. Der Brief, aus dem zitiert wurde, liefert darüber hinaus auch Beweise für eine dritte Möglichkeit: Schmidt ist sich
über die wahren Vorgänge im klaren gewesen und reagiert mit Süffi-
sance und Ironie, wobei er die Welt der Philosophie und der Literatur
als einzige mentale Überlebenschance bewußt ansteuert oder zumindest nichts gegen eine Gefangennahme durch den imaginierten geistigen Kosmos hat. Im gleichen Brief heißt es: «Wenn ich irgend ein altes
Buch sehe, geht's mit mir durch. Ich war immer ein grosser Virtuose im
Träumen». Im Anschluß an diese Worte entwickelt Schmidt seinem
Freund gegenüber erneut die Faszination, die Antiquariate und alte
Bände auf ihn ausüben («auch im Tagesbewusstsein»), um dann zu
einer überraschenden Selbsterkenntnis zu gelangen: «Also Du siehst,
ich ziehe ein schönes Stück Narr in mir gross». Beide Zitate, und auch
der Abschiedsgruß «Tiefe Traurigkeit ergreift mich – schreib bald wieder !» (WH 88) lassen den Schluß zu, Schmidt habe nur äußerlich die
Kriegssituation mit Gelassenheit ertragen, innerlich aber sei er bestürzt
und traurig gewesen. Ob nun der Krieg und die Kasernierung die
Haupt- oder gar alleinige Ursache für den Eskapismus waren, ob noch
weitere wichtige Gründe ausschlaggebend gewesen sind, oder ob der
unwiderstehliche Reiz des Wissens und der Kunst ihn ohnehin – auch
ohne die äußere Extremsituation – in so intensiver Weise in den Bann
geschlagen hätte, wird erst zu beantworten sein, wenn weitere wichtige
Dokumente zugänglich sind.

Die hier angedeutete Problematik der Realitätsferne zeigt sich auch
im Zusammenhang mit der Einordnung der im Krieg entstandenen

Werke. Noch in Hirschberg, vermutlich in der zweiten Jahreshälfte 1940, hatte Schmidt elf der *Dichtergespräche im Elysium* verfaßt und seiner Frau zum Weihnachtsgeschenk gemacht. Ein zwölfter Dialog wurde Anfang 1941 im elsässischen Hagenau hinzugefügt, wo Schmidt seit dem 10. 1. stationiert war. Während er in diesen Gesprächen das selige Totenreich der besten Dichter und Wissenschaftler als Refugium für ästhetische Unterredungen auserwählte, beschrieb er in sieben weiteren Erzählungen und Erzählfragmenten, die bis 1943 entstanden, eine mehr oder weniger abgeschlossene romantische Welt, die nur gelegentlich durch Anachronismen aufgebrochen wird.[14]

Die Frage, wie jemand inmitten schrecklicher Kriegswirren naive, romantisch-biedermeierlich anmutende Märchen hatte schreiben können, die von Feen und Zwergen handeln und auch ex negativo in der literarischen Verkleidung keine indirekte Kritik an den bestehenden Verhältnissen zeigen, hat sich schon kurz nach Erscheinen der aus dem Nachlaß herausgegebenen *Juvenilia* als eine der Kardinalfragen der Interpreten herausgestellt. Sie ist wohl nicht nur mit dem Hinweis auf den Schmidtschen Eskapismus zu beantworten, der die Gestaltung erfundener Welten von ihm forderte. Man muß auch berücksichtigen, daß er die Erzählungen vermutlich nicht in der Absicht der Veröffentlichung schrieb. Sie waren wohl nur für einen Leser, seine Frau, bestimmt, der sie auch gewidmet sind. Für Alice und sich selbst schuf Schmidt einen Wunsch- und Traumkosmos, der seine fiktionale Homogenität sogar in der imaginierten Publikation wahrt, wenn die Geschichten durch einen Buchtitel wie «von / Arno Schmidt. / Drei - Mohren - Verlag / 1942» (JUV 662) die Veröffentlichung in die Fiktion des Textes einbezieht. Diese Erzählungen wären wohl für einen kritischen zeitgenössischen Leser unzumutbar gewesen. Aus heutiger Sicht beurteilt erscheinen sie überdies wenig gelungen und über weite Strecken epigonal; ihr Wert liegt weniger in der Kunstfertigkeit als im Literarhistorisch-Dokumentarischen. Schmidt mag von der ästhetischen Qualität seiner frühen Prosa durchaus überzeugt gewesen sein. Der endgültige Durchbruch des Künstlers, der die ihm gegebenen gestalterischen Möglichkeiten voll ausschöpft, waren diese Jugendwerke jedoch noch nicht. Dazu bedurfte es offensichtlich noch einer intensiven Wirklichkeitserfahrung und radikalen Desillusionierung, die Schmidt wenige Jahre später aus seinen Traumwelten herausreißen und ihn zu einer ebenso radikalen wie illusionslosen künstlerischen Darstellung einer neuen Weltsicht drängen sollten. So wurden die letzten Kriegs-

jahre zur entscheidenden Lebenserfahrung für die zukünftige Schriftstellerexistenz.

Am 10.1.1941 war Schmidt nach Hagenau gekommen, wo er bis
zur Versetzung zur Feldtruppe am 4. 10. blieb, die in Lauban ihren Auf-
stellungsort hatte. Am 26. 3. des folgenden Jahres wurde der Marschbefehl für das bereits besetzte Einsatzland Norwegen ausgegeben. Das
Endziel einer Route, die über Dresden, Berlin, Hamburg und Helgo-
land führte, war Øveraasjøen am Romsdalsfjord, wo Schmidt die Ver-
handlungen mit den Einheimischen über Unterkunft und Verpflegung
führte, da er zwischenzeitlich Norwegisch zu lernen begonnen hatte. In
Øveraasjøen leistete er wieder Dienst in der Schreibstube, und zwar –
wie sich sein Kriegskamerad Max Ames erinnert – «korrekt und unauf-
fällig» (WH 215). Wegen seiner guten Mathematikkenntnisse habe er
später «die Berechnungen von Schußtabellen für die Kanonen» (ebd.)
anstellen müssen. Nach zwei planmäßigen Heimaturlaubsreisen in den
Jahren 1942 und 1943 erhielt Schmidt die schmerzliche Nachricht vom
Tod Werner Murawskis, des Bruders seiner Frau, der achtzehnjährig in
Smolensk gefallen war (17. 11. 1943). Mit dem zehn Jahre Jüngeren
war Schmidt in fast väterlicher Freundschaft eng verbunden gewesen.
Den Roman *Schwarze Spiegel* (1951) widmete er ihm («dieses Buch ist
für / Werner Murawski; / […] der Letzte, / mit dem zusammen ich jung
war» , WH 198).

Im Laufe des Jahres 1944 wurde für die Truppe Urlaubssperre
erteilt, die allerdings nicht für die kämpfenden Einheiten galt. So meldete sich Schmidt am 14. 1. 1945 zum Fronteinsatz. Bei einem Urlaub
vom 1.– 21. 2. konnte er Alice bei der Fluchtvorbereitung von Greiffenberg nach Quedlinburg behilflich sein. Nach seiner Rückmeldung in
Ratzeburg wurde Schmidt zum Fronteinsatz im Oldenburgischen
abkommandiert. Am 16. 4. meldete er sich freiwillig bei Vechta in englische Gefangenschaft, von wo er in ein Lager bei Brüssel transportiert
wurde. Von dort kam er nach Luthe (21. 8.– 22. 9.) und schließlich
nach Munster, wo er als Dolmetscher eingesetzt wurde. Am 4. 11. reiste die inzwischen benachrichtigte Alice an. Schmidt wurde am 29. 12.
nach Cordingen entlassen. Dort begann für beide ein neuer Lebensab-
schnitt.

5. Die ersten Schriftstellerjahre (1946 – 1958)

Die Jahre 1946 bis 1958 markieren Schmidts Odyssee von Cordingen ins endgültige Domizil nach Bargfeld in der Lüneburger Heide. Sie brachten ihm trotz erheblicher persönlicher Zweifel an der eigenen Berufswahl, trotz großer sozialer Not und der despektierlichen Ignoranz von Verlegern, Kritikern und des Publikums sowie der Nachstellungen durch die Justiz den Durchbruch als Schriftsteller. In dieser Zeit verfestigte sich auch Schmidts Charakter, seine Haltung gegenüber dem Literaturbetrieb und den Mitmenschen, nicht zuletzt sein problematisches Weltbild.

Ohne die notdürftigsten Lebensutensilien trafen Alice und Arno Schmidt am 29. 12. 1945 auf dem Mühlenhof bei Cordingen ein, einer winzigen Ortschaft im Kreis Fallingbostel, wo beide ein knappes Jahr als Dolmetscher an der Deutschen Hilfspolizeischule Benefeld tätig waren (29. 12. 1945 bis 1. 12. 1946). Dort blieben sie noch weitere vier Jahre wohnen, nachdem sich Arno Schmidt im Dezember 1946 – ‹begünstigt› durch die Schließung der Schule – dazu entschieden hatte, freier Schriftsteller zu werden.

Das Bewußtsein, mit zweiunddreißig Jahren noch nichts Bedeutendes geschrieben und noch keine Zeile veröffentlicht zu haben, und das Bedürfnis, die schrecklichen Kriegserfahrungen literarisch zu verarbeiten, drängten Schmidt bereits kurz nach der Ankunft in Cordingen, im Februar 1946, zur Niederschrift der ersten Erzählung, *Enthymesis*.

Schon der Untertitel *oder W. I. E. H.* (oder Wie Ich Euch Hasse) zeigt programmatisch Schmidts enttäuschte Wut über die sinnlos verlorenen Jahre als Soldat («meine besten») und die europäische Katastrophe als Ausdruck kollektiven Barbarentums. Tiefste Verbitterung über das persönliche Schicksal und sich in Haß umwandelndes Entsetzen über den Ungeist der Menschen waren für ihn – so scheint es – jahrelang die wichtigsten inneren Schreibantriebe, die entgegen allen äußeren Widerständen mächtig durchbrachen. Hinzu kam ein Leistungswille, ein Arbeitsethos, wie es kaum einem anderen Schriftsteller seiner Generation eigen war. Rücksichtslos gegen sich und sein Umfeld schrieb und übersetzte Schmidt jahrein, jahraus ohne Pause mitunter 14 – 16 Stunden täglich ein Lebenswerk, das allein schon vom Umfang her Respekt abverlangt.

Die beherrschenden Themen der frühen Prosa sind einerseits die kritische Durchleuchtung der Kriegs- und Nachkriegsjahre und der

Anfänge des deutschen Wirtschaftswunders im reaktionär-restaurativen Adenauerstaat; andererseits wird die Rolle des begabten Einzelnen, des Wissenschaftlers und Künstlers in seinem problematischen Außenseitertum gespiegelt. Dabei ist es Schmidts Anliegen, die innersubjektive und empirisch erfahrbare Wirklichkeit in ihrer tatsächlichen Erscheinungsform abzubilden, ohne Beschönigungen, relativierende Erklärungen und Ausflüchte. Schmidts Programm, Natur, Zeit und Mensch illusionslos, nüchtern und detailgetreu-exakt darzustellen, bezieht bewußt in die Antike oder Zukunft verlegte Handlungsräume genauso wie die Realität kontrastierende Stilmittel (Traum, Phantasie) mit ein, um zu einem in der deutschen Nachkriegsliteratur einzigartigen Realismusbegriff zu kommen, der die inhaltlich-motivische Komponente mit einer höchst eigenen und eigenwilligen formalen und sprachlichen Gestaltung verbindet und dabei weder die Stoßrichtung der Aussage noch die aufklärerische Absicht fallenzulassen braucht. Peter Rühmkorf hat diesen Hauptaspekt von Schmidts Prosa der fünfziger Jahre mit sicherem Blick erkannt:

«Während in der deutschen Nachkriegsliteratur die formal experimentierenden und die gesellschaftskritisch operierenden Kräfte verhängnisvoll auseinanderscherten (die Romane [...] Wolfgang Koeppen[s] einmal ausgenommen), offenbarte sich uns in den gefährlich gespannten Prosen Arno Schmidts das erregendste Miteinander zweier widersprüchlicher Schreibantriebe: rücksichtsloses Verlangen, die Sprache in Privatbesitz zu überführen, und ein nicht minder heftiges Bedürfnis, aufklärend und anstoßstiftend in die Tagespolitik hineinzufunken. Hier war nun wirklich ein [...] Artist, der der Sprache vergönnte was ihr gebührte, nämlich individueller Ausdruck und entschiedenes Eigenprofil, und der [...] dennoch nicht zu fein war, dem Restauratorium zur Carmagnole aufzuspielen.» (SP 86, 20)

Betrachtet man die Bedingungen, unter denen eine solche Prosa entstand, so wird zum einen die enorme, fast unmenschlich anmutende Energieleistung deutlich, die Schmidt – immer tatkräftig unterstützt von seiner Frau – ohne Erholungspausen vollbrachte, zum anderen zeigt sich auch sein unbeugsamer Wille, trotz des hohen Schreibpensums keine Einbußen in der Qualität hinzunehmen.

In Cordingen verfaßte Schmidt neben der *Enthymesis*-Erzählung noch die Kurzprosastücke *Leviathan* (Oktober 1946), *Gadir* (1948), *Alexander* (1949) und *Brand's Haide* (1950) sowie das Drama *Massenbach* (1949). Einen Einblick in die Lebensverhältnisse des Schreibenden geben Äußerungen von Zeitzeugen. Beispielsweise schildert

A. P. Eismann einen Besuch bei Schmidt anläßlich eines Autorenporträts:

«Fast drei Stunden dauerte die Fahrt bis zum ‹Mühlenhof› in Cordingen. Hier wohnt Arno Schmidt, einer von vierzehn Mietern, als Flüchtling. In seinem einzigen Zimmer waren es zwölf Grad. Wellpappkartons bilden ein Bücherregal. Eine primitive, hölzerne Bettstelle mit einer groben Decke steht in der Ecke. Der Tisch ist aus einer ehemaligen Schultafel gezimmert. Man könnte an Spitzwegs ‹Poeten› denken. Die Armut ist da, aber beileibe keine Zipfelmütze.»[15]

Weiter berichtet Eismann, daß der durchschnittliche Monatsetat der Schmidts in jenen Jahren gerade sechzig Mark betragen habe. Ein Antrag der Flüchtlinge um Haushaltshilfe sei vom Bürgermeister mit den Worten abgelehnt worden, Schmidt könne doch ehrliche Arbeit anfangen. Alices Brief an Rosa Junge von 1973 unterstreicht die Bedürftigkeit:

«Wie freuten wir uns da über jede geschenkte Konservenbüchse[,] die uns als Kochtöpfchen dienen konnte, oder das kleine Löffelchen als unser stolzer Besitz, das wir uns in Greiffenberg noch eingesteckt hatten.» (WH 189)

Es fehlte in der Tat an allem Lebensnotwendigen, und eine Aussicht auf Besserung bestand nicht. Hinzu kam die geistige Isolation. Schmidt besaß während der Cordinger Zeit kaum Bücher, er war zudem weit ab vom kulturellen Leben, von Bibliotheken und Museen. Interessante Gesprächspartner gab es im überbelegten Flüchtlingsdorf nicht. Weder eine geistige noch eine soziale Integration schien möglich und erwünscht. Im Gegenteil: «Ich galt da als der Dorftrottel», gestand er 1952 rückblickend einem *Spiegel*-Rezensenten.[16]

Das Überleben als freier Schriftsteller sicherten in dieser Zeit minimale Rücklagen aus dem Jahr des Dolmetscherdienstes und – wesentlicher – Hilfeleistungen der Familie. Die Mutter schickte von Zeit zu Zeit Pakete aus Quedlinburg, die manchmal auch eines der zurückgelassenen Lieblingsbücher Schmidts enthielten; aus den USA trafen regelmäßig Care-Sendungen der Schwester ein, die seit ihrer Flucht in den dreißiger Jahren – sie hatte einen jüdischen Kaufmann geheiratet – dort lebte. Ihr widmete Schmidt sein erstes Buch, die *Leviathan*-Trias, das 1949 bei Rowohlt erschien: «MRS. LUCY KIESLER / New York, USA / meiner Schwester, / ohne deren nimmer fehlende Hilfe / ich längst verhungert wäre» (LEV 507).

Arno Schmidt hatte bis dahin erfolglos versucht, einen Verlag zu finden, und trug sich mit dem Gedanken, doch vielleicht den Beruf des

Schriftstellers wieder aufzugeben. Da erscheint es rückblickend als Glücksfall, daß man sich in Hamburg zur Veröffentlichung eines Erzählbandes (*Leviathan*) entschloß, der dann im September in einer Auflage von zweitausend Exemplaren erschien. Trotz eines werbewirksamen Teilvorabdrucks in der *Zeit* vom 10.3.1949 – Schmidts erster Veröffentlichung überhaupt – und eines empfehlenden Briefes von Hermann Hesse fiel jedoch der Debütband beim Publikum durch. Es wurden in den ersten Jahren nur wenige hundert Exemplare verkauft. Die Folge war, daß der Rowohlt Verlag zunächst kein Interesse zeigte, ein weiteres Buch Schmidts zu publizieren. Schmidt geriet darüber erneut in große Zweifel, ob er die Schriftstellerei nicht besser doch aufgeben sollte. Vermutlich hätten in dieser ausweglos scheinenden Situation auch die Ermunterungen Alices wenig genützt, die das arg ramponierte Selbstbewußtsein ihres Mannes zu stärken suchte, wenn nicht die Nachricht eingetroffen wäre, daß die Mainzer Akademie der Wissenschaften und der Literatur am 27.10.1950 beschlossen hatte, ihren mit zehntausend Mark dotierten Literaturpreis zu gleichen Teilen an Werner Helwig, Hans Hennicke, Oda Schäfer, Heinrich Schirmbeck und Arno Schmidt zu vergeben. Der Preis wurde am 14.1.1951 in Mainz überreicht, die Rede hielt Alfred Döblin, der ebenso wie Hans Henny Jahnn und Ernst Kreuder der Jury angehörte. Preisträger Werner Helwig erinnert sich an die Verleihung:

«Erste Begegnungen der vorgeladenen Auserwählten fanden in dem Hotel statt, das Mainz für sie bereit hielt. [...] Nur einer von uns hielt sich betont abseits. [...] er sollte sich später als der Haupttreffer der Auserwählten erweisen. [...] Dieser Mensch nun, sehr jung, sehr unbeholfen wirkend, beschäftigte uns alle durch seinen Aufzug. Und wir fragten uns: Propagiert er seine Notlage oder besteht sie wirklich? Denn er trug kein Hemd unter der Jacke, hielt, um diese Tatsache zu verstecken, dauernd den hochgestellten Rockkragen mit der einen Hand zusammen. Man konnte vermuten, daß er ohne Socken in den Schuhen stak. [...] Auch schien er einer Kopfbedeckung und eines Mantels zu ermangeln.» [17]

Der überraschend verliehene Literaturpreis brachte Rowohlt nach der Ablehnung der *Wundertüte*, einer fiktiven Briefsammlung Schmidts, dazu, zwei weitere Bücher von ihm (*Brand's Haide*, 1951, und *Aus dem Leben eines Fauns*, 1953) zu veröffentlichen, ohne ihm jedoch die Sicherheit eines Hausverlags geben zu wollen. Für Schmidt bedeutete der Preis in erster Linie, einige Zeit weiterschreiben und einen unangenehmen Rechtsstreit beenden zu können.

Bereits vor der Preisverleihung waren Arno Schmidt und seine Frau von Cordingen nach Gau-Bickelheim (Rheinhessen) umgezogen. Noch vor der Übersiedlung hatte seine Wirtin in Cordingen gegen ihn geklagt. Schmidt habe einen Teil der Wohnungsmiete noch zu zahlen sowie die Leihgebühr für die von ihr zur Verfügung gestellten Möbelstücke. In der Folgezeit ergab sich ein peinlicher Briefwechsel zwischen dem Rechtsanwalt der Klägerin, dem Gericht und dem Beklagten. Trauriger Höhepunkt dieser Auseinandersetzung war Schmidts Kampf um sein gepfändetes Tandem, das einzige Eigentum des Autors, das er für Fahrten in die umliegenden Bibliotheken und andere Recherchen dringend brauchte. Selbst der Rowohlt Verlag schaltete sich mit einem offiziellen Schreiben in das Verfahren mit dem Hinweis ein, Schmidt benötige das Fahrrad u. a. auch, um den Kontakt zum Lektorat in Hamburg halten zu können! Jedoch war Rowohlt nicht bereit, von sich aus die geforderte Summe von etwas mehr als zweihundert Mark zu zahlen.[18] Dies konnte Schmidt erst durch die mit dem Literaturpreis verbundene Summe.

Mit der Übersiedlung nach Gau-Bickelheim im November 1950 und dem abermaligen Umzug nach Kastel, einem kleinen Dorf nahe Saarburg (Rheinland-Pfalz), genau ein Jahr später, besserte sich die Situation der Schmidts nicht. Wolfgang Koeppen erinnert sich:

«Ich bin Arno Schmidt zweimal begegnet. [...] Arno und Alice Schmidt reisten in jener Zeit auf einem Tandem über Land. Sie besaßen ein Zelt, in dem sie schliefen. Regen fiel auf sie. Sie stellten das Zelt in Wäldern auf, dämpften sich im Kessel Wurzeln, Kohl und Brennesselgemüse. Sie schleppten einen sehr alten Kohlenherd mit sich [...]. Dazu einen Sack Bücher, den sie, weiß Gott wie, transportierten.» (SP 84, 18 f.)

Anfang der fünfziger Jahre war Schmidt gezwungen, neben den weiterhin entstehenden eigenen Erzählungen und kurzen Romanen Übersetzungen aus dem Englischen für niedrigste Honorare zu liefern, die seit 1952 im jährlichen Rhythmus vornehmlich bei Rowohlt erschienen und dort – ohne daß Schmidt daran partizipiert hätte – in großen Auflagenzahlen vermarktet wurden. Als ausgesprochener Glücksfall erwies sich dann die Begegnung mit Alfred Andersch, den Schmidt anläßlich eines Treffens mit Martin Walser beim Süddeutschen Rundfunk in Stuttgart kennengelernt hatte. Hieraus ergab sich nicht nur eine der wenigen Künstlerfreundschaften Schmidts. Andersch konnte ihm darüber hinaus in vielfältiger Weise eigene literarische Kontakte nutzbar machen. Daß Andersch Schmidt sogleich um eine Erzählung für die Frankfurter Verlagsanstalt bat, war kein Zufall. Schmidt war ihm bereits durch den *Leviathan*-Band aufgefallen, über den er schon vor der ersten Begegnung eine begeisterte Radiorezension verfaßt hatte. Schmidt konnte so seine beiden Erzählungen *Die Umsiedler* und *Alexander* anbieten, für die er noch keinen Verlag gefunden hatte. Ein Jahr später erschienen die beiden Prosastücke dann auch in der von Andersch betreuten Reihe «studio frankfurt». Damit begann eine unermüdliche Vermittlungstätigkeit Anderschs. Bereitwillig stellte er für Schmidt Kontakte zu Verlagen her, bot ihm neue Veröffentlichungsmöglichkeiten und lobte im Funk oder in der Presse dessen Bücher. Der 1985 erschienene Briefwechsel zwischen Alfred Andersch und Arno Schmidt gibt einen umfassenden Einblick in die vielfachen, förderlichen Aktivitäten des Freundes.[19]

Besonders erfreulich für Schmidt war, daß Andersch ihm eine neue Verdienstmöglichkeit durch das Verfassen von Radio-Essays schuf. Andersch war seit Juni 1955 freiberuflicher Leiter der Redaktion ‹Radio-Essay› beim Süddeutschen Rundfunk in Stuttgart und bat Schmidt gleich um Mitarbeit. Nachdem ein Essay über Cooper von Andersch abgelehnt wurde, kam es am 21.10.1955 zur Sendung eines literarhistorischen Funkdialogs über den Lyriker Barthold Heinrich Brockes. Zahlreiche weitere Radio-Essays aus Schmidts Feder wurden in den folgenden Jahren von verschiedenen Sendern produziert. Da der Rundfunk recht ansehnliche Honorare zahlen konnte, nahm Schmidt gerne die Gelegenheit wahr, zumal hier für ihn die Möglichkeit bestand, auf vergessene oder verkannte Dichter aufmerksam zu machen, deren Wiederentdeckung ihm sehr am Herzen lag. Der Rundfunk wurde so – wie für viele andere Schriftsteller in den fünfziger Jahren auch – Schmidts Haupteinnahmequelle. Neben den Radioarbeiten und den Übersetzungen versuchte Schmidt, sich ein drittes finanzielles Standbein zu schaffen, indem er zahlreiche Zeitungs- und Zeitschriftenbeiträge schrieb: Rezensionen, Feuilletons und eigene kleinere Erzählungen, die er oft gleich mehrmals drucken ließ: So entstanden zwischen 1954 und 1956 die *Stürenburg-Geschichten* und von 1955 bis 1959 die *Geschichten aus der Inselstraße*.

Trotz dieser vielfältigen Aktivitäten, die einen leichten Aufwärtstrend aber erst gegen Ende der fünfziger Jahre einleiteten, blieben die Geldsorgen vorerst in unverändertem Maße bestehen, so daß Schmidt seine armselige Behausung in Kastel, die aus einer winzigen Wohnschlafküche und einem flurähnlichen Arbeitszimmer bestand, weiterhin behalten mußte. Max Bense berichtet in einem Gespräch, daß er einmal mit seiner Frau und einer Kollegin bei Schmidts zum Essen eingeladen gewesen sei und man die Suppe in Hundenäpfen serviert bekommen habe, weil noch kein Geld vorhanden gewesen sei, um Geschirr kaufen zu können.[20] Auch Bense versuchte wie Andersch Schmidt beruflich weiterzuhelfen. Die Vermittlung einer festen Stellung an der neugegründeten Hochschule für Gestaltung in Ulm scheiterte jedoch bereits im Ansatz, weil sich der damalige Leiter Max Bill und Schmidt sofort unsympathisch waren. Zuvor hatte Schmidt schweren Herzens seine umfangreiche Sammlung von Fouqué-Dokumenten und -Manuskripten an das Deutsche Literaturarchiv in Marbach verkauft. Der Ertrag war jedoch nicht so hoch, um die Dozentur von vornherein ausschlagen zu können.

Von Juli bis Oktober 1953 hatte Arno Schmidt den Kurzroman *Seelandschaft mit Pocahontas* geschrieben, in dem eine nur wenige Urlaubstage dauernde Liebesidylle zwischen vier Personen erzählt wird. Alfred Andersch hatte versucht, dieses Werk in derselben Reihe zu publizieren wie *Die Umsiedler*, jedoch scheiterte das Vorhaben, weil der Verlagsleiter, Eugen Kogon («dezidiert katholischer Christ»), die Erzählung für erotisch zu freizügig hielt, wogegen er «die anti-christliche Polemik hätte [...] hinnehmen können» (BAA 19). Daraufhin plante Andersch, die Reihe «studio frankfurt» aus dem Verlag auszugliedern. Tatsächlich gelang es, für die neugegründete Zeitschrift *Texte und Zeichen* den Luchterhand Verlag zu gewinnen. Programmatisch wurde die abgelehnte Erzählung im ersten Heft, das am 15. 1. 1955 erschien, aufgenommen, zusammen mit Schmidts poetologischen Überlegungen *Berechnungen I*.

Kurze Zeit später zeigte sich allerdings, daß Kogons Einschätzung der Lage nicht ganz falsch war. Bereits am 25. 2. 1955 teilte Andersch Schmidt in einem Brief mit, daß sich einige christliche Buchhändler im Rheinland über die *Pocahontas* aufgeregt hätten (vgl. BAA 48). Am 6. 4. erging dann tatsächlich Strafanzeige gegen den Autor, den Herausgeber und den Verlag durch zwei Kölner Rechtsanwälte wegen Gotteslästerung und Pornographie. In den Schreiben an den Oberstaatsanwalt in Berlin hieß es u. a.:

«Durch dieses Pamphlet [*Seelandschaft*], das im übrigen auf einer ganz ungewöhnlich niedrigen Kulturstufe steht, werden nicht nur Einrichtungen und

Gebräuche der christlichen Religionsgesellschaften beschimpft, einige Stellen wachsen zu einer öffentlichen Gotteslästerung in beschimpfenden Äusserungen aus. [...] Darüber hinaus ist die Abhandlung von Schmidt an vielen Stellen unzüchtig».[21]

Mit diesen Strafanzeigen wurde Schmidt die zweifelhafte Ehre zuteil, als erster deutscher Schriftsteller der Nachkriegszeit gerichtlich verfolgt zu werden. Bezeichnend für das unsinnige Vorgehen der Kölner Rechtsanwälte und deren kulturellen Unverstand ist, daß sie bei Schmidts Kurzroman von einer Abhandlung sprechen. Es ist kein Wunder, daß Schmidt nach den polizeilichen Vernehmungen und zahlreichen, diese Angelegenheit betreffenden Briefen verbittert über die bundesrepublikanischen Zustände war und sich kurzfristig mit Auswanderungsplänen nach Irland beschäftigte, aus denen freilich nichts wurde. Um allerdings aus dem Bereich des konservativen und der Kirche zugeneigten Gerichtsbezirks Trier zu gelangen, zog Schmidt nach Darmstadt, wo er durch die Vermittlung von Dr. Tröger, dem späteren Finanzminister Hessens, in der Inselstraße eine Wohnung fand. Beim Umzug am 24.9.1955 waren der Schriftsteller Ernst Kreuder und der Maler Eberhard Schlotter behilflich, mit dem Schmidt bis zum Tod eine enge Freundschaft verband, die nicht zuletzt von einem fruchtbaren künstlerischen Austausch lebte.[22] Wie richtig es war, den Trierer Distrikt zu verlassen, zeigte sich, als das Verfahren gegen den Verleger wegen mangelnder Beweise eingestellt und die Akte gegen den Hauptschuldigen Schmidt im November nach Trier geschickt wurde, von wo sie dann nach Darmstadt gelangte. Nachdem Hermann Kasack als Präsident der Deutschen Akademie für Sprache und Dichtung am 21.7. 1956 ein Sachverständigen-Gutachten über die *Seelandschaft* eingereicht hatte, wurde die seither als *Pocahontas*-Affäre bekannte Strafsache fünf Tage später mit ausführlicher Begründung eingestellt.

In der Zwischenzeit war die Erzählung *Kosmas* bei Agis erschienen, und es hatte sich für Schmidt ein wichtiger Verlagskontakt ergeben, der wiederum durch Alfred Andersch hergestellt worden war. Dieser hatte von Schmidt das neue Romanmanuskript *Das steinerne Herz* zu lesen bekommen und reagierte sofort mit großer Bewunderung (vgl. BAA 62). Da Schmidt ihm ausdrücklich untersagt hatte, das Werk an einen Verleger weiterzuleiten, schickte Andersch den Roman an den Autor zurück; auf Empfehlung E.W. Eschmanns, der zwei Bücher beim Stahlberg Verlag veröffentlicht hatte, unterrichtete er jedoch dessen Leiter und Mitinhaber Ernst Krawehl über Schmidts Manuskript. Krawehl besuchte daraufhin im August 1955 Schmidt für zwei Tage in Kastel. Dieser erste Kontakt führte dann im Oktober 1956 zur Veröffentlichung des *Steinernen Herzens*, jedoch in einer selbstzensierten Fassung. Krawehl hatte mit Blick auf die *Pocahontas*-Affäre erhebliche Bedenken gegen einzelne Passagen des Werkes und wirkte auf anwaltlichen Rat auf Schmidt ein, Teile zu streichen oder umzuarbeiten. Der unzensierte Text erschien erst nach Schmidts Tod in der *Bargfelder Ausgabe*. Wichtiger jedoch war, daß Schmidt in Krawehl einen Mann gefunden hatte, der die Qualität seiner Werke erkannte und sich – entgegen den zu erwartenden niedrigen Auflagenzahlen – bereit fand, die künftigen Texte zu veröffentlichen. So blieb Schmidt beim Stahlberg Verlag; seine Bücher wurden nach der Übernahme durch den Fischer Verlag betreut.

Mit der Veröffentlichung des *Steinernen Herzens* setzte ein erster publizistischer Höhepunkt in Schmidts Leben ein. Mehr als sechzig Rezensionen dokumentieren nachdrücklich, daß sein neues Werk auf breites Interesse der literarischen Kritik stieß. Jedoch zeigen die Besprechungen nur selten ein tiefergehendes Verständnis für den neuen Ton in der deutschen Prosa. Im Gegensatz dazu waren es vor allem Schriftstellerkollegen, die die Bedeutung des Romans sogleich erkannten. Stellvertretend für viele sei hier eine weitblickende Bemerkung Alfred Anderschs zum *Steinernen Herzen* zitiert:

«Schablonenurteile wie ‹ein Meisterwerk› oder ‹vollendet› liegen mir nicht – ich bitte Sie nur, mir meine uneingeschränkte Bewunderung zu glauben. Was Sie mit der Sprache machen, das ist heute in Deutschland einzigartig, auch gar nicht wiederholbar. Es wird sich erst in Jahrzehnten auf den Gesamtzustand unserer Sprache und ihrer Literatur auswirken.» (Brief v. 19.7. 1955, BAA 62)

Neben Andersch gehörten auch Hermann Hesse, Alfred Döblin, Ernst Kreuder, Günter Grass, Helmut Heißenbüttel, Martin Walser, Heinrich Böll und Hans Henny Jahnn zu den Bewunderern Schmidts. Ebenso zeigten die jungen Lyriker und Zeitschriftenredakteure Werner Riegel und Peter Rühmkorf ihre Begeisterung für die frühen Werke des Autors. Beide gaben das hektographierte Blatt *Zwischen den Kriegen* heraus, worin sie den ‹Finismus› propagierten, eine Art letzte Literatur- und Kunstepoche vor dem prognostizierten Untergang des Abendlandes. Der Plan, Schmidt als Beiträger zu gewinnen – den Tip hatte Rühmkorf von Döblin erhalten –, scheiterte vermutlich an der Honorarfrage. Später jedoch veröffentlichte Schmidt zahlreiche Artikel und Prosastücke in den ‹Nachfolge›-Zeitschriften *Studenten-Kurier* und *Konkret* – u. a. Erzählungen, die in den Band *Kühe in Halbtrauer* (1964) eingingen.

Das große Echo auf den neuen Roman und die Anerkennung der Kollegen waren nicht die einzigen gravierenden Veränderungen im Leben des mittlerweile zweiundvierzigjährigen Dichters. Die gewohnte dörfliche Umgebung hatte Schmidt mit der Übersiedlung nach Darmstadt verlassen. Dort war er für Freunde, Bekannte und Leser leichter erreichbar, die die Möglichkeit zum Besuch – zuweilen auch gegen seinen Willen – reichlich nutzten. Zu keiner Zeit dürfte Schmidt als Schriftsteller so viele soziale Kontakte gehabt haben. Er war sogar von 1953–1957 Mitglied der von Eberhard Schlotter geleiteten Darmstädter Sezession, obwohl er sich sonst sträubte, irgendwelchen Vereinigungen beizutreten. Selbst Anderschs Versuche, Schmidt zur Teilnahme an einem Treffen der Gruppe 47 zu bewegen, schlugen fehl.

Für Schmidt war der Umzug nach Darmstadt überraschend gekommen, heimisch konnte er sich dort jedoch nie fühlen. Bekannte berichten, daß er Kisten mit Büchern und Hausrat beim Einzug in die neue Wohnung auf den Balkon stellte und sie die ganzen drei Jahre nicht auspackte, weil er offensichtlich keinen längeren Aufenthalt plante.[23] Andererseits dürften ihm die freundlichen Begegnungen in Darmstadt durchaus angenehm gewesen sein, obwohl er später immer wieder das Gegenteil behauptete. Es mag dem bis dahin wenig beachteten Schriftsteller sicherlich geschmeichelt haben, daß man ihm Aufmerksamkeit schenkte und seine Bücher diskutierte. Das ambivalente Verhältnis Schmidts zu seinem Umfeld zeigte sich exemplarisch in der Beziehung zu Wilhelm Michels, einem promovierten Philologen im Schuldienst, der die Darmstädter Jahre entscheidend mitprägte.

Begonnen hatte der Kontakt mit einer Anfrage Michels' vom 21. 10. 1953, ob Schmidt Interesse daran habe, an einem der Autorenabende zu lesen, die er für die Schüler seiner Oberstufe und ein weiteres Publikum veranstaltete. U. a. waren dort bereits Werner Bergengruen, Heimito von Doderer, Heinrich Böll und Stefan Andres zu Gast gewesen. Schmidt sagte spontan zu und zeigte sich hoch erfreut, in Michels einen «der seltenen Hegemeister des Geistes gefunden zu haben» (BWM 8). Jedoch kam es zunächst zu keiner Lesung, obwohl Michels seine Anfrage mehrmals wiederholte und den Schriftsteller häufiger aufsuchte. In dem 1987 veröffentlichten Briefwechsel zwischen Schmidt und Michels ist nachzulesen, wie rasch sich die Beziehung – vor allem aufgrund der Initiative des zehn Jahre älteren Pädagogen – intensivierte. Bei dem regen schriftlichen Gedankenaustausch und den häufigen persönlichen Begegnungen entdeckten sie eine Art Geistesverwandtschaft, die sich vor allem in ihrer antireligiösen Haltung, in der Gegnerschaft zur Adenauer-Restauration und im Interesse für die englische und deutsche Literatur des 18. und 19. Jahrhunderts äußerte.

Psychologisch interessant und für die Beschreibung des Schmidtschen Charakters aufschlußreich sind aber weniger die Gemeinsamkeiten der beiden, sondern vielmehr ihre ganz unterschiedlichen Persönlichkeiten: Auf der einen Seite der menschenscheue, ichbezogene und zuweilen herrische Literat, der seine nervöse Gereiztheit und andauernd gespannte Sensibilität hinter der Maske von Arroganz und elitärem Imponiergehabe verbarg und die Unsicherheit im Umgang mit den Mitmenschen durch grobes und spöttelndes Verhalten, durch gespielte Verärgerung und ständige Betonung der eigenen Außenseiterrolle zu kaschieren suchte. Auf der anderen Seite der engagierte, kunstsinnige, gesellschaftlich etablierte Lehrer, ein selbstbewußter, intelligenter und kontaktfreudiger Mann, nicht ganz frei von Statusdenken, aber immer zu Scherzen aufgelegt, der – im Gegensatz zu Schmidt – sehr wohl in der Lage war, dem Leben die angenehmen Seiten abzugewinnen. Ihm gelang es schnell, durch eine Mischung von Bewunderung, Humor und Kritik die Freundschaft Schmidts zu gewinnen und diesen schließlich auch zur geplanten Lesung im Februar 1956 zu überreden, die seine einzige bleiben sollte.

Gekennzeichnet war die Beziehung von Anfang an durch eine nur schwer nachvollziehbare Spannung und Indifferenz auf beiden Seiten.[24] Auf eine einfühlsame briefliche Kritik Michels' an der *Pocahontas*-Erzählung vom 15. 5. 1955 reagierte Schmidt nicht, sondern beauftragte seine Frau mit einer ausweichenden Antwort. Auf eine erneute Kritik am *Steinernen Herzen* erwiderte Schmidt mit Sarkasmus und der Androhung, die Freundschaft zu kündigen. Als Michels ihn daraufhin besuchte, verließ er zuvor heimlich das Haus. Auch hier vermittelte Alice. Schon Andersch hatte Schmidts Unfähigkeit erfahren müssen, kritische Worte über seine Werke hinnehmen zu können. Um einem frühen Bruch vorzubeugen, vermied Andersch deshalb Auseinandersetzungen. Michels fand dagegen später einen scherzhaft-ironischen Ton, mit dem Schmidt besser umgehen konnte.

Ein Charakterzug Schmidts trat in der Freundschaft mit Michels besonders deutlich hervor, nämlich das Geschick, ihm zugetane Menschen für seine Zwecke auszunutzen. Schon Jerofsky berichtete davon, daß er für Schmidt Anfang der fünfziger Jahre ausgiebige Recherchen betrieben und umfangreiche Texte exzerpiert habe (vgl. WH 50). Auch Anderschs Hilfeleistungen ließ sich Schmidt gerne gefallen, ohne daß er sich irgendwie angemessen hätte revanchieren können. Seine Frau spannte er viele Stunden täglich für Abschriften oder Vokabelnachschlagen ein, ohne ihr ab und zu einen kleinen Urlaub zu gönnen, den die Michels anboten und finanziert hätten. Schmidt lehnte regelmäßig die Vorschläge seines Freundes ab, doch einmal auszuspannen und zusammen mit den Ehefrauen ein paar Tage übers Land zu fahren – es sei denn, er hatte vor Ort Nachforschungen für seine Bücher anzustellen. Dann nahm er gern die Fahrdienste in Anspruch. Aber das waren noch die geringsten Hilfen, die Michels leistete. Aufopferungsvoll und selbstlos schickte er Schmidt über Jahre Lebensmittelpakete, versorgte ihn mit großen Mengen Kaffee und ermittelte in zahllosen Fällen nach Büchern, Daten und Fakten, selbst in England während der Ferien. (Gegen all die ihm entgegengebrachten Freundschaftsdienste macht sich in summa Schmidts Einsatzbereitschaft für andere verhältnismäßig unbedeutend aus: etwa wenn er einem jungen Kollegen einen Verlag zu vermitteln suchte oder einen ‹Hilferuf› des in einen Prozeß verwickelten Schriftstellers Werner Steinberg verbreitete, letzteres nicht ohne eine eigene Bitte zu formulieren; vgl. BWS 29 – 31.)

Es bleibt die Frage nach den Beweggründen für Michels' Handlungsweise. Sicher war er Freund und Vertrauter, dem Schmidt sogar das unzensierte Originalmanuskript des *Steinernen Herzen* zur Aufbewahrung gab, aber ihm dürfte nicht entgangen sein, daß Schmidt auf den eigenen Vorteil bedacht und vieles in seinem Verhalten Fassade war. Davon zeugt das Tagebuch des Schriftstellers, worin er Michels einmal sogar als «widerliche[n] Geselle[n]» (BWM 319) bezeichnet. Vielleicht war es die klassische Rolle des Mäzens, in der sich Michels sah, der seinen Namen mit dem eines großen Künstlers verbindet und ihm praktische Lebenshilfe und finanzielle Unterstützung zukommen läßt, woran es diesem mangelt. Jedenfalls war dazu eine gewisse Unterwürfigkeit notwendig; Schmidt dominierte dafür auf anderer Ebene, etwa der künstlerischen. Diese zeitweise gegenseitige Abhängigkeit verdeutlicht sich einerseits in Schmidts selbstverleugnender Bereitschaft, die ständigen Besuche zu ertragen, die auch weniger empfindlichen Menschen lästig gewesen wären; andererseits in der Tatsache, daß Michels später in Schmidts Wohnort Bargfeld zog, was dann aber die Beziehung inner- lich endgültig zerstörte und den persönlichen Umgang zur Farce machte.

Den der Andersch- und Michels-Korrespondenz beigegebenen Brie- fen Alice Schmidts ist zu entnehmen, daß es um die Gesundheit ihres Mannes bereits in den späten fünfziger Jahren schlecht bestellt war. Das verwundert wenig, wenn man sich Schmidts Lebensweise betrach- tet. Schon in einem Brief an Jerofsky aus dem Jahre 1933 heißt es: «Ich lebe wenig und schlecht. Von grog, zigaretten und ruhm.» (WH 55) Für die Greiffenberger Zeit bestätigt auch Johannes Schmidt Arno Schmidts Neigung zum Alkohol (vgl. ebd. 141), und das Ehepaar Nie- haus erinnert sich an dessen ungewöhnliche Art der Ernährung: «In den Mittagspausen aß Schmidt nie etwas, zumindest nicht in seiner Lehrzeit: In einer [...] Kneipe nahm er nur einen ‹Schnitt› zu sich, ein kleines Glas Bier.» (WH 164) Nach den entbehrungsreichen Kriegs- und Nachkriegsjahren legte Schmidt weiterhin keinen Wert auf eine gesunde Lebensweise, im Gegenteil: Um die enorme, selbstaufgebür- dete Arbeitsleistung überhaupt vollbringen zu können, konsumierte er oft gleichzeitig ungeheure Mengen von stimulierenden und beruhigen- den Mitteln[25]: Immer wieder forderte Schmidt Michels auf, Kaffee, Alkoholika und Tabletten zu schicken.

Die Darmstädter Jahre waren für Schmidt in schriftstellerischer Hin- sicht eine ausgesprochen fruchtbare Schaffensphase. Nach der Veröf- fentlichung der *Gelehrtenrepublik* (1957) erschienen 1958 gleich zwei Bücher: die erste Sammlung der Radioessays (*Dya Na Sore*) und die umfangreiche Biographie über Fouqué, an der Schmidt ein Vierteljahr- hundert gearbeitet hatte, gleich in zwei parallelen Auflagen; zudem war die Sammlung *Rosen & Porree* (1959) mit Erzählungen und theo- retischen Texten in Vorbereitung. Auch als Übersetzer hatte sich Schmidt mittlerweile einen bescheidenen Ruf erworben und konnte zwischen verschiedenen Angeboten wählen oder sogar selbst Vor- schläge machen. So kamen die Übertragungen zweier Bücher von Sta- nislaus Joyce zustande, auf den Schmidt durch die Beschäftigung mit dem berühmten Bruder James Joyce gestoßen war. Die Entdeckung des Joyceschen Werks mit der öffentlichen Kontroverse um die Goyert- Übersetzung in der *Frankfurter Allgemeinen Zeitung*[26] sowie die Ause- inandersetzung mit der Psychoanalyse Freuds – beides seit etwa 1956 – sollten die wichtigsten Einflüsse für Schmidts Schreiben in den letzten zwei Jahrzehnten werden.

6. Die letzten zwei Jahrzehnte (1959–1979)

Nach fünfzehn aufreibenden und ereignisreichen Jahren brachte die Übersiedlung von Darmstadt nach Bargfeld für Schmidt die gewünschte Abgeschiedenheit und Ruhe, die er für sein literarisches Schaffen benötigte.

Auf Anraten Schmidts war sein Freund Eberhard Schlotter bereits im November 1956 nach Spanien gezogen und gemeinsam mit ihm im Herbst 1957 aus der Darmstädter Sezession ausgetreten. Um Schmidt einen Ortswechsel zu ermöglichen, bat Schlotter im darauffolgenden Jahr seinen Vater, für seinen Freund Ausschau nach einem Haus in der Heide zu halten. Zufällig stand ein Fachwerkhaus, an dem der Bildhauer Gotthelf Schlotter kurz nach dem Krieg noch mitgebaut hatte, zum Verkauf an. Eberhard Schlotter berichtet:

«Während eines Aufenthaltes in Deutschland fuhr ich 1958 mit Arno und Lili [Alice Schmidt] in die Heide nach Bargfeld, und wir besichtigten das Haus. Ich vergesse nie die große Erregung, die Arno beim Anblick dieser genau auf ihn abgestimmten Welt hatte, – und dann sagte er, seinem schwierigen Temperament entsprechend, ‹Nein›, mit der Bemerkung, es nicht bezahlen zu können. Ich [...] griff zu einem ungewöhnlichen Mittel, indem ich ihm sagte (wir duzten uns noch nicht): ‹Herr Schmidt, wenn Sie das Haus nicht nehmen, dann sind Sie in meinen Augen ein Idiot.› Das hatte ihm noch keiner gesagt, und er antwortete: ‹Das nehmen Sie zurück!› – Als wir wieder in Spanien waren und er mit Hilfe meines Bruders in Bargfeld eingezogen war, schrieb er mir auf eine Karte: ‹Nehmen Sie ‹Idiot› zurück, ich habe gekauft.› »[27]

Das Haus kostete achtzehntausend Mark, die sich Schmidt teilweise von Wilhelm Michels leihen mußte. Da ihm dies sehr unangenehm war, zahlte er das Geld so schnell wie möglich zurück; später konnte sich Schmidt in ähnlicher Weise bei Michels revanchieren. Im November 1958 fand dann der Umzug in das primitive, aus Lehm, Holz und Zement erbaute Häuschen statt. Nach leichten Renovierungs- und Umbauarbeiten bestand der untere, 45 qm große Teil aus dem Wohnzimmer, dem schmalen Flur und einem Küchenraum, von dem noch das Bad abgeteilt wurde; der einzige Raum im Obergeschoß fungierte als Arbeitszimmer.

Nachdem der Einzug bewerkstelligt worden war, mußte Gotthelf Schlotter nach Darmstadt zurückkehren. Er erinnert sich an die Abschiedsszene:

«er [Schmidt] blieb dann mit seiner Frau alleine zurück und mit seiner Katze. Er kam sich ein bißchen verlassen vor. Er sagte: ‹Hoffentlich halte ich das überhaupt durch.› Das ging aber dann doch relativ schnell vorbei, und wir haben dann wohl auch Briefe gewechselt. Ich bin ja dann auch – nach dem Umzug im Herbst – an Weihnachten wiedergekommen, also ging es doch recht gut: Er überwand die Anfangsschwierigkeiten schnell.»[28]

Nach dem Wohnungswechsel wurde das Leben Arno Schmidts einsamer; weitgehend einziger Bezugspunkt war seitdem seine Frau Alice. An äußeren Ereignissen blieb die Vita fortan arm. Die Literatur stand nun endgültig im Zentrum seines Lebens.

Im November 1959 begann Schmidt mit der Niederschrift seines bis dahin umfangreichsten Romans *Kaff auch Mare Crisium*, der in nur drei Monaten fertiggestellt wurde und 1960 erschien. Mit diesem Werk setzte eine neue Schreibphase des Autors ein, deren auffälligste äußere Merkmale die Zweispaltigkeit und das strukturbildende Prinzip des Wortspiels sind. Unverkennbar ist in diesem Roman Schmidts Bemühen, Tiefenschichten der menschlichen Seele durch ein beziehungsreiches sprachliches Allusionsgeflecht sichtbar zu machen, so wie er es in Freuds theoretischen Betrachtungen vorgefunden hatte und in eigenwilliger Lesart literarisch uminterpretierte. – In den zehn Erzählungen des *Kühe in Halbtrauer*-Bandes, die von August 1960 bis Mai 1963 entstanden, kam die mythologische Rückbindung als ein weiteres wichtiges episches Kompositionsprinzip hinzu – etwa in der Neubehandlung des Orpheus-Mythos in *Caliban über Setebos* –, das den Einfluß von James Joyce auf Schmidts Schreiben besonders deutlich macht.

Durch die Übersetzungen der beiden Bücher von Stanislaus Joyce, vor allem des *Dubliner Tagebuchs*, kam Schmidt die Idee einer Neuinterpretation von *Finnegans Wake*, die dann auch am 2., 9. und 16. 12. 1960 in der *Zeit* erschien. Er deutete hierin das komplizierte Alterswerk von James Joyce als verschlüsselten Kampf des begabten mit dem weniger begabten Bruder. Durch diese Auseinandersetzung angeregt, begann Schmidt mit der Übersetzung kleinerer Teile aus *Finnegans Wake* und deren Kommentierung. Sein Plan eines ausführlichen Kommentars und/oder der ersten Übertragung ins Deutsche konnte allerdings nicht verwirklicht werden. Schmidt bot mehreren Verlagen an, die Übersetzung innerhalb von fünf Jahren ‹für den Lohn einer Putzfrau› durchzuführen (Krawehl spricht in einem Brief v. 22. 3. 1990 von 36 000 DM in zwei Jahren); doch es fand sich kein Verleger.

Statt dessen ergab sich 1963 die Möglichkeit, die Werke Edgar Allan Poes ins Deutsche zu übertragen. Schon während der Laubaner Zeit hatte Schmidt Texte von Poe übersetzt und nach dem Krieg mehrfach Kritik an deutschen Poe-Ausgaben geübt. So kam ihm das Angebot des Walter Verlags nicht ungelegen, eine kommentierte Neuübersetzung herauszubringen, an der er hauptsächlich von ca. Mitte 1963 bis Mitte 1965 arbeitete und die erst 1973 vollständig vorlag. – Parallel dazu begann Schmidt mit der Materialsammlung für den Roman *Zettels Traum*, der wesentlich von der Übersetzung und Deutung der Werke Poes handelt. Erfreulich für Schmidt dürfte auch die Zusammenarbeit mit Hans Wollschläger gewesen sein, der neben Kuno Schumann und anderen große Teile der Poe-Texte übertrug.

Schmidt hatte Wollschläger 1958 kennengelernt, als dieser – gerade dreiundzwanzig Jahre alt – ihn in Darmstadt besuchte. Wenig später legte er Schmidt ein Romanmanuskript vor: die erste Fassung von *Herzgewächse oder Der Fall Adams*. Aus dieser Bekanntschaft entwikkelte sich eine enge Beziehung mit literarisch ähnlich gelagerten Arbeitsgebieten und Vorlieben, in der Wollschläger zum einzigen von Schmidt akzeptierten Autor-Schüler avancierte. Neben der Arbeit an der Poe-Übersetzung verband beide das Interesse an James Joyce. Hans Wollschläger schuf in achtjähriger Arbeit unter reger Anteilnahme Schmidts eine neue deutsche Fassung des *Ulysses*, die von der Kritik in den höchsten Tönen gelobt wurde. Darüber hinaus beschäftigten sich beide intensiv mit Karl May. Arno Schmidts umstrittene *Studie über Wesen, Werk & Wirkung Karl May's: Sitara und der Weg dorthin* erschien 1963 und erregte wegen der dort entwickelten Hauptthese, der Autor des *Winnetou* sei homosexuell veranlagt gewesen, großes Aufsehen. Ihr folgte 1965 als Rowohlt-Bildmonographie eine sachlichere Lebensbeschreibung Mays aus der Feder von Wollschläger. Für die *Herzgewächse*, die er mehrfach umschrieb, fand er trotz der Vermittlung Schmidts zunächst keinen Verlag, sie erschienen erst 1982.

Seit 1963 nahm die Arbeit an der Poe-Übersetzung und an *Zettels Traum* fast die gesamte Schaffenskraft Schmidts in Anspruch. Folglich ging die Zahl der Zeitungsveröffentlichungen und Radio-Essays rapide zurück. Die Übersetzung von Wilkie Collins' *Die Frau in Weiß* (1965) hatte Schmidt bereits 1962 fertiggestellt; mit allen Sonder- und Lizenzausgaben wurde es sein erfolgreichstes Buch überhaupt.

Zu dieser Zeit verließ Schmidt nur noch selten Bargfeld, und wenn, dann in Begleitung seiner Frau und des Ehepaars Michels, um Studien für eigene Werke zu betreiben. Diesem Zwecke dienten auch die 1963 durchgeführten Reisen nach Barlt und Kiel sowie 1964 nach Arnhem (Holland) und später nach Husum und an die Eider.

Am 18. 3. 1964 nahm Schmidt in Berlin den mit zehntausend Mark dotierten Fontane-Preis entgegen; Günter Grass hielt als Mitglied der Jury die Laudatio. Peter Rühmkorf, der ebenfalls anwesend war und der Schmidt seit der Darmstädter Zeit nicht mehr begegnet war, berichtet:

«Die Gelegenheit für ein Wiedersehen ergab sich erst wieder im Jahre 1964, als Schmidt in Berlin den Fontane-Literaturpreis in Empfang nahm, nur daß Stadtluft ihn nicht gerade freier machte [...]. Die Dichterin Ingeborg Bachmann hatte zu einem Sektfrühstück in ihre Schloßstraßenwohnung geladen. Die Schriftsteller Uwe Johnson, Günter Grass und Walter Höllerer waren herbeigeeilt, um dem verehrten Preisträger das Brimborium durch private Nettigkeiten zu vergolden. [...] Wie groß war indes mein Befremden und wie schnell wuchs sich der gute Geselligkeitsgeist zur allgemeinen Beklemmung aus, als Schmidt in seinem wetter- und menschenabweisenden Kradmeldermantel herangerauscht kam und uns – statt sich erst einmal unsere Ehrenbezeugungen gefallen zu lassen – auf die unerträglichste und fast schon wachtmeisterhafte Weise zu examinieren begann. Den Fouqué nur auszugsweise gelesen und auch den unerläßlichen Massenbach nicht mehr ganz auf der Reihe. Von Pape nicht die genügende Ahnung und auch im Wezel nicht richtig zuhaus. Mit Poe nur sehr oberflächlich vertraut und bei Karl May nie über den *Winnetou* hinausgekommen – wie gesagt, es war kein Vergnügen.» (SP 86, 21)

Die Ausführungen Rühmkorfs stehen stellvertretend für zahlreiche Äußerungen anderer, die mit Schmidt Umgang hatten. Sie verdeutlichen eindringlich, wie realitätsfern der Schriftsteller schon Mitte der sechziger Jahre war und wie wenig er in Gesellschaft zurecht kam, noch schlechter als in früheren Zeiten, in denen er – so Rühmkorf – «durchaus menschlich gewinnende Züge» zeigte. Der Auftritt Schmidts in Berlin wurde zur «maskenhaften Selbstaufführung» (SP 86, 21), wobei er nachdrücklich die Welt der Literatur, seiner dichtenden Hausgötter, als das Refugium des eigenen Lebens vorführte. – Aber gerade die konsequente Hingabe an die Literatur und den Beruf des Schriftstellers und Literarhistorikers war einer der Gründe für die Vergabe des Fontane-Preises an Schmidt. Dieter Wellershoff, ebenfalls Jury-Mitglied, bestätigt dies in einem Gespräch mit Berni Trogemann:

«Arno Schmidt hat mir als Autor nicht so viel bedeutet. Aber ich habe die Radikalität seiner Lebenshaltung bewundert. Das war eine exemplarische Schriftstellerexistenz. Und so habe ich dafür gestimmt, ihm den Preis zu geben.»[29]

Am 28. 9. 1965 erhielt Arno Schmidt einen weiteren Literaturpreis in Fulda, die Ehrengabe für Literatur des Kulturkreises im Bundesverband der deutschen Industrie.

1965 begann Arno Schmidt mit der Niederschrift von *Zettels Traum* auf DIN-A3-Blättern. Hierfür hatte er zuvor auf Tausenden von Karteizetteln im Format 70 × 50 mm Zitate, Anspielungen, Namen, Daten und Fakten aus den Künsten und Wissenschaften aller Jahrhunderte gesammelt und geordnet, was ihm die Bezeichnung ‹Archivar des Universums› einbrachte. Nach einem schier unglaublichen Arbeitseinsatz vollendete Schmidt Ende Dezember 1968 die Niederschrift des in der Literaturgeschichte singulären Werks, des in drei nebeneinanderliegenden Spalten aufgeteilten Romans mit mehr als 1330 großformatigen Seiten. Im Februar des folgenden Jahres konnte er die Korrekturarbeiten an diesem etwa fünftausend Normalseiten umfassenden Werk abschließen, das dann im April 1970 als Neun-Kilo-Buch in Typoskriptform erschien und die literarische Öffentlichkeit inhaltlich wie formal vor große Probleme stellte.

Zuvor war noch unter dem Titel *Der Triton mit dem Sonnenschirm* (1969) eine Textsammlung publiziert worden, die u. a. interpretierende Joyce-Funkessays enthielt und durch die dort behandelten poetologischen Vorstellungen Schmidts den Leser auf den neuen Roman hätte vorbereiten können. Daß eine Heranführung an *Zettels Traum* schon im Vorfeld notwendig war, die faktisch aber wenig bewirkte, wußte Schmidt. Deshalb führte er noch vor der Auslieferung am 20. 3. 1969 ein erläuterndes Gespräch, das vom Norddeutschen Rundfunk gesendet und Jahre später (1977) als Schallplatte veröffentlicht wurde (*Vorläufiges zu Zettels Traum*). Mit dem Erscheinen dieses ersten und gleichzeitig umfangreichsten Typoskriptbuches wurde die Phase des Spätwerks eingeleitet.

Noch vor der Veröffentlichung von *Zettels Traum* reiste Schmidt erneut nach Tellingstedt und an die Eider, um Material für ein zweites Typoskriptbuch, *Die Schule der Atheisten*, zu sammeln, das er 1971 niederschrieb und im folgenden Jahr erschien. Parallel dazu übersetzte er zwei umfangreiche Romane von Edward Bulwer-Lytton (*Was wird er damit machen?*, 1971, und *Dein Roman*, 1973) mit zusammen mehr als 2500 Seiten. In dieser Zeit entstanden auch die letzten beiden Radio-Dialoge Schmidts über Bulwer und über Karl Spindler, einen erfolgreichen Verfasser historischer Romane im 19. Jahrhundert.

1973 wurde Arno Schmidt der mit fünfzigtausend Mark dotierte

Goethe-Preis der Stadt Frankfurt zuerkannt. In Vertretung ihres Gatten nahm Alice Schmidt die Ehrengabe in der Paulskirche entgegen und verlas die *Dankadresse* des Preisträgers. Hatte die Ankündigung, Schmidt komme nicht nach Frankfurt, bereits zu Spekulationen über die möglichen Gründe geführt, so sorgte der Inhalt der Dankesrede für eine ungeahnte publizistische Aufregung, die über die Tagesaktualität hinaus nachhaltig die Frage nach Arno Schmidts politischer Position stellte.

Progressive Intellektuelle hatten Schmidt seit den fünfziger Jahren immer als ‹guten linken Mann› angesehen, der auf der ‹richtigen› Seite stehe. Diese Einschätzung war begründet durch seine in den frühen Werken enthaltenen Angriffe gegen die Restaurationspolitik Adenauers, gegen Militarismus, Aufrüstung und die atomare Bedrohung – eine Einstellung, die er in zahlreichen Zeitungs- und Zeitschriftenbeiträgen noch pointierter vortrug. Zudem publizierte Schmidt mit Vorliebe in politisch links stehenden Organen. In den sechziger Jahren bemerkten zwar einige Beobachter, daß der Autor sowohl in den Romanen als auch in den Feuilletons Gesellschaftskritik nicht mehr so eindeutig mit politischer Stoßrichtung artikulierte und einen Rückzug ins Literarisch-Private einschlug, doch änderte sich wenig an der allgemeinen Überzeugung der Linken, der Autor sei einer von ihnen. Zugunsten dieser Einschätzung wurden Anzeichen übersehen, die eher das Gegenteil signalisierten; man erfreute sich an Schmidts beißenden Statements, obwohl sie in ihrer aphoristischen Verkürzung oft konservatives, ja reaktionäres Gedankengut enthielten. Die *Dankadresse* ließ nun die ‹Gleichgesinnten› enttäuscht von Schmidt abrücken; sie enthielt Passagen, in denen eine gemutmaßte Faulheit der Jugendlichen und Arbeiter in kruder Weise gegen den eigenen Fleiß (‹Hundert-Stunden-Woche›) gesetzt wurde. Selbst das Jury-Mitglied Gerhard Zwerenz schloß sich der allgemeinen Entrüstung an und forderte den ‹Abtrünnigen› auf, den Goethe-Preis zurückzugeben, da das Geld von Arbeitergroschen stamme.[30] Höhepunkt dieser Auseinandersetzung war Dieter Kuhns Buch *Das Mißverständnis. Polemische Überlegungen zum politischen Standort Arno Schmidts*, worin in aggressiver Weise die wenig plausible These vertreten wird, Schmidt sei nie ein Linker, sondern immer schon ein Konservativer gewesen. Kuhn erntete mit seiner Position freilich nicht nur Zustimmung, sondern forderte Hans Wollschläger zu einer scharfen Entgegnung heraus (*Bruder Kuhn*[31]).

Wie sich Schmidts politisches Denken tatsächlich entwickelte, ist nach heutiger Materiallage nicht eindeutig zu bestimmen. In der seriösen Schmidt-Forschung gibt es neuerdings vermehrt Beiträge, die von einseitigen Beurteilungen abrücken, wie sie unmittelbar nach der Preisrede laut wurden. Es wird nicht mehr diskutiert, ob der Dichter politisch links, mitte oder rechts stand – diese Frage hebt sich auf in der nach seiner geistigen Gesamthaltung. Schmidt selbst reagierte auf die Angriffe von 1973 nicht.

Um die Gesundheit Arno Schmidts stand es in seinen letzten Lebensjahren schlecht. Alice Schmidt, die nach den Anstrengungen der Preisverleihung erschöpft nach Bargfeld zurückgekehrt war, äußerte in einem Brief an Heinrich Droege, sie wisse nicht, ob ihr Mann die Aufregungen in Frankfurt gut überstanden hätte. Bereits 1972 hatte Schmidt einen schweren Herzanfall erlitten. Daraufhin wurde im Haus des Dichters eine Sprechanlage installiert. Im gleichen Brief heißt es weiter:

«Unsere Neckermann Sprechanlage funktioniert gut. Schrecklich allerdings, wenn mal nachts der Heulton erschallt und ich weiß, mein Mann hat also wieder einen Anfall. [...] Das Telefon ist jetzt auch zu mir [...] verlegt. Das Klingeln [...] brachte meinen Mann halb zum Irrsinn.»[32]

Ein Vierteljahrhundert intensiver, aufopfernder Arbeit hatte Arno Schmidt erschöpft und körperlich verbraucht. Hinzu kam die nach wie vor unvernünftige Lebensweise, so daß täglich mit dem Schlimmsten zu rechnen war. Trotzdem schrieb er einen weiteren Typoskriptroman, *Abend mit Goldrand*, der 1975 erschien und das letzte vollendete Werk des Bargfelder Schriftstellers wurde. Allerdings war seine Schaffenskraft nicht mehr ungebrochen. In einem 1973 geführten Gespräch äußerte sich Schmidt skeptisch. Da er die Arbeit an *Abend mit Goldrand* für ein Jahr aus gesundheitlichen Gründen unterbrechen mußte, fürchtete er einen Stilbruch, der unvermeidlich sei.[33] Nachdem Schmidt den Roman vollendet hatte, ließ er seine eigene literarische Tätigkeit für fast vier Jahre ruhen, in denen er die umfangreiche *Littlepage*-Trilogie von James Fenimore Cooper übersetzte.

Im Februar 1979 begann er die Niederschrift von *Julia, oder die Gemälde*, die aber nur noch zu einem Drittel fertiggestellt wurde. Die Tatsache außer acht lassend, daß Schmidt hierin keinerlei Korrekturen anbringen konnte, die er sonst immer erst nach Fertigstellung eines Werkes – teils sogar handschriftlich – auf den Typoskriptblättern vornahm, urteilte die literarische Kritik nach der posthumen Veröffentlichung 1983 überwiegend zurückhaltend bis negativ.

Am 31. 5. 1979 erlitt Arno Schmidt einen Gehirnschlag. Drei Tage nach der Einlieferung in ein Celler Krankenhaus starb er am 3. 6. 1979 an den Folgen des Schlaganfalls. Es fand eine Urnenbeisetzung im Garten des Bargfelder Hauses statt. – Ungewollt stellte er in seiner letzten geschriebenen Zeile vielleicht *die* Frage seiner Schriftstellerexistenz: «Ist Fleiß für Menschen & Tiere eine einfache (Lebens)Notwendigkeit ?» (JUL 100)

Zusammen mit Jan Philipp Reemtsma gründete Alice Schmidt am 26. 11. 1981 die Arno Schmidt Stiftung, die den Nachlaß des Autors betreut und einen Literaturpreis ins Leben gerufen hat, der den Namen des Bargfelder Dichters trägt. Er wurde bisher vergeben an Hans Wollschläger (1982), Wolfgang Koeppen (1984), Peter Rühmkorf (1986) und Karlheinz Deschner (1988). – Alice Schmidt überlebte ihren Mann um vier Jahre; sie starb am 1. 8. 1983.

Anmerkungen

1 Auf die Problematik biographischer Methoden machte bereits Wolfgang Proß aufmerksam in: *Arno Schmidt* (Text + Kritik 20/20a), hg. v. Heinz Ludwig Arnold. 4. Aufl.: Neufassung. München 1986, S. 180 –183; hier S. 181.

2 Ein Gemeinplatz sicher, auf den im Hinblick auf zahlreiche Arbeiten, die genau dies außer acht lassen, hier explizit hingewiesen werden muß. Natürlich betrifft dieser Vorwurf nicht jene Studien, die schlicht einzelne Parallelen zwischen Arno Schmidt und seinen Helden feststellen, etwa topographischer Art, oder solche, die mit Hilfe biographischer Information eine Annäherung an das Werk anstreben. Schmidt selbst hat früh davor gewarnt, seine Figuren mit dem Autor gleichzusetzen. Vgl.: Anonym: *Mensch nach der Katastrophe.* In: *Der Spiegel,* 6. 2. 1952. Zitiert nach dem Wiederabdruck in: *Über Arno Schmidt. Rezensionen vom «Leviathan» bis zur «Julia»,* hg. v. Hans-Michael Bock. Zürich 1984, S. 22. Die Ausnahme bilden Schmidts «Erinnerungen an Hamburg-Hamm» (PEK 139 –170), welche aus *Abend mit Goldrand* stammen, die aber vom Autor aus dem Roman gelöst wurden für den Dokumentationsband *Porträt einer Klasse.* Deshalb ist es legitim, sie zur Biographie heranzuziehen, auch wenn Ton und Stil von der Verwendung im Roman geprägt sind.

3 Relativierend zu den Ausführungen Schmidts lesen sich die «Erinnerungen» der Mutter und das Interview mit seiner Schwester, abgedruckt in *Porträt einer Klasse.* Vorbehalte gegenüber der Authentizität der Aussagen sind in beiden Fällen angebracht. Offenbar neigte die Mutter zu Beschönigungen, während die Erinnerungen der Schwester lückenhaft und häufig unpräzise sind. In einigen Randglossen macht Schmidt auf manche Ungenauigkeiten aufmerksam.

4 Das hier genannte Datum – Anfang Dezember – entstammt der von Arno Schmidt angelegten Skizze «Gerüst zu einer Biographie» (WH 11). Nach den Erinnerungen

seines Schulfreundes Heinz Jerofsky wurde «Am ersten Schultag nach den Herbstferien 1929 [...] der Klasse UIIb der Oberrealschule zu Görlitz [...] ein neuer Mitschüler vorgestellt. Wir erfuhren, daß er Arno Schmidt heiße [...]» (WH 31). Der zeitliche Widerspruch ist nicht eindeutig aufzulösen. Unwahrscheinlich ist, daß Schmidt von Dezember 1928 bis Herbst 1929 gar nicht die Schule besuchte. Wenig wahrscheinlich ist, daß er diese Zeit übergangsweise in einer anderen Klasse verbrachte, denn dann wäre er sicher in den endgültigen Klassenverband zum neuen Schuljahr, d. h. Ostern 1929, aufgenommen worden und nicht während des laufenden im Herbst. Da man nicht davon ausgehen kann, daß Schmidt eine andere Schule besuchte, etwa in Lauban, das auch über weiterführende Bildungseinrichtungen verfügte, ist anzunehmen, daß Jerofsky sich trotz seines bezeugt guten Gedächtnisses irrt.

5 Ähnlich verhält es sich wohl auch im Hinblick auf die Hamburger Zeit. Seinen «Erinnerungen an Hamburg-Hamm» («Alle [...] Kinder erfahren [...] die sexuellen Beobachtungen an den Eltern; deren ‹Verkehr›», ᴘᴇᴋ 150) steht die durchaus glaubhafte Behauptung der Schwester entgegen, die John Woods mitteilt: «Unrecorded were Mrs. Kiesler's final remarks – about the sexual life of her parents. She has no overt memory of her parents' engaging in sexual activities while the children slept.» (ᴘᴇᴋ 344)

6 Vgl. zur Lyrik Arno Schmidts ausführlich Volker Wehdeking: *Vom epigonalen Idyll zur zeitkritischen ‹Neon Romantik›. Arno Schmidts Fingerübungen in Gelegenheitslyrik (1933–1960). In: Arno Schmidt. Das Frühwerk III. Vermischte Schriften. Interpretationen von ‹Die Insel› bis ‹Fouqué›*, hg. v. Michael Matthias Schardt. Aachen 1989, S. 91–111.

7 Inwieweit diese Begründung zutrifft, ist nicht mit Sicherheit zu sagen, jedoch sind Zweifel angebracht. Schmidts eigene Lyrik aus jenen Jahren ist verhältnismäßig konventionell und vom Expressionismus offenbar nicht merklich beeinflußt. Besieht man sich die Liste jener Autorennamen, deren Werke er Anfang der dreißiger Jahre las, so fehlen solche des frühen 20. Jahrhunderts fast gänzlich. Dazu paßt Schmidts Briefäußerung an Jerofsky aus dem Jahre 1940: «Ich bin seit einigen Jahren so weit, dass die deutsche Literatur für mich mit Stifter und Storm aufhört.» (WH 87) Alice Schmidt berichtet in einem nicht abgesandten Brief aus dem Jahre 1938 an eine Freundin, daß Arno Schmidts und ihre schon traditionell gewordene Reiselektüre Eichendorffs *Taugenichts* sei (vgl. WH 105). Möglicherweise handelt es sich also um eine der von Schmidt nachträglich ‹korrigierten› Sachverhalte. Einiges spricht jedenfalls dafür, daß er den Expressionismus in seiner epochalen Bedeutung erst nach 1945 kennenlernte.

8 Zu diesem Problem vgl. die ausführlichen Überlegungen der Herausgeber Bernd Rauschenbach und Jan Philipp Reemtsma in «*Wu Hi?*», S. 171–183.

9 Hier gemeint das Datum des Poststempels. Mitunter hatte Schmidt seine Briefe nicht datiert.

10 Hans Wollschläger vermutet, daß der Aufsatz dem Karl-May-Verlag für dessen Jahrbuch zugeschickt wurde (vgl. H. W.: *Arno Schmidt und Karl May*. In: *Akzente* 37, H. 1 (Februar 1990), S. 78–95; hier S. 83).

11 Über die beruflichen Qualifikationen Schmidts berichtet das Ehepaar Ernst und Friedel Niehaus, Arbeitskollegen aus den Greiffwerken: Er habe schnell und sorgfältig gearbeitet. Einmal, als der Chef Häussermann ein ganzes Wochenende

für eine aufwendige Kalkulation veranschlagt habe, sei Schmidt in wenigen Stunden fertig gewesen und sei trotz des dringenden Sonderauftrags – wie bereits vorher geplant – in der Lage gewesen, nach Dresden zu fahren, um Antiquariate aufzusuchen (vgl. WH 164). Die soziale Integration war zum Teil durch seine Anerkennung gegeben, die er aufgrund seiner guten Leistungen fand. Schmidt galt unter seinen Mitarbeitern zwar als etwas elitär und kauzig, doch fühlte er sich in seiner Abteilung wohl, nahm regelmäßig an Schachtreffen in der Firma teil und verbrachte u. a. mit Johannes Schmidt, der in der Firma eine leitende Funktion ausübte, häufig anregende Gesprächsabende.

12 Sicherlich gibt es bisher zu wenig zugängliches Material, zu wenige schriftliche Zeugnisse, um sich ein zutreffendes Bild über Schmidts Haltung zum NS-Staat zu machen, doch wären gerade in den Briefen an seinen damals besten Freund Jerofsky Stellungnahmen zu erwarten gewesen.

13 Arno Schmidt hat über seine Kriegsdaten und -erlebnisse genaue Aufzeichnungen gemacht. Die hier und im folgenden genannten Daten sind dem «Gerüst zu einer Biographie» (WH 11 f.), vor allem aber der «Chronik» (ebd. 203 – 206) entnommen, die die Herausgeber Jan Philipp Reemtsma und Bernd Rauschenbach aus drei jeweils undatierten Datenlisten von Arno Schmidt zusammenstellten.

14 Eine Ausnahme in den *Juvenilia* stellt *Pharos oder von der Macht der Dichter* dar. Über die Zeit der Entstehung gibt es verschiedene Spekulationen; die Hinweise, daß der Text als letzter der Jugendwerke nicht vor dem Herbst 1943 verfaßt worden sein kann, haben sich in der Forschung verdichtet. Die verbreitete Einschätzung, *Pharos* sei als Übergangstext von den romantischen Jugendwerken zum Frühwerk zu betrachten, das mit der Entstehung der Erzählung *Enthymesis* 1946 einsetzt, würde durch eine solche Datierung gestützt. Vgl. zur gesamten Problematik den Aufsatz von Dieter Sudhoff in diesem Band sowie Peter Kocks Studie zum *Pharos* in: *Arno Schmidt. Das Frühwerk III* (Anm. 6), S. 194 – 204. Dort auch weitere Literaturhinweise.

15 A. P. Eismann: *Köpfe der Hansestadt: Arno Schmidt. Schriftsteller und Preisträger der Deutschen Akademie.* In: *Welt am Sonntag,* 12. 11. 1950. Zitiert nach dem Wiederabdruck in: *Der Solipsist in der Heide. Materialien zum Werk Arno Schmidts,* hg. v. Jörg Drews und Hans-Michael Bock. München 1974, S. 13 –15; hier S. 13 f.

16 Anonym: *Mensch nach der Katastrophe* (Anm. 2), S. 22.

17 Werner Helwig: *Erinnerungen an Arno Schmidt.* In: *Der Rabe 5* (1984), S. 216 f.

18 Eine vollständige Dokumentation der Gerichtsakten, Briefe und Listen liegt als Faksimiledruck vor: *In Sachen Arno Schmidt .I. Prozesse 1 & 2,* hg. v. Jan Philipp Reemtsma und Georg Eyring. Zürich 1988, S. 11– 95.

19 Der Briefwechsel zwischen Andersch und Schmidt ist hauptsächlich ein Dokumentationsband über die literarische Zusammenarbeit beider Schriftsteller. Es geht um Honorarfragen, Veröffentlichungstermine und ähnliche Dinge. Der Band zeigt eindringlich die soziale Lage Schmidts und das Funktionieren des Literaturbetriebs in den fünfziger Jahren. Für eine Sozialgeschichte der deutschen Literatur im Adenauerstaat wäre der Briefwechsel eine wesentliche Quelle. Darüber hinaus bleiben persönliche Dinge, dezidierte politische Stellungnahmen oder kunsttheoretische Aspekte im Hintergrund oder werden ganz

ausgespart. Zum Briefwechsel vgl. ausführlich: Michael Matthias Schardt in: *Zeitschrift für Deutsche Philologie* 105, H. 2 (2. Quartal 1986), S. 313 ff.

20 Vgl. dazu: Brigitte Hackh: *Gespräch mit Max Bense und Elisabeth Walther*. In: *Bargfelder Bote* 89 – 90 (April 1985), S. 3–11; hier S. 4 –7.

21 Ein vollständiger Abdruck der Prozeßakten befindet sich in der Dokumentation *In Sachen Arno Schmidt* (Anm. 18), S. 97–191; hier S. 103 und 101.

22 *Die Außenseite ihrer Freundschaft* hat Günther Flemming in seinem Buch *Letternspuren* (München 1983) beleuchtet. Hier auch zahlreiche Beispiele für den gegenseitigen künstlerischen Einfluß. Die für 1990 geplante Edition des Briefwechsels zwischen Schlotter und Schmidt wird vermutlich ausreichenden Einblick in die Innenseite der Freundschaft gewähren.

23 Vgl. die Aussagen etwa von Gotthelf Schlotter, Rolf Becks oder Helmut Heißenbüttel in einem Gespräch mit Thomas Schreiber, teilweise abgedruckt in Flemming (Anm. 22), S. 18 – 24.

24 Ausführlicher zum Verhältnis Schmidt–Michels: Michael Matthias Schardt in: *Zeitschrift für Deutsche Philologie* 108, H. 2 (2. Quartal 1989), S. 306 ff.

25 Zur Frage des Suchtverhaltens von Arno Schmidt vgl. Otfried Boenicke: *Was schluckte Arno Schmidt? Abschweifende Variationen über moribunde Morbiditäten*. In: *Zettelkasten 5. Aufsätze und Arbeiten zum Werk Arno Schmidts. Jahrbuch der Gesellschaft der Arno-Schmidt-Leser*, hg. v. Dietmar Noering. Frankfurt/M. 1987, S. 6 – 31.

26 Am 26.10. 1957 hatte Schmidt in der *Frankfurter Allgemeinen Zeitung* kritische Anmerkungen zur *Ulysses*-Übersetzung Goyerts publiziert, die dieser ebd. am 6.12. 1957 erwiderte. Zusammen mit Goyerts Replik erschien eine zweite Stellungnahme Schmidts.

27 Eberhard Schlotter in einem Brief vom 4.5.1983 an Günther Flemming (Anm. 22), S. 29 f.

28 Gotthelf Schlotter im Gespräch mit Thomas Schreiber, zitiert nach Flemming (Anm. 22), S. 31.

29 Dieter Wellershoff im Gespräch mit Berni Trogemann und Henri Bloem. In: *Zeitschrift 5* (Herbst 1988), S. 70.

30 Vgl. Gerhard Zwerenz: *Goethe-Preis und Arbeitergroschen. Ein Jurymitglied macht sich nachträglich Gedanken über den Preisgekrönten*. In: *Welt der Arbeit*, 14.9.1973. Dazu schrieb Wolfram Schütte eine beachtenswerte, weil sachliche Gegendarstellung: *«Zu spät!» – mehrfach. Ein paar gewagte Überlegungen zur Frankfurter Dankadresse*. In: *Der Solipsist* (Anm. 15), S. 189 –194.

31 Kuhns Buch erschien München 1982, Wollschlägers Replik in *Der Rabe* 4 (September 1983), S. 182 – 215.

32 Brief Alice Schmidts an Heinrich Droege vom 8.9.1973. In: Heinrich Droege: *Begegnung mit Arno Schmidt. Mit Bildern, Briefen, Faksimiles.* Assenheim 1985, S. 70.

33 Arno Schmidt in einem Gespräch mit Heinrich Droege am 20.10.1973. In: Ebd., unpag. (S. 83).

DAS WERK

Dieter Sudhoff

«Denn ich bin ein großer Zauberer!»

Die Etüden, Eskapaden und Eskapismen des jungen Arno Schmidt

Als im Frühling 1988 die Juvenilia Arno Schmidts über die Nachwelt kamen, waren Feind und Freund des umstrittenen Wortakrobaten gleichermaßen irritiert von seinen unerwartet anachronistischen Anfängen; die einen warfen den Schatten des Epigonalen mit Häme nun auch auf das Nachkriegswerk, die anderen schwiegen betreten oder behaupteten einen radikalen Bruch und trösteten sich mit der Idee, der gereifte Dichter habe seine Jugendsünden selbst verworfen. Es galt ein Feindbild oder eine Ikone zu bewahren; so sind denn beide Ansichten auch bestenfalls halbwahr: das Imitat wird in den späteren Texten als Zitat zum artifiziellen Stilmittel, und Schmidt hat seine ersten Arbeiten nicht nur nicht vernichtet, sondern bis zuletzt mehrfach zu reaktivieren versucht.[1] Eine unvoreingenommene, über den wertenden Vergleich hinausgehende Betrachtung der Juvenilia tut not, will man ihnen gerecht werden.[2]

Das Kind sei ein «berufener Gedankenspieler», konzediert Arno Schmidt in den *Berechnungen II* – und diskreditiert seine eigenen Regressionsversuche, wenn er einräumt, das kindliche Gedankenspiel sei der «literarischen Formung» nicht zugänglich: «Was im allgemeinen an kindlichen LG serviert wird, ist entscheidend verfälscht durch mühsam-spätere Reflexion, die den urzeitlich-primitiven, unberechenbaren Assoziationen kaum gerecht wird.» (R & P 302) Derart «verfälscht», durch eine psychologisch versierte Inszenierung und den Rückgriff auf späterliegende Literaturerfahrungen, sind auch die beiden mimetischen Kindheitsepisoden *Das Kraulemännchen* und *Der Rebell* (1941), die aber dadurch bedeutsam sind und sich von den übrigen Juvenilia abheben, daß sie autobiographische Realität so offen abbilden wie dann erst wieder *Abend mit Goldrand*; sie variieren die existentielle Grundsituation, deren Eskalation und Bewußtwerdung

Schmidt vorzeitig zum extensiven Lesen und dann auch zum eskapistischen Schreiben brachten. In der späten «MärchenPosse» entwirft er das beklemmende Erinnerungsbild «enger dürftijer Kindheit» und beschreibt seinen Weg in die Isolation, für die er im wesentlichen drei Faktoren verantwortlich macht: die lange unerkannte Kurzsichtigkeit, die «dialektliche Isolierung» und vor allem das «extreme Voraneilen» der Ich-Instanz, also seine kognitive Frühreife, die dazu führte, daß ihm die Gedankenspiele «als Wirklichkeiten; die Welt dagegn mehr als RealitätnKabinett erscheinen mußte[n]» (AmG 166 f.). Die in jeder Hinsicht beschränkte und als feindlich erlebte Umwelt wie seine psychische Disposition ließen schon dem Kind Arno Schmidt nur den Ausweg in die Imagination; kraft einer übersteigerten Phantasie schuf er sich Fluchtwelten, die ihm bald wirklicher wurden als die Wirklichkeit und ihn für alle Unbill entschädigten. Das Fragment *Kraulemännchen* und *Der Rebell*, literarisch kaum mehr als Fingerübungen, handeln von diesem Befreiungsprozeß, sie erinnern den Fünfjährigen bzw. den Erstkläßler in der tagträumenden Rebellion gegen eine materialistische Erwachsenenwelt, die vom Autor inzwischen mit der Gegenwart schlechthin gleichgestellt wird. Der Antagonismus von Alltag und Traum, der für die meisten Juvenilia konstitutiv ist, dort aber verwischt durch die romantisierende Fiktion auch der (vorgeblichen) Realität, ist in diesen Prosaminiaturen klar konturiert; mit Ausnahme von *Pharos* sind es auch die einzigen Texte aus der frühen Periode, die zwar in den Traumfragmenten, nicht aber in ihrer Gesamtstruktur literarische Vorbilder imitieren. Beide Male wird dem Knaben ein unscheinbarer Gegenstand, hier ein Stückchen Kaninchenfell, dort eine grünspanige Türklinke, assoziativ zum Übergangsobjekt in eine phantastische Gegenwelt; in ihr erlebt er sich als abenteuernder Entdeckungsreisender oder als Flaneur in einer romantisch-biedermeierlichen Kleinstadt, er antizipiert die Räume, die zu erobern Arno Schmidt begriffen ist. Zu dessen Übergangsobjekten sind längst die Bücher geworden, unverkennbar greifen die Gedankenspiele Motive Karl Mays und der Romantiker auf; der kleine ‹Rebell› verharrt noch im Stadium der Wortlosigkeit, am Ende seines Butzenscheibentraums trennt ihn ein beschlagenes Fenster von der Welt der Bücher und einem alten schreibenden Mann, dessen Namen er nicht mehr erfahren kann: es ist ein Blick in die eigene erhoffte Zukunft.

Kraulemännchen und *Rebell* gehören schon zu den späteren Jugendarbeiten Arno Schmidts, es sind rückgewandte Standortbestimmungen. Wann er begann, seine Gedankenspiele aus der Literatur wieder in Literatur zu verwandeln, ist ungewiß, spätestens jedenfalls in den letzten Görlitzer Schuljahren. 1933 dedizierte er seinem Schulfreund Heinz Jerofsky eine (nur teilweise als Gedächtnisprotokoll überlieferte) Gedichtsammlung *Schritte in der Nachtstille*; 1933/34, nach dem Abitur, arbeitete er an einem (heute verschollenen) Epos in Nibelungen-Versen, *Sataspes*, zu dem ihn eine Herodot-Stelle inspiriert hatte. Signifikant für seine bewundernde Abhängigkeit ist, daß er sich daneben auch schon mit Essays (May, Fouqué) und Übersetzungen (Poe) befaßte. Trotz dieser – verdächtig vielseitigen – Aktivitäten begann Arno Schmidt seinen Weg in die Literatur sehr zögerlich und zunächst eher rezeptiv. An Heinz Jerofsky schreibt er 1935:

«Da ist Vieles, die entzückenden altmodischen Ritterromane meines Lieblings Fouqué, die wunderlichen Märchen E.T.A. Hoffmanns, die weiten Bereiche der Weltgeschichte, Wandrer und Dichter, Lieder und Werke. Denn ich bin ein großer Zauberer!» (WH 67)

Aber erst 1937 versucht er sich an einer größeren Prosaform und schreibt die ersten Kapitel eines Romans *Die Insel*, den er bald wieder aufgibt; erst 1940/41 wird ein weiteres Werk entstehen, die *Dichtergespräche im Elysium*, als Präludium einer intensiven Schreibphase. Die Schuld für diese gehemmte Entwicklung hat Schmidt später mit der Miene des Betrogenen wiederholt und gewiß nicht grundlos auf die entfremdete Arbeit in den Greiff-Werken und die restriktiv wirkende Hitlerbarbarei geschoben; wenigstens ebenso entscheidend aber war der lähmende Konflikt zwischen der emotionellen Neigung zur Dichtung und seiner kognitiven Begabung für die Naturwissenschaften (Mathematik, Astronomie, Botanik): lange verschwendete er seine Zeit an das Sisyphosprojekt einer perfektionierten, dekadischen Logarithmentafel. Die Doppelbegabung bestimmte nicht nur seine exzessive polyhistorische Lektüre, sie ließ ihm auch die Synthese von Dichtung und Wissenschaft zum höchsten Ziel werden. In der Kulturepoche der Alchimie sah Schmidt dieses Ziel erstmals erreicht, das «Tiefste, Gelehrteste *und* Schönste zugleich» zu sagen (JUV 295), und so wird erklärlich, daß er die meisten seiner Juvenilia in solch längst vergangenen Zeiten handeln läßt und immer wieder geheimnisvolle alchimistische Naturen in den Mittelpunkt rückt, als Mittler zwischen Szientismus und Poesie, zwischen Realität und Imagination.

Wissenschaftler und Büchernarr, freilich noch sehr irdischer Art, ist auch schon der Held des Erzählfragments *Die Insel*; in der Einleitung zu dessen fiktiven Aufzeichnungen zweifelt Schmidt denn auch, «ob es sich um die geniale Hypothese eines Naturforschers oder den Traum eines Dichters handelt» (JUV 190). Auch wenn der Roman kaum über die Exposition hinausgelangt ist, wird offenbar, daß der junge Autor beides amalgamieren wollte, wofür auch spricht, daß er in der Vorrede sowohl eine «geniale Theorie über die hochstelligen Logarithmentafeln» wie «Untersuchungen über den Periplus des Sataspes» ankündigt (JUV 190) – mithin die Summe seiner bisherigen Bemühungen auf beiden Gebieten. Daß Schmidt an diesem ‹genialischen› Anspruch scheiterte, kann nicht überraschen, zumal er im krassen Widerspruch zur tatsächlichen Epigonalität des Textes steht, der bis in Details hinein auf Jules Vernes *Reise zum Mittelpunkt der Erde* zurückzuführen ist, einem Lieblingsbuch des Dichters seit der Kindheit (vgl. AMG 166), das während der Greiffenberger Jahre durch seine vertiefte Beschäftigung mit Hohlwelt-Theorien (vgl. WH 156 f.) an aktueller Bedeutung gewann. Auf den ersten Blick ist *Die Insel* daher nicht mehr als die Variation eines alten Themas: Der bibliophile Held, der in diesem Fall die Bibliothek des – historischen – Grafen Clam-Gallas in Böhmen katalogisieren soll und sich dabei in dessen junge Verwandte, Gräfin Alice, verliebt, stößt auf das Unikum eines botanischen Werkes, in dem er zwei Tafeln mit einer rätselhaften Tertiärlandschaft und ein Kryptogramm des Verfassers Olof Rudbeck entdeckt, das den Weg zu einem «land im innern der erde», den Weg nach Platons Atlantis weist; die Verliebten beschließen, dem Hinweis folgend nach Frederikshald in Schweden aufzubrechen, beschrieben werden noch die Fluchtvorbereitungen und die Reise, dann bricht das Fragment bedeutungsvoll ab:

> «Ich wandte mich zu Alice : ‹Wie lange werden wir bis dorthin [die Höhlen von Borge] brauchen ?› sagte ich.
> Sie sah mich lächelnd an und antwortete versunken : ‹Ja !›
> Obwohl ihre antwort nicht zu meiner frage stimmte, fühlte ich doch, dass sie zutiefst bereit war, mit mir zu gehen, nach jenen leuchtenden hügeln; und ihr wort machte mich glücklicher als es die logischste bemerkung auf meine müssige frage getan hätte.» (JUV 237)

Literarisch ist das *Insel*-Fragment nicht nur epigonal; in der voraussehbaren Handlungsführung, der stereotypen Figurenzeichnung und der klischeehaften, adjektivüberladenen Bildersprache trägt es geradezu die Merkmale des Trivialen – Schmidt mag das selbst gespürt haben: Formale Spielereien wie die unmotivierte Kleinschreibung, die regellose Interpunktion oder das Dokumentieren von Schachzügen zeigen seinen frühen Willen zur Innovation und Abgrenzung; mehr als die nachfolgenden Juvenilia kündigen sie die Experimente und Manierismen des Nachkriegswerks an. Von nicht zu überschätzender Bedeutung ist Schmidts früheste Erzählung aber als Bekenntnisdichtung und Lebensprogramm; unter diesem Aspekt wird noch der – nicht intendierte – Fragmentcharakter schlüssig: Wäre ein schöneres Schlußwort denkbar als Alices «Ja !» zur gemeinsamen Zukunft in einem inneren Inselreich der Literatur? Im Jahr der *Insel* heiratet Alice Murawski, auch sie seit 1934 bei den Greiff-Werken angestellt, Arno Schmidt, den sein erster Militärdienst (als Kanonier in Sprottau) eben erst im Bewußtsein bestärkt hat, «dass das leben nur da lebenswert sei, wo man allein war mit der geliebten und den grossen toten aller zeiten und völker» (vgl. JUV 219 f.). Zum Symbol dieser elitären Wunschexistenz ist ihm seit der Kinderlektüre von Verne, Defoe und Schnabel die Insel geworden; er wird nicht müde werden, sie literarisch zu projizieren, und doch erst in Bargfeld finden; aber schon im frühesten Fragment, das er seiner Frau widmet, schwört er Alice auf diesen Traum vom Wunderland ein:

«Wir waren glücklich allein, nur mit uns selbst und den grossen dichtern und wissenschaftlern aller zeiten; wir würden uns unser leben selbst zimmern mit unseren eigenen händen und unserem eigenen geiste – ein traum, wie ihn menschen schon oft, aber niemals schöner geträumt haben. Und wie selten mag er erfüllt worden sein, wie oft mögen selbst die sehnsüchtigen aus halbheit und schwachheit oder bequemlichkeit ihn unterdrückt oder gar verleugnet und verleumdet haben, obwohl er stets zu erfüllen war und sein wird, wenn es auch die grössten opfer kostet.» (JUV 235)

Frappant sind nicht Abhängigkeit und Mängel der Jünglingsarbeit, sondern die in ihrer Absolutheit und Weltabgewandtheit beinahe erschreckende Konsequenz, mit der Arno Schmidt dieses aus frühen Traumata geborene Ziel bis zuletzt und unter «grössten opfern» verfolgte.

Als Arno Schmidt im April 1940 endgültig einberufen wurde und in die Schreibstube der Artilleriekaserne zu Hirschberg (Riesengebirge) kam, war ihm die Verwirklichung seines Insel-Traums ferner denn je gerückt; aber gerade die erzwungene Trennung von Alice und den Büchern in wölfischer Zeit und das schockhafte Hineingestoßensein in das Menschenrudel ließen ihn, der sich bis dahin mehr wissenschaftlich orientiert hatte, zum Dichter werden – oder besser: zum Nach-Dichter. Um sein irreales, abgesondertes Ich vor dem heftigen Ansturm krudester Wirklichkeit zu schützen, negierte er in beinahe schizoider

Weise seine nackte Existenz als Wehrmachtssoldat und überließ sich einem selbstsuggestiven Phantasie- und Schreibstrom, der wie in der Kindheit positive Gegenwelten schuf und nun auch fixierte. Die während des Krieges entstehenden Texte hatten wenigstens drei kompensatorische Funktionen: Sie sollten ihn der verhaßten Gegenwartsrealität entheben, ihn mit der geliebten Frau verbinden und last not least dem subalternen Soldaten die Wunschidentität des großen Dichters schaffen. Diese dreifache Intentionalität, die Schmidt nur zum Teil reflektiert haben dürfte, wurde – mit Ausnahme von *Kraulemännchen*, *Rebell* und *Pharos* – bestimmend für die Thematik und Stilistik des ganzen Jugendwerks.

Auf das Chaos der Gegenwart antwortete Schmidt mit Idyllen aus spätmittelalterlicher oder biedermeierlicher Zeit und mit Träumen von paradiesischen Wolkeninseln; er selbst agiert in ihnen als suchender junger Mann, der in die Geheimnisse einer höheren, transzendenten Welt eingeführt wird. Die Wunsch- und Fluchtlandschaften sind seltsam menschenleer, das verhaßte Hordentier kommt kaum einmal vor; hier kann Schmidt, im letzten immer um Anerkennung werbend, es sich sogar leisten, sein Alter ego gesellschaftlich zu integrieren.

Allemal aber feiert der Sehnsüchtige die schmerzlich entbehrte Zweisamkeit mit Alice, der er seine Arbeiten als erster – und für Jahrzehnte einziger – Leserin widmet.[3] In wechselnder Gestalt, als häuslicher Kobold, scheues Rehmädchen oder elfisches Zwischenwesen, im Stadium erster Liebe oder ehelicher Erfüllung – stets ist sie die treue Gefährtin an der Seite des Wunsch-Ichs, und das Harmoniebedürfnis Schmidts war gerade hier so groß, daß ihm die allfälligen Liebes- und Eheidyllen stereotyp ins Kitschig-Sentimentale gerieten (wozu beitrug, daß der weltabgewandte, von Zotenreißern bedrängte Jungdichter auch allen Sexus aussparte). Peinlicher noch berührt das pubertäre Imponiergehabe des Bibliomanen gegenüber der im Grunde naiven Frau, sein offensichtliches Bemühen, sie durch die Integration ins Werk in seine Sphäre zu heben und zur angemessenen Dichtergattin zu machen. Die Juvenilia sind auch Erziehungsarbeit – daß sie erfolgreich war, verstärkt die dahinter liegende menschliche Tragik eher noch. Die Liebenden der frühesten Erzählungen finden sich nicht in sich selbst, sondern in einem Dritten, in der Welt der Dichter und Denker; Liebe ist möglich nur im Medium der Literatur.

In selbstkritischen Momenten mag Arno Schmidt gespürt haben, daß er noch weit davon entfernt war, ein Dichter mit eigenen Konturen zu sein; wie viele Autoren, die in der inneren Emigration zu schreiben begannen und gar nicht die Möglichkeit hatten, sich an aktuellen Tendenzen oder auch nur an der jüngstvergangenen Literatur des Expressionismus oder der Neuen Sachlichkeit zu orientieren – ein Mangel, den Schmidt freilich in defensiver Rechtfertigung zum Vorteil stilisierte –, verharrte er überlange im Anfängerstadium der Nachahmung und benutzte die bewunderten Dichtungen der Vergangenheit als Hohlformen seiner Kreativität. Mehr ist hier zu konstatieren als jugendliche Idolatrie und autodidaktisches Einüben in bewährte Muster: Indem er ihnen nachschrieb, identifizierte sich der Kanonier und spätere Unteroffizier mit den imposanten Dichterheroen und schuf sich damit ein Überlegenheitsgefühl, das ihn nicht nur vor sich selbst und Alice, sondern auch vor den alltäglichen Erniedrigungen der soldatischen Umwelt bestehen ließ. Es ist nur konsequent, daß mit der allmählichen Ich-Findung späterer Jahre auch viele dieser frühen Vorbilder verraten wurden. Den ersten, noch symbolhaften Vatermord begeht Schmidt bereits in *Pharos oder von der Macht der Dichter*.

Am Anfang ist die «Macht der Dichter» übergroß. In Hirschberg entstehen Ende 1940 als Weihnachtsgeschenk für Alice elf Szenen der *Dichtergespräche im Elysium*, denen Schmidt im Frühjahr 1941 im elsässischen Hagenau als Epilog noch ein zwölftes Gespräch hinzufügt. In der Tradition Wielands (*Gespräche im Elysium*, *Göttergespräche*, *Peregrinus Proteus*) – ein Besuch an dessen Grab in Oßmannstedt (Mai 1939) gehört zu den letzten unbeschwerten Erinnerungen mit Alice – stellt er der soldatischen Welt ein harmonisch-idyllisches Geisterreich der großen Unsterblichen entgegen und versäumt nicht, auch sich und die Geliebte in diese hehre Gemeinschaft der Dichter und Denker zu integrieren: «denn wir sind wie sie.» (JUV 241)[4] In romantisch-heroischen Theaterlandschaften, die ebenso wie die verschiedenen Konfigurationen reigenartig wechseln, belauscht Arno Schmidt – wie es im barocken Untertitel heißt – «wahrhaftige und bedeutende Unterredungen der vornehmsten Dichter aller Zeiten und Völker über Gegenstände der Literatur» (JUV 239), und wirklich geht es in den leidenschaftlich geführten Gesprächen um so weltentrückte Themen wie die ideale Bücherei des Privatmanns, den kongenialen Leser, das Verhältnis von Dichtung und Wissenschaft oder die Implikationen der Form. Allein das letzte Gespräch, *Von Tod und Leben*, das E. A. Poes Weg durch «Windzeit, Wolfszeit» (JUV 299) zum Wolkenstein beschreibt und die eigene Wiedervereinigung mit der Geliebten phantasiert, läßt hinter der literarischen Camouflage etwas von der Realexistenz Schmidts zwischen Todesfurcht und Überlebenshoffnung ahnen. Hier formuliert er durch den Mund «Bruder» Poes auch, präziser als in der *Insel* und unter dem Druck der Verhältnisse beinahe schwurhaft, seine ehrgeizige Lebensaufgabe, zu der er als Alternative nur den Freitod gelten läßt:

«Freund, man *fliegt* nicht ins Eilysion ! – Erst wenn du deinen Pflichtenkreis prüfend umschritten hast [...], sei es durch Verbreitung der Dichter, sei es durch eigene Arbeiten, sei es um einer seelenverkrüppelnden Schmach oder geistestrübendem Schmerz zu entkommen – und dein Gewissen gibt dich frei ! – : dann magst du gehen !» (JUV 298)

Der fiktive Verlagsort «Eilysion» der folgenden Erzählungen beteuert dieses Programm für die «eigenen Arbeiten», und in den späteren Funkessays löst er es hinsichtlich der «Verbreitung der Dichter» ein. Ein erster literaturkritischer Versuch sind aber auch schon die *Dichtergespräche* selbst; unbeschadet des hymnisch-pathetischen Stils, der sentimentalen Stimmungen, der peinlich hohen Selbsteinschätzung und des geringen Reflexionsniveaus haben sie ihre bleibende Bedeutung als früheste literarhistorische Standortbestimmung Schmidts. Wenngleich er in der Widmung für Alice den «Unterschied» zum germanistischen Kanon betont und ankündigt, er wolle «nur die wenigen Namen nennen, die uns [...] stets die Großen bleiben werden» (JUV 241), fällt auf, daß sein literarisches Weltbild noch keineswegs so elitär abgehoben und auf die Rehabilitation der Abseitigen fixiert ist wie dann in den Funkessays; nicht nur begegnen wir unter den mit subjektiver Willkür gruppierten Hausgöttern den Nationalheroen Homer, Shakespeare, Cervantes und Goethe, auch die übrigen sind fast ausnahmslos anerkannte Säulen abendländischer Geisteskultur. Das hat zum einen pragmatische Ursachen – noch fehlten dem jungen Leser alle Möglichkeiten langwieriger Recherche –, erklärt sich aber auch durch den unbedingten Willen, fremdes Anerkanntsein identifikatorisch auf das eigene, noch durch keine Veröffentlichung gestärkte Ich zu übertragen. Unternimmt Schmidt also in den *Dichtergesprächen* noch keine radikale Revision der Literarhistorie, so sind einige zentrale Korrekturen gängiger Wertungen doch unverkennbar, von denen zwei maßgeblich für die Juvenilia wurden. Einmal haben neben den Dichterfürsten auch Philosophen wie Schopenhauer, Historiker wie Burckhardt oder Naturwissenschaftler wie Darwin ihren Eingang in den Parnaß gefunden, so Schmidts Diktum demonstrierend, Literatur und Wissenschaft seien gleichrangig; ihre ideale Synthese sei erstmals in der germanistisch ignorierten Welt der alchimistischen Bücher zwischen 1250 und 1750 gelungen und ihr Gemeinsames «jene tiefste utopienbildende Kraft»:

> «Die den Niels Klim genau so hebt und trägt wie den Robin Crusoe, Klopstocks Gelehrtenrepublik und die Reise zum Mittelpunkte der Erde ! – Denn in fast allen der erwähnten Bücher ist als die einzig mögliche Form die der Utopie erkannt worden, der in sich geschlossenen, eigensten Welt. Dies ist das Höchste und Letzte, was zu sagen war ! –» (JUV 296)

Unversehens scheint wieder das Bild der Insel auf, unversehens aber auch ihr gewollt gesellschaftsrelevanter Charakter als Utopie: der Unterschied zu den illusionslosen Antiutopien des Nachkriegs ist eklatant. Zum anderen verwirft Schmidt, der sich schon in der *Insel* als «der gute heide» bekannte (JUV 209), die «Kreuzfahrer» (JUV 279) Schiller, Stolberg und Dante und favorisiert statt dessen mit Emphase die Romantiker Poe, Hoffmann und Fouqué, die ihm zu Identifikationsfiguren par excellence seit frühester Jugend geworden sind und denen er sich noch in der späteren Distanz verpflichtet fühlen wird: In der schwarzen Romantik E. A. Poes, der existentiellen Zentralgestalt der *Dichtergespräche*, vermochte Schmidt seine archaischen Ängste wiederzuerkennen und aufzuheben, er wird den «Bruder» «gut und ehrfürchtig» (JUV 246) übersetzen und ihm noch in *Zettels Traum* eine gründliche, wenn auch destruktive Exegese widmen; über den Baron de la Motte Fouqué, den Erbauer des Wolkensteins, dessen ‹vollendeter Anachronismus› ihm Legitimation und Ziel des eigenen epigonalromantischen Schreibens gegeben hat, wird er nach Jahren mühsamakribischer Spurensuche eine monumentale Biographie vorlegen; und daß E. T. A. Hoffmann, als «der größte Zauberer im ganzen Eilysion» (JUV 291) das poetische Zentrum der *Dichtergespräche*, die Ehre auch nur eines Essays verwehrt bleibt, hat seinen Grund eher in allzu offenbaren Abhängigkeiten als in übertriebener Ehrfurcht: spätestens nach den elysischen Dialogen im Wieland-Stil wird er zur wichtigsten Inspirationsquelle der Juvenilia, so daß man mit großem Recht von ‹Phantasiestücken in Hoffmanns Manier› sprechen kann.

Von Januar bis Oktober 1941 ist Arno Schmidt im Elsaß kaserniert und mehr denn zuvor der Kriegsmaschine ausgeliefert; die literarische Abschottung gelingt nur unvollkommen und krisenhaft: die Regression der Skizzen *Rebell* und *Kraulemännchen* ist hierfür ebenso Indiz wie die brüchige Fiktion der zuvor, im Frühjahr, geschriebenen Erzählung *Der junge Herr Siebold*, mit der er eine «‹Märchenserie› – a la Hoffmann & Tieck» beginnt (Brief an Ernst Krawehl, 1958; JUV 636). Unter den beendeten Jugendarbeiten ist diese «Erzählung aus der alten Zeit» die mißlungenste, was bei einer ersten Einübung ins Märchen-Genre per se nicht überrascht, hier aber auch durch die unbewältigten Konkreta einer gefährdeten Existenz bedingt scheint. Die Wirklichkeit barbarischen Menschentums holt den versponnenen Tagträumer ein und bedroht in Gestalt marodierender Geißlerhorden nicht nur das städtisch-mittelalterliche Idyll des gelehrten Schreibers Siebold, sie zer-bricht auch die intendierte Märchenutopie des Schreibers Schmidt, deren Voraussetzung eine nur in sich stimmige Kausalität wäre. Die Immanenz des Phantasieraums, die in ahistorischer Sicht den Anachro-nismus vergessen machen könnte, wird nicht erreicht, bis in die Struk-tur hinein gerät der Text unplausibel – was zum Teil auch mit der uneingestandenen, noch nicht ins Positiv-Positivistische gewendeten Unfähigkeit zu tun haben dürfte, eine Geschichte einfach und stringent zu entwickeln. Zwar versucht Schmidt, die Inkommensurabilität durch den Rückgriff auf den traditionellen Märchenantagonismus von Gut und Böse aufzulösen, doch kann es nur peinlich und nachgerade unzu-lässig wirken, wenn er die Elementargeistererzählungen Hoffmanns und Storms Mittsommermärchen von der *Regentrude* auf das unmit-telbare Kriegserleben überträgt und es zum Konflikt zwischen den feindlichen Elementen Feuer und Wasser stilisiert. Wunschphantasie-rend läßt er den Geisterfürsten Jan van der Meer, als Meergeist auch eine Allegorie der eigenen breit anrauschenden und worterollenden Epik, über den anarchischen Feuermann, eine geißlerische Präfigura-tion des späteren Leviathan, triumphieren und damit stellvertretend das poetische Prinzip über das irrationale Element des Nazismus sie-gen. Das immerhin ist bemerkenswert: Im Gegensatz zu den folgenden Märchenvariationen, die defensiv einen intakten Ordo beschwören, glaubt Schmidt zu Anfang mit pubertärer Naivität noch an aggressive Potenzen der Literatur gegenüber der bornierten und destruktiven Wirklichkeit, deutet er sich seine utopische Gegenwelt noch als wirk-same Gegenmacht.

Im übrigen aber ist der präludierende *Junge Herr Siebold* exem-plarisch für Thema, Tendenz und Struktur der «Märchenserie», die mit *Mein Onkel Nikolaus* ein abruptes und bedenkenswertes Ende findet. Allemal bricht auf hoffmanneske Weise das Phantastische in die Wirk-lichkeit des vielbegabten jungen Helden ein, amalgamieren sich Alltags- und Traumrealität wie im berühmten Schmetterlingstraum des Dschuang Dsi, der – romantisch abgewandelt – im *Siebold* als Leitsymbol fungiert; hier ist der Traumcharakter noch am kenntlichsten, die Imagination als solche deutbar, später wird sich von Mal zu Mal die Realität mehr auflösen. In keinem Fall trifft die Initiation ins Phantastische den Protagonisten, Schmidts Alter ego, zufällig; es ist eine Auszeichnung, die er sich durch sein Ziel verdient hat, «Wissenschaft und Poesie zu verbinden», und Siebold gar ruft Aziabel, den «Fürst der Gewässer und unterirdischen Schätze» (JUV 305), (unbewußt) selbst herbei. Das alchimistische Streben wird zum Ausfallstor ins Übernatürliche, umgekehrt erscheint die Phantasmagorie als Medium echter Erkenntniserweiterung; bei aller Weltflucht dürfte in diesem Axiom vom Primat der dichterischen Vision die tiefere Aussageabsicht der Juvenilia liegen, die nicht nur für Schmidt aktuell geblieben ist. Im *Siebold* symbolisiert das Geschenk van der Meers, die Meernuß, die sich am Ende zu einem «kräftigen Bäumchen [...] mit gar absonderlichen Blättern und Astwerk» (JUV 358) auswächst, den imaginär gewonnenen Wissenszuwachs; dieser selbst wird nur visionär angedeutet in Siebolds wundersamer Unterwasserfahrt mit dem Meergeist, die ihn weit in die Evolutionsgeschichte zurückführt. Eitle Lebensgier wird gegen solche Werte zum «erborgten Schein»: das Geschenk ewiger Jugend weist Siebold von sich, aus Liebe zu seiner Frau und nachdem er sich an die Kindheit seines Autors erinnert hat: «Auch ohne den Trank fand er den Weg zurück in die Jugend, und in die Bilderwelt aller Zeiten, deren es wohl viele gibt.» (JUV 357) In doppelter Weise, eskapistisch und bewußtseinserweiternd zugleich, zielen Schmidts Märchen so auf eine Entgrenzung der Wirklichkeit, was ihm freilich nur im zitierenden Rekurs auf seine Kindheitsträume und hergebrachte «Bilderwelten» gelingt – bezeichnenderweise ist Siebolds Erkenntnis nur in der Vergangenheitsfiktion, nicht auch auf der Erzählebene innovativ und bleibt weit hinter der Evolutionstheorie Darwins zurück, von der Schmidt offenbar nur ein sehr laienhaftes Verständnis hatte.

Um die Realitätsüberhöhung sich selbst zu suggerieren und dem Leser glaubhaft zu vermitteln, kolportiert Schmidt auratische literarische Ikonographien und archaisierende Sprachelemente aus dem alchimistischen und romantischen Fundus. Geheimnisvolle Elementargeister (richtiger: Elementale) wie Jan van der Meer oder Unsterbliche werden als Repräsentanten übersinnlich-ewiger Wahrheiten und magische Wanderer zwischen den Welten zu Zentralgestalten, umschwirrt von Elfen und Gnomen; eingeweihte Alchimisten, Künstler-Wissenschaftler wie der Wolkenmaler Windhold deuten den rechten Weg zur Offenbarung an, und Adepten werden schließlich auch die jungen Helden, die Schreiber wie Friedrich Siebold sind oder arme Hauslehrer, Privatgelehrte, Studenten, und deren Gemeinsames die Sehnsucht nach dem Blick hinter den Vorhang ist. Konfigurationen also, als seien sie dem *Goldnen Topf* entstiegen. Die Sprache schlägt einen preziös-altertümelnden Ton an, der einer biedermeierlichen Romantik entliehen ist und von vornherein jene Wirklichkeitsdistanz stiftet, in der die tiefen und erhabenen Wunder erst atmen können. In behäbigen Wellen strömen die konventionell gebauten Sätze dahin, poetisch überwuchert von einer Unzahl pathetisch-sentimentaler, oft ältlicher Adjektive, durchsetzt mit heimeligen Füllwörtern («gar») und verniedlichenden Diminutiven. Vor dem Entstehenshintergrund hat dieser traumverloren säuselnde Stil etwas Peinliches, auch wenn in ihm bisweilen dichte atmosphärische Landschaftsbeschreibungen gelingen. Die Kritik hat sich denn auch besonders vehement an der Sprachgebung der Juvenilia entzündet, dabei aber meist übersehen, daß die Form hier ganz dem märchenhaften Inhalt kongruent ist: Problematisch ist Schmidts anachronistische Welthaltung an sich, ihre sprachliche Materialisation ist angemessen. Mehr noch: In der Fähigkeit, fremde Sprachmuster fast bis zu fiktiver Authentizität zu verinnerlichen, kündigt sich bereits der virtuose spätere Wortjongleur an, der etwa den Alltagsjargon seiner Umgebung simuliert oder Charaktere aus ihrem Sprachgestus entwickelt. Was bleibt, ist freilich der Verdacht eines postmodernen Manierismus.

Noch in Hagenau beginnt Arno Schmidt, ein zweites Märchen in sein Notizbuch einzutragen, *Das Haus in der Holetschkagasse*, das er im Herbst 1941 in Lauban beendet, wo seine Feldtruppe für den Einsatz im besetzten Norwegen vorbereitet wird. Außerliterarische Wertungskategorien beiseite lassend, ist es das beste Stück der Serie, noch vor den ähnlich gelungenen Erzählungen *Der Garten des Herrn von Rosenroth* und *Die Fremden*, die im Jahr darauf in der Schreibstube des norwegischen Stützpunkts Øveraasjøen entstehen. Solches Lob heißt freilich nur, daß alle drei Texte als schwächere Werke im Œuvre Hoffmanns bestehen könnten. Die «geschlossenste, eigenste Welt», die Schmidt anstrebte, wird in ihnen ohne Stilbrüche imaginiert; einfache Fabeln deuten sich an, die den assoziativ flutenden Phantasiestrom strukturieren und in der *Holetschkagasse* beinahe auf Novellenformat bringen;

skurrile Einfälle, Zaubereien und Gaukeleien, treiben ihre prächtigen Blüten, und nicht zuletzt setzt Schmidt vermehrt das Mittel der romantischen Ironie ein und heitert seine biedermeierlichen Phantasmagorien mit einem Humor auf, der *Herrn Siebold* noch sehr fremd war: die Lust des Autors an der (Nach-)Erfindung vermittelt sich und macht diese Märchen für den vorurteilslosen Leser noch heute zu einer unterhaltsamen Lektüre. Über Schmidts Kriegszeit in Lauban und vor allem am Romsdalsfjord ist noch kaum etwas bekannt[5], er selbst hat sich darüber weitgehend ausgeschwiegen; die schlesische Nähe zu Alice und die norwegische Ferne von den Kampfhandlungen, besonders aber die ungebrochene Fiktion der drei Erzählungen machen es wahrscheinlich, daß er diese Aufenthalte eine Weile als wirkliche Refugien empfand.

Stärker als im *Siebold*, wo dem Helden wie dem Leser wenig mehr als das Staunen vor dem Wunderbaren und ein mystisches Erkennen beigebracht wird, instrumentalisiert Schmidt den grundlegenden Dualismus der Welten nun auch für die Konstruktion der Fabel. Im *Haus in der Holetschkagasse* konfrontiert er das Zauberreich der Elementar- und Astralgeister mit dem idyllischen Akademikertreiben in der böhmischen Universitätsstadt Krumau, angelehnt an Hoffmanns *Klein Zaches*; der Antagonismus der Sphären wird hier wie später durch die Einführung rationaler Zweifler zusätzlich betont, als Mittler tritt der Elementargeist Rure auf, der im bürgerlichen Leben als etwas absonderlicher Professor Rabensteiner agiert. Der mittellose Student Peter Öflin, ein brillanter Kenner der Logarithmen, wird während der Vakanz dessen Diener und macht bei einem Gipfeltreffen der Geister und Kobolde merkwürdige Begegnungen und Erfahrungen, mit dem Melanchlän Alastor und dem putzigen Granitmännlein Tulin oder mit der Sternenfolklore der Astralgeister, vor allem aber lernt er Rures ätherische Tochter Ecila (= Alice) kennen und lieben, die freilich einem der Geister zugedacht ist. Öflin wird daraufhin aus dem Haus gewiesen; er verliert sich in Verzweiflung und will in den Fluß gehen, Ecila aber – in der Gestalt eines Mädchen-Kindes – rettet ihn und bringt ihn zu ihrem Vater zurück, der in ihm nun nicht mehr den ‹Taugenichts› und «Menschenwindhund» (JUV 436) sieht: «und es war Alles gut. –» (JUV 437) Durch die Liebesgeschichte zwischen dem Studenten und dem elfischen Mädchen geraten die beiden Sphären in eine konflikthafte Spannung, die zum guten Schluß durch den gegenseitigen Liebesbeweis gelöst wird. Das ist zwar nicht sehr originell, in der Verknüpfung der Genres aber doch interessant und vor allem deshalb bemerkenswert, weil über Literatur und Wissenschaft hinaus hier auch und gerade die selbstlose Liebe die konträren Welten integrieren kann. Autobiographisch reflektiert sich hier Schmidts gewachsener Lebensmut nach der Versetzung ins heimatliche Lauban, in Alices Nähe.[6]

Die inmitten der norwegischen Fjord-Idylle geschriebenen Märchen *Der Garten des Herrn von Rosenroth* und *Die Fremden* sind von Schmidt beide lediglich auf 1942 datiert worden, so daß die zeitliche Priorität vorerst ungewiß bleibt; den Herausgebern der *Bargfelder Ausgabe* ist die «größere sprachliche und konstruktive Sicherheit» Indiz für ein späteres Entstehen der *Fremden* (JUV 637). Zweifel bestehen, denn die formalen und thematischen Divergenzen reichen nicht allzu weit.

Im binären Weltbild, in der Figurenkonstellation und in der Handlungsstruktur variiert die Erzählung *Der Garten des Herrn von Rosenroth* vertraute Muster. Der arme, für die Künste und Wissenschaften begeisterte Student Christian Wicht verdingt sich als Hauslehrer bei dem schrulligen Privatgelehrten Theodor von Rosenroth; er soll dessen koboldigen Sohn Puck unterrichten, wird aber selber in eine Zauberwelt eingeführt, die seine bisherigen Begriffe erschüttert, ihn der chaotischen Realität enthebt und ihm die Augen öffnet für die Wirklichkeit der Imagination:

«‹Ich bin ein wunderliches und phantastisches Kind und ich erfahre immer mehr, daß Alles, was wir erleben, Wirklichkeit ist, sei es auch Traum, Bild, Büchergestalt oder sinnender Gedanke. Es gibt so viele Welten und Wesen, schön und düster, und die vom Geiste gezeugten sind reiner und geordneter –›». (JUV 486)

Die anfängliche Disharmonie der Welten, die sich zumal in den wirren Gedanken, Gefühlen und Gleichgewichtsstörungen Wichts, aber etwa auch in der Dialektik der Unterrichtsstunden (Empirie und Imagination treffen hart aufeinander) äußert, wird zum Schluß in Imitation der *Holetschkagasse* durch den Liebesbund mit Rosenroths Tochter aufgehoben, die den sprechenden Namen Elv führt: aus dem ‹reinen Tor› Parzifal wird der im Vornamen bereits angelegte Tristan. Der Konflikt ist weniger handlungsdeterminant als in der früheren Erzählung, dafür entschädigt eine bizarre Wolkenreise mit dem sylphischen Wettermacher Seidenschwarz – die A & O Jahrzehnte später mit Ann'Ev' (einer Reinkarnation Elvs) wiederholen wird (vgl. AMG 205 – 208) – und vor allem die sehr poetische «pflanzlichte Eilysiontik» (JUV 447), die in der Nachfolge der Feenmärchen, von Brockes und Gustav Fechner (*Nanna oder Über das Seelenleben der Pflanzen*, 1848) die Vergeistigung und Beseelung der Natur behauptet. Dahinter steht die mystisch-romantische Sehnsucht nach einer Symbiose mit den Naturelementen, die Schmidt am Beispiel der elfischen Familie Rosenroth aber durchaus auch mit komischen Zügen realisiert; so stilisiert er den Vater-Sohn-Konflikt zum Antagonismus zwischen Spermatophyten und Thallophyten (der hager-grüne, von blühenden Zeiten schwärmende Rosenroth besitzt Wesenheiten seines geliebten Zittergrases, der knorzig-braune, erdverhaftete Puck enttäuscht den Vater durch den Wunsch, ein Pilz zu werden) oder läßt den arrogant-schleimigen Herrn von Hellagrün als widerlichen Sonnentau entlarven. Die «Prinzessin» Elv aber leuchtet inmitten dieser anthropomorphen Flora «wie eine zarte Blume» (JUV 487). Das pflanzenpsychologische Gedankenspiel wäre freilich eindringlicher, wenn Schmidt es sprachlich weniger überzuckert hätte und es nicht in einer penetrant kleinbürgerlichen Weihnachtsorgie enden ließe, die wenig zur elfischen und elementaren Konstitution der Pflanzen-, Wind- und Sternengeister passen will.[7]

Die Erzählung *Die Fremden*, langatmig und der umfangreichste Text der Juvenilia, liegt inzwischen auch in der 1948/49 überarbeiteten Fassung der *Wundertüte* vor, dort durch einen devoten Dankesbrief an Johann Gottfried Schnabel als Hommage für die *Insel Felsenburg* ausgewiesen – die Schmidt damals nur in der gekürzten, lesbaren Tieck-Ausgabe kannte. Das «Gedankenspiel von der heilig=nüchternen, selig=arbeitsamen Insel der Freiheit» war ihm «ein wichtiges [...] Hilfsmittel zum Überleben in seiner verrückten Zeit und Situation» (LEP 98) und zu einem utopischen Paradigma wie schon *Robinson Crusoe* geworden; in den *Fremden* kombiniert er denn auch das Eilysion der *Dichtergespräche* mit Staffage und Personal der *Felsenburg* und läßt am Ende sein Alter ego, den erst blinden und dann sehenden Literaturjünger Hans Flick, zusammen mit der geliebten – diesmal durchaus menschlichen – Eva Wolf in dieses Land unsterblicher Phantasien pilgern. Die Korrespondenz zu Schnabel erschöpft sich aber fast in diesem Motiv, eingeübte romantische Muster werden auch hier nicht aufgebrochen. Kombinatorisch ergeben sich immerhin reizvolle Steigerungen, wie beim Insel-Motiv; erstmals wird mit dem rationalistischen Julius Kauff, einem Anhänger der späten Aufklärungsphilosophie Kants, eine skeptische Gegenfigur voll durchgebildet (möglicherweise Anzeichen eines noch einmal überwundenen Zweifels an der bisherigen Dichtungskonzeption), und vor allem insistiert Schmidt in der Grundidee der Erzählung mit trotzigem Elan auf den Schöpfungscharakter der Phantasie, in der er nicht weniger als eine intersubjektive Realitätsstiftung sieht (bzw. sehen will): «Am Anfang schuf Gottfried Schnabel Himmel und Erde –» (JUV 536). Strukturell unglücklich, demonstriert Schmidt dieses zentrale Diktum von der Allmacht der Phantasie ausgerechnet in Szenen, an denen der als Identifikationsfigur gedachte Flick gar nicht beteiligt ist; an seine Stelle treten die Freunde Kauff und Balthasar Niebelschütz, ein älterer und wissender Förster, zu heimlichen Hauptfiguren werden aber die vier geheimnisvollen Fremden, die – ähnlich den früheren Elementargeistern – ein Doppelleben führen: Offiziell Angehörige einer wandernden Theatertruppe mit dem verdächtigen Namen «Globe-Theatre», entdecken sie sich einem kulturbeflissenen Leser durch verschiedene Anspielungen als Reinkarnationen der unsterblichen Dichter und Wissenschaftler Shakespeare, Leonardo da Vinci, Cervantes und Johann Jacob Brukker; in ihrer übernatürlichen Existenz zwischen den Welten nehmen diese «Einzelsterne» (JUV 528) Schmidts Schwur vorweg, «alles, was je schrieb, in Liebe und Haß, als immerfort mitlebend zu behandeln» (DYA 12), ein Motiv, das er im Wortsinn wieder in den Nachkriegscapriccios *Tina* und *Goethe* aufgreifen wird, jedoch ohne den beinahe religiösen Impetus, der im Jugendtext in der Beschwörung «Oh, Du heilige, gerechte und allmächtige Phantasie – !» (JUV 537) kulminiert.

Einblick in die außerordentlichen Fähigkeiten der elementarischen Dichter und Denker und einen Eindruck von der Macht der Phantasie erhält zuerst Niebelschütz, den die Fremden dadurch auszeichnen, daß sie ihn zu einem Spaziergang durch die materialisierten Träume der nachtschlafenden Städter einladen und dabei auch in ein Berliner Kaufhaus des 20. Jahrhunderts führen.[8] Der hieraus ableitbare Determinismus wird dadurch unterstrichen, daß Niebelschütz dem Wunschtraum seines blinden Freundes begegnet, sehend mit Eva (einmal verräterisch «Zessilein» genannt; JUV 565) ins Eilysion zu wandeln, der sich am Ende genau so erfüllt – nachdem ihm die Fremden (genauer: der optisch kundige Leonardo) buchstäblich die Augen geöffnet haben. Auf diese sentimental-autobiographische, bemüht symbolische Geschichte braucht hier nicht eingegangen zu werden; sie zeigt vor allem Schmidts zeitweilige Zuversicht in die Zukunft. Interessanter ist der episodische Ausflug des Skeptikers Kauff mit den Fremden in die literarische Fiktion der *Insel Felsenburg*, auch wenn dem ‹Unwürdigen› der Zugang zum Wolkenstein versagt bleibt.[9] Im wörtlichen Sinn wird ihm vorgeführt, daß «jedes würdige Buch» – hier der Schnabel-Roman – «eine goldschwellige Pforte in seinen eigenen Kosmos» ist, in eine «neue Welt», die sich «nach den ihr vom Meister gegebenen Gesetzen für die Ewigkeit weiter entwickelt, im Spiel nur ihrer eigenen Kräfte» (JUV 536). Literatur stiftet nicht nur Realität (und macht ihre Schöpfer unsterblich), der einmal geborene «Stern» (JUV 536) entwickelt in den Regeln des Gedankenspiels auch eine autonome Geschichte und steht in Korrelation zu anderen Welten, mit denen er das ‹Sonnensystem› der Phantasie bildet. Diese Konzeption, die den (nicht nur christlichen) Gott durch den Dichter ersetzt und wahrhaft das ‹Wort› an den Anfang stellt, ist mehr als eine poetologisch deutbare Allegorie; am treffenden Beispiel einer literarischen Gesellschaftsutopie birgt sich in ihr der unbedingte Glaube an eine nachgerade okkultistische Wirkmacht utopienbildender Dichtung auf eine dereinstige Realität. Das anachronistische Schreiben Schmidts, die Rückkehr zur Felsenburg und zu anderen idyllischen Weltmodellen, erhält so die Funktion zugeschrieben, kulturelle Errungenschaften zu perpetuieren und Utopien der Vergangenheit im allgemeinen Bewußtsein zu bewahren – unterschichtig ist den Juvenilia damit auch eine vage Kritik gegenwärtiger Gesellschaft immanent. Es konnte kaum ausbleiben, daß dem Dichter im Fortgang des Krieges und in der Gemeinschaft geistiger Analphabeten die übergroße Illusion schließlich verlorenging, daß der Strohhalm brach, an den er sich im Chaos klammerte.

Der Bruch im frühen Werk, der Arno Schmidt zum kühlen und kühnen Realisten wandelte, dürfte auf Ende 1943 zu datieren sein. Im September hatte er noch einmal begonnen, für Alice eine wunderliche Geistererzählung zu schreiben, *Mein Onkel Nikolaus*, die sich in nichts von den anderen unterscheidet, sie aber schon nach den ersten ins unreine geschriebenen Kapiteln abrupt abgebrochen. Ganz offenbar war er nicht mehr in der Lage, seine Traumwelt gegenüber einer plötzlich eskalierenden Realität aufrechtzuerhalten. Was den Anstoß zum Wandel gab, den Schmidt als Katastrophe erlebt haben muß, läßt sich nicht sagen, solange Selbstzeugnisse oder auch nur Dokumentationen fehlen. An unmittelbare Erlebnisse in Norwegen ist zu denken oder an eine erste Kenntnis von den Greueln der Konzentrationslager; eine wesentliche, vielleicht entscheidende Rolle dürfte der Tod von Werner Murawski gespielt haben: Alices jüngerer Bruder, zu dem Schmidt ein beinahe väterliches Verhältnis hatte, fiel am 17. November 1943 bei Smolensk – danach konnten Märchen nicht mehr trösten, mit der Insel-Sehnsucht verband sich zorniger Welt- und Menschenhaß.[10]

Als Werk des Übergangs gilt die undatierte, im Gegensatz zu den vorangegangenen Texten nur als Typoskript überlieferte Erzählung *Pharos oder von der Macht der Dichter*; sie gehört eigentlich nicht mehr zu den Juvenilia, sondern präludiert bereits das erste veröffentlichte Frühwerk, die *Leviathan*-Trias. Ihre genaue Entstehungszeit ist ungewiß, jedenfalls nach Herbst 1943 anzunehmen und nach einer Zeit der Schreibhemmung und Neubesinnung. Das Thema der Gefangenschaft läßt vermuten, daß Schmidt sie erst während seiner britischen Kriegsgefangenschaft (Villvoorde bei Brüssel, Luthe, Munster; April–Dezember 1945) verfaßte.[11] Er selbst hat *Pharos* nachträglich als «erste Handübung in der ‹Neuen Form›» bezeichnet (JUV 637) und den innovativen Status durch die Integration in *Abend mit Goldrand* unterstrichen, wo er das (überarbeitete) Gedankenspiel seinem juvenilen Alter ego Martin Schmidt zuschreibt.

Des Neuanfangs mit *Pharos* war Schmidt sich sehr bewußt: In der Ich-Form und im zentralen Insel-Sujet rekurriert er noch einmal auf seine erste Prosa-Etüde *Die Insel* und negiert damit indirekt das dazwischen liegende Werk, vor allem aber entdeckt er für sich die Tagebuch-Form, die dann auch für die *Leviathan*-Texte konstitutiv ist. Die monologische Struktur, die die Perspektive einsinnig ins Innere des Protagonisten verlagert und keinen auktorialen Überblick mehr erlaubt, bildet die Voraussetzung des nun einsetzenden existentiellen, skrupulösen und dialektischen Schreibens; zugleich wird die Tagebuch-Fiktion prägend für den Stil, indem sie eine reduzierte, intensive Darstellung ohne epische Weitschweifigkeiten und süßliche Romantizismen nahelegt (wenn nicht fordert) und eine Segmentierung bedingt, die Schmidt im weiteren zur Technik des snapshots entwickeln wird. Allerlei sprachliche Rudimente der überwundenen Schreibphase sind noch virulent, wie nicht anders zu erwarten, doch überraschen der hohe Grad der Sprachreflexion und die Experimentierfreude, mit der Schmidt Neologismen, den Regelverstoß, den Jargon und die Semantik der Satzzeichen erprobt: in nuce ist hier der eigenmächtige Dichter zu beobachten, der sich vorbereitet, die Nachkriegsliteratur zu dominieren, und wirklich ist *Pharos* ja die – freilich zweifelhafte – Geschichte einer Emanzipation. Der so lange bemühte Antagonismus von realer und phantastischer Welt ist nicht mehr konstitutiv, der Riß geht mitten durch die – parabolisch verfremdete – Wirklichkeit, und in ihr ist kein Platz mehr für altertümliche Elementargeister, für Kobolde und Feen: ein zunächst unbegreifliches «Stimmengewirr und Mädchengelächter» (JUV 615) erklärt sich bald als das laute Lesen aus den Romantikern, und die Vision von einem «zwergige[n] schlanke[n] Mann im kurzen schwarzen Mäntelchen» (JUV 625) wird gar als Wahn denunziert. Wie schon der Titel antike Muster evoziert, fehlt es nicht an Rückbezügen auf mythische oder literarische Gestalten, sei es, daß der Erzähler sich als Robinson Crusoe oder seinen Kontrahenten als Poseidon sieht, doch bleibt der Vergleichscharakter stets bewußt, und eine tödliche Travestie der Nibelungen wirkt als komischer Mummenschanz. Erstmals spielt die Handlung nicht in der Vergangenheit, schon gar nicht in einer heilen, sondern in einer – allerdings diffusen und zivilisationsentfernten – Gegenwärtigkeit.

Ist bei den Märchen die Kongruenz von Form und Inhalt selbst dann noch zu loben, wenn sie Kitsch produziert, so gilt das erst recht für die karge und rabiate *Pharos*-Erzählung. Dem dehydrierten Stil entspricht die radikale Reduktion auf die archetypische Modellsituation zweier Menschen, eines älteren und eines jüngeren Mannes, auf einer einsamen kleinen Insel irgendwo im Pazifik. Geschildert wird eine eskalierende Zwangssituation, die unweigerlich an die Schreckensphantasien E. A. Poes denken läßt, und wirklich fällt auch dem Erzähler Poe ein (vgl. JUV 614) und in einer Mappe mit mutmaßlichen Götterbildern entdeckt er die Zeichnung eines seltsam bekannten Rabengotts (vgl. JUV 627) – Schmidt hat seine Erzählung denn auch «Dem Rabengott –» gewidmet. Dazu will es passen, daß ‹Pharos› nicht nur das Leuchtturm-Weltwunder von Alexandria assoziiert, sondern auch das griechische Wort für ‹Leichentuch› – mit ihm werden die Märchen zugedeckt. Die Handlung ist einfach: Der Erzähler, ein junger Literaturprofessor (in *Abend mit Goldrand*, 183, der Glaubwürdigkeit halber zum «Fachmann für Literatur» mutiert), ist schiffbrüchig auf eine Insel verschlagen worden und wird dort von einem omnipotenten Leuchtturmbewohner tyrannisiert. Das ungleiche Verhältnis läßt sich mit den Oppositionspaaren Herr–Knecht, Lehrer–Schüler, Vater–Sohn und Gott–Mensch beschreiben.[12] Zunehmend auch geistig okkupiert, verwirrt sich dem Jüngeren die Realität, am Ende gelingt es ihm aber, den Tyrannen zu töten, und in expressionistischer Gebärde wendet er sich zurück «zu den dürren Menschen»:

«Ich will wie eine Fackel durch die Städte rennen : lebt doch ! Lebt –
doch – –» (JUV 632).

Hinter der einfachen und das Absurde streifenden Fabel verbirgt sich
eine «komplexe Parabel»[13], die den Interpreten in ihrer dialektischen
Widersprüchlichkeit einige Mühen abfordert. Der Parabelcharakter
wird, wie bei den ähnlich gerichteten *Leviathan*-Erzählungen, schon
im Titel signalisiert, der den Mythos beruft und neben das Turm-Sym-
bol, das für Macht und weltabgeschiedenes Denken steht, als eigent-
liches Thema die «Macht der Dichter» stellt. Die Gültigkeit der Parabel
behauptet der Erzähler selbst, wenn er konzediert: «Der Turm müßte
‹die ganze Welt› heißen.» (JUV 627) Läßt man allzu konkrete Autobio-
graphika beiseite, die Schmidts von Haß und Ohnmacht bestimmtes
Verhältnis zur soldatischen Vater-Welt reflektieren, so fechten die
ungleichen Protagonisten im letzten einen Kampf um die Literatur aus.
Während der Erzähler in der akademischen Tradition steht (u. a. Schiller, Dante, Hans Sachs), sind dem herrischen Bewohner des Elfenbein-
turms die romantischen und abseitigen Dichter «zeitlos und heilig»
(JUV 628), und er zwingt allmählich auch den physisch und intellektuell Unterlegenen «in die blauende Landschaft», so daß dieser nahe
daran ist, seine Identität zu verlieren: «Ich will nicht mehr lehren : was
weiß denn ich von Dichtung !» (JUV 619) Man kann diesen ideologi-
schen Unterwerfungsprozeß als Nachhall auf den Faschismus lesen,
doch geht es Schmidt zuallererst um eine neue Standortbestimmung. In
einem dialektischen Experiment personifiziert er gegenläufige Ich-
Komponenten und läßt die Antipoden gegeneinander antreten. Das
Ungleichgewicht dieses Machtkampfs entspricht dabei ganz der noch
unentschiedenen Position Schmidts nach der Aufgabe der «Märchenserie»: Er kann und will nicht mehr die blaue Blume besingen, aber der
Einfluß der romantischen Dichterheroen und die Verlockungen zur
Weltflucht, repräsentiert durch den misanthropischen Einsiedler, sind
noch übermächtig, und der Neues wollende Autor, der sich hier per-
spektivisch identifiziert mit dem nach der Katastrophe Gestrandeten,
hat dem außer seiner – noch dazu fragwürdigen – Belesenheit vorerst
wenig entgegenzusetzen. Seine kleinen Revolten enden mit demütigen-
den Niederlagen, den Tyrannenmord schiebt er aus Feigheit und
Unentschlossenheit immer wieder auf. Die widerwillige Faszination,
die der romantische ‹Schreckensmann› auf den Autor/Erzähler ausübt,
überträgt sich auch auf den Leser; die Exegeten sind ihr bisher meist
erlegen und sahen in *Pharos* analog zu den früheren Juvenilia ein weite-

res Mal eine objektive Überlegenheit des Phantastischen postuliert. Eine solche Deutung, die auch dadurch nahegelegt wird, daß Schmidt tatsächlich lebenslang von Fouqué, Hoffmann oder Wieland beeindruckt blieb, ignoriert aber den Schluß oder muß ihn als «letzte Aufstands-Vision»[14] interpretieren. Im finalen Nibelungen-Spiel vertauschen sich überraschend die Rollen von Hagen und Siegfried, der «Gott» wird von der «Larve» getötet (JUV 632), und schon vorher führt der Sklave den entscheidenden Schlag gegen seinen Herrn, indem er einen Mantelrochen auf ihn losläßt (der mit dem Nibelungen-Drachen assoziiert wird, aber vor allem ein frühes Symbol des Leviathan ist, dem der Romantiker unterliegen muß) – danach ist der literarische Koloß bereits gebrochen, der Gefangene beginnt sich zu emanzipieren. Mit der allmählichen Befreiung gehen aber Bewußtseinsstörungen einher, und in den Triumph mischt sich der Schrecken des Ausgesetztseins: deutliche Zeichen einer Identitätskrise nach dem Verlust der Leitfigur, die der ‹romantische Gott› lange für Schmidt gewesen war. Er überwand sie schließlich, indem er die Romantik für sich revidierte und ihr verborgen-realistisches Prinzip prononcierte.[15]

Auf der Handlungsebene wirkt die *Pharos*-Erzählung wenig stringent, die Personenkonstellation ist zu ungleich arrangiert, um den Machtwechsel glaubwürdig zu machen; der schließliche Sieg des Erzählers erscheint als willkürliche Wunschphantasie des Autors, die sich auf keine echte Anti-Autorität stützt. Und doch ist die entscheidende Gegenkraft von Anfang an präsent: sie manifestiert sich im Schreibprozeß des Erzählers selbst. Die «Macht der Dichter» assoziiert nicht allein die ‹Zauberei› des Insulaners, sie meint vor allem auch das realistische und damit kontradiktorische Aufzeichnen existentieller Erfahrungen, mit der das hassende Ich sich hier buchstäblich der lange verdrängten Wirklichkeit bemächtigt. «In einem gewalttätigen Schreibakt» wirft Schmidt «alle bisherigen bürgerlichen und anfängerischen Rücksichten über Bord und beweist sich und der bisher immer nur zitierten Welt der Dichter, daß er nun endgültig auch einer ist, nämlich ein Dichter.»[16] Der Epigone konstituiert sich endlich als originärer realistischer Schriftsteller, der mit Verve und Volte gegen die geistwidrige Zeit des Leviathan anschreibt: das Grauen von Krieg und Nachkrieg wird, offen oder versteckt, zum bestimmenden Thema des nun folgenden Frühwerks. Dabei bleibt Schmidt sich durchaus seiner Schuld gegenüber den Romantikern bewußt, er orientiert sich anders, ohne sie zu verleugnen: das Heft, in dem der Gestrandete Tagebuch führt, hat ihm schließlich der vielgebildete Insulaner hingeworfen. Mit diesem Schuldgefühl, das u. a. auch zum Motor der großen Fouqué-Biographie wurde, aber natürlich auch mit der unterschwellig fortwirkenden Faszination früher Literaturerfahrungen, hängt es zusammen, daß Schmidt seine romantisch-idyllischen Anfänge nie völlig überwand und nur umdeutete: der romantische Mond seiner Jugend ging nicht unter, aber es wurde «ein großer, ganz kalter und fremder Mond», ein «Eismond», der den letzten oder ersten Menschen bescheint (JUV 618).

In einem unterscheidet sich *Pharos* vom geschichtspessimistischen Frühwerk: Der emphatische Schlußappell «Lebt – doch – –» artikuliert eine Hoffnung in den Menschen, die dem Dichter im Nachkriegsdeutschland schnell ausgetrieben wurde. In *Abend mit Goldrand* vermochte Schmidt diesen Appell der ‹Stunde Null› denn auch nicht mehr zu wiederholen; dort heißt es resignativ: «Lest doch...» (AMG 190 m) Da hatte er sich längst desillusioniert wieder in seinen Elfenbeinturm zurückgezogen.

Von *Pharos* abgesehen, sind Arno Schmidts Juvenilia keine große Literatur, trotz mancher Wortfunkeleien und zauberischer Einfälle, die das Lesen vergnüglich machen; aber auch für sie gilt zumindest, was Schmidt zur «Jünglingsdichtung» Ludwig Tiecks bemerkte: «für den Entwicklungsgang muß man die Stücke kennen. –» (RVG 228)

Anmerkungen

1 1948 plante Schmidt eine Buchausgabe der drei Elementargeistererzählungen *Das Haus in der Holetschkagasse*, *Der Garten des Herrn von Rosenroth* und *Die Fremden*; dem *Leviathan* von 1949 sollte *Arno Schmidt's Wundertüte* mit den *Fremden* folgen, in die er *Das Kraulemännchen* und *Der Rebell* integriert hatte, und 1951 erschienen Passagen des *Rebell* im Kurzroman *Schwarze Spiegel*; das letzte vollendete Typoskript schließlich, *Abend mit Goldrand* (1975), enthält nicht allein die Parabel *Pharos oder von der Macht der Dichter*, sondern auch eine Szene aus *Rosenroth*.

2 Einzelanalysen finden sich in: *Arno Schmidt. Das Frühwerk III. Vermischte Schriften. Interpretationen von ‹Die Insel› bis ‹Fouqué›*, hg. v. Michael Matthias Schardt. Aachen 1989, S. 120 – 204.

3 Die gelegentlich begegnende Ansicht, Schmidt habe seine Juvenilia überhaupt nur für Alice bestimmt (ihre posthume Veröffentlichung sei folglich unerlaubt), ist freilich allzu romantisch; dagegen sprechen nicht nur die fiktiven Verlagsangaben der Manuskripte (3-Mohren-Verlag resp. Kleinvölkelverlag / Eilysion), sondern mehr noch seine Nachkriegsbemühungen um eine Veröffentlichung. Und natürlich war Schmidt Literarhistoriker genug, um eine Publikation nach Lebzeiten vorauszusehen und unter Entwicklungsaspekten zu begrüßen. Andernfalls wären sie im Nachlaß nicht gefunden worden.

4 1958, in einem Brief an Ernst Krawehl, bezeichnet Schmidt die *Dichtergespräche* als «die allererste Fassung der ‹Tina›» (JUV 636); die Parallelen sind nur oberflächlich, bemerkenswert als Zeugnis erreichter Souveränität ist im Vergleich aber die spätere Ironisierung des Elysiums.

5 Vgl. die Erinnerungen von Max Ames, in: WH 211–215.

6 Von der Erzählung *Das Haus in der Holetschkagasse* fand sich im Nachlaßkonvolut der Juvenilia noch eine erste – offenbar undatierte – Entwurfs-Niederschrift; da sie wahrscheinlich in Hagenau entstand, wären bei einer Vergleichslesung interessante Einblicke in Schmidts sich wandelnde Bewußtseinslage zu erwarten.

7 Wicht schenkt Elv bei dieser Feier ein «ehrbar und lustig dreinschauende[s] Büchelchen»: «Dichtergespräche im Eilysion» (JUV 489f.); die ohnehin allgegenwärtige Selbststilisierung Schmidts wird hier überdeutlich.

8 Aus einigen Hinweisen ergibt sich als Handlungsort der *Fremden* die Fouqué-Stadt Sacrow bei Potsdam im Jahr 1787; so sagt Niebelschütz zu Kauff: «Sie müßten einmal den Kleinen vom Baron sehen, den Friedrich – nur schade, daß sie ihn so fromm machen, aber trotzdem : Sie werden später einmal sehen; hoffentlich erlebe ich es noch –.» (JUV 500)

9 Daß er überhaupt einen Blick ins Phantastische tun darf, verdankt er allein dem Zufall, kurz zuvor «flüchtig mit den Seiten» der *Insel Felsenburg* gespielt zu haben (JUV 533) – während Flick und Niebelschütz als eifrige Schnabel-Leser schon des öfteren Besucher des imaginären Eilands waren.

10 Eine eindringliche Allegorie menschlicher Bestialität, die Schmidts Bewußtseinslage um 1943 spiegelt, findet sich in einem der fiktiven Briefe an Werner Murawski (WT 140): «Gestern sah ich einen Heringsschwarm im Fjord : wie sie Körper an Körper vorwärts jagten, unter ihnen, hinter ihnen, kauten Großfische an ihnen; ein Katzenhai fraß wahnsinnig, erbrach Alles in Stücken; füllte sich wieder mit Höllengier, erbrach, fraß, erbrach (es hat mir in den Händen gezuckt, Gott zu zerreißen; und klaffte sein Maul über tausend Spiralnebel, ich spränge ihn an !).»

11 Schmidts gelegentliche Früherdatierungen, u. a. auf 1932, sind Mystifikationen und Teil der Strategie, seine tatsächliche Spätentwicklung als Dichter zu kaschieren.

12 Vgl. Bernhard Sorg: *Arno Schmidt:* «*PHAROS oder von der Macht der Dichter*». In: B. S.: *Der Künstler als Misanthrop. Zur Genealogie einer Vorstellung.* Tübingen 1989, S. 73–94; der religiösen Deutung Sorgs können wir uns im übrigen nicht anschließen.

13 Hans Wollschläger: *Die Insel und einige andere Metaphern für Arno Schmidt.* In: SP 82, 26.

14 Sorg (Anm. 12), S. 75.
15 Exemplarisch für diese spätere Um-Deutung ist besonders Schmidts Funkessay über Ludwig Tieck von 1959 (RVG 208 – 281).
16 Rolf Vollmann: *Bargfeld revisited*. In: *Konkret* 1 (1989), S. 65.

Hartmut Vollmer

Das vertriebene und flüchtende Ich
Zu den Protagonisten im Frühwerk
Arno Schmidts

«Das Los unserer Menschenart [...]
ist die Einsamkeit.»

Werner Riegel

Ein «böses ‹Zu spät!›» habe über dem «Start», über «der ganzen Lauf-bahn» seiner von zwei Weltkriegen geprägten Schriftstellergeneration gestanden, bekannte Arno Schmidt in der Retrospektive mit Verbitterung. 35jährig hatte er noch einmal ganz «neu anzufangen» und «die fehlenden Jahre», um die er «betrogen» worden war, «möglichst wie-der einzubringen».[1] Er teilte diese schmerzliche Erkenntnis der Öffentlichkeit just zu einem Zeitpunkt mit, als ihm einer der bedeutendsten Literaturpreise des deutschen Kulturbetriebes verliehen wurde: der Goethe-Preis der Stadt Frankfurt 1973. Polemisch-provokant stellte er in seiner Festrede, der *Dankadresse* – in Abwesenheit des Preisgekrön-ten von seiner Frau Alice verlesen –, seine Außenseiterposition im kul-turellen/literarischen Leben Deutschlands heraus. So kannte man Schmidt, so kannten ihn seine Anhänger: als mutigen, zornigen und unbestechlichen Autor, der sich nicht vereinnahmen ließ; und so kann-ten ihn seine Gegner, die ihm ‹elitäre Überheblichkeit›, ‹egozentrische Manie› und ‹Originalität um jeden Preis› vorwarfen. – Arno Schmidt war sich bewußt, nie ein Schriftsteller ‹für Alle› sein zu können; sein Mißtrauen gegenüber dem allgemeinen Publikumsgeschmack, sein Wissen um die gewöhnlichen Interessen der Allgemeinheit, ja sein Unbehagen bei allen Massenphänomenen, in drückender Erinnerung an das Unheil der volksverhetzenden Hitlerbarbarei, ließen Mensch-heitshoffnungen für ihn nur noch in Kategorien des Einzelnen, den Glauben – wenn überhaupt – allein an den individuellen Menschen zu.

Der Neuanfang «mit 35», von dem Schmidt in seiner *Dankadresse* sprach, bezog sich auf seine erste Buchpublikation, den 1949 bei Rowohlt erschienenen Erzählungsband *Leviathan*, mit dem er sich nach seinen frühesten, noch von traditionellen Sujets und konventioneller Diktion bestimmten literarischen (Übungs-)Arbeiten der Öffentlichkeit als höchst eigenartiger, origineller Prosaautor vorstellte.

Mit dem *Leviathan*, dem «Prunkstück», wie Schmidt sein literarisches Debüt, das den Beginn der ‹Frühwerk-Phase› bis *Kaff* (1960) markiert, auch später noch sah (DYA 414), setzte sogleich die kontroverse Rezeption ein: Bewunderung und Empörung, die das weitere Schaffen des ‹Haide-Dichters› fortan begleiten sollten. Das zwiespältige Schmidt-Bild, das die Kritiker in zwei Lager teilte, hatte Walter Jens in seiner *Leviathan*-Rezension 1950 sehr treffend formuliert:

«Ein toller Knabe. Zuerst denkt man: Blödsinn. Dann ärgert man sich. Ein Mann offenbar, der sich für ein Genie hält und sich so gebärdet. Man liest weiter. Man ist entzückt, man ist ergriffen. Dann kommen wieder Snobismen. Dann herrliche Bilder. [...] Ein großes Talent, dem man ein wenig Maß und Bescheidenheit wünscht.»[2]

Gerade Schmidts ‹Dazwischenfahren› in die restaurative Nachkriegszeit, seine Rebellion aus dem Bewußtsein literarischer Stärke, während in der kriegsgeschädigten Gesellschaft Ruhe und Wiederherstellung alter Werte auf der Tagesordnung standen, provozierte nicht wenige Kritiker, die sich zu Anwälten für die Bewahrung ‹deutschen Kulturgutes› berufen fühlten. Offenbar übersehen wurde von ihnen allerdings die Tatsache, daß Schmidts Frühwerke genaue, freilich radikalisierte Reflexionen des nachkriegsdeutschen Lebens- und Geisteszustandes waren.

Arno Schmidt schrieb gegen die Zeit, gegen den vorherrschenden Zeitgeschmack und Zeitgeist. Seine literarischen Figuren, vornehmlich die Ich-Protagonisten, sind Spielrollen auf einer Bühne, auf der es um den beständigen Konflikt des intellektuellen Einzelnen mit einer geistwidrigen, unvernünftigen Umwelt geht, die das Individuum bedroht, verfolgt, in ihre Gewalt zu bringen, unter- und einzuordnen versucht. Was diesen Individuen bleibt, um zu überleben, sind Flucht, Rückzug oder Aufstand. Die genaue Betrachtung des Frühwerks zeigt, daß die verschiedenen Reaktionen auf die (über)mächtige Umwelt (Menschheit, Staat, Gesellschaft) eng miteinander verbunden und verschränkt sind. Es sind diese Figuren, die intellektuellen Einzelgänger und ihr Konflikt mit den ichbedrohenden Machtinstitutionen, die – bei aller Divergenz der Fabel, des Handlungsortes und der -zeit – das Frühwerk verbinden und eine zusammenfassende Analyse dieser Werkphase nahelegen.[3] Daß die Ich-Protagonisten gleichzeitig immer wieder als Stellvertreter und Sprachrohr ihres Autors fungieren, daß der Rückzug des Ichs aus der feindlichen Menschenwelt Schmidts Reaktion auf die geistwidrige, seelenbeschädigende Realität bedeutete, bedarf an dieser Stelle – mit Hinweis auf den biographischen Abriß im vorliegenden Band – keiner vertiefenden Erläuterung; durch die Spiegelungen der inneren und äußeren Biographie Schmidts werden ebenfalls Parallelen der Frühwerke offenkundig.

Wenn der rebellische Geometer Philostratos, der Ich-Protagonist in Schmidts antikischer, im Februar 1946 entstandener Erzählung *Enthymesis oder W. I. E. H.*, emphatisch ausruft : «Allein ! Allein ! ! – Ich möchte eine Hymne singen. Ich bin so glücklich» (ENT 27), so verkündet er für das Schmidtsche Frühwerk – dies zeichnet sich bereits in seinen *Juvenilia* ab : «ich liebe viele menschen nicht; es ist viel schöner allein.» (*Die Insel*, JUV 208) – in programmatischer Form die (offenbar einzige) Rettungsmöglichkeit eines Ichs, das sich mit der menschlichen Gesellschaft nicht mehr arrangieren kann, aus der es verstoßen wird oder die es fliehen muß. Das Schicksal Philostratos' kann hierbei als exemplarisch für Schmidts Ich-Protagonisten gesehen werden: Die Erdmessungsreise des Geometers in die libysche Wüste, im Auftrag seines Lehrers Erathostenes, ist Befreiung und Strafe zugleich. Es handelt sich ja nicht allein um die Erkundung unbekannter Erdgebiete, bei der Philostratos sich als ingeniöser Forscher auszuzeichnen vermag (behindert allerdings von seinen ‹unwissenden› Begleitern), sie ist ebenso ein, in sprichwörtlicher Bedeutung, In-die-Wüste-Schicken eines Unbequemen: «Aber los sein mußte er [Erathostenes] mich, weil er meine öffentliche Kritik nicht länger ertrug, und da er mich für einen ‹bei allem Scharfsinn zu phantastischen Kopf› hält» (ENT 10). Die ambivalente Bedeutung der Expedition offenbart schließlich noch einen dritten Aspekt: die Flucht vor der Menschheit, die Reise in die erlösende Unendlichkeit. « ‹Ich fluche allem Gemensch !› » schreit es haßerfüllt aus Philostratos heraus (ENT 30). Seine Begleiter haben gegen ihn gemeutert und sich von ihm losgesagt, ihr Anführer ist von Philostratos getötet worden. Allein und unbeirrt setzt der Gelehrte seine Expedition fort: «unendlich und Einsamkeit – ich hieb die Faust in den Sand; ich versprach der Unendlichkeit : ‹Ich gehe weiter !› » (ENT 21) – « ‹zu den Welträndern ins Menschenlose› » (ENT 30). Woraus der Menschenhaß Philostratos' resultiert, macht seine wutentbrannte Tirade wenige Tage zuvor deutlich:

«Wenn es der Menschheit nur bald gelänge, sich zu vernichten; ich fürchte zwar : es wird noch lange dauern, aber sie schaffen es bestimmt. [...] Denn alles verkehrt sich ihnen ins Böse. [...] auf der Agora drängen sich die Taschenspieler und Klopffechter, die Beutelschneider, Kuppler, Quacksalber und Huren. Und bestenfalls sind's noch Schwachköpfe, Gecken und hirnlose Brüller. Und jeder von all diesen ist selbstzufrieden, tut würdig, neigt sich höflich, bläht plump die Backen, schwingt die Hände, glotzt, schnattert, kräht. [...] Das sind die Kleinen; und die ‹Großen› : jeden Staatsmann, Politiker, Redner; Fürsten, Feldherrn, Offizier erwürgt auf der Stelle, ehe er Zeit und Gelegenheit findet, auf Unkosten der Menschheit den Namen des ‹Großen› zu erwerben. – Wer nur kann groß sein ? Künstler und Wissenschaftler ! Und sonst niemand !» (ENT 19)

Das leidenschaftliche Plädoyer für den Intellektuellen, gegen die Bosheit und Dummheit, gegen die Menschenvergewaltiger provoziert freilich die Frage, welche Konsequenzen sich daraus für den propagierten Geist-Menschen, den Künstler und Wissenschaftler, ergeben. Philostratos proklamiert in für Schmidts Ich-Protagonisten typischer Weise nach seiner Abreise/Flucht aus der menschlichen Gesellschaft gleichzeitig seinen Aufstand gegen sie, der sich jedoch nicht als konkrete, politisch-gesellschaftliche Mißstände verändernde Aktivität manifestiert, sondern Ich-bezogen bleibt. Der rebellische Gelehrte sagt sich haßvoll von der (un)menschlichen Gesellschaft los (hinter den rätselhaften Titelbuchstaben der Erzählung «W. I. E. H.» verbirgt sich seine Lebensmaxime «Wie ich euch hasse») und bricht in die absolute Menschenleere einer unendlichen Wüste auf, in der er sich fieberträumend verliert, in der Phantasie und Realität ineinander übergehen und die ‹phantastische Existenz› sich schließlich über die real-empirische stellt: Als davonfliegender Vogelmensch ist Philostratos am Schluß der Erzählung der quälenden Realität endgültig, und spurlos, entkommen.

Fünf Jahre nach *Enthymesis* griff Schmidt Wunsch- und Warngedanken der Antike-Erzählung in radikalisierter Form wieder auf. *Schwarze Spiegel*, 1951 entstanden und veröffentlicht, zeichnet in concreto die Existenz des intellektuellen Einzelnen nach der menschheitsvernichtenden Katastrophe. Der Wunsch, die Ahnung, daß die Menschheit sich mit all ihrem Unverstand selbst auslöschen wird (in der Nachkriegsrealität ließen Wiederaufrüstung, militärische Blockbildung in Ost und West, der Korea-Konflikt eine Weltkriegsgefahr als durchaus aktuell erscheinen), hat hier eine reale Gestaltung gefunden. Als einer der letzten Überlebenden eines atomaren, dritten Weltkriegs radelt der Ich-Erzähler im Jahre 1960 durch die Lüneburger Heide, wo er nur noch auf gespenstische Zivilisationstrümmer trifft. Mit Hilfe der Überreste richtet er sich hüttebauend und ackerbestellend robinsonadisch in der Natur ein. Nach einigen Wochen begegnet er überraschend einer Frau, Lisa. Die «beiden letzten Menschen» (ssp 240) verlieben sich ineinander und leben für kurze Zeit zusammen. Am Schluß verläßt Lisa, getrieben von Freiheitsdrang, den Ich-Erzähler. Der Versuch, eine Gesellschaft in ursprünglichster, ‹paradiesischer› Form aufzubauen, ist fehlgeschlagen.

Auch in *Schwarze Spiegel* zeigt der Ich-Erzähler eine ambivalente Lebenshaltung, hier in seinem Verhältnis zur menschlichen Gesellschaft. Einerseits artikuliert er wie Philostratos unbändige Menschenverachtung («Bloß gut, daß Alles zu Ende war; und ich spuckte aus : Ende !», ssp 202; «ach, es war doch gut, daß Alle weg waren», ssp 210; «wenn ich erst weg bin, wird der letzte Schandfleck verschwunden sein : das Experiment Mensch, das stinkige, hat aufgehört !», ssp 224), andererseits hat er sich jedoch auch Menschenliebe bewahrt, wie seine erotische Beziehung zu Lisa bezeugt. Was in ihm maßlosen Menschenhaß entstehen läßt, koinzidiert sehr genau mit der wütenden Tirade Philostratos’: Unkultur, Geistlosigkeit, Unvernunft – das sind für den ‹letzten Menschen› die Wurzeln allen Übels:

«‹ein Kulturträger war jeder Tausendste; ein Kulturerzeuger jeder Hunderttausendste !› [...]
Die menschliche Gattung ist von der Natur mit Allem versehen, was zum Wahrnehmen, Beobachten, Vergleichen und Unterscheiden der Dinge nötig ist. [...] Dessen Allen unerachtet, drehen sich die Menschen seit etlichen tausend Jahren immer in dem nämlichen Zirkel von Torheiten, Irrtümern und Mißbräuchen herum, werden weder durch fremde noch eigene Erfahrungen klüger, kurz, werden, wenns hoch in einem Individuum kommt, witziger, scharfsinniger, gelehrter, aber nie weiser.›
Die Menschen nämlich raisonieren gewöhnlich nicht nach den Gesetzen der Vernunft.› » (ssp 244 f.)

Unbelehrbarkeit «seit etlichen tausend Jahren»: die menschlichen Denkgewohnheiten und Verhaltensweisen stellen sich für den Ich-Erzähler der *Schwarzen Spiegel* 1960, fünf Jahre nach der fiktiven dritten Weltkriegskatastrophe, unverändert dar wie für den alexandrinischen Landvermesser Philostratos. Die antike Vergangenheit reicht direkt in die utopische Zukunft. Die neuzeitlichen Anachronismen und Verschlüsselungen, mit denen Schmidt seine antikischen Geschichten durchsetzt – wie etwa die Hitler-Spiegelung im ‹großen› Feldherrn

Alexander (in der 1949 entstandenen, 1953 veröffentlichten Erzählung *Alexander oder Was ist Wahrheit*) –, verweisen auf die zeitlose Kontinuität menschheitlichen Denkens und Verhaltens.

Was kann Schmidt, geschichtspessimistisch, was können seine Protagonisten dem geistigen Mißstand, an dem sie leiden und den sie angreifen, entgegensetzen? – Schmidt antwortet auf den angeprangerten Ungeist mit ‹reinem Geist›, auf Unkultur mit ‹wahrer Kultur›. Diese Geistdemonstrationen, vornehmlich in den Ich-Erzählern figuriert, durchziehen und prägen das gesamte Frühwerk, ja sie geraten in ihrer Häufung und Wiederholung zu einer bis ins Unerträgliche reichenden selbstherrlichen Manie. Die stetigen, erzählhemmenden Preisungen wenig populärer literarischer Größen, die Vielzahl mathematisch-naturwissenschaftlicher Berechnungen zur Erforschung von Erde und Kosmos, philosophische Abhandlungen (die Lehren Kants und Schopenhauers, auch die des von Schmidt nicht sehr geliebten Nietzsche, sind hier Paradigmen), mit denen die Protagonisten ihr Wissen mächtig zur Schau stellen und sich dadurch, ihr ‹Begleitpersonal› in die Schranken verweisend, unweigerlich von allen tumben Allgemeinweisheiten und mediokren Geistern entfernen, sind ihre ‹Waffen› zur Bewahrung individuellen, d. h. eigentlichen Menschseins. Sich als autonomes, autarkes Individuum zu begreifen und zu beweisen, sich selbst erkennen bedeutet ihnen zugleich – in ganz humanistischem Sinn – Erkenntnis der Welt. Künstler und Wissenschaftler haben für Schmidt hierbei Vorbildfunktion, die Symbiose ist für ihn das Ideal des Geist-Menschen.[4] Schmidts zweite antikische Erzählung im *Leviathan*-Band, *Gadir oder Erkenne dich selbst*, 1948 entstanden, trägt denn auch bereits im Titel das Postulat der Selbsterkenntnis.

Seit 52 Jahren wird der Seefahrer, Astronom und Geograph Pytheas von Massilia von den Karthagern in einem Fort in der Nähe der phönizischen Stadt Gadir gefangengehalten, da man ihm nachzuweisen glaubte, auf seinen Seereisen, an denen er als Matrose verkleidet teilnahm, Handelswege ausspioniert zu haben. In Wahrheit war es jedoch reiner Wissensdrang, der Pytheas zweimal den Norden Europas erforschen ließ. In seinen Aufzeichnungen der letzten sieben Lebenstage zur Zeit des 1. Punischen Krieges – sie bilden den Inhalt der Erzählung – schildert der 98jährige Gefangene minutiös seinen Ausbruch. In Wirklichkeit ist seine Flucht jedoch nur imaginiert, sie ist Phantasie, Traum. Gefängniswächter finden den alten Gelehrten und Entdecker schließlich tot in seiner Zelle.

Die Gefängniszelle Pytheas' wird zum symbolischen Ort der Separation; sie ist aber auch eine Enklave des Geistes, der Ort völliger, ungestörter Zurückgezogenheit aus der menschlichen Gesellschaft, der Ort des befreienden Schreibens: «[...] geistig befindet man sich ja ohnehin lebenslänglich in Einzelhaft», bemerkt Schmidt in seiner später entstandenen «Prosastudie» *Die Umsiedler* (UMS 269). *Gadir* ist eine eindringliche Demonstration der erlösenden Macht der Phantasie, mit der der Gefangene aus seiner Zelle ‹flieht›. Im Gegensatz zu *Enthymesis* wird die befreiende Imagination von der Realität letztlich allerdings wieder überdeckt. So endet *Gadir* nicht mit einer realen Flucht, sondern mit einer geistig-seelischen Befreiung, die in den Tod mündet. Der Wissensdrang Pytheas', durch den er Erkenntnisse gewonnen hat, die das bisherige Weltbild und die alten Existenzsicherheiten als obsolet entlarven, hatten den Forscher vor seiner Gefangenschaft einem Staat und einer Gesellschaft verdächtig gemacht, die allein nach materiellem Reichtum und Gewinn zu trachten scheinen, die den Geist «barbarisieren» (vgl. GAD 63). Schon früh geriet Pytheas, «der Unreine, der Unbeschnittene, der Überlästige» (GAD 75), in die Isolation:

«Gefangen war ich von Kind auf : Grobe Eltern, mit Eßzimmer und Maßanzug als gehobenen Idealen; verarbeitete mörtlige Lehrer; Armut umgab mich wie ein roher Bretterzaun; Halbsklave in der Gryphius'schen Knochenmühle; jahrelang Zwangssoldat für massiliotischen Wahnwitz; verkleidet ins Phönizische entschlichen, und, jederzeit dem Spionentod im Rachen, schwerste Matrosenarbeit keuchend, unter Lasten geduckt, spähende Forscherblicke durch Brettannike schießend – [...]. Als Denker ungekannt oder verlacht; vom Griechenchor als Philopseudes verhöhnt; dürftiger Privatmann; dann noch diese letzten zweiundfünfzig Jahre : ‹Versuchen Sie selbst : ein Leben für die Wahrheit ! Es lohnt sich bestimmt !›» (GAD 65)

Deutlich hat Schmidt hier eigene Schmähungen und innere/äußere Gefangenschaften gespiegelt. – Pytheas' Widerstand bleibt ein geistiger, die Rebellion eine innere; seine Empörung verhallt in den Blättern seines Tagebuches:

«Ich sage mich los von allem, was Gott heißt ! Was Schöpfer oder Weltherr sein will ! [...] Seht Ihr das, Ihr gebetgeblähten Mastsäue; ist das Eurer rülpsenden Weisheit letzter Schluß; das und dergleichen ist in Eurem Drachenwerk möglich ? ! Ich fluche Euch Bestien mit paukendem Mund : ich schreie zum Aufstand wider Euch ! Zur Rebellion der Guten wider Natur und Gott : ich rufe die Jugend der Welt !» (GAD 73)

«Die Natur – d. h. der Leviathan –», notiert der Ich-Protagonist in der 1946 entstandenen Erzählung *Leviathan oder Die beste der Welten*, «weist uns nichts Vollkommenes; sie bedarf immer der Korrektur durch gute Geister. [...] Leider sind sie in der verschwindenden Minderzahl» (LEV 51); das sei «ein Ziel»: «Aufstand der Guten» (LEV 54). *Leviathan* konkretisiert die Dämonie der Außenwirklichkeit durch eine verstärkte Realitätsbezogenheit auf die jüngste Vergangenheit Schmidts und verschärft die Ausweglosigkeit einer Flucht des intellektuellen Individuums vor der übermächtigen, leviathanischen Welt.

Mit Marschbefehl nach Ratzeburg befindet sich der Ich-Erzähler im Februar 1945 zusammengepfercht mit einer Gruppe von Flüchtlingen in einem durch Schlesien fahrenden, unter Beschuß geratenden Güterzug. In der Liebe zu Anne Wolf, einer der Flüchtenden, erlebt er kurze Glücksmomente. Die Flucht endet auf einem hohen Viadukt, die Brückenpfeiler vorn und hinten sind zerstört. Anne und der Ich-Erzähler, die als einzige die Angriffe überlebt haben, sind rettungslos verloren.

Leviathan ist fraglos die pessimistischste Erzählung des Schmidtschen Frühwerks. Zwar werden während der Zugfahrt in das Inferno Möglichkeiten und Formen der Flucht vor der leviathanischen (hier konkret: der nationalsozialistischen) Welt diskutiert und bedacht, eine Rettung gibt es jedoch nicht mehr:

«‹Buddha. Lehrt eine Methodik des Entkommens. Schopenhauer: Verneinung des Willens. Beide behaupten also die Möglichkeit, den Individualwillen gegen den ungeheuren Gesamtwillen des Leviathan zu setzen, was aber in Anbetracht der Größendifferenzen zur Zeit völlig unmöglich erscheint, zumindest auf der ‹Menschenstufe› der geistigen Wesen.›» (LEV 53 f.)

Die «Unfreiheit des Willens im Handeln» (LEV 47), die Schopenhauer als Wesenszeichen des Menschen erkannt hatte, ist für die Nazidiktatur die Voraussetzung ihrer (Über-)Macht geworden. Hitlers «blinde Gefolgschaft» (LEV 43), sein willenloses, manipulierbares, unvernünftiges Volk, bestätigt letztlich das negative Menschen-Bild des Ich-Erzählers, dem bei allen Schrecken der Menschenvernichtung – die Erzählungen *Enthymesis* und *Schwarze Spiegel* haben das bereits deutlich gemacht – die sarkastisch-zynische ‹Hoffnung› auf den Untergang bleibt: «Ich würde begrüßen, wenn die Menschheit zu Ende käme; ich habe die begründete Hoffnung, daß sie sich in – na – in 500 bis 800 Jahren restlos vernichtet haben werden; und es wird gut sein» (LEV 45); «Diese Welt ist etwas, das besser nicht wäre; wer anders sagt, der lügt!

Denken Sie an die Weltmechanismen : Fressen und Geilheit. Wuchern und Ersticken.» (LEV 48) – Die Hoffnung in der Hoffnungslosigkeit, die nüchterne Erkenntnis, daß die Menschheit schließlich ‹das bekommt, was sie verdient›; die Schuld trägt sie selbst, sie hat sich ihr eigenes Grab geschaufelt.[5] In dieser Hinsicht besitzen Schmidts Protagonisten immer auch eine warnende Funktion; in einer inhumanen Welt verstehen sie sich als letzte Anwälte der Humanität. Sie führen Lebensformen vor, in denen das wahre Mensch-Sein Erfüllung findet. – In der *Leviathan*-Erzählung muß sich das Ich allerdings dem Schicksal fügen und der leviathanischen Übermacht beugen.[6] Der postulierte «Aufstand der Guten» bleibt ein nicht (mehr) zu erfüllender Wunsch. Das kurze Liebesglück des Protagonisten, seine befriedigenden Beweise philosophischen, mathematisch-physikalischen und literarischen Wissens gegenüber den unwissenden Mitflüchtenden sind letzte Ich-Erfahrungen. Der Schluß der Erzählung zeigt, daß der Sprung in den Tod, zusammen mit der Geliebten, eine letzte Freiheitstat bedeutet.

In die Nazizeit verlegt (in den Februar 1939, Mai/August 1939, August/September 1944) hat Arno Schmidt auch den im Dezember 1952/Januar 1953 entstandenen Kurzroman *Aus dem Leben eines Fauns*. Aus der Sicht des Familienvaters und Amtsangestellten Heinrich Düring, des Ich-Erzählers, schildert der Roman den nationalsozialistischen Alltag in der Provinz der Lüneburger Heide und zeichnet den Konflikt von Anpassung und Widerstand eines Intellektuellen. Die Figur Heinrich Dürings erscheint paradigmatisch für die Problematik der Doppel-Existenz des Geist-Menschen. Einerseits hat er sich (äußerlich) in die kleinbürgerliche Gesellschaft, familiär und beruflich, integriert, andererseits bricht er als Forscher, als Entlarver der scheinheiligen ‹braunen› Gesellschaft aus den bürgerlichen Gleisen aus und distanziert sich von der nationalsozialistischen Anhängerschaft seiner Kollegen, seines Sohnes und seiner Frau, von der er sich überhaupt sehr entfremdet hat (Liebe fühlt er vielmehr zur Primanerin Käthe). Da der Landrat ihm das Projekt einer Kreisgeschichtsforschung anvertraut, kann er sich mit seinen Studien weiter dem ‹braunen Alltag› entziehen. Auf einem Spaziergang entdeckt Düring später eine versteckte Waldhütte; wie er durch Nachforschungen erfährt, diente sie einem französischen Deserteur in der Napoleonischen Besatzungszeit als Unterschlupf – in ihr findet auch Düring sein heimliches Domizil. Als 1944 in der Nähe eine Munitionsfabrik bombardiert wird und ein gewaltiges Flammeninferno ausbricht, flüchtet er zusammen mit Käthe in seine

Hütte. Nachdem der Unterschlupf entdeckt worden ist, zündet er ihn zum Schluß an: Die Fluchthütte ist zerstört, es werden noch einige Monate vergehen, bis der Krieg vorbei und die Macht der Hitlerbarbarei endgültig gebrochen ist.

Der Widerstand Dürings gegen die verhaßte Nazi-Diktatur bleibt auch im *Faun* ein geistiger. Düring weiß um seine Geisteskraft und gleichzeitig um seine Machtlosigkeit, das Weltgeschehen aufzuhalten und sich gegen das Volk zu stellen:

«Was sich dort braun gebärdet, Märsche töfft, und begeistert Groschenworte tauscht, ist nicht mein Volk ! Ist das Volk Adolf Hitlers ! (Eine halbe Million vielleicht sind anders, d. h. besser; aber dann sollten wir uns auch anders nennen, auswandern, nach Saskatchewan [...].» (FAUN 310 f.)

Düring erkennt aber auch: «*Heutzutage* kann man nur noch halb entkommen. Bei der dichten Besiedelung ! (Oder, anders : man muß sich teilen; doppelt leben [...])» (FAUN 367). Nach dieser Maxime richtet er sein Leben ein, die «doppelte Existenz» als Rettung des Ichs. Düring zieht sich in die innere Emigration zurück, ‹desertiert› in seine Waldsolitüde, wahrt Distanz zum ‹Hitler-Volk›, ohne jedoch den völligen Bruch mit dem braunen Staat vollziehen zu können:

«*(Ich behalte mir jede Handlung gegen den Staat vor ! :* das ist zu meiner Sicherheit als Mensch nötig ! Denn der Staat vermag mich mit Gewalt zu allem anzuhalten, was seinen verantwortlich-verantwortungslosen Leitern just auszuhecken beliebt : ich dagegen habe nicht die Macht, den Staat zur Besonnenheit oder Gerechtigkeit oder Erfüllung seiner Pflichten notfalls mit Gewalt zu zwingen. Also muß ich ständig – außer dem fundamentalen Recht, den Staat ungefährdet und mit all meinem Eigentum verlassen zu dürfen – Front gegen die Staatswillkür machen. [...])» (FAUN 321 f.)

Und wiederum die scheinbar resignative Erkenntnis angesichts der Unbelehrbarkeit des Volkes, daß «schließlich [...] Unwissenheit eigene Schuld, und gar nicht zu bemitleiden» sei (FAUN 314): «Wie schrecklich unwissend und deshalb so leicht zu betrügen ist ‹das Volk› !» (FAUN 314)

Das «glückliche Alleinsein», das schon Philostratos beschwor, die Einsamkeit des Forschers und Künstlers – in die höchstens der Geliebten Eintritt gewährt wird – setzt auch Heinrich Düring der verachteten Gesellschaft entgegen: «*Ich war eigentlich immer Einzelgänger* gewesen !» (FAUN 315) bekundet er selbstbewußt; «[...] wo Menschen in Scharen auftraten, immer den Rücken gedreht !» (FAUN 344) In der menschenleeren Natur, in der er rettende Heimat findet, erfährt er – in Einklang mit sich selbst und der natürlichen Welt – ‹göttlichen›, ‹schöpferischen Ursprung› (vgl. die Erzählung *Schwarze Spiegel*: «[...] einmal lebt ich wie Götter und mehr bedarfs nicht», ssp 207). Schmidt zeigt aber immer wieder, daß die geistigen, inneren, natürlichen Welten ‹nur› *individuelle* Fluchtorte oder utopische Territorien sind, die von der (äußeren) Realität, der Historie, dem Zeitgeschehen eingeengt oder gar zerstört werden. Die vertriebenen Ich-Protagonisten bewahren sich bei der Zerstörung allerdings ihren letzten Freiheitsakt, indem sie ihr Leben, ihren Lebensraum vor der unausweichlichen Vernichtung selbst vernichten: das Ich springt in den Tod (*Leviathan*) oder zündet seine rettende Zufluchtsstätte an (*Faun*).

Das durch den Zweiten Weltkrieg heimatlos gewordene Ich steht im Mittelpunkt der Erzählungen *Brand's Haide* (entstanden Januar–September 1950, veröffentlicht 1951) und *Die Umsiedler* (entstanden Mai 1952, veröffentlicht 1953). *Brand's Haide* schildert die Rückkehr des schriftstellernden Ich-Erzählers aus der Kriegsgefangenschaft im Jahre 1946 und seinen Versuch, in einem Heidedorf eine neue Existenz aufzubauen, um in aller Zurückgezogenheit – autobiographische Spiegelungen Schmidts sind unverkennbar – an einer Fouqué-Biographie zu arbeiten. Die alltäglichen Leiden und Freuden (so die Liebesbeziehung zu einer jungen Frau, Lore) des Heimkehrers in dem Heidedorf enden mit Lores Abreise. Sie verläßt den mittellosen Schriftsteller – dem zumindest die Gesellschaft ihrer ihm zugetanen Freundin Grete bleibt –, da sie in Mexiko einen vermögenden alten Mann heiraten will. Die schlichte Nachkriegs-Fabel dient Schmidt erneut dazu, die Rolle und die Lebensform/-haltung des Intellektuellen (hier: des Schriftstellers) aufzuzeigen: die Notwendigkeit einer Distanzierung von der ‹gewöhnlichen›, geistlosen Gesellschaft («Und ich bleibe dabei : die Menschen wissen nichts, weil sie nicht 40 Jahre lernen anstatt zu quatschen», bh 171) um den Preis einsamer Existenz, mit dem Programm: «‹Intellektueller› betrachte ich als Ehrentitel : es ist nun mal das Auszeichnende am Menschen !» (bh 129) Aber Schmidts Protagonisten muß Skepsis erfüllen, denkt er etwa an den Kunstverstand ‹der meisten›, an das allgemeine Kunstinteresse:

«*Dichter :* erhältst Du den Beifall des Volkes, so frage Dich : was habe ich schlecht gemacht ? ! Erhält ihn auch Dein zweites Buch, so wirf die Feder fort : Du kannst nie ein Großer werden. Denn das Volk kennt Kunst nur in Verbindung mit -dünger und -honig [...] – Kunst dem Volke ? ! : das jault vor

Rührung, wenn es Zarewitschens Wolgalied hört, und bleibt eiskalt gelangweilt beim Orpheus des Ritter Gluck. Kunst dem Volke ? ! : den slogan lasse
man Nazis und Kommunisten : umgekehrt ists : das Volk (Jeder !) hat sich
gefälligst zur Kunst hin zu bemühen ! –» (BH 137)

Sein Kunstverständnis, die existentielle Bedeutung der Kunst formuliert der Ich-Erzähler wenig später:

«[...] für mich ist das keine Verzierung des Lebens, son Feierabendschnörkel,
den man wohlwollend begrüßt, wenn man von der soliden Tagesarbeit ausruht;
ich bin da invertiert : für mich ist das Atemluft, das einzig Nötige, und alles
Andere Klo und Notdurft. Als junger Mensch : 16 war ich, bin ich aus Euerm
Verein ausgetreten. Was Euch langweilig ist : Schopenhauer, Wieland, das
Campanerthal, Orpheus : ist mir selbstverständliches Glück; was Euch rasend
interessiert : Swing, Film, Hemingway, Politik : stinkt mich an.» (BH 165)

Damit erteilt er – in schmidttypischer Weise – den gewöhnlichen Interessen und kulturellen Unterhaltungsformen eine dezidierte Absage. Die
Erfahrung hat ihm gezeigt, daß sich die wahren ‹Geistesgrößen›, denen
er sich verbunden fühlt, mit der Unpopularität begnügen müssen.

In der ‹Prosastudie› *Die Umsiedler* geht es ebenfalls um den Versuch
des Ichs, im Nachkriegsdeutschland eine neue Heimat zu finden. Der
Ich-Erzähler Otto Kühl, Dolmetscher und Übersetzer («war [...] sechs
Jahre Frontsoldat gewesen, Kriegsgefangner dazu [...], aber ich hatte
nur immer Widerwillen, höchstens Duldung», UMS 290), wird mit
anderen Flüchtlingen aus dem Niedersächsischen ins rheinhessische
Gau-Bockenheim umgesiedelt. Dabei macht er die Bekanntschaft (aus
der schon bald eine Liebesbeziehung entsteht) mit der Kriegerwitwe
Katrin Loeben. Gau-Bockenheim stellt sich für Kühl als exem-
plarischer Ort des von Religiosität (Christentum) und Militarismus
(Wiederaufrüstung) beherrschten nachkriegsdeutschen (Un-)Geistes-
zustandes dar, als verhaßtes «Drecknest», «zwischen Kruzifix und
Kriegerdenkmal» (UMS 285). Nach allen Ärgernissen mit der klein-
städtischen ‹Unkultur› beziehen Katrin und der Ich-Erzähler gemeinsam eine Wohnung und finden Glück im zweisamen Privatleben,
umgeben von geliebten Büchern. Verbittert hat Kühl feststellen müssen: «Willst Du leben, so dien; willst Du frei sein, so stirb ! – ‹Deutschland wird in der Weltgeschichte einmal den Ruhm des Steines haben,
über den Menschen mehrfach gestolpert sind›» (UMS 279).

Für die Schmidtschen Ich-Erzähler, die sich mehrfach selbstbewußt
als Atheisten apostrophieren, liegt in der christlichen Kultur des

Abendlandes eine wesentliche Ursache des desolaten Geisteszustandes. Die christliche Glaubensdoktrin, die – nach Ansicht der Protagonisten Schmidts – die wahren, wissenschaftlichen Beweise blindheitsbeschlagen ignoriere und das Ich in gepredigten Verbrüderungszielen ausschalte, behindere die Aufklärung des einzelnen Menschen. «‹Christlich-Abendländische Kultur ! ?›» fragt Otto Kühl spöttisch:

«Wenns Denen nach gegangen wäre, hielten wir heute noch die Erde für ne Scheibe mit Rom oder Jerusalem in der Mitte : aus Kant und Schopenhauer hätten sie n Scheiterhaufen gemacht, dann tüchtig Goethe und Wieland druff, und mit Darwin und Nietzsche angezündet ! ‹Neenee [...] : Christentum hat mit Kultur nischt zu tun !›» (UMS 282)

Ähnliche antichristliche Gedanken formuliert der von der justinianischen Staatsgewalt verfolgte, im Exil lebende Gelehrte Eutokios von Askalon (einer der wenigen vertriebenen und flüchtenden Intellektuellen, die nicht als Ich-Figuren auftreten) in der 1955 erschienenen antikischen Erzählung *Kosmas oder Vom Berge des Nordens*: «‹Christentum und Kultur ? : das ist wie Wasser und Feuer !›» (KOS 470);

«‹wer die Erde als Scheibe ansieht, *weil* eine 1000 Jahre alte verworrene Chronik das verlangt, mit dem gibt es keine Verständigungsmöglichkeit ! Schon *daß* man an das Vorhandensein eines von Gott diktierten unfehlbaren Schmökers glaubt, zieht eben den Strich ! Unfehlbar ist nichts, und Gott schon gleich gar nicht : die traurige Beschaffenheit einer Welt, deren lebende Wesen dadurch bestehen, daß sie einander auffressen, ist wohl nur im Witzblatt als das Meisterstück kombinierter Allmacht, =weisheit und =güte zu bezeichnen !›» (KOS 458)

Und schließlich, in Betrachtung der restaurativen deutschen Nachkriegsära, versage das heil- und friedenbringende Christentum auch bei der Aufgabe und Pflicht, im Dienste der Humanität konkret auf politisch-gesellschaftliche (Fehl-)Entwicklungen einzuwirken: «[...] *die Herren vom christlichen Gewerbe :*», so erkennt der Ich-Erzähler Walter Eggers im *Historischen Roman aus dem Jahre 1954 nach Christi, Das steinerne Herz* (1956 erschienen),

«sitzen auf Weltkirchenkonferenzen herum, etablieren sich als Päpste, halten dicke geschäftige Reden : anstatt vermittels Himmel & Hölle, Zuckerbrot und Peitsche, vor allem dafür zu sorgen, daß die Uniformen ausgezogen und die Waffen weggelegt werden !» (STH 29 f.)

Und er gibt nicht ohne Zynismus preis: «*Wenn ich nicht schon von Geburt Atheist wäre, würde mich der Anblick Adenauer=Deutschlands dazu machen !*» (STH 21)

Eggers, der sich bei der Familie Thuman im niedersächsischen Städtchen Ahlden eingemietet hat und die Landesgeschichte erforschen will, hofft mit Hilfe Frieda Thumans, einer Enkelin des hannoveranischen Historikers Conrad Jansen, zu der er in sexuelle Beziehung tritt (Friedas Mann wiederum ist mit der Ostberlinerin Line Hübner liiert), wertvolle Dokumente in ihrem Hause zu finden – mit Erfolg. Schließlich entdeckt Eggers gar den legendären Jansenschen Münzschatz, der ihm ein unbeschwertes zukünftiges Forscherdasein, an der Seite Friedas, ermöglicht.

Schmidts Roman beschreibt den für seine intellektuellen Protagonisten eher seltenen Fall (Parallelen zeigt hier die «Prosastudie» *Die Umsiedler*), am Ende die geistige und bürgerliche Existenz in glücklicher Harmonie verbunden zu haben. Eggers ist finanziell abgesichert, erfährt durch Frieda sexuelle Befriedigung, lebt an einem behaglichen Wohnort in natürlicher Umgebung, wo er gleichzeitig seinen geistigen Neigungen, seinem Forscherdrang nachgehen kann. Man darf vermuten, daß Schmidt hier sein Idealbild der Existenz des Intellektuellen gezeichnet hat, das «Fundament des Lebens : Landschaft; Intellekt; Eros» (KOS 483).

Sehr erotisch gefärbt – als Ausdruck freien, natürlichen Lebens – hat Schmidt seine 1953 entstandene, 1955 erschienene Sommergeschichte *Seelandschaft mit Pocahontas*, die das viereinhalbtägige amouröse Abenteuer des Ich-Protagonisten Joachim und seines Freundes Erich mit den Feriengeliebten Selma und Annemie erzählt. Die freie Idylle des Urlaubsortes, das Erlebnis der natürlichen Sexualität sind Lebensformen wider die – scheinheiligen – moralischen und religiösen Fesselungen, Befreiungsakte des in bürgerlichen Konventionen eingepferchten Ichs. Daß Schmidts antichristliche Haltung und seine proerotischen/sexuellen Existenzbilder in der – zumindest äußerlich – prüden, klerikalen deutschen Nachkriegsgesellschaft Aufsehen erregten, scheint selbstverständlich und war von Schmidt sicherlich intendiert, denkt man an sein ‹revolutionäres Postulat›:

«also male Maler, schreibe Dichter, mit der Faust ! (Denn sie müssen ja irgendwie aufgeweckt werden, die Halbmenschen hinter dem Grenzpfahl : drum laß Dich getrost ‹Schläger› schelten von den Furchtsamen; ‹Brandstifter› von den Feuerwehrleuten; ‹Ein-Brecher› von den Schlafenden : möchten sie ihren betreffenden Göttern doch fürs endliche Aufwachen danken !).» (FAUN 355)

Die Strafanzeige gegen die *Pocahontas*-Erzählung wegen angeblicher ‹Blasphemie› und ‹Pornographie› legt beredtes Zeugnis ab für die von Schmidt immer wieder angeprangerten Akte der Staatsgewalt gegen die ‹herrschaftsgefährdende› geistige Freiheit. Schmidt hat in seinen Ich-Erzählern den Widerstand, die Auflehnung gegen politisch-gesellschaftliche Mächte, die den Individuen ihre Freiheit zu rauben versuchen, stetig exemplifiziert. Die Macht des Geistes und der Phantasie, mit der die Verfolgten und Verstoßenen sich voller Selbstbewußtsein zur Wehr setzen, vermag den Weltlauf, hin zum Abgrund, letztlich aber nicht aufzuhalten. Der Rückzug in das Privatleben, in einen ungestörten Frei-Raum des Geistes und der Phantasie zeigt neben resignativen Zügen aber auch hoffnungsvolle, utopische Formen der ‹Gegen-Existenz›. Heilbringende Veränderungen, ein menschheitserlösender Neuanfang haben, wie Schmidt postuliert, immer vom einzelnen Menschen, vom Bewußtsein der Individualität auszugehen. Denn gerade in der Unmündigkeit der von barbarischen Obrigkeiten beherrschten Masse sieht Schmidt den Grund, und die Historie gibt ihm hier Recht, für den Verlust des humanistischen Ideals der Selbstbestimmung und -verwirklichung. Nicht «Vorgesetzte, Chefs, Direktoren, Präsidenten, Generale, Minister, Kanzler» (FAUN 304) besitzen Vorbildfunktionen, wie Heinrich Düring proklamiert («Alle Politiker, alle Generäle, alle irgendwie Herrschenden oder Befehlenden sind Schufte! Ohne Ausnahme! Alle!», FAUN 309), sondern Künstler und Wissenschaftler, deren leid- und freudvolle Existenz Schmidts intellektuelle Protagonisten des Frühwerks eindringlich erfahren. Wunsch- und Warnprojektionen kulminieren, der Wunsch einer radikalen Lossagung von allen ich-determinierenden Mächten, wobei die scheinbar unausweichliche Selbst-Vernichtung der Menschheit als Möglichkeit eines Neubeginns der menschlichen Existenz begriffen wird, und die Warnung vor den existenzzerstörerischen Konsequenzen unvernünftiger Denk- und Lebensgewohnheiten. Hierin zeigt sich Schmidt, Humanist, Idealist, Utopist, als beharrlicher Bewahrer und Anwalt des aufklärerischen Erbes, ganz in der Tradition der auf Descartes fußenden Ich-Philosophie. Der ‹Haide-Dichter›, der beständig den Unglauben zur Schau stellt, als Resultat des Wissens («‹Es ist nichts so absurd, daß Gläubige es nicht glaubten.›», UMS 284), hat den Glauben, die Hoffnung auf eine ‹geistige Neugeburt› noch nicht gänzlich verloren. Die geschichtliche Entwicklung, von der – wie Schmidt demonstriert – Antike bis zum aktuellen Zeitgeschehen der Adenauer-Ära, muß den Wachsamen indessen warnen und zum Widerstand herausfordern; angesichts der Kontinuität der Unbelehrbarkeit befallen ihn zugleich Skepsis und Resignation. Dem Wissenden bleibt in einer unwissenden Welt schließlich nur die (aufgezwungene und gesuchte) Isolation: Exil und/oder Asyl. «‹Auswandern müßte man können; aber wohin ?›» fragt der Gelehrte Eutokios verzweifelt (κος 458). «Man hat nur die Wahl zwischen Explosion und Verwesung !» bekundet Walter Eggers apodiktisch (sth 27). – Widerstand oder Anpassung, Rebellion oder duldendes Leiden, Leben oder Tod? Wo können die Vertriebenen und Flüchtenden noch Heimat finden? Schmidt hat in seinem Frühwerk mögliche Orte, Refugien entworfen, die aber immer wieder von der ungeistigen Zivilisation bedroht oder gar vernichtet werden. Das ‹Insel-Dasein› scheint die einzige Lebensform für seine Protagonisten zu sein, die Glück, Frieden, Erlösung birgt – die Insel (sie ist eine ganz zentrale Metapher im Œuvre Schmidts) als Ort des Überlebens, als «unverletzliche Kulturfreistätte», wie es im *Faun* heißt, wo «möglichst große Büchervorräte sowie die wertvollsten der unwiederholbaren künstlerischen Werke der Menschheit zu sammeln wären». – «Keine Waffe irgendwelcher Art dürfte [...] angewandt werden.» (FAUN 364) Heinrich Düring listet in seinem Brief an den Völkerbund konkrete Voraussetzungen auf für eine derartige Enklave wahrer Kultur, reiner Kunst (vgl. FAUN 364 f.). Die existentielle Not, die zum Aufbruch zu diesen Refugien drängt, gibt auch der Ich-Erzähler in *Brand's Haide* preis:

«Ich schrieb einen flehentlichen Brief an Johann Gottfried Schnabel, esquire, : er solle wieder einmal ein Schiff von Felsenburg schicken, botenbemannt : die würden durch die Straßen gehen zu Tag und Nacht in weiten rauschenden Mänteln, und in alle Gesichter spähen, ob wieder welche reif wären, Gequälte, wild nach Ruhe, den Inseln der Seligen. Sofort müßte man aufbrechen [...].» (BH 152 f.)

Die «Inseln der Seligen» bleiben Utopien, unerreichbare Traumterritorien, Imaginationen eines erlösenden Paradieses. Dort, wo Schmidt diese Inseln konkret-realistisch projiziert, wird die ‹Seligkeit› des Refugiums von der unseligen Wirklichkeit zerstört. In seinem 1957 entstandenen und veröffentlichten *Kurzroman aus den Roßbreiten, Die Gelehrtenrepublik* (der im Mittelpunkt stehende Binnentext beinhaltet den Reisebericht des deutschstämmigen US-Reporters Charles Henry Winer aus dem Jahre 2008), entwirft Schmidt mit der mobilen, im pazifischen Sargassomeer schwimmenden Stahlinsel, der ‹IRAS› (= ‹International Republic of Artists and Scientists›), zwar die utopische «Kulturfreistätte» für Künstler und Wissenschaftler aller Erdteile, doch residieren dort überwiegend «verlotterte», «verluderte», «gedankenlose», «eitle», von Machthabern mißbrauchte ‹Geistesgrößen›. Wie Winer erkennen muß, sind es nur – abgesehen von wenigen Ausnahmen – Karikaturen wahrer Künstler und Wissenschaftler, die dem Namen der ‹Gelehrtenrepublik› hohnsprechen.

Auch im ersehnten Elysium der bewunderten Dichter und Denker ist die Erlösung letztlich nicht zu finden. In der 1955 geschriebenen, 1956 erschienenen Erzählung *Tina oder über die Unsterblichkeit* schildert Schmidt den Gang des Ich-Erzählers ins unterirdische, fluchbelastete Elysium, wo alle Dichter weiterleben müssen, solange ihre Namen in der Oberwelt noch genannt werden. Ein ironisches Bild der Schattenseite geistigen Ruhmes:

«*Was ist demnach das beste Rezept* für ein Erdenleben überhaupt, oben wie unten ? : ‹Aufs Dorf ziehen. Doof sein. Rammeln. Maul halten. Kirche gehen. Wenn n großer Mann in der Nähe auftaucht, in n Stall verschwinden : dahin kommt er kaum nach ! *Gegen* Schreib= und Leseunterricht stimmen; *für* die Wiederaufrüstung : Atombomben !›» (TINA 187)

Voller Zynismus erkennt das Ich, daß unter den Unbelehrbaren und Unvernünftigen des gemeinen Volkes breite Zufriedenheit herrscht; Wissen bedeutet Unruhe: «der Wissende hat viel zu leiden !» betont Walter Eggers im *Steinernen Herzen* (stH 73); «[...] die Menschen wollen ja lieber belogen sein, als Auskunft über sich haben !» (stH 105) – «Explosion und Verwesung». «Auswandern müßte man können; aber wohin ?» Eine Aporie der Existenz? Heimat entdecken die Heimatlosen schließlich nur in sich selbst, in der Erfahrung wahren Mensch-Seins, im Erleben des Geistes, der «den Menschen vor den anderen Lebewesen auszeichnet» (ALX 105). Der Mensch sei «der Einheitskreis, in dem sich Alles spiegelt und dreht und verkürzt», heißt es in den *Schwarzen Spiegeln* (ssp 213). Der Ich-Kult, der sich durch das gesamte Werk Arno Schmidts zieht, ist die abwehrende Reaktion auf Angriffe und Zugriffe jedweder Herrschaftsform, ist der Versuch der Bewahrung des schöpferischen, freien Menschen. In den Genies erscheint das Ideal des schöpferischen Menschen, nach Schmidt, in reinster Form verwirklicht. Dem im Sturm und Drang und in der Romantik ausgeprägten Genie-Gedanken hat sich Arno

Schmidt unverkennbar verpflichtet gefühlt. Anstelle höherer, überirdischer Mächte steht der geniale Mensch, anstelle des weltlichen Herrschers und Befehlshabers steht der Künstler und Wissenschaftler. Der Dichter ist genialer Schöpfer, der sich durch die absolute Freiheit des Geistes – gottähnlich – seine eigene, autonome Welt schafft. Schmidts Verherrlichung der Subjektivität, seine extreme Ich-Bezogenheit, die im Tagebuch, der bevorzugten Erzählform des Frühwerks, ihre adäquate, unmittelbarste literarische Gestaltung findet, löst die Protagonisten seiner Werke aus den politisch-gesellschaftlichen Bindungen und führt sie in die Einsamkeit, in die Distanz des scharfsichtigen Beobachters. Hier sieht Schmidt zugleich die Voraussetzung des Künstlertums: «Der Künstler soll allein gehen !» lautet denn auch sein Postulat (RVG 128)[7]; daraus resultiert die Freiheit: «ich kann *Alles* schreiben und rufen : ich bin ja allein ! !» (SSP 238); «Ich ? ! : ich kann doch denken, was ich will ! !» (FAUN 355)

Nicht zu übersehen ist allerdings, daß die Lösung aus den politisch-gesellschaftlichen Bindungen nicht nur Befreiung, sondern auch einen Verlust bedeutet, der die Protagonisten in eine ‹bodenlose›, ohnmächtige Lebenshaltung drängt: Der scharfsichtige Beobachter Schmidts ist gleichzeitig ein passiver Nur-Zuschauer der politisch-gesellschaftlichen Vorgänge. Heinrich Düring im *Faun* ist hier eine exemplarische Figur. Schmidts ‹Revolutionen› gegen die angeprangerten Mißstände finden nur in den Wunschgedanken und Phantasien seiner Protagonisten statt. Die imaginierten idealen Gesellschaftsformen – sei es die ursprünglichste, paradiesische Form der Zweisamkeit von Mann und Frau, seien es erlösende Inseln der Geist-Menschen – können sich in einer von Barbarismus und Krieg beherrschten Welt letztlich nicht realisieren. Allein der Rückzug in die Separation des Privatlebens, wie im *Steinernen Herzen* und in den *Umsiedlern* exemplifiziert, öffnet realistische Freiräume. Dabei ist freilich kritisch anzumerken, daß sich das Ich mit diesem Rückzug, tritt es z. B. nicht als warnender und entlarvender Intellektueller auf, der politischen Verantwortung, d. h. der aktiven Beteiligung an geforderten system-/herrschaftsverändernden Bewegungen entzieht, daß es sich – äußerlich betrachtet – gar der verachteten Lebensform friedlicher Kleinbürgerlichkeit annimmt: eine der vielen Widersprüchlichkeiten offensichtlich, die Schmidts Werk kennzeichnen.[8]

Arno Schmidt selbst, begleitet von seiner Frau Alice, ist im November 1958 den Weg in die Separation mit seinem Umzug aus der urbanen

Enge Darmstadts in die befreiende Weite der Natur, in das abgelegene Bargfelder Heide-Domizil schließlich gegangen. Die ersehnte Enklave des Geistes hatte er endlich, nun auch in der Realität, gefunden, das ungestörte geistige Leben – für die Literatur.

Anmerkungen

1 Arno Schmidt: *Dankadresse zum GoethePreis 1973*. In: *Der Rabe* 12 (1985), S. 29.

2 In: *Württembergische Abend-Zeitung*, 22. 3. 1950; auch in: *Über Arno Schmidt. Rezensionen vom «Leviathan» bis zur «Julia»*, hg. v. Hans-Michael Bock. Zürich 1984, S. 18.

3 Einen interpretatorischen Überblick über die hier zu behandelnden Frühwerke Schmidts geben besonders die von Michael Matthias Schardt herausgegebenen Bände: *Arno Schmidt. Das Frühwerk I. Erzählungen. Interpretationen von ‹Gadir› bis ‹Kosmas›*. Aachen 1987 (zu unserer Thematik bes.: Norbert Otto Eke: *Risse: Pytheas, Philostratos et al. Zu den Protagonisten der frühen Erzählungen Arno Schmidts*, S. 151–184; *Arno Schmidt. Das Frühwerk II. Romane. Interpretationen von ‹Brand's Haide› bis ‹Gelehrtenrepublik›*. Aachen 1988; *Arno Schmidt. Das Frühwerk III. Vermischte Schriften. Interpretationen von ‹Die Insel› bis ‹Fouqué›*. Aachen 1989.

4 In Schmidts *Dichtergesprächen im Elysium* erklärt E. T. A. Hoffmann: «Ich bin erregt [...], daß hier die Synthesis von Dichtung und Wissenschaft vollzogen war : Das ist die Aufgabe ! ! ! – Willst du nicht begreifen, wie erbärmlich es ist, wenn man nur Wissenschaftler *oder* Dichter sein will; wenn man nicht das Tiefste, Gelehrteste *und* Schönste zugleich sagen will ?» (JUV 295)

5 «Die Regierungen sind nie viel besser und nie viel schlechter, als das Volk, das ihnen gehorcht», heißt es in *Brand's Haide* (BH 139).

6 Aufständischer gebiert sich dagegen das Ich in den *Schwarzen Spiegeln*: «*Ich war so haß-voll*, daß ich die Flinte ansetzte, in den Himmel hielt : und klaffte sein Leviathansmaul über zehntausend Spiralnebel : ich spränge den Hund an !» (SSP 224) Stolz und voller Selbstbewußtsein teilt der Erzähler Lisa später mit, daß er den Leviathan als «langweilig bewiesen» habe (SSP 247): «am Ende werde ich allein mit dem Leviathan sein (oder gar er selbst).» (SSP 203)

7 Auf dieses Postulat berief sich Schmidt bezeichnenderweise auch in seiner *Dankadresse*: «der Schriftsteller soll alleine gehen»; Schmidt (Anm. 1), S. 28.

8 Die Widersprüchlichkeit, als Aufklärer und Warner aufzutreten und zugleich den Leser zu mißachten, hob Wilhelm Michels in einem Brief an Arno Schmidt vom 23. 5. 1956 hervor: «Sie vertraten die Ansicht, daß Sie als Rufer der Wahrheit sich zu keinen Konzessionen zwingen lassen dürften, damit die Wahrheit nicht verfälscht würde; wenn Rufer wie Sie schwiegen, käme es noch zwei Jahre eher zum Krieg. Fällt Ihnen nicht auf, daß diese Haltung in beinahe unversöhnlichem Widerspruch steht zu Ihrer mehrfach geäußerten Behauptung, daß Ihnen nichts gelegen wäre am Leser von heute, daß es Ihnen vielmehr darauf ankäme, epische

Formprobleme exempelhaft zu lösen für eine ferne Zukunft?» Schmidt bliebe «nur zweierlei»: «Auf den Ruf zur Wahrheit achselzuckend zu verzichten oder Ihre Behauptung, der Leser sei Ihnen gleichgültig, zu revozieren. Ein dritter, etwas bequemerer Ausweg wäre, [...] weiterhin apodiktisch bald das eine, bald das andere zu vertreten.» (BWM 43)

Bernhard Sorg

Die frühen Erzählungen und Kurzromane

Neue Prosaformen

1.

Arno Schmidts Debüt als Schriftsteller, 1949 mit den Erzählungen des
Leviathan-Bandes, war das eines 35jährigen. Die nationalsozialistische
Diktatur, der Krieg und die unmittelbare Nachkriegszeit behinderten
die Entstehung von Literatur und verhinderten die Veröffentlichung
fertiger Gedichte und Erzählungen – einige wurden erst posthum
bekannt, ein weiterer Text, die *Pharos*-Geschichte, wahrscheinlich aus
dem Jahr 1942, erschien 1975 innerhalb des Romangeschehens von
Abend mit Goldrand. So begann Schmidt nach 1945 im Bewußtsein
des Verspäteten, im nie vergehenden Gefühl, um die produktivsten, die
eigentlich innovatorischen Jahre des Lebens durch Staat und Militär
gebracht worden zu sein. Die Radikalität der Inhalte und die Unbe-
dingtheit seines Artisten-Credos speist sich eben auch aus der Erfahrung rechtlosen Ausgeliefertseins, aus der Erfahrung der Übermacht
der Institutionen über den Einzelnen. Schmidts tastende literarische
Anfänge, unter dem Titel *Juvenilia* nach seinem Tod veröffentlicht: die
idyllische Grundierung dieser ganz frühen Texte wird in den späten
40er und den 50er Jahren durch das Erleben des Krieges, der Zufällig-
keit des Überlebens und durch materielles Elend zugespitzt auf ein
dichotomisches Weltmodell, in dem der Einzelne dem Bösen ausgeliefert ist und nur in den Produkten des Geistes jenes Sanktuarium findet,
das in der Vision vom Häuschen in der Heide, in Einsamkeit, nur umgeben von Büchern, seinen verdinglichten – und dann auf einer höheren
Stufe doch wieder idyllischen – Ausdruck findet. Elternhaus, Militär-
zeit und Armut addieren sich zu *einer* Chronik von Entmenschlichung
und Entmündigung, der ein unbedingter Wille antwortet, in größtmög-
licher Autarkie *Bilder von Freiheit* zu entwerfen, die die empirische
Realität hinter sich lassen, die, sich lösend von den Fesseln des Lebens,

dieses Leben aufheben in der Kunst, im Tagtraum einer differenzierten Bewußtheit. Wenn der Krieg zu lesen ist als Offenbarung des wahren Wesens der Welt, als Apokalypse mit nur *einer* Lehre: der von der teuflischen Natur alles Materiellen, dann rückt die geistig-sprachliche Beschwörung einer altera natura, einer anderen Schöpfung, einer ästhetischen Ordnung jenseits der verderbten Unordnung, ins Zentrum aller literarischen Anstrengungen. Die Kunst, befreit aus der Verpflichtung zu unterhaltsamem Oberflächen-Realismus und gesinnungsstarkem Trost, erhält die Aufgabe, die Gesamtheit des Geistigen in der Sprache aufzubewahren und manifest werden zu lassen. Die scheinbare Unmittelbarkeit vieler Details in Schmidts frühen Erzählungen, die Hereinnahme alltäglicher Realitätspartikel, exakt wiedergegebene Umgangssprache, die Kommentare zu Politik und Zeitgeschehen – dies alles kann nicht verhehlen, daß diese vielgerühmten naturalistischen Aspekte seines Erzählens nicht die Basis seiner Kunst-Welt bilden, sondern nur ihre temporäre Umhüllung. Das radikal Neue liegt vielmehr in dem Versuch, eine internalisierte Welt literarischer Echos und Abhängigkeiten zu schaffen. Die Erfahrung eines Kosmos jenseits des innerweltlichen Chaos findet Schmidt in den exakten Naturwissenschaften, vor allem der Mathematik, in der Philosophie und der phantasiegezeugten Welt der Literatur. Diese Erfahrung also – hier von bloßem Glauben zu sprechen hieße die Klarheit und Konsistenz der Schmidtschen Weltanschauung sträflich zu unterschätzen – initiiert ein literarisches Verfahren, dem die Unmittelbarkeit zunehmend belanglos, ja gefährlich-trügerisch wird, das mehr und mehr, und schließlich in voller Komplexität in den Typoskripten *Zettels Traum*, *Schule der Atheisten* und *Abend mit Goldrand*, eine unendlich sich spiegelnde, alexandrinisch vermittelte Konstruktion an die Stelle primärer Erfahrungen setzt. Schon die Erzählungen der 50er Jahre sind fehlgedeutet, liest man sie nur oder in erster Linie als Dokumente von Kriegszerstörung, Wiederaufbau, politischer Verblendung und kleinbürgerlichem Spießertum, wie fast allgemein üblich. Es sind, vom Ende der Schmidtschen Entwicklung her betrachtet, Versuche, eine neue innere Wirklichkeit, eine neue – ich zögere nicht zu sagen: – vergeistigte Weltsicht und Literatur aus der Trivialität des Alltäglichen entstehen zu lassen, eine neue Sprache zu finden für die Übersteigung der Empirie. Der pragmatische Nexus, der *plot*, der einen Teil ihrer komplexen Realität bildet, ist nur die notwendige Voraussetzung, um die äußere Welt hin auf ihre potentiell unendliche Ausdeutbarkeit, auf ihren mythischen Charakter verwandeln zu können. Die vorgängige Realität der Alltagserfahrung (eigentlich müßte man in diesem Zusammenhang den Begriff Realität mit distanzierenden Anführungszeichen versehen) wird verstanden und verstehbar gemacht als assoziationsproduzierende Oberfläche, auf der und unter der, in phantastischer Fülle und Kombinatorik, Traum und Literatur, Geschichte und individuelle Vision, Vergangenheit und Gegenwart einander begegnen. Der Einzelne, wie solipsistisch er sich verhalten und definieren mag, ist Teil und hat teil an der Totalität des Geistes: in sich und durch die künstlerische Tradition, durch die Wahrheit aller geistigen Gebilde und in der Fortschreibung der Kunstwerke vergangener Jahrhunderte. Dadurch transzendiert er seine Position hin auf die eines Herrschers über die materiellen Dinge und eines Teilhabers an der Sphäre des Geistes als des einzigen Lichtes, das die dunkle Schöpfung erhellt. Der Traum von einer Befreiung vom Empirischen wird so, beinahe naturgemäß und notwendigerweise, zu einer immer umfassenderen und ausdifferenzierteren Allmachts-Phantasie, vor der die quälende Alltäglichkeit als nichtige Konfusion verblaßt. Erst im Spätwerk wird das mit allen Konsequenzen deutlich. Aber schon in den Texten der 50er Jahre steckt die Idee von einer Literatur, die als einzige schuldlose Wirklichkeit sich selbst entwirft, begründet und deutet.

2.

Zu diesem Akt der Begründung und Deutung gehören die beiden knappen Prosatexte *Berechnungen I* und *Berechnungen II* aus den Jahren 1955 und 1956, erschienen in der Zeitschrift *Texte und Zeichen*. In ihnen versucht Schmidt, seine bis dahin entstandene Prosa und die noch im Projektstadium befindlichen Pläne einerseits als Realisationen moderner Bewußtseinsvorgänge zu legitimieren, sie andererseits in die Geschichte europäischen Erzählens zu stellen als deren notwendige Fortentwicklung unter den Bedingungen der Gegenwart. Auf diese Weise historische und typologisch-systematische Kategorien mischend, entwirft er eine Bestimmung *seines* Prosa-Schreibens, die ihn gleichermaßen als kenntnisreichen Traditionalisten wie als radikalen Neuerer ausweisen soll. Zunächst resümiert er die Struktur und Herkunft dessen, was er «Unsere bisher gebräuchlichsten Prosaformen» (R & P 283) nennt: «Großer Roman», «Briefroman», «Gespräch» und «Tagebuch». Sie seien entstanden aus alltäglichen sozialen (er schreibt «soziologischen», was natürlich nicht gemeint ist) Verrichtungen und Usancen intersubjektiven oder monologischen Charakters: aus dem Erzählen vor einem größeren Hörerkreis, dem Briefschreiben, dem pragmatischen oder belehrenden Gespräch und der Vergewisserung eigenen Tuns und Denkens im rekapitulierenden Diarium. Diese elementaren Formen des Schreibens und Redens seien mitnichten veraltet, aber ergänzungsbedürftig. Schmidt erklärt nicht, warum das Neue gerade jetzt entsteht oder gar entstehen muß, auch nicht, in welcher Weise sich die dann skizzierten Prosaformen kategorial abheben von den genannten «klassischen», denen eine gattungsspezifische Qualität zugemessen wird, von der unklar bleibt, warum sie nicht durch immanente Innovationen den Anforderungen der Gegenwart angepaßt werden können. Wie auch immer: Schmidts neue Formen orientieren sich an anthropologischen Grunderfahrungen – denen einer diskontinuierlichen Erinnerung, von ihm «Fotoalbum» genannt, also in zeitlicher Abfolge einander ergänzende Zentralerinnerungen, Fotos gleichsam, die der Autor in Schrift verwandeln muß. Dem Themenkreis entspricht jeweils eine bestimmte Technik der Versprachlichung, die abhängt vom Tempo des Geschehens und der von Schmidt so genannten «Bewegungskurve». Getreu dem Motto der *Berechnungen* («Nemo geometriae ignarus intrato» – der Spruch über dem Eingang zur Platonischen Akademie) entwirft er «Bewegungskurven» mit den schönen Namen «Hypozykloide» und «Epizykloide»; man tritt jenen bemühten Interpreten, die die tiefsinnige Bedeutung dieser und ähnlicher Termini mit angestrengtem Ernst zu beweisen suchen, sicher nicht zu nahe, wenn man die Schmidtschen Mathematisierungen und Verbalisierungen solcher Bezeichnungen als das begreift, was sie in erster Linie sind: Einschüchterungsstrategien. Was er sagen will, dürfte folgendes sein: Den menschlichen Bewegungen im Raum, als der Basis aller literarischen Beschreibung und Handlungskonstitution, sollten sprachliche Äquivalente mit strenger Logik zugeordnet werden, die der erweiterten Perspektive der modernen Zeit (vor allem der der Naturwissenschaften) entsprechen. Die Phantasie wird dadurch keineswegs eingeschränkt oder entmachtet – eher im Gegenteil. Sie wird, so die Konsequenz der Schmidtschen Überlegungen, dadurch überhaupt erst in die Lage versetzt, die Fülle der zeitgenössischen Welt und die Divergenzen menschlicher Erfahrungen angemessen zu transformieren. Parallel zu dieser durch quasi photographische Erinnerung konstituierten Form, von der er angibt, er habe sie bereits in den *Umsiedlern* (1953) und in *Seeland-*

schaft mit Pocahontas (1955) realisiert, entwickelt er den Gedanken von der «löchrigen Gegenwart», einer Darstellungsweise, die die fortlaufende Handlung ersetzt durch scharfe Momentaufnahmen, die in harter Fügung aneinandergereiht werden. Daß dieses Verfahren, das er in der *Nobodaddy*-Trilogie appliziert haben will, sich expressionistischen Vorbildern verpflichtet fühlen müßte, wird von Schmidt nonchalant verschwiegen. Weder die Zersplitterung eines angenommenen Lebens- oder Erfahrungskontinuums in konzentrierter Wortballung ohne epische Überleitungs- und Verbindungsfloskeln oder auktorialen Kommentar noch das Erlebnis der Existenz als einer fragmentarisierten – weder dieses noch jenes sind fundamental neue Erkenntnisse oder Erlebnisse oder Postulate an den Darstellungswillen der Literatur. Sie bilden vielmehr *einen* Teil der innovatorischen ästhetischen Revolution zu Beginn des 20. Jahrhunderts, von der der deutsche Expressionismus ein Moment war; der Expressionismus, von dem sich Schmidt, wie aus anderen Texten hervorgeht, durchaus beeinflußt sah (besonders durch August Stramm, der die expressionistischen Verfahren allerdings bis zur unfreiwilligen Komik verzerrte), hatte bereits beides antizipiert, auch partiell realisiert, nämlich die unterschiedlich gewichtete und beschriebene Erinnerung und die schockhaft sich verändernde und auch so gestaltete Gegenwart, die Welt als heilloses Dis-Kontinuum. Schmidt knüpft deutlich erkennbar an diese Traditionslinie an; und er tut dies auch mit den sachlich gebotenen Varianten in der zweiten der *Berechnungen*, wenn er zwei neue Kategorien einführt, genauer gesagt nur eine Kategorie, die aus zwei Sub-Kategorien zusammengesetzt sei, das «Längere Gedankenspiel». Dieses etwas technizistisch durchgängig mit LG abgekürzte Prosaverfahren stützt sich auf die simpel anmutende Erkenntnis vom Tagtraumcharakter eines Teils (oder der Gesamtheit?) der Literatur. Analog zum Traum existiert im «Längeren Gedankenspiel» eine Erlebnisebene objektiven Charakters – gemeint ist offenbar die vom erlebenden oder träumenden Subjekt nicht veränderbare Realität, von Schmidt auch, leicht mißverständlich und gleichzeitig höchst aufschlußreich, «Unterwelt» genannt. Das LG des wachenden, phantasierenden und schreibenden Menschen entstehe nun in der Bearbeitung der «Erlebnisebene I» durch differente Strategien bewußter Überlagerung, Veredelung, literarischer Veränderung. Schmidt unterscheidet drei qualitativ sich deutlich voneinander absetzende «Längere Gedankenspiele»: 1. die vom Typ «Bel Ami», 2. die vom Typ «Querulant» und 3. die vom Typ des «Gefesselten». Die Trias in der Form einer auch moralischen Klimax beginnt mit den trivialen Tagträumen aus dem Material «normalste[r] Flitterideale [...]; Illustrierten, Filmen, Schlagersuggestionen, entlehnt» (R & P 300). Man ahnt, daß Schmidt derlei Trivialia herzlich verachtet; der Typ, der so und so platt-kurzatmig träumt, kann auch nur einen primitiven Kontrast zu der ihn umgebenden und bestimmenden Realität hervorbringen, einen Kontrast, der «unscharf-subjektiv», «rosa/semig» und «optimistisch» (R & P 304) ausfällt. Der Typ «Querulant» finde sich bereits in der höheren Literatur (genannt wird Hesses *Steppenwolf*), tendiere zu besserwisserischer Rhetorik, «schneidig-überlegen, mit Staatsanwaltsgebärden» (R & P 301), ist «mißtrauisch», «scharf-subjektiv», und die Färbung bzw. Konsistenz erscheint «grau/ bröckelig» (R & P 304). Schmidts Typisierung ist mit diesen Charakteristika noch lange nicht beendet, er erörtert noch «stilistische Konsequenzen», «Rollen in EI und EII» und das «Ende». Jenseits aller skurrilen Pedanterie macht diese Stufenfolge einer zunehmenden Veredelung und Differenzierung der phantastischen Weltverwandlung zumindest eines evident, nämlich welche elementare Bedeutung für Schmidt die Abstraktionskraft des Dichters besitzt, seine Fähigkeit, die bemerkenswerterweise so genannte «Unterwelt» mit prometheischer Kreativität utopisch zu verwandeln. Und so ist es einzig der Typ 3, der «Gefesselte», der sich zur dichterischen Metamorphose der Empirie aufschwingen kann. Gefesselt an die Welt, vermag er gerade aus existentiellen Extremsituationen – und schließlich ist ihm das ganze Leben ein Gefängnis, ein Schmerz der Fesselung, die Erfahrung der unbedingten Unfreiheit –, das «Längere Gedankenspiel» Kunst zu entwickeln. Folgerichtig ist dieses Spiel der Gedanken und phantastischen Tagträume «pessimistisch», «scharf-objektiv» und «schwarz/kantig» (R & P 304), folgerichtig kann die Kunst nur die Dichotomie von Materie («Unterwelt») und Geist («Oberwelt») in immer neuen und kunstvolleren Variationen thematisieren; sie spricht nicht einfach davon oder darüber, sondern ist, vermöge ihres So-Seins, Teil der Geist-Welt. Interessant ist, daß Schmidt in diesem Text aus dem Jahr 1956 bereits die Typographie der späteren Werke beschreibend antizipiert, freilich noch ohne die zusätzliche Legitimation durch Theorien der Psychoanalyse, die er dann ohne große Anstrengung in dieses Modell integrieren kann. Er schlägt eine Zweiteilung jeder Buchseite vor, wobei die linke Hälfte der «Unterwelt» EI und die rechte der subjektiven Realität, der «Oberwelt» EII reserviert bleiben sollen. Im Miteinander und Gegeneinander von Unterwelt und Oberwelt konstituiert sich nicht nur der Protagonist der Texte, sondern in ihnen und durch die Arbeit ihrer Bewußtmachung entstehen die Texte selbst, werden zu Dokumenten wahrer Freiheit, einer trans-empirischen Freiheit, die Schmidt sich nur als Resultat künstlerischer Phantasie vorstellen kann. Bis zu diesem Zeitpunkt, 1956, habe er lediglich in *Gadir* (1949) versucht, die neue Form zu erproben, des Papiermangels der Nachkriegszeit wegen sei es nicht mit aller Konsequenz realisierbar gewesen. Das Buch, an dem er jetzt arbeite, werde diese Versuchsreihe exemplarisch präsentieren. Es handelt sich um *Kaff auch Mare Crisium*, das 1960 erschien.

Fragt man zusammenfassend nach dem Sinn und Erkenntnisgewinn dieser knappen und keineswegs widerspruchsfreien (vor allem im Übergang von den *Berechnungen I* zu den *Berechnungen II*) poetologischen Selbstvergewisserung und programmatischen Konzeption, so scheint mir weniger relevant die Anleitung zum unmittelbaren oder besseren Verstehen seiner eigenen Romane und Erzählungen oder die Frage nach der Unerläßlichkeit der Kenntnis seiner Ideen für die Interpretation der gleichzeitig entstehenden Prosa; entscheidend ist vielmehr, wie sich auch hier, in vermeintlich geometrisch kühler Reflexion, Schmidts dichotomisches Weltmodell unübersehbar zeigt. Indem er das «Längere Gedankenspiel» definiert als Auseinandersetzung der Phantasie des Menschen mit der ihn einengenden Realität und indem er die unterschiedlichen Stufen der Auseinandersetzung in direkte Beziehung setzt zur literarischen Qualität (und abnehmenden Zahl der Rezipienten), erhebt er die literaturkonstitutive Kraft der geistigen Welt-Verwandlung zum zentralen Kriterium der Kunst. Anders gesagt: Das Leiden des Künstlers an der Realität *und* seine Fähigkeit, sie durch autonome Subjektivität in Kunst/Literatur zu transformieren, macht die eigentliche, und dann gar nicht mehr so radikal neue, Basis seiner Form-Reflexionen aus. Das schöpferische Zentrum der «neuen Prosaformen» ist ihre Beschaffenheit, ihre Distanz zur «Unterwelt». Im komplexesten «Längeren Gedankenspiel», der Befreiung des Gefesselten durch die Existenz der geistgezeugten Sprache und Form, wird offenbar und erfahrbar, was die Realität verweigert: Freiheit. Insofern sind dann doch die *Berechnungen I* und *II* Dokumente Schmidtscher Poetologie – nur etwas anders, als er dies intendiert haben mag.

3.

Die deutsche Literatur der Zeit unmittelbar nach 1945 wurde gern und wird teilweise noch heute mit der Metapher vom «Kahlschlag» bestimmt, gelegentlich auch unterstützt durch den suggestiven Begriff des «Nullpunkts». Ist die Vorstellung eines Beginns ab ovo an sich schon unsinnig und im Falle des Jahres 1945 durch zahlreiche Beispiele leicht zu widerlegen, so behält die Idee von einer Literatur, die mimetisch auf Zerstörung, Trümmer und maßloses Leid reagiert, ihre Berechtigung, zumal einige Autoren dieser Epoche in der Tat versuchten, in pathetischer Schmucklosigkeit den Schock von Barbarei, Krieg und materiellem Elend zu Sprache werden zu lassen. Arno Schmidts erste Veröffentlichung, der Band *Leviathan* (1949), ist nicht nur in der Kraft und der literarischen Kühnheit den anderen Produkten dieser Jahre inkommensurabel, er setzt gerade dem Kahlschlag der materiellen Vernichtung eine assoziative Dichte und sprachliche Souveränität entgegen, die von keinem anderen Autor erreicht wurde. In der kahlen Landschaft des zutiefst beschädigten Lebens entdeckt Schmidt die Spuren des Dämons, den er Leviathan nennt, *und* die Zeichen der künstlerischen und philosophischen Überlieferung, die davon künden, daß die Destruktion der Dingwelt zwar das Denken nicht unaffiziert lassen kann, aber nicht in den innersten Bereich vordringt. Die Leere der Vernichtung schlägt um in die Fülle des Schreibens, eines Schreibens, das nicht die Reduktion der Empirie nachahmt, sondern, ganz im Gegenteil, eine Welt aufbaut, in der das schöpferische Subjekt die Existenz des Geistes emphatisch erfährt, in immer neuen Varianten beschwört und zum sprachlichen Kosmos werden läßt. Gerade in der universalen Vernichtung des Krieges liegt die tiefste Legitimation des Schreibens, im Kahlschlag der Welt erwächst die komplementäre Kraft der Dichtung. Die titelgebende *Leviathan*-Erzählung konstituiert einen einfachen pragmatischen Nexus: die Aufzeichnungen eines Deutschen im Februar 1945, die als Manuskriptblätter einem amerikanischen Soldaten in die Hände fallen, den Versuch beschreibend, vor der Front auf einer requirierten Lokomotive in ein freilich gar nicht mehr existentes «Hinterland» zu entkommen. Die Deskription des Fluchtvorgangs öffnet eine die Gegenwart transzendierende Ebene, gerade *weil* in der Empirie eine Flucht oder eine Transzendenz mit religiösen Konnotationen sich als unmöglich oder unglaubhaft erweist. Das Verfahren in diesem Text, noch relativ krude gehandhabt und ohne die Konsequenzen späterer formaler Innovationen, ist zentriert um die Pole der unmittelbaren Erfahrung und der philosophisch-literarischen Durchdringung dieser Erfahrung, die zum Trost führt, daß auch der Leviathan, das weltimmanente Prinzip der Zerstörung und ewigen Quälerei, vielleicht einmal stirbt, der Schrecken denn doch nicht ewig währt, die Qual einmal ein Ende nimmt. Eine Ahnung von der Überwindung des Leviathan vermittelt ein von den Kriegsgreueln ständig unterbrochener Diskurs, hier noch recht plakativ und allzu bildungsstolz-anspielungsreich geführt, mit knapp herausgeschleuderten Hinweisen auf Autoren und Theoreme, die von der perennierenden Kraft des Bösen handeln. In diesem Diskurs entfaltet sich die Idee von der Universalität des Mordens und die vom einzigen Gegengewicht: dem Geist. Während der Erzähler in vom Expressionismus deutlich beeinflußter Weise die Stationen des vergeblichen Rückzugs beschreibt, versucht er gleichzeitig eine Überwindung des Schreckens im fragmentarisch sich präsentierenden philosophischen Traktat. Die Szenen der Lebensgefahr durch Fliegerbeschuß erscheinen als in der Zerstückelung des Kontinuums sich erfüllende Wahrheit; kein Moment, von dem sicher oder nur wahrscheinlich wäre, er verbinde sich mit den anderen zu einem sinnvollen Zusammenhang. So dissoziiert sich der Text, ohne zu zerfallen. Was die schockhaft aufblitzenden Augenblicke zusammenhält, ist die Idee von ihrer existentiellen Repräsentativität. Aus ihnen spricht der Leviathan, der Dämon des Entstehens und Vergehens; aus ihnen spricht aber auch der durchschauende Geist, der den phantasmagorischen Charakter des Welt-Bösen erkennt und in der geistgezeugten Kunst durch Aussprechen und bildliches Vorstellen wenn nicht überwindet, so doch für Momente bannt. Die Auflösung der Welt wird mit poetischer Genauigkeit registriert; dadurch entsteht ein Text, der in zahlreichen Anspielungen und Zitaten eine neue Geschichte erzählt: die von der Kraft des Bösen und den menschlichen Anstrengungen, dieses destruktive Prinzip durch Vergeistigung aufzuheben – am Ende eines langen Prozesses der Welt-Überwindung im Sinne des Buddhismus oder der Philosophie Schopenhauers.

Der Doppelcharakter, der sich in der *Leviathan*-Erzählung eher nur andeutet, als daß er formkonstitutiv wäre, wird von Schmidt in den folgenden Jahren mit zunehmender Sicherheit und Differenziertheit verwendet. Stets lassen sich – vereinfacht gesagt – *zwei* Ebenen unterscheiden, auf denen sich Handlungen gegenseitig bedingen, unterstützen und widersprechen: erstens die eines pragmatischen Vorgangs (wobei gleichgültig bleibt, ob er in der Gegenwart, in einer fiktiven Vergangenheit oder utopischen Zukunft spielt), und zweitens die Ebene seiner mythischen oder literarischen Transzendierung. Die Genauigkeit in der Beschreibung unmittelbar erfahrbarer Empirie, von Reden und flüchtigen Empfindungen erweist sich dabei als unerläßliche Voraussetzung für die Durchbrechung der Empirie hin auf eine Welt der Dauer und der universalen Korrespondenzen. Was das Spätwerk mit zunehmend manierierter Virtuosität zelebriert, die Prädominanz von Mythos und literarisierter Sprache, das läßt sich in den Texten der 50er Jahre nur andeutungsweise erfahren; noch existiert so etwas wie eine delikate Balance zwischen Alltagswelt und sie grundierender, formender, ins Zeitlose verlängernder mythischer Über-Realität. Von unserer heutigen Position aus ist zwar nachvollziehbar, daß die zeitgenössischen Leser keinen Blick hatten für die Doppelbödigkeit dieser Texte und sich je nach Standort oder politischer Zugehörigkeit entweder über die Kommentare zu Politik und Weltgeschehen erregten oder ihnen zustimmten – aber daß eine solche ziemlich oberflächliche Lesart den Kern seiner Prosa und seines literarischen Verfahrens eklatant verfehlte, wäre denn doch bei genauer Lektüre auch damals schon evident gewesen. Die zahllosen Anspielungen auf Literatur, Geschichte und die exakten Wissenschaften, wie Schmidt die Naturwissenschaften stets verstanden hat, waren ja kein bildungsstolzer Selbstzweck eines Autodidakten, sondern dienten zur Evokation einer immergleichen Welt der räuberischen Bedrohung und der Sehnsucht nach einem Exil, das die Welt zerebral und, soweit wie überhaupt möglich, auch realiter und auf Dauer in dem Bereich jenseits des Sanktuariums lassen würde. In *Brand's Haide* (1951) ist auf der Handlungsebene von der Ansiedlung eines – Arno Schmidt sehr ähnelnden – Überlebenden in der Lüneburger Heide die Rede, von der Arbeit an einer Fouqué-Biographie, dem zeitweiligen Leben zwischen zwei Frauen, von denen die eine am Schluß nach Mexiko emigriert, und den mühsamen Versuchen, ein Jahr nach Kriegsende innerhalb des allgemeinen Elends ein wenig Lebensbequemlichkeit zu erreichen. Das ist, auf der Oberfläche, alles. Aber schon die den Text kennzeichnende Situation des ‹Mannes zwischen zwei Frauen› verweist in direkter Anspielung auf Fouqués *Undine*, läßt ahnen, daß der Erzähler nicht nur dem Leben des romantischen Dichters positivistisch nachspürt, sondern es, in bestimmten Aspekten, nachlebt. Der Erzähler schreibt so nicht nur das Leben Fouqués nach, er schreibt sich gleichsam in dieses Leben ein, verlängert die mythische Konstellation in die Gegenwart hinein. Die subtilen Parallelisierungen der Erzählung, die in diesem Zusammenhang nur behauptet, nicht bewiesen werden können, werden in Momenten epischer Dis-Kontinuität aufgebaut: die löchrige Gegenwart macht die mythischen Muster deutlich; der Schein einer konsistenten Realität verschwindet für Momente und läßt das Vor-Bild durch. Schmidts Verfahren, in kleinen, scharf umrissenen Bildern ein Segment der empirischen Welt entstehen zu lassen und diese Bilder transparent zu machen für die mythische Zeitlosigkeit, hebt das Primat der Gegenwart und das Nacheinander der Zeiten und Zeitrelationen auf in der Gleich-Zeitigkeit des ästhetischen Raums. Die wahre Realität der Welt, ihr authentisches Wesen, entfaltet sich zunächst im Kopf des Künstlers, in seiner Sprache und schließlich in der Rezeption durch den idealen, d. h. virtuell alles durchschauenden, alles verknüpfenden Leser. Wenn sich das Ich als Herr über die Inseln des Geistes entwirft, so schließt das die Verurteilung zeitgenössischer Phänomene notwendigerweise mit ein, wenngleich ihre Singularität durch die Dominanz des Mythos relativiert, ja dementiert wird. Das lineare Erzählmodell von *Brand's Haide* – Ankunft des Erzählers im Dorf, die Situation zwischen den zwei Frauen, die Abreise der einen, die Hoffnung auf kontinuierliche Arbeit – verbirgt die Vielschichtigkeit mehr, als daß es sie offenbarte. Denn linear ist nur das Empfinden innerhalb der Alltagserfahrungen. Sie jedoch entgrenzen sich bereits zu Beginn des Textes, wenn der Erzähler auf dem Weg in das niedersächsische Dorf einem «alten Mann» begegnet, mit dem er, vorläufig betrachtet, einige misanthropische Aperçus austauscht, rigorose Geburtenbeschränkung und Humanität betreffend. Gleichzeitig unterläuft der Text die realistische Handlungsebene: In der am 21. März sich abspielenden Szene schiebt der Alte einen «Karren mit feinstem Herbstlaub» (BH 117) vor sich her, was, wie spätere Textstellen unterstützen, die sur-reale Qualität des Alten, seine mythische Dimension, zumindest andeutet. Zunehmend klarer wird, daß in dieser Nachkriegsgeschichte die der Fouquéschen *Undine* verborgen ist, wobei sich allmählich herausstellt, daß das erzählende Ich auch die Kontinuität der mythischen Bilderwelt verkörpert und damit die Zerrissenheit des Alltagslebens in der literarischen Präfiguration aufhebt. So entsteht die vielfache Perspektive beinahe aller Erzählungen Schmidts in den 50er Jahren: ihre Exaktheit in der Wiedergabe der Umgangssprache, das beschädigte Leben der als möglicher neuer Vorkriegszeit doppelt quälenden Nachkriegsperiode, die radikale Reduktion auf das kleinbürgerliche Milieu, die stets wiederkehrenden Schmidt-Ressentiments – all dies wäre unter einem sehr vorläufigen Aspekt als realistisch oder naturalistisch zu bestimmen. In Wahrheit ist dies der Versuch – ein noch eher vordergründiger, durch die *Berechnungen* ansatzweise begründeter –, das eigene literarische Œuvre in die große und von Schmidt, mit freilich recht skurrilen Präferenzen und Idiosynkrasien, verehrte Tradition zu stellen, sich ihr anzuschließen. Daher unterscheiden sich die Texte dieses Jahrzehnts in ihrer formalen Struktur gleich doppelt von allen anderen der zeitgenössischen deutschen Literatur; sie umreißen in spätexpressionistisch kondensierter Schärfe die Alltagsrealität, *und* sie entwerfen Fluchträume und Fluchträume: als Idee vom Häuschen in der Heide, autark und abgesichert durch ein ausreichend großes Erbe (in *Das steinerne Herz*, 1956). Fluchtraum ist aber auch die mythische Welt, die innerhalb und unterhalb der empirischen eine Kontinuität des Geistes und seiner Gefährdungen und Konflikte etabliert. Weder in der ideellen Konsequenz noch in den formalen Leistungen und der schieren Qualität hat Schmidts Werk dieser Jahre eine ernsthafte Konkurrenz oder Parallele. Als Ausdruck bilderstürmerischer Radikalität wurde es oft mißverstanden; aber ganz im Gegenteil ist es das Resultat eines zutiefst konservativen Denkens, das freilich die Radikalität einer neuen Sprache, eines neuen Weltverständnisses benötigt, um in der Tradition der ebenfalls stets innovatorischen Literatur der Vergangenheit stehen und sich stellen zu können. Indem Schmidt Literatur als Chiffre der Freiheit begreift und diese Freiheit nur in der weltflüchtigen Kraft des Gedankenspiels erreichbar ist, werden seine Erzählungen und Romane zunehmend selbstbezüglicher und verspiegelter, tritt die empirische Faktizität immer mehr zurück gegenüber dem in die unendlichen Assoziationen von Geschichte, Mythos und Literatur ausgreifenden Sprechen der Typoskripte. Seine Prosa der 50er Jahre beschreibt den Traum einer Welt, die ihre quälende Schwere noch ahnen läßt, aber schon aufgehoben erscheint in der und durch die Gewißheit, in der Autonomie der Kunst jenes Reich zu gewinnen, in das nur die Macht der Phantasie, nicht die des Leviathan gelangen kann.

Boy Hinrichs

Vielfalt der Bedeutungsebenen, metaliterarisch transparent:

Kaff auch Mare Crisium und *Kühe in Halbtrauer*

Mit *Kaff auch Mare Crisium* bekommt das literarische Werk Arno Schmidts eine neue Qualität, die sich in den Texten des Bandes *Kühe in Halbtrauer* fortsetzt und schließlich in die großen Gespräch-Texte des Spätwerks einmündet. Diese neue Qualität besteht allgemein und grundsätzlich in der zunehmenden Komplexität. Das betrifft nicht nur den Bereich der Strukturbildung, sondern ebenso den der Bedeutungsbildung. Die Mehrdeutigkeit, die dem ästhetischen Gebilde per se zu eigen ist, wird gezielt erweitert. Anders: Eine Bedeutungsebene, die, wie die Praxis jeder Interpretation lehrt, selbst schon mehrfache Deutungen zuläßt, wird mit zusätzlichen Bedeutungsebenen kombiniert, die ihrerseits wiederum mehrfache Deutungen zulassen. Auf diese Weise entsteht ein extrem weiter Interpretations-Spielraum.

Dieser nun eröffnet keineswegs den beliebigen oder willkürlichen Zugriff auf die Texte. Der Spielraum wird eingegrenzt und der Zugriff gesteuert durch eine der Bedeutungsebenen: die metaliterarische. In *Zettels Traum* formuliert Dän Pagenstecher:

«der Wunsch nach wolltätlicher Klarheit, ist 1 der herrschndn Züge Meines Lebms gewesen – (1 anderer der: aus der bloßn ‹Literatur› in eine Meta=Litteratur zu gelangen [...]).» (ZT 510mo)

Die metaliterarische Bedeutungsebene ist diejenige, die die Texte zu Literatur über Literatur macht. Sie erfüllt prinzipiell die Funktion, ‹Klarheit› über Literatur zu vermitteln, auch über sich selbst.

Die Vielfalt der Bedeutungsebenen ist also gekoppelt mit ihrer Transparenz. Aus diesem Grunde können und sollen Schmidts Texte im folgenden als Gebilde behandelt werden, die aus sich selbst heraus verständlich sind.

‹Komplette Welten, inklusive Mythologie›: *Kaff auch Mare Crisium*

«*das muß'n armer Mann sein, der, im Lauf seines Lebens, sich nich mindestns 3, 4 kommplette ‹Welltn›, inclusiewe ‹Mühtollogie› aufbaut!*» (194)[1]

Das formuliert Karl Richter, das fiktive Ich, das den gesamten Text *Kaff auch Mare Crisium* konkretisiert. Dieses Ich ist solch ein «armer Mann» nicht. Es führt den ‹Aufbau›, den Produktionsvorgang einer ‹kompletten Welt› in extenso vor. Das geschieht innerhalb einer anderen ‹kompletten Welt›, die ebenfalls von ihm ‹aufgebaut› wird: Karl beschreibt den gemeinsam mit seiner Gefährtin Hertha Theunert verbrachten Besuch bei seiner Tante Heete Kühn (er selbst kürzt ab: TH) im kleinen niedersächsischen «Kaff» Giffendorf am 28./29. Oktober 1959. Die Zeitspannen, in denen er mit Hertha allein ist, nutzt er vor allem dazu – vordergründig, um ihre Langeweile zu beseitigen –, eine Welt auf dem Mond zu konkretisieren. Zu diesem Zweck fingiert das fiktive Ich Karl Richter ein weiteres fiktives Ich, Charles Hampden: Als Charles konkretisiert Karl – so, wie er als er selbst die ländliche Welt konkretisiert – die lunare Welt. Er beschreibt die Miniaturwelt der «Glasstown», einer von Amerikanern angelegten Mondsiedlung, die ins Jahr 1980 projiziert ist. Sie ist von ihrem irdischen Ursprung isoliert. Die Erde ist durch einen Atomkrieg zum unbewohnbaren Planeten geworden.

Charles beschreibt eine reduktive und sich permanent weiter reduzierende Welt, die nicht imstande ist, die Bedingungen ihrer materiellen und geistigen Existenz aus sich selbst hervorzubringen. Sie isoliert sich zudem selbst, indem sie sich borniert von der russischen Mondsiedlung abkapselt. Diese lernt Charles als Bote im «Mare Crisium» kennen. Sie zeigt sich ihm als unvergleichlich größere, autarke Überflußgesellschaft, die sich buchstäblich selbst reproduziert, allerdings bis hin zur radikalen kannibalistischen Verwertung des Menschen.

Die amerikanische Siedlung versteht sich von ihrem irdischen Ursprung her als Inkorporation von Individualität bzw. Freiheit, die russische als Inkorporation von Rationalität bzw. Aufklärung. Im Selbstverständnis der Amerikaner liegt die Ursache für die desolate Situation ihrer Welt: Es impliziert den Verzicht auf eine strikt die lunare Realität berücksichtigende, auch gegen die Interessen des Einzelnen verstoßende rationale Organisation und damit die Unfähigkeit, ihre Existenz auf Dauer zu sichern. Im Selbstverständnis der Russen liegt die Ursache für die intakte, auf Dauer gesicherte Welt, freilich mit der Implikation, daß der Einzelne nur mehr funktionaler, eben in letzter Konsequenz verwertbarer Bestandteil dieser Welt ist. Beider Selbstverständnis führt sich im Extrem des Resultats ad absurdum.[2]

Die ländliche und die lunare Welt sind kategorial verschieden. Arno Schmidt hat in den *Berechnungen* terminologisch zwischen «objektiver» und «subjektiver Realität» (R & P 294) differenziert. Die eine ist die grundsätzlich topische, also ‹verortbare›, historisch identifizierbare Realität, die andere das grundsätzlich u-topische, also ‹nicht verortbare›, aus dieser hervorgehende Produkt des in sie inbegriffenen Subjekts. Die beiden Realitätsebenen sind aufeinander bezogen und geeint im Bewußtseinsvorgang des «Längeren Gedankenspiels» (R & P 293) desjenigen, der sie als von ihm erlebte bzw. produzierte vermittelt. Der Begriff des Längeren Gedankenspiels bezeichnet einen eo ipso subjektiven, aber regulär verlaufenden Bewußtseinsvorgang, in dem im Kontext der erfahrungsmöglichen objektiven eine denk- und vorstellungsmögliche subjektive Realität entsteht.

Die beiden Realitätsebenen sind komplementäre Komponenten *einer* Welt. Das Verhältnis der subjektiven zur objektiven – der lunaren zur ländlichen – Realität ist durch die «*Steigerung*» (R & P 301) bestimmt: Die subjektive Realität besteht aus bis ins Extrem extrapolierten Elementen der objektiven Realität, die subjektive gibt ein Zerrbild der objektiven Realität. Dieses Zerrbild freilich geht, zumal in seinem literarisch explizierten Bezug zu seinem Ursprung, nicht ins Unkenntliche, es macht vielmehr das Unkenntliche – konstitutionell oder ideologisch-manipulativ verschleierte Tendenzen des Negativen bis zum Existenzgefährdenden – kenntlich, es erfüllt eine eminent kritische Aufklärungsfunktion. Karl will mit dem Bau der lunaren Welt expressis verbis «das bewußte=Wissn dessen, wie's in der Welt aussieht», vermitteln, um damit «zu ihrer Bewältijunk» (167) beizutragen.

In der Steigerung des Negativen, das in der objektiven Realitätsebene in seinen ‹alltäglichen› Ausmaßen dargestellt ist, entsteht ein scharf konturiertes, präzise und differenziert gezeichnetes Bild der politischen Situation der BRD, das in das Ost-West-Verhältnis eingebettet ist. In dieser Bedeutung enthüllt *Kaff* vor allem das selbstzerstörerische Potential der ideologisch depravierten Freiheit in der politisch dimensionierten Lebenswelt, das unausweichlich und ausnahmslos jeden betrifft.

Der Begriff des Längeren Gedankenspiels erfaßt das Verhältnis zwischen ländlicher und lunarer Welt, er erfaßt damit die Makrostruktur des Textes und eine seiner Bedeutungsebenen: die politisch akzentuierte des Litteralsinns (s. u.). Der Text jedoch weist weitere Bedeutungsebenen auf. Darauf macht Karl aufmerksam, wenn er sagt, «daß man 1 Buch in gans verschiedenen ‹Beleuchtungen› lesen kann – sogar im ‹polarisiertn Licht› – und jedesmal ergiebt sich ein autonomes, in sich widerschpruchsfreies, Gebilde» (99).

Karl formuliert eine interpretatorische bzw. analytische These. Er bezieht sich auf einen Text Karl Mays, der ihm ausdrücklich als «Beischpiel» (99) dient. Seine These beansprucht exemplarische Relevanz. Karl führt vier solcher «Gebilde» an, und er äußert den Wunsch, «daß ein Fach=Jemand uns recht bald einmal den Casus im Einzel*stänn* auseinanderpolkt» (100).

Das hat sein Autor Arno Schmidt in *Sitara und der Weg dorthin* getan, wobei er sich allerdings auf eines dieser «Gebilde», die er hier «Lesemodelle» (SIT 16) nennt, konzentriert: die unbewußte Darstellung der sexuellen Obsessionen Mays. Die anderen kennzeichnet er knapp als «Reiseerzählung», «Autobiographie» und «Spiritismus» (SIT 16). Ob und inwieweit auch das autobiographische und spiritistische Lesemodell nicht-intentional entstanden sind, ob Lesemodelle wie die von Schmidt und ähnlich von Karl konkret benannten auch in anderen Texten identifizierbar sind oder ob andere bzw. weitere nachweisbar sind – wichtig ist die These, daß *ein* Text *mehrere* Lesemöglichkeiten zuläßt, daß diese Lesemöglichkeiten jeweils konsistente «Gebilde» ergeben und daß sie dem einen Gebilde inhärent sind, das im Falle Mays die «Reiseerzählung» ist.

Die These ist nicht neu. Sie steht, worauf die auffällige Vierzahl der Lesemodelle hinweist, in der Tradition der Interpretation nach dem vierfachen Schriftsinn.[3] Sie säkularisiert jedoch die ursprünglich der Bibelexegese dienende scholastische Methode, wie die Lesemodelle demonstrieren, und erweitert sie. Diese Interpretationsmethode geht davon aus, daß der Litteralsinn, der das ‹realistische› Geschehen umfaßt, drei weitere Sinnebenen enthält: die allegorische, die die Glaubensbedeutung, die moralische, die die Nutzanwendung, die anagogische, die die Heilsbedeutung betrifft.[4]

Wichtig ist die These Karls in *Kaff* nicht in erster Linie in bezug auf das Werk Karl Mays, sondern in bezug auf den Text selbst. Sie gibt einen Hinweis auf seine Interpretation auf der Basis seiner Konstitution. Sie wird damit – ebenso wie Karls Äußerung über den Bau ‹kompletter Welten›, mit der sie in Beziehung steht – zum Bestandteil einer eigenen Bedeutungsebene: der metaliterarischen. Auf dieser Ebene ist *Kaff* Literatur über Literatur[5], mithin auch und vor allem über sich selbst. Daß der literarische Text sich auf diese Weise selbst transparent macht, ist angesichts seiner Komplexität, wie sie sich in Karls These ankündigt, überaus hilfreich. Die – transparente – Vielfalt der Bedeutungsebenen gilt grundsätzlich für beide Realitätsebenen, wenn auch, bedingt durch die Steigerung, mit Verschiebungen in den Bedeutungsebenen zu rechnen ist, die eben der Steigerung entsprechen.

Einige der am deutlichsten sichtbaren Bedeutungsebenen – weitere sind, in anderen «Beleuchtungen», zu erschließen – seien im folgenden thetisch skizziert.[6] Ein Textelement kann dabei – muß aber nicht notwendig – als Komponente verschiedener Bedeutungsebenen fungieren.

– Basis und Bezugsfeld aller weiteren Bedeutungsebenen ist der oben umrissene *Litteralsinn*, also der Besuch Karls und Herthas auf dem Lande bei TH sowie die Glasstown und die Begegnung Charles' mit Bewohnern der russischen Mondsiedlung. Hierzu gehört die Akzentuierung der politischen Dimension der alltäglichen Lebenswelt, und zwar der aktuellen – nicht umsonst ist die objektive Realität, ermöglicht und betont durch das Vorwort, auf den Tag genau exakt datierbar –, wobei sich die Aktualität mit zunehmender zeitlicher Distanz in Historizität verwandelt.

Textelemente, die überdeterminiert sind, haben in der Regel eine zweifache Funktion: Sie signalisieren einerseits metaliterarisch das Vorliegen einer oder mehrerer zusätzlicher Bedeutungen, und sie verknüpfen andererseits die Bedeutungsebenen miteinander. Textelemente, die sich der Zuordnung zum Litteralsinn entziehen, erfüllen die Signalfunktion und sind Komponenten einer anderen Bedeutungsebene.

– Zur *metaliterarischen* Bedeutungsebene gehören vor allem die Äußerungen, Ausführungen, Bemerkungen über Literatur. Weil Karl den Bau der lunaren Welt als dezidiert literarische Produktion versteht – er bezeichnet sich ausdrücklich als «Schrift=Schteller» (167) –, konzentriert sich die Ebene der Metaliteratur auf die objektive Realität, um mit dem Produktionsvorgang der subjektiven Realität das gesamte literarische Produkt transparent zu machen. Auch die subjektive Realität jedoch enthält metaliterarische Komponenten, so etwa, indem Karl als Charles ein Gedicht «zeitgemäß umdichten» (33) läßt oder auf durch den Mond inspirierte «Längere Gedankn=Schpiele» (246) hinweist.

Die metaliterarische Bedeutungsebene erschließt alle weiteren Bedeutungsebenen, genauer: diejenigen, die sich – «gans vom Ver= Schtande her» (172) entstanden – der rationalen Konstruktion des Schriftstellers verdanken. Sie verweist aber auch darauf, daß weitere, nicht geplante Bedeutungsebenen vorliegen können. Karl gibt einen solchen Hinweis, wenn er vom «polarisierten Licht» spricht, in dem sich, beispielhaft bei Karl May, unbewußt entstandene Bedeutungsebenen dennoch als konsistente Gebilde erweisen.

– Die *autobiographische* Bedeutungsebene wird von Karl – und von Schmidt – auf den realen Autor bezogen. Die Autobiographie Karls ist in der Tat aus Komponenten der Biographie Schmidts zusammengesetzt, wobei jedoch verschiedene Phasen – so bestimmt etwa die berufliche Situation Schmidts zwischen 1933 und 1940 die gegenwärtige Situation Karls – kombiniert werden. Die Relevanz der autobiographischen Ebene für den Text besteht jedoch nicht darin, daß sich aus der Biographie der fiktiven Figur Karl Richter Komponenten der Biographie – bzw. für die Biographie – des realen Autors Arno Schmidt herauskristallisieren lassen; sie besteht vielmehr darin, daß die Komponenten der Biographie des realen Schriftstellers der Biographie des fiktiven Schriftstellers Authentizität verleihen: Die autobiographische Ebene fundiert die literaturproduktive Kompetenz Karls und die Perspektivik seines literarischen Produkts. Sie steht insofern in enger Beziehung zur metaliterarischen Ebene.

– Die *sexuelle* Bedeutungsebene wird von Karl, ebenso wie die autobiographische, auf den realen Autor bezogen, für den Text jedoch ist sie hier wie dort vor allem als Konstituente Karls relevant. Sie steht insofern wiederum in enger Beziehung zur autobiographischen und damit auch zur metaliterarischen Ebene. Karl formuliert das geradezu explizit, indem er die subjektive Realität, deren Adressatin ja textimmanent allein Hertha ist, als Resultat dessen versteht, «wozu 1, von seinen dicken Keimdrüsn gekwäählter, gehnialer Kopf in Wortn fähich iss» (193).

Karls Verhältnis zu Hertha ist durch eine starke sexuelle Spannung gekennzeichnet. Den ausgeprägten sexuellen Bedürfnissen Karls, die in der lunaren Welt zu denen Charles' werden, steht Hertha abweisend gegenüber. Sie ist Karls «kalter Lieplink» (193). Seine Annäherungsversuche werden zumeist zurückgewiesen, beim Sexualakt erweist sie sich als «total verklemmt» (116), sie bleibt unbefriedigt.

Dieser Sexualakt findet ausschließlich als Sexualakt statt; die Möglichkeit, ihn zum Zeugungsakt werden zu lassen, wird, anders als in der lunaren Welt, dezidiert von beiden ausgeschlossen[7]: Karl muß auf Anweisung Herthas zwei Präservative benutzen, zusätzlich zieht sich Karl vor der Ejakulation zurück und läßt sich befriedigen.

Karl entfaltet seine rational kontrollierte (vgl. 118) sexuelle Potenz ‹in Worten›, der Zeugungsakt findet in seinem «Kopf» statt, er er-zeugt eine im Wort konkrete ‹komplette Welt›, expressis verbis ein «Wortall» (207). Karl setzt seine Produktion ausdrücklich als «Waffe» gegen den «Sexual=Terror» (185) Herthas ein: Mit ihr gelingt es ihm, ihre Begierde zu erwecken, sie *«neu=gierich»* (185) zu machen.

Die Er-Zeugung des «Wortalls» ist per se ein logischer Akt, Karl betätigt sich im Wortsinn als Kosmo-Loge. Für Karl findet Sexualität im Wort statt. Selbst «in der Liebe» muß er sich, wie ihm Hertha vorwirft, «Alles gans genau vor=sagn» (172), so, wie er sich grundsätzlich «erst mühsam Alles in Worte ‹übersetzen› muß», er betont eigens: «ALLES !» (146) Weil das so ist, weil Karl seine Sexualität im Wort – also auch hier: ‹logisch› – kontrolliert, ist mit ‹Übersetzungs-›, mit Transformationsweisen zu rechnen, die erheblich komplizierter als die unmittelbar identifizierbaren sind. Das gilt etwa für die sexuelle Beziehung Karls zu TH. Sie dürfte, wenigstens partiell, eng mit der zu Hertha verknüpft sein. Die in der dargestellten Gegenwart 60jährige TH, «die graue Attleetinn» (276), war als 30jährige «Weiße Athletin» Karls «erste nackte Frau» (194). Ihr «sehr rasch gesichtlos» und in der Gestalt variabel gewordenes «Bild» (194) hat nachhaltig seine Vorstellung *der* Frau geprägt. Und: Hertha ist ausdrücklich «1 der knochijeren Warrianntn» (195) THs. Der niemals stattgefundene Sexualakt kommt wohl in der lunaren Welt zustande[8]: im Kratersturz, den Karl als Charles beschreibt, wobei seine Bemerkung «es war wie in 1 idiotischn Traum» (185) als metaliterarischer Hinweis auf die Transformationsweise gelesen werden kann; und in der Begegnung Charles' mit dem russischen Boten, ebenfalls einer Transformation Karls, der buchstäblich in der Haut seiner «Tanndte Jadd=Wiega» (267), einer namentlich kenntlichen Transformation THs (vgl. 261), steckt. Seine Stiefelschäfte bestehen aus der zu Leder verarbeiteten Haut der Tante.

– Die Bedeutungsebene, die Schmidt in bezug auf May auch allgemein als «religiöse» (SIT 215) bezeichnet, entspricht im traditionellen

Interpretationsmodell dem *allegorischen* Schriftsinn. Diese Ebene umfaßt die Glaubensinhalte, für *Kaff* gemäß der Äußerung Karls: die zu einer ‹kompletten Welt› gehörende «*Mühtollogie*». Karl spezifiziert: «*Und, I give my vote : POLYTHEISMUS ! ! !.*» (195) Indem Karl Kosmologie betreibt, betreibt er Mythologie bzw. Theologie.

Für die lunare Welt gilt das Votum für den Polytheismus nur eingeschränkt. Hier wird das von Karl für die Besetzung der mythologischen Bedeutungsebene im Gegensatz zum Polytheismus als «überhaupt nich diskutabel» (195) zurückgewiesene Christentum zur von den Russen so genannten «Ameerikanischen Mühtollogie» (228). Lediglich in den Epen – Transformationen des *Nibelungenliedes* und des *Cid* – finden sich Ansätze der Mythenbildung: Historische Ereignisse werden zum nationalen Mythos. Das Votum für den Polytheismus betrifft vor allem die ländliche Welt (womit metaliterarisch auch diese Welt als von Karl literarisch konkretisierte ausgewiesen wird).

Die Götter, die Karl im Blick hat, sind «Lockaal=Gottheitn» (196), Götter, die genau dieser Welt inhärent sind. Das heißt auch: Ebenso wie alle anderen ist die mythologische Bedeutungsebene in die Wort-Welt integriert, sind auch die Götter im Wort konkretisiert.[9]

Karl nimmt eine «Anntroppo-Morfisierunk der Natur» (50) vor, zugleich ihre animistische Belebung:

«*In allen Eckn & Winkln begann* die Natur sich aus zu kleidn. (Obm schtarck drohende Körper von Wolkn.) : Eine schon=nackde Uralte wöllpde sich übern Week, und zahnlosde Wischel=Flüche» (220).

Ähnliches gilt für Dinge. Ein Leiterwagen «tat [...] seinen Todtentanz ap=um=die=Ecke» (11), ein Ofen – eine «alte Höllenmaschiene» (162) – wird ernährt, er bekommt «1 ‹belegtes Brot› », das ist «1 Brikett, zwischen 2 breiten Schtücken Schwartenholz» (46).

Bauern werden als «Lemuren in fahler Tracht» (76) beschrieben. Hertha wird mit Venus – wobei die Formel «Wehnuß & Theunert= Hertha» (135) auf ihre Beziehung zu TH verweist – und Diana (vgl. 236) in Verbindung gebracht, sie ist «*Fuhrie*» und «mörderisches Kinnt» (237), ja «das Höllenkind» (46); in der Anrede «*mein Herr Tah*» (137) artikuliert Karl ihre androgynen Züge.

TH, die «Große Heete» (222), wird, bevor sie überhaupt in Erscheinung tritt, mit Hera oder auch allgemein der matriarchalischen Großen Göttin[10] in Verbindung gebracht. Indem Karl Giffendorf als «Samos» (28) bezeichnet, signalisiert er metaliterarisch – Samos ist bekanntlich eine der großen Kultstätten Heras –, daß TH Züge dieser Göttin trägt. Schon als Landfrau rückt sie in die Nähe Heras, Hera kann he era, die Erde, gelesen werden. Das «Bild der Weißn Athletin» (194), das gesichts- und gestaltlos geworden ist, korrespondiert mit dem weißen, gestaltlosen Bild der Großen Göttin in Delphi. Karl hebt diese Korrespondenz noch dadurch hervor, daß er unter Verwendung des Griechischen hinzufügt: «dreifach=mächtich; tris=megistos» (194), wobei die potenzierte Dreizahl kennzeichnend für die Machtbereiche der Göttin ist.[11] TH trägt außerdem Züge des femininen Heros – also Heras –, wenn Karl sie charakterisiert: *«ganns weiplicher H. G. Trunnion»* (254), das ist die transformierte Hagen-Gestalt des *Nibelungenliedes*, womit TH grundsätzlich auch Züge der germanischen Mythologie erhält.[12] TH ist weiter etwa «Göttin der Vorrazkammern» (89) und «Göttin der Vernunft» (93 u. 204), «die greise Nümmfe» (212) oder «Piastin» (261).

In TH sind, mehr noch als in Hertha (aber diese steht ja wiederum mit TH in Verbindung), *verschiedene* mythische bzw. theistische Figurationen zusammengefügt. Der Polytheismus ist in der Polyvalenz der Figuren konkretisiert, die sich somit buchstäblich der Synthese verdanken, der logischen Synthese, die Karl leistet. Indem er seine Wortwelt mit ihren Gottheiten schafft, betätigt er sich selbst als alter deus, als schöpferischer Gott. Als solcher versteht er sich durchaus, wenn er von seiner «Göttlichkeit» (241) spricht. Die göttliche Macht Karls konstituiert sich im Wort, es handelt sich um All-Macht, die so weit reicht, ein Wort-All zu erschaffen.

Im Wort bringt er seine Welt – die ländliche und die lunare – zur Anschauung. In eben diesem Sinne ist sie in beiden Dimensionen eine Welt des Theaters – «Theater» leitet sich von «theasthai» ab, und das heißt «anschauen». Ein Abschnitt wird gar *«III. Ackt, 3. Szene»* (199) eingeleitet, wenig später steht die Angabe *«III. Ackt, 4. Szene»* (201), der Theater-Charakter der lunaren Welt wird wiederholt betont (z. B. 168, 169). Und: Karl bezeichnet TH ausdrücklich als «Schlüssel=Fieguhr des ganzn Theaters» (99). Sie beherrscht die ländliche Welt, sie hat sogar die, allerdings auf eben diese Welt beschränkte, Macht – deutlich in ihrem Vorschlag und seinen Konsequenzen (s. u.) –, massiv in das Leben der übrigen Figuren einzugreifen, ihnen Rollen zuzuweisen.

«Theater» ist die Wortwelt Karls auch im emphatischen Sinne: «Die Uhwertüre ist Wein'n; Röcheln das Fienale; dazwischn Possn & hölli-

129

sche Dissonantzn !» (271 f.) Genau diesen Bereich des ‹Dazwischen› stellt Karl dar. Äußerliche Komponenten sind die Jahreszeit, der Herbst, der ‹zwischen› dem Leben des Sommers und dem Tod des Winters steht, und das Wetter, der permanent betonte Nebel, dessen *«graue Trübe»* (232) ‹zwischen› Licht und Finsternis, Klarheit und Verborgenheit steht. Der Zwischenzustand kennzeichnet die *gesamte* Welt, ja er wird thematisiert. «Kaff» bezeichnet nicht nur das kleine Dorf, sondern auch – als Kāf in orientalischen Mythen[13] – ein ‹zwischen› der Erde und dem Nichts angesiedeltes Gebiet, das von Dämonen bewohnt ist, von Wesen, die ‹zwischen› Sterblichen und Unsterblichen, Göttern und Menschen stehen.[14] Ein solches «Kaff» ist, so der Titel des Textes, «auch Mare Crisium», explizit im Geschrei der Rieseneulen, die zudem als «grausije» (184) bzw. «böse Engel» (186) oder «Weißteufel» (187) bezeichnet werden – wobei die *«hohe weiße Geschtallt»* (184) die Verbindung zum «Bild der Weißn Athletin» herstellt. Mit *«SCHEOL ! : SCHEOL ! !»* (184) zitieren sie, wie zuvor schon Karl selbst (145 u. 146), den alttestamentlichen Namen eines solchen Gebietes. «Kaff» in diesem Sinne ist die gesamte Wortwelt Karls in beiden Dimensionen: Sie befindet sich im Übergang zum Nichts, sie ist von Grund auf geprägt von einem umfassenden Negationsvorgang. Die einleitende, durch die Wiederholung akzentuierte Negationsformel *«Nichts Niemand Nirgends Nie ! : Nichts Niemand Nirgens Nie !»* (11) durchzieht den Text bis hin zum Schluß. – Das aber führt bereits zur anagogischen Bedeutungsebene.

– Der *anagogische* Schriftsinn liegt in dezidierter Negation (und deshalb identifizierbarer Form) vor. In ihm geht es nicht um das Heil, sondern um das Unheil. Die Zerstörung der Erde, an die in der lunaren Welt erinnert wird, hat ausdrücklich an *«1 Unheilstag»* (20) stattgefunden.

Diese Bedeutungsebene ist, wie gesagt, in der Negationsformel *«Nichts Niemand Nirgends Nie»* präsent und wird ständig präsent erhalten. Mit dem Beginn des Textes stellt Karl die Verbindung dieser Formel zu einer ihr entsprechenden Bedeutung von «Kaff» her, so daß auch diese Bedeutungsebene in den Bereich des vom Titel Thematisierten rückt.

Die Negationsformel steht für den Takt der Dreschmaschine. Karl beschreibt den Dreschvorgang so, daß die Analogie zur neutestamentlichen, von Matthäus geprägten Metaphorik[15] hervortritt: Das Korn wird von der Spreu oder eben dem Kaff getrennt, wobei das Kaff der Vernichtung preisgegeben wird, das ist gemäß der Formel Karls das nichtmenschlich und menschlich Seiende sowie Raum und Zeit, mithin das gesamte Sein.

Das, was in der matthäischen Metaphorik veranschaulicht wird, ist das Gericht, griechisch krisis. Es erfüllt per se eine fundamentale ‹kritische› Funktion. In ihm vollzieht sich die Scheidung zwischen der positiven Welt des Heils und der negativen Welt des Unheils.

Durchaus analog dazu versteht sich Charles als «slater» (35), also auch als scharfer Kritiker. Vor allem jedoch: Analog dazu heißt Karl nicht nur Richter, sondern er ist es auch, er ist der «Ewige Richter» (67), unterstrichen durch die Nähe zum «bekannte[n] unangenehme[n] Beruf» (181). Wie ihnen beiden geht es auch ihm darum, «*Wahrheit*» (181) aufzudecken, Verborgenes sichtbar zu machen. Wie beim ewigen Richter geschieht das allein im Wort. Die Analogie wird in erster Linie im Johannes-Evangelium deutlich, das geradezu programmatisch auf das Wort, den logos, konzentriert ist.[16] Im Wort leistet Karl, wie der ewige Richter, die Offenbarung, das Sichtbar-Machen bzw. Zur-Anschauung-Bringen. In eklatanter Divergenz zu ihm freilich macht Karl mit ihrer Konkretion nicht eine Welt des Lichts oder des Lebens[17] sichtbar, die die Gewißheit des Heils impliziert, sondern eine Welt der Finsternis oder des Todes, die die Gewißheit des unausweichlichen und allumfassenden Unheils impliziert, wobei zahlreiche Textelemente ja das Höllische, das Unterwelthafte beim Namen nennen. Der Erwartung der Welt des Heils ist die Erwartung des Weltuntergangs entgegengesetzt, artikuliert in der «Weltunterganks=Schtimmunk» (63), die der lunaren wie der ländlichen Welt inhärent ist, die auch die präfigurierten, von Karl in seine Wortwelt integrierten Darstellungen prägt – also das Iffland-Spiel, den Silberschlag-Komplex, die Gewölbemalerei sowie das *Nibelungenlied* und den *Cid*. Die Unausweichlichkeit des Weltuntergangs zeigt sich in der Übermacht des Negationsvorgangs, den der Dreschvorgang symbolisiert. Der Mensch hat keine Möglichkeit, sich ihm gegenüber durchzusetzen. Er kann ihm, so Karl, «bloß zukukken» (11).

– Der *moralische* Schriftsinn betrifft die Umsetzung der Lektüre in die Verhaltenspraxis des Lesers, also die didaktische Funktion des Textes. TH spricht diese Bedeutungsebene in bezug auf den ursprünglichen Gegenstand der Lehre vom vierfachen Schriftsinn an: «inne Biebl lsn tu ich sogutwienie : ich finn'a nix in, wie ich mich inne heudijen Wellt verhalltn soll.» (113) Sie lehnt die Bibel-Lektüre ab, weil sie ihr keine Verhaltensanweisungen gibt, weil der Text für sie moralisch bedeutungslos ist.

Anweisungen, wie man sich ‹verhalten *soll*›, will Karl mit seiner Wortwelt freilich kaum geben, eher Hinweise darauf, wie man sich verhalten *kann*. Es geht ihm, wie bereits angeführt, um «das bewußte= Wissn dessen, wie's in der Welt aussieht» (167), um sie ‹bewältigen› zu können. Karl ist der Aufklärung verpflichtet, es geht ihm darum, «das Alltägliche [...] klaa» (102) zu machen, und zwar ohne Beschönigungen (vgl. 102), in seiner Komplexität, seinen konstitutiven Dimensionen. Dem entspricht die polyvalente Wortwelt Karls, deren Bedeutungsebenen das Bedeutungspotential des Alltäglichen zur Anschauung bringen.

Hier nun scheint ein Widerspruch vorzuliegen. Karls Aufklärungsintention steht seine wiederholt artikulierte Einschätzung als Lügner gegenüber, im Extrem: «Lüge Dein Name ist Kar=dl» (245). Karl weist den Begriff der Lüge keineswegs generell zurück, wohl aber seinen undifferenzierten Gebrauch durch Hertha. Er will unterschieden wissen zwischen manipulativen Lügen, «wiesiedie diewersn ‹Regierung'n› prinnzipjell in Umlauf setzn» (245), und «den geh=nial=unschädlichn Erfindung'n» (245), die er selbst hervorbringt. Diese Lüge ist eine positive Qualität. TH bestätigt das, an Hertha gewandt: «Er kann [...] *gut* lüügn» (95). Die Lüge steht – wie schon bei Platon, dort allerdings in kontextuell bedingter negativer Bewertung[18] – für die literarische Tätigkeit Karls. Der scheinbare Widerspruch löst sich auf. Er verfremdet lediglich eine poetologische Selbstverständlichkeit: Die im Wort konkrete Welt besteht per se aus «Erfindung'n», sie ist eine Pseudo-Welt, eine fiktive Welt. Die so verstandene Lüge ist das spezifisch literarische Medium von Aufklärung.

Die literarische Aufklärung vollzieht sich in der Unterhaltung, diese hat jene zur Voraussetzung. Auch das wird metaliterarisch expliziert: Die ausgeprägte und nicht umsonst nachdrücklich betonte Langeweile Herthas veranlaßt Karl, seine Wortwelt zu erbauen. Indem er Hertha unterhält, schafft er die Voraussetzung für die Rezeption seiner literarischen Produktion. Als Hertha zunehmend mit dem Vorschlag THs beschäftigt ist, sie also kein Unterhaltungsbedürfnis mehr verspürt, ist sie auch zunehmend weniger bereit und fähig, sich auf Karls Wortwelt einzulassen. Folgerichtig stellt er ihre Produktion ein.

– Neben den ausgestalteten Bedeutungsebenen, die je eigene «Gebilde» ergeben, enthält *Kaff* wenigstens eine *latente* Bedeutungsebene, die ohne Schwierigkeiten zu identifizieren ist. Sie wird angesprochen, teils auch präzise entwickelt, aber gerade nicht fiktional konkretisiert.

Konstituiert wird diese Bedeutungsebene durch den «VOR-SCHLACK» (253) THs. Sie bietet Karl und Hertha «prackdisch 1 sorg'nfreies, gesunndes Leebm [...]; 1, das die Seen=Sucht Hunndert=Tausennder darschtellt» (263). Sie schlägt ihnen vor, ihre Berufe aufzugeben und in materieller Absicherung die ländliche Welt mit ihr zu teilen. Damit werden Karls zuvor als «unrealistisch» (209) eingestufte «Gedanknschpielereien von Landleebm & Zurruhesetzn» (209) «prackdisch» realisierbar. Auf der Grundlage von THs exakter, langfristiger Kalkulation rücken sie vom Modus des Irrealis in den des Potentialis.

Diese Bedeutungsebene ist traditionell präfiguriert. Karl weist auf einen «eigenen Themenkreis in der Literatur» (209) hin und benennt ihn paradigmatisch, wenn er von der «bukolisch=georgischen Seelichkeit» (208) spricht. Mit Vergils *Bucolica* und *Georgica* führt er Paradigmata der Hirten- und Landlebendichtung an. Als TH ihren Vorschlag unterbreitet, spricht er erneut diese literarische Tradition an (vgl. 255). Er macht damit deutlich, daß der Vorschlag THs Elemente der Hirten- und Landlebendichtung mit ihren Tendenzen, einen aus der Realität ausgegrenzten Schonraum zu bilden, enthält. Die Welt, die TH Karl und Hertha als realisierbare eröffnet, ist um sie zentriert. In ihr «regierte» (263) sie, sie beherrschte diese Welt, die de facto zu ihrer würde, als Matriarchin; Züge, die sie auf der allegorischen bzw. mythologischen Bedeutungsebene trägt, wären verwirklicht. Ihre matriarchalische Macht zeigt sich schon darin, daß sie Karl und Hertha die Teilhabe an ihrer Welt offeriert, sie zeigt sich weiter in den von ihr gestellten Bedingungen – die beiden müssen heiraten, dürfen aber keine Kinder zeugen – und in der von ihr beabsichtigten Rollenverteilung, die Karl interpretiert: «Die rüstije Lantfrau» (255) erhielte mit Hertha «1 weiplichn Lehrlink», der bei ihr «das Hexn Beesnreitn Männerzwiebln erlernt[e]» (254), Karl, «der arbeitsame Weise» (255), spielte für beide den «Haus=Klaun» (254), der für die «Abmt=Unnerhalldunk» (95) zu sorgen hätte. Seine Rolle bestände nicht nur in der Vermittlung von Literatur, sondern auch in deren ‹arbeitsamer› Produktion. TH hatte zuvor ausdrücklich den hohen Unterhaltungswert der «Erfindunxkraft» (95) Karls betont. Dabei ist ihr die Unterhaltung keineswegs Selbstzweck; sie verlangt vom «Schrifffßdeller» (102), darin Karl bestätigend und entsprechend, die Veranschaulichung des Alltäglichen (vgl. 102 f.), verbindet in ihrem Literaturverständnis also auch Aufklärung und Unterhaltung, prodesse und delectare.

Dem Angebot des ländlichen Lebens stehen Bindungen entgegen: Karl und Hertha müßten sich aneinander binden, beide wären funktional in die von TH beherrschte Welt eingebunden.

Die Annahme des Vorschlags bleibt offen. Die Wortwelt Karls enthält lediglich die Möglichkeit, in «bukolisch=georgische Seelichkeit» einzumünden, sie tut es gerade nicht, nicht einmal im Ausblick. Der Optimismus – TH ist expressis verbis «Optiemistinn» (254) –, sich im Kontext des allumfassenden Negationsvorgangs eine lebenslang gesicherte Enklave einrichten zu können, bleibt, wie diese Bedeutungsebene insgesamt, im Bereich der Latenz.

Die vielfältigen Bedeutungsebenen sind auf der Grundlage der metaliterarischen Bedeutungsebene in der Analyse zu erschließen. Sie liegen vor in der einen Gestalt des von Karl in den beiden Dimensionen der ländlichen und der lunaren Welt literarisch konkretisierten ‹Wortalls›, in ihm sind sie zur – a priori polyvalenten – Einheit integriert. Herthas metaphorische Charakterisierung der Art, wie Karl mit dem Wort umgeht, hat nicht nur über den Einzelfall hinausgehende exemplarische Geltung, sondern trifft zugleich das Verhältnis der Bedeutungsebenen zueinander. Nachdem sie die Rationalität der (kosmo-) logischen Tätigkeit Karls betont hat, zieht sie den illustrierend-erläuternden Vergleich: «das geht bei Dir Alles so ficks & bunt & gelenkich durchannander, wie der Großschtattverkehr an'ner Schtraßenkreuzunk» (172). Das heißt: Es handelt sich um ein reguliertes Durcheinander, das allererst dadurch entsteht, daß seine Komponenten sich nicht beliebig oder willkürlich verhalten – das ergäbe ein Chaos –, sondern auf verschiedenen Ebenen organisiert sind, die sie nach Maßgabe der geltenden Regeln einerseits konstituieren, die sie aber andererseits auch wechseln können.

Der Text präsentiert sich somit in metaliterarischer Transparenz als vielschichtiges, vielfältig vernetztes Gebilde – eben das einer ‹kompletten Welt, inklusive Mythologie›.

«Voller Phalluzinationen und Slibo=Witze»:
Kühe in Halbtrauer

Die «10 umfangreichen Geschichten mit ländlichem Hintergrund», von denen Arno Schmidt am 19.12. 1963 in einem Brief an Wilhelm Michels spricht (BWM 272), erscheinen 1964 in dem Band *Kühe in Halbtrauer* unter dem Titel der an den Anfang gesetzten ‹Geschichte›.[19] Zwischen den Texten bestehen Beziehungen und Beziehungszusammenhänge; ob sie freilich so etwas wie den Zusammenhang eines Gesamttextes bilden, ist fraglich. Zwar steht etwa in ‹*Piporakemes !*› ein expliziter Hinweis auf *Windmühlen* (420), den überdies der hier zitierte «Übersetzer» (420) «Schmidt» (403) gibt. Ebenso aber steht etwa in *Schwänze* ein expliziter Hinweis auf *Kaff* (330), stehen zahlreiche weitere Hinweise, die teils explizit, teils implizit bis hin zum Kryptischen gegeben werden und sowohl das Werk Schmidts wie auch eine Vielzahl anderer Texte betreffen.

Dieses Verfahren, Beziehungen zu fremden und eigenen Texten zu knüpfen, gehört zu den Eigenheiten sämtlicher Texte Schmidts.[20] In ihm konstituiert sich letztlich ein dezidiert kontextuell verankertes Gesamtwerk, in dem die Einzelwerke aufeinander bezogen sind, in dem frühe Texte auf spätere verweisen, in dem späte Texte frühere geradezu explizieren. Auf solche Beziehungen speziell zwischen Texten aus *Kühe in Halbtrauer* und *Zettels Traum* hat die Schmidt-Forschung schon früh aufmerksam gemacht[21], sie hat ebenfalls schon früh teils hochgradig komplexe Beziehungen zu anderen Texten identifiziert, wobei sie schnell von der bloßen ‹Dechiffrierung› zur Funktionsbestimmung gelangt ist.[22] Diese besteht allgemein, wie in *Kaff*, in der Bedeutungs- oder Sinnmultiplikation. Sie entsteht durch die Beziehung nicht nur zu bestimmten Texten, sondern auch zu bestimmten präfigurierten thematischen Komplexen. Entscheidend aber sind die Ein-Beziehung, die Integration solcher Beziehungen, die je originär produzierten Beziehungszusammenhänge, in denen die Texte allererst polyvalent konkretisiert sind.

Schmidt selbst sagt in Briefen, bezogen auf *Caliban über Setebos*, einen Text, den er für «rasend kompliziert» (BAA 223) hält, er habe sich «erlaubt, zweistimmig zu singen; mit 3.000 Fiorituren & Pralltrillern»[23]; er hege den «Wunsch, die zur Zeit bestehende Überbetonung von L I [gemeint ist der Litteralsinn] organisch zu reduzieren : das Stück wird dadurch un=eindeutiger».[24] Bezogen wiederum auf

Caliban über Setebos führt er «mythische Unterströmungen» an, die er im Hinblick auf «das Stich= & Zündwort vom ‹ORFEUS›»[25] präzisiert. Zu sämtlichen Texten des Bandes *Kühe in Halbtrauer* merkt er an: «alle [...] voller Phalluzinationen und Slibo=Witze» (BWM 272).

Schmidt untertreibt. Die Texte sind nicht nur «zwei-», sondern mehrstimmig konzipiert, sie weisen – wie *Kaff* – grundsätzlich mehrere Bedeutungsebenen auf.[26] Auf zwei der hier wohl dominierenden, denen auch das Hauptinteresse der Forschung gilt[27], macht Schmidt aufmerksam: explizit auf die mythologische, implizit auf die sexuelle. Die Formulierung «Phalluzinationen und Slibo=Witze» legt nahe, daß die sexuelle Bedeutungsebene sich dem unmittelbaren Zugriff entziehen, daß sie in anderen Bedeutungsebenen enthalten, ja verborgen sein kann, und zwar in der Gestalt von Halluzinationen, also – vom Wortsinn her – Träumereien oder traumhaften Erscheinungen. Sie werden in Zusammenhang gebracht mit Alkohol, einer Substanz, die bekanntlich das Bewußtsein verändert und durchaus als Halluzinogen wirken kann.

Solche Äußerungen des Autors zu seinen Texten erleichtern zwar den Zugang und mögen der Absicherung analytischer oder interpretatorischer Thesen dienen, sie sind aber zum Verständnis nicht unabdingbar.[28] Die Texte selbst geben ihre ‹Un-Eindeutigkeit›, ihre polyvalente Konstitution zu erkennen. Das ist dadurch gewährleistet, daß der Litteralsinn vielfach durchbrochen wird, daß Komponenten anderer Bedeutungsebenen in den Vordergrund treten.

In ausgeprägter Weise geschieht das mit der mythologischen Bedeutungsebene in *Caliban über Setebos*, indem etwa die Namen der neun Musen den Text gliedern, seinen Abschnitten als Titel vorangestellt sind. Diese massive Betonung der griechischen Mythologie wird konzentriert auf den Bereich der Unterwelt. Ein «Bächlein» etwa wirkt «stügisch» (479), Dorfbewohner werden als «Schattnvolk, ohne Geist & Be=Sinnung» (493) bezeichnet; «neck=roh=polige Tagenechte» (493) oder «Tartarostigkeiten» (497) benennen das Totenreich. Wenn das darstellende Ich, Georg Düsterhenn, beim Zusammentreffen mit dem «Kirby ! – KIR=BIE» (481) gerufenen Hund bemerkt, «daß einem weniger geübten Reisenden höllenangst geworden wäre», und hinzufügt: «mir wurde nur Hel=bange» (481), so wird darauf aufmerksam gemacht, daß sich das Ich, selbst nicht dem «Schattnvolk» angehörend, vorübergehend in der Unterwelt aufhält, womit zugleich – nachdem sich Düsterhenn als erfolgreicher Texter populärer Lieder vorgestellt hat, der auf der Suche nach «einer Jugendliebe» (479) ist – ein Hinweis auf den Orpheus-Mythos zu erkennen ist. Außerdem enthält die mythologische Bedeutungsebene keineswegs nur Elemente der griechischen Mythologie, sondern auch anderer Mythologien[29], in diesem Falle der germanischen. Hel ist der Name der germanischen Totengöttin und ihres Reiches.

Die komplex gebaute, auf die Unter- oder Totenwelt konzentrierte mythologische Bedeutungsebene tritt in *Caliban über Setebos* in einem Maße in den Vordergrund, daß sie sogar die Ebene des Litteralsinns überlagert, sie in sich einbegreift. Düsterhenn beobachtet die vier «Jägerinnyen» (507) – die Namen zweier verweisen auf die in der Unterwelt hausenden Erinnyen: Alex auf Alekto, Meg, gar als «Megäre» (477) bezeichnet, auf Megaira – bei ekstatisch-orgiastischen sexuellen Aktivitäten, die kultischen, und zwar dionysisch-bacchischen, Charakter haben. Die Frauen tragen «Hirschkalbfelle, die Bekleidung der Eingeweihden» (529), also die der Mänaden, der rasenden Frauen im Gefolge des Dionysos, die das rohe Fleisch der von ihnen erjagten Tiere verschlingen. Nachdem sie Düsterhenn bei seinen Beobachtungen ertappt haben und ihn in «Wilde[r] Jagd» (537) verfolgen, befürchtet er als Rache: «MIT DEN ZÄHNEN ENTMANNT!» (537) zu werden. Er kann sich nur mit Hilfe eines Juden vor ihnen und damit aus der Unterwelt retten, der «durch ein KZ=Leben zu schnellstem= klügstem Reagieren geschult» (537) worden ist. Das KZ, Chiffre für eine Phase der deutschen Geschichte, wird mit dem mythologischen Komplex der Unterwelt kontaminiert. Die Schule, durch die der Jude gegangen ist, ist die historisch reale Unterwelt.

Nicht nur in *Caliban über Setebos*, auch in anderen Texten des Bandes *Kühe in Halbtrauer* wird der Litteralsinn durchbrochen. In der *Wasserstraße* etwa wird eine Figur wie die germanische Totengöttin Hel genannt – ihr eigentlicher Name, Helene, taucht erst spät auf (439) –, sie ist «mit nornischem Freimut» (429) versehen, eine Bachdurchquerung wird beschrieben: Sie «todtentanzte ans ‹andere Ufer›» (430). Dieser Hel kann selbstverständlich «Keiner» sexuell «zu Hülfe» kommen, «weder theoretisch durch FREUD, weder praktisch durch großmögende Gaben von Penis vulgaris» (434).

Die hier anklingende Verbindung zwischen mythologischer und sexueller Bedeutungsebene sowie auch zur Ebene des Litteralsinns tritt erneut und deutlicher auf, allerdings in einem völlig andersartigen Kontext mit andersartigen Komponenten, die per se nichts mit

Mythologie und Sexualität zu tun haben. Ein von Reifenspuren übersäter Platz wird als «Traktoren=Tanzplatz» geschildert, auf dem die Maschinen «gleich hinter Mitternacht» «selbsttätig» zusammenkommen. «Die ‹Ergebnisse› dürften etwa ‹Elektrische Kreiselpumpen› sein, ‹Motorfräsen›, wenn's hoch kommt, 1 Moped.» (451) Begründet wird die Bedeutung, die dem Platz gegeben wird, damit, daß das Durcheinander der Reifenspuren «rational=rationell schwerlich mehr zu erklären» (451) ist. Das hat metaliterarische Relevanz. Das darstellende Ich demonstriert in praxi das poetische Prinzip, das dem Text zugrunde liegt. Ihm geht es gerade nicht darum, komplizierte Verhältnisse, die chaotisch und ohne erkennbaren Sinn sind, «rational=rationell [...] zu erklären» – das ist die wohl grundsätzlich nur «schwerlich» zu leistende Aufgabe argumentativer Texte; ihm geht es auch weniger um die Deutung als vielmehr um die Konstituierung von Be-Deutung, wobei die Komprimierung mehrerer Bedeutungsebenen der Komplexität der Verhältnisse entspricht. Der Text konkretisiert eine literarische «Selfmadeworld» (403), die solche Verhältnisse, letztlich, so Düsterhenn in *Caliban über Setebos*, das «Uni= sive Perversum» (528) zur Anschauung bringt.

Das gilt für sämtliche Texte des Bandes *Kühe in Halbtrauer*. Sie stellen Miniaturwelten dar, die sämtlich aus mehreren Bedeutungsebenen bestehen, freilich in unterschiedlichen Akzentuierungen. Ob die Texte nun zusammengehören oder lediglich zu dem von Schmidt in Briefen genannten «Sammelband» (BAA 223) zusammengestellt sind – sie stehen jedenfalls in einem explikativen Verhältnis zueinander, so daß die in einem Text akzentuierte Bedeutungsebene auf dieselbe, in einem anderen Text weniger stark akzentuierte Ebene verweist. Dabei ist davon auszugehen, daß sämtliche Bedeutungsebenen, die z. B. in *Kaff* vorhanden sind, auch in diesen Texten vorliegen (wenn auch nicht unbedingt in jedem einzelnen). Außerdem weisen sie, neben zahlreichen motivischen Affinitäten und Verknüpfungen, weitere gewichtige Gemeinsamkeiten auf.

In allen Texten spielen, wie von Schmidt angedeutet, Bewußtseinsveränderungen eine nicht unerhebliche Rolle. Sie werden teils durch Alkohol hervorgerufen – in fast allen Texten ist von ihm die Rede, die Figur des Peter in *Der Sonn' entgegen* . . . . . etwa äußert sich: «ich saufe strategisch» (296), also: um eine bestimmte Bewußtseinsveränderung gezielt hervorzurufen. Teils treten sie aber auch bei betonter Abstinenz auf – der Bademeister, der seine Geschichte der *Windmüh-*

len erzählt, hebt hervor, daß er «meist Anti=Alkoholiker» sei, daß ihm dennoch «immer wirbliger im Gemüt» geworden sei (289), was er dann auf jene Windmühlen zurückführt. Hinweise auf Drogen – etwa: «Kartoffelkrautsaft – also Extrakt : soll wie Bilsenkraut wirken» (383), oder: «Labradortee», der «gegebenenfalls scharf narkotisch, ja offizinell» (433) wirkt – verstärken die Relevanz der Bewußtseinsveränderung. Sie tritt schließlich auch als Traum auf.

Die kontrovers diskutierte Bedeutsamkeit gerade des Traums als mögliches Muster der Strukturbildung steht hier nicht zur Debatte.[30] Der Traum ist aber an dieser Stelle insofern von Interesse, als er die Konstitution verschiedener Bedeutungsebenen betrifft, und zwar in metaliterarisch explizierter Weise in *Kundisches Geschirr*.

Die im Vordergrund stehende Figur dieses Textes, eine Psychoanaly-tikerin, ‹dissertiert› gerade «über die UNBEWUSSTE ABBILDUNG VON LEIBREIZEN IN DER LITERATUR» (375), sie macht das, was Karl in *Kaff* gefordert hatte und woran ihr Autor arbeitet. Sie, die zudem mythologische Züge trägt, belauscht eine Traumerzählung, notiert sie und deutet sie, nachdem sie noch einmal im Kreis der Figuren wiederholt worden ist. Entscheidend in diesem Zusammenhang ist nicht in erster Linie diese Traumdeutung, sondern der Kontext, in dem sie steht. Und der ist dezidiert literarisch mit metaliterarischem Impetus gestaltet.

Das darstellende Ich, «Karl mit ‹C›» (382), der «CHARON gerufen» wird, «bei dessen Namen Jeder, (inclusive ihm=selbst), ein ‹Toten-fährmann› hinterherdenken muß» (381), der also wiederum auch mythologische Bedeutung erhält, ist Übersetzer, worunter er einen «kleinen Handwerker in den weiten Wortwerkstätten» (374) versteht. Übersetzen meint dabei nicht das schlicht lexikalische Übertragen einer Sprache in die andere, sondern bezeichnet einen hochkomplizierten Vorgang. Wie kompliziert er sein kann, führt das Ich am Beginn des Textes vor. Es schreibt «1 τ» und fügt sogleich hinzu, wobei es sich auch als (fiktiver) Autor des Textes ausweist: «Das muß ich übersetzen ? ‹τ = ein Tau = a dew = Adieu› » (371). Das «1 τ» ist als bewußte ‹Verschlüsse-lung› (vgl. 376) zu verstehen. Genau das führt zu dem «eigentümliche[n] Dilemma» (376), das die Arbeit der Psychoanalytikerin betrifft, aber metaliterarisch eben auch den Text selbst: Ihr geht es um die «unbewußte» Abbildung, sie sucht aber «Beispiele aus der *Hoch*-literatur» (376). Diese aber «arbeitet» «vielviel bewußter – ergo ver-schlüsselter, ergo schwerer durchschaubar» (376). Ein solches Beispiel erhält die Psychoanalytikerin – in diesem Text. Deutlich wird hier, warum das Ich Charon genannt wird: Auch Charon ist ja Über-Setzer, der von der Ober- in die Unterwelt führt. Und die Welt des Traums ist durchaus eine Art Unterwelt; auf buchstäblich verwandtschaftliche Beziehungen weist Düsterhenn hin, wenn er den Tod als «den *Bruder des Schlafes*» (537) bezeichnet.

Daß die Psychoanalytikerin nun den belauschten Traum notiert, hat metaliterarisch Sinn: Sie findet – jenes vom Ich angesprochene Dilemma taucht hier nicht auf – genau das, was sie sucht und was sie somit auch als Material für ihre Dissertation nutzen kann: ein Beispiel für die «UNBEWUSSTE ABBILDUNG VON LEIBREIZEN» in bewußt gestalteter Literatur. Die Traumerzählung mit ihrer unbewußten Abbildung ist integraler Bestandteil des bewußt gestalteten literarischen Kontextes. Bevor die wohl kaum zufällig ausgerechnet über eine literarisch manifeste Problematik arbeitende Psychoanalytikerin ihre explizit als «Analyse» (395) bezeichnete Deutung gibt – die das Ich als «accurat gemacht» (395) bewertet, womit es Kompetenz auch in diesem Bereich beansprucht –, «dolmetscht» (382), also: übersetzt, die Frau des Traumerzählers. Ihre Deutung ist durchaus plausibel. Sie übersetzt den Litteralsinn auf die autobiographische Bedeutungsebene, sie gibt dem Litteralsinn einen weiteren Sinn. Dieser als «schlicht» (382) gekennzeichnete Sinn wird allgemein akzeptiert, selbst von der Psychoanalytikerin, wenn auch «stumpf» (382). Als sie, in deren Fachgebiet die Traumdeutung fällt, vom Traumerzähler «gönnerhaft» gefragt wird, was sein «Traum zu bedeuten» (388) habe, interpretiert sie ihn auf der sexuellen Bedeutungsebene als unbewußten sexuellen Wunsch. Das Ich stimmt ihrer Deutung zu. Kriterium dafür ist die Konsistenz, also durchaus ein literarisches Kriterium: «Alles stellte sich sofort lückenlos zusammen» (388). Die sexuelle Bedeutungsebene ist nicht unmittelbar zugänglich, sie ist aus dem Litteralsinn zu erschließen. Dazu sind Analyseinstrumentarien, «Hochleistungswerkzeuge» (381) – dies die metaliterarische Bedeutung von «Kundisches Geschirr» – erforderlich. Weil die Psychoanalytikerin über sie verfügt, ist sie, explizit in einem Atemzug mit «KUNDISCHES GESCHIRR», «die Leistungsfähigste» (391) der Figuren.

Aber: Sie und ihre Leistung sind, wie der gesamte Kontext einschließlich des Ich, Leistung in und von Literatur. Der Traum und seine Deutungen konstituieren komplementäre Bedeutungsebenen. Sie sind, obgleich tendenziell hochkompliziert verschlüsselt, prinzipiell identifi-

zierbar. Ob das nun, zumal im Bezug auf bestimmte Schulen, psychoanalytisch korrekt ist oder nicht: Das Analyseinstrumentarium, das der
Identifizierung der Bedeutungsebenen dient, stellt der Text selbst metaliterarisch zur Verfügung.

Anmerkungen

1 Die ohne Zusatz stehenden Seitenangaben beziehen sich sämtlich auf Bd. I, 3 der
   Bargfelder Ausgabe.
2 Hier und im folgenden sind Thesen eingearbeitet, die ich ausführlicher in meiner
   Dissertation entwickelt habe. Vgl. Boy Hinrichs: *Utopische Prosa als Längeres
   Gedankenspiel. Untersuchungen zu Arno Schmidts Theorie der Modernen Literatur und ihrer Konkretisierung in «Schwarze Spiegel», «Die Gelehrtenrepublik»
   und «Kaff auch Mare Crisium»*. Tübingen 1986.
3 Hierzu grundlegend die Arbeiten von Friedrich Ohly: *Schriften zur mittelalter-
   lichen Bedeutungsforschung*. Darmstadt 1977, bes. S. 1– 31 u. 32 – 92.
4 Vgl. den lateinischen Merkvers:
   «Littera gesta docet, quid credas allegoria,
   moralis quid agas, quo tendas anagogia.»
   Zit. etwa bei Hans Gerd Rötzer: *Picaro – Landstörtzer – Simplicius. Studien
   zum niederen Roman in Deutschland*. Darmstadt 1972, S. 103. Übersetzt: «Der
   Buchstabe lehrt, was geschehen ist, was du glauben sollst, die Allegorie, der
   moralische Sinn, wie du handeln sollst, wohin du zielen sollst, der anagogische
   Sinn.»
   Statt «Lesemodell» steht «Bedeutungsebene», um die semantische Dimension zu
   betonen.
5 Das betrifft auch das Phänomen der Intertextualität; ob damit eine – oder mehrere – eigene Bedeutungsebene(n) gebildet wird (werden), wäre zu untersuchen.
   Vgl. dazu Ira Lorf: *Adélaïde, oder: Nomen est omen. Zur Funktion einer Anspielung in «Kaff»*. In: *Bargfelder Bote*.107–108 (Oktober 1986), S. 15 – 20.
6 Die Reihenfolge und die unterschiedliche Ausführlichkeit der Skizzierung impli-
   zieren keine Rangfolge. – Es kann nicht der Anspruch erhoben werden, die Bedeutungsebenen auch nur annähernd vollständig zu explizieren.
7 Dietmar Noering: *Der «Schwanz-im-Maul». Arno Schmidt und die Gnosis*. In:
   Bargfelder Bote 63 (Juni 1982), S. 3–18, hat das als Komponente der gnostischen
   Bedeutungsebene interpretiert. Seine durchaus überzeugenden Ausführungen
   machen zweierlei deutlich: daß zur allegorischen bzw. mythologischen Bedeutungsebene (s. u.) auch der Komplex der Gnostik gehört und daß hier eine
   der Verknüpfungen zwischen dieser und der sexuellen Bedeutungsebene vor-
   liegt.
8 Vgl. Jörg Drews: *EIN KRATERSTURZ INS UNBEWUSSTE. Zur Konstruktion
   von Traum und Tagtraum in «Kaff auch Mare Crisium»*. In: *Bargfelder Bote*
   69 – 70 (April 1983), S. 12 – 25.
9 Zur Problematik des Mythos-Begriffs vgl. Stefan Gradmann: *Das Ungetym*.

Mythologie, Psychoanalyse und Zeichensynthesis in Arno Schmidts Joyce-Rezeption. München 1986, bes. S. 80 ff.

10 Arno Schmidt bezeichnet sie in den erst in der *Bargfelder Ausgabe* publizierten *Erläuternden Notizen zu KAFF auch MARE CRISIUM* (543 – 547) als «ausgesprochene MAGNA MATER» (544). – Ob TH auch Züge der Kybele trägt, wäre zu überprüfen. – Vgl. auch Michael R. Minden: *Arno Schmidt. A Critical Study of his Prose.* Cambridge 1982, S. 238 u. ö.

11 Vgl. Robert von Ranke-Graves: *Griechische Mythologie. Quellen und Deutung.* Bd. 1. Reinbek 1960, S. 13 f.

12 Zu weitergehenden Beziehungen zum *Nibelungenlied* vgl. Giesbert Damaschke: ‹Bericht vom verfehltn Leebm›. – *Zur Funktion des Nibelungenliedes in «Kaff auch Mare Crisium».* In: *Bargfelder Bote* 101–103 (März 1986), S. 4 – 33.

13 Vgl. M. Streck: *Käf.* In: *Enzyklopädie des Islam.* 1927, S. 658 – 660.

14 Vgl. Platon: *Symposion*, 202 d f.

15 Matthäus 3,12.

16 Vgl. den im Prolog des Johannes-Evangeliums (1,1–18) enthaltenen Logos-Hymnus.

17 Vgl. z. B. Johannes 8,12 ff.

18 Vgl. Platon: *Politeia*, 377 e.

19 Die Begründung, mit der die Herausgeber die Texte in der *Bargfelder Ausgabe* unter den Titel *Ländliche Erzählungen* stellen, wobei sie auch die Anordnung der Texte ändern, ist allzu lapidar (vgl. 541). Zudem gehen sie selbst mit diesem Titel sorglos um: *Ländliche Erzählungen* wird im Anhang zu *Ländliche Geschichten* (548).

20 Vgl. Anm. 5.

21 Vgl. Reinhard Finke: «*KUNDISCHES GESCHIRR*». – *Kein Begriff? Ein Beitrag zur Verwendung mythischer Muster bei Arno Schmidt.* In: *Arno Schmidt* (Text+Kritik-Band 20/20 a), hg. v. Heinz Ludwig Arnold. München [3]1977, S. 33 – 47; hier S. 33.

22 Vgl. Jörg Drews: *Caliban Casts Out Ariel. Zum Verhältnis von Mythos und Psychoanalyse in Arno Schmidts Erzählung «Caliban über Setebos».* In: *Gebirgslandschaft mit Arno Schmidt. Grazer Symposion 1980*, hg. v. Jörg Drews. München 1980, S. 46 – 65, und die dort angeführten Arbeiten.

23 Arno Schmidt in einem Brief an Jörg Drews vom 13. 9. 1964, zitiert nach der editorischen Vorbemerkung von Bernd Rauschenbach zu *Fiorituren & Pralltriller. Arno Schmidts Randbemerkungen zur ersten Niederschrift von CALIBAN ÜBER SETEBOS.* Zürich o. J. (1988), unpag. (S. 3).

24 Arno Schmidt in einem Brief an Ernst Krawehl vom 8. 1. 1964. Ebd. (S. 2).

25 Arno Schmidt in Briefen an Ernst Krawehl vom 29. 1. und 8. 1. 1964. Ebd. (S. 3 u. 2).

26 Vgl. Lenz Prütting: *Die Wissensprobe. Hermeneutische Probleme im Umgang mit dem Werk Arno Schmidts.* In: *Gebirgslandschaft mit Arno Schmidt* (Anm. 22), S. 130 –145; hier S. 139.

27 Vgl. Titel oder Untertitel nur der angeführten Arbeiten des Sammelbandes *Gebirgslandschaft* (Anm. 22).

28 Vgl. Reinhard Finke: «*Der Herr ist Autor*». *Die Zusammenhänge zwischen*

literarischem und empirischem Ich bei Arno Schmidt. München 1982, bes. S. 130 ff.; hier S. 131.

29 Elemente ägyptischer Mythologie hat Werner Schwarze identifiziert: *Ägyptologie in «Caliban über Setebos». Ein Deutungsversuch.* München 1980.

30 Vgl. zur Problematik Horst Thomé: *Natur und Geschichte im Frühwerk Arno Schmidts.* München 1981, bes. S. 185 ff.

Michael R. Minden

Erzählen, Gedankenspiel, Traum und Sprache

Zur Entwicklung der Form in Schmidts mittlerer Werkphase

> «Scheiß-mythos! Die Leute
> soll'n sich ammüsiern»

Die Periodisierung von Schmidts Œuvre bleibt weiterhin umstritten, da bei allem ausschlaggebenden Einfluß von Freud, Joyce und Lewis Carroll in den frühen sechziger Jahren gewisse durchgehende Kontinuitäten der Einstellung und der Grundstimme kaum zu leugnen sind. Bei dem hier vorgenommenen Versuch, die formalen Charakteristika der Mittelperiode von Schmidts Schaffen darzustellen, also von *Kaff auch Mare Crisium* (1960) und den in die *Bargfelder Ausgabe* unter dem Titel *Ländliche Erzählungen* aufgenommenen Prosatexte (früher: *Kühe in Halbtrauer*, 1964), hat es sich als nützlich erwiesen, statt von vornherein mit Begriffen von ‹Früh-› und ‹Spätwerk› zu arbeiten, eine begriffliche Antithese aufzustellen, die auf Schmidts Gesamtwerk angewendet werden kann, die es aber auch erlaubt, gewisse periodisierende Gewichtsverschiebungen zu registrieren: Auf der einen Seite soll die Idee der Abbildung, auf der anderen das Verhältnis zwischen Autor, Text und Leser stehen. Dort handelt es sich um eine streng wissenschaftlich-literarische Theorie der Abbildung der Wirklichkeit, bei der Subjekt (Verfasser) und Objekt (abzubildende, aus Subjekt und Objekt zusammengesetzte Wirklichkeit) möglichst rein gegeneinander abgegrenzt werden sollen, hier um ein eher fließendes Verhältnis zwischen Subjekten, das durch den Text ermöglicht wird. Dort liegt der Schwerpunkt auf der Errichtung von Modellen, hier geht es darum, so mit der Sprache umzugehen, daß zwischen Autor und Leser ein fruchtbares Verhältnis entsteht.

Gewiß war Schmidt selbst ständig bemüht, diese Elemente zueinander in Beziehung zu bringen (indem er zum Beispiel wiederholt das Autor-Leser-Verhältnis theoretisierte). Hier gilt es aber zunächst einmal heuristische Orientierungspunkte herauszuarbeiten, die es uns gestatten mögen, die komplexe Überschneidungsphase zwischen Früh- und Spätwerk, der hier unser Interesse gilt, unvoreingenommen zu beschreiben.

1. Erzählen

Ein wie in den *Berechnungen* verkündetes Abbildungsvorhaben und das zwischen Autor, Text und Leser eigentlich herrschende Verhältnis sind im Rahmen der Frage nach der Erzählsituation von Schmidts Texten besonders schwer und wohl kaum widerspruchslos zu erörtern. Dies gilt besonders für die hier vorliegenden Texte, die aus der Periode stammen, für die die *Berechnungen* vielleicht weniger bestimmend waren (wobei nicht vergessen werden soll, daß in *Zettels Traum*, z. B. S. 1181–1183, weiter «berechnet» wird).

Bei *Kaff auch Mare Crisium* und den *Ländlichen Erzählungen* kann man eigentlich nicht von einer Erzählsituation sprechen, da hier nicht erzählt, sondern vermittelt wird. Der Leser wird mit einer grammatisch anomalen «Mischung [...] aus Ich-Erzählung und Innerem Monolog» konfrontiert.[1] Das Präteritum, das hier durchweg herrschendes Tempus ist, bleibt unerklärt. Das ist kein episches Präteritum im Sinne Käte Hamburgers, andererseits haftet ihm doch noch etwas von der souveränen Gebärde des epischen Erzählens an, das die Welt als bekannt voraussetzt. Dieses Präteritum besitzt aber gleichzeitig etwas vom Bewußtsein selbst, das ständig von dem getrennt ist, wovon es Bewußtsein ist und durch das es als Bewußtsein konstituiert wird. Diese Schreibweise ist eine sprachliche Praxis, die an der Grenze von Erzählen und Erleben angesiedelt ist. Nach jedem vollzogenen Akt der präteritalen Bewältigung der Wirklichkeit steht das Subjekt der Wirklichkeit wieder offen. Abbildung des Bewußtseins und eine gewisse auf den Leser hin offene Unbestimmtheit des Textes bestehen nebeneinander, ohne nahtlos ineinander aufzugehen.

Auch der Versuch über die Begriffe ‹Autor-Ich› und ‹Erzähler-Ich› Schmidts Prosa in den Griff zu bekommen, hebt sich lehrreich selbst auf. Da gibt es einerseits die jedem Schmidt-Leser bekannte durchgehende Autor-Persönlichkeit, Huerkamps «Autor als sich thematisierendes Individuum»[2] oder Drews' «Hypostasierung des Schmidtschen Ich»[3], in welchem Zusammenhang ein anderer Kritiker feststellen konnte: «Es [gibt] wohl keinen zweiten Autor, dessen Motivgeflecht so konstant vom ersten bis zum letzten Buch ähnlich oder gar identisch ist.»[4] Zutreffend und geistreich (zutreffend auch in bezug auf Schmidts Position der literarischen Moderne gegenüber) sprach Huerkamp von einem «Mann mit Eigenschaften»[5], den man von Erzähler zu Erzähler wiedererkennt.

Es ist aber vielleicht ein Fehler der frühen Schmidt-Rezeption gewesen, zu viel Gewicht auf diese Allgegenwart einer spezifischen Stimme zu legen. So läuft man nämlich Gefahr, an den differenzierten fiktiven Gestaltungen des jeweiligen Erzähler-Ichs vorbeizusehen. Daß Karl Richter, die Erzählinstanz des *Kaff*, alle zu erwartenden Eigenschaften aufweist, ändert nichts an der Tatsache, daß ihn Schmidt als profiliertes und problematisches Individuum erfunden hat. Im Vergleich zu den früheren Protagonisten Schmidts verhält er sich zurückhaltend und passiv, und verschiedene Analysen sind auf die Problematik seines Charakters näher eingegangen. Bei Immelmann kann man zum Beispiel Belege dafür finden, daß Schmidt im berüchtigten ‹Kratersturz› auf dem Mond

«die [...] bewußt und raffiniert konstruierte [...] Darstellung der verdrängten Ängste und aktuellen Konflikte Karl Richters, das kalkulierte, mit psychoanalytisch deutbarer Symbolik errichtete Psychogramm Richters»

geliefert habe.[6] – Also auch hier Abbildung, ‹Psychogramm›, neben dieser unverkennbaren Schmidtschen Stimme, dieser Autor-Emanation, die, indem sie autobiographisch den Text unterminiert, den Leser unmittelbar anspricht. Der Effekt dieser zweifachen Bestimmung des Schmidtschen Ichs liegt auf der einen Seite darin, daß der Leser Zeuge wird von einem eigenartigen Selbstgespräch. Man gewinnt einen Eindruck davon, wie die Subjektivität immer in der Sprache verstrickt ist, wie sie sich zusammensetzt, indem sie Modelle entwirft, mit denen sie aber nie identisch ist. Es handelt sich, um mit James Joyce zu reden, um «that letter selfpenned to one's other»[7], wovon in *Finnegans Wake* zu lesen ist, oder, um aus Schmidts eigenem Wortschatz zu schöpfen, darum, daß Arno Schmidt, wie seine Erzählerfigur Karl Richter, «'n Selbst=Redner» ist (KAFF 201), daß die Lieblingsformel ‹selbstredend›, die von Anfang an als Teil der Rhetorik seines Besserwissens einer gewissen schwer zu lokalisierenden Ironie nie entbehrt hat, nun in der zunehmenden sprachlichen Polyvalenz Bezeichnung der Beschaffenheit der Texte geworden ist.

Als rationaler ‹Abbildender› beteuert Schmidt, daß, obwohl eine Autorpersönlichkeit sich in ihren Werken notgedrungen «langsam auflöse», dies in seinem Falle nie «*100=%ig*» geschehe.[8] Die zweifache Bestimmung des Ichs in seinen Texten deutet vielmehr darauf hin, daß das Ich – sei es in der Literatur, sei es in der Wirklichkeit – niemals völlig mit sich selbst identisch ist.

Daß der Leser Zeuge dieses Selbstgesprächs wird, gehört zu der ästhetischen Wirkung der Texte, und hierin liegt ein weiterer Effekt der zweifachen Determinierung des Ichs: Aus den Trümmern der tradierten Erzählsituation und durch die Gebärde der herkömmlichen Charakterisierung hindurch entsteht ein gemeinsames Spielfeld, auf dem der Leser in Ermangelung vertrauter gattungstechnischer Richtlinien, aber in Anerkennung der manifesten auktorialen Selbstdarstellung auf den Autor angewiesen ist, der nun jedoch auch seinerseits ‹selbstredend› vom Leser abhängig ist. Dies ist ein literarisch höchst produktives, allerdings sehr einseitiges Machtverhältnis, im Rahmen dessen sowohl mit der Sprache als auch mit den mannigfachen intertextuellen Bezügen gespielt wird. Schmidt erscheint zum einen Teil als Urheber des Textes allmächtig (insofern bleibt er ‹Abbildender›), zum andern stellt er sich aber bloß, da ihm der Schutz der unpersönlichen literarischen Konvention abgeht.

Kaff gehört also einem Entwicklungsstrang an, dem von Anfang an ein gewissermaßen offenes Verhältnis zwischen Autor und Leser inhärent war. Schon bevor offiziell im Namen genauerer Abbildung mit dem «Erzähler im lauschenden Hörerkreis» (R & P 283) aufgeräumt wurde, entstand Schmidts typische Erzählweise im Rahmen einer Tagebuchform, in der die erwünschte subjektive Unmittelbarkeit dem Leser gegenüber erzielt wurde. Mit der Erzählsituation der *Ländlichen Erzählungen* hat es eine etwas andere Bewandtnis. Diese zum größten Teil zuerst in Zeitschriften erschienenen kurzen Prosawerke entspringen eher dem Entwicklungsstrang, zu dem auch die sogenannten «Brotarbeiten» gehören, und gehen somit von einer konventionelleren Erzählsituation aus, als es bei den bewußt experimentell angelegten Prosareihen der Fall war.

Stürenburg ist ja der Inbegriff des Erzählers im lauschenden Hörerkreis. Wie die um ihn sich konstituierende Erzählsituation in der uns angehenden Periode von Schmidts Schaffen produktiv in Frage gestellt wird, läßt sich deutlich ablesen an den nun dank der *Bargfelder Ausgabe* zugänglichen zwei Fassungen des kurzen Prosastückes *Die Was-*

serlilie.[9] In deutlicher Anspielung auf die in der deutschen Literatur des vergangenen Jahrhunderts inthronisierte Form der Rahmenhandlung wird hier die Erzählsituation doppelt verfestigt, indem ein «Ich» erzählt, wie eine Geschichte erzählt wurde. Es geht um die «teuer bezahlte» «grünlich-antike Patina», die – für Stürenburg eine peinliche Erinnerung – einer ein Kind mit Wasserlilie (eigentlicher: «gewöhnlichen Teichschwertel») darstellenden Plastik von einem armen Bildhauer durch Versenkung im Wasser eines Flusses verliehen werden sollte. (Vielleicht ist es kein Zufall, daß Theodor Storm in *Aquis submersus* gerade durch eine verdoppelte Erzählhaltung seiner Geschichte von ertrunkenem Kind und symbolischer Wasserlilie eine «grünlich-antike Patina» zu verleihen bestrebt war.) 1955 wurde das Stück niedergeschrieben, womöglich schon damals mit sexueller Unterfütterung (wer kann noch eine Zeile wie « ‹Bitte rascher, Herr Rat!› keuchte die Witwe erschöpft» (KEZ 14) lesen, ohne die Stimme zumindest des eigenen Unbewußten notgedrungen und schulknabenhaft verschämt mit zu vernehmen?). 1962 kommen dann, von dem harmlosen aber etymträchtigen Wort «Brusthöhe» aus assoziierend, folgende Zeilen hinzu: «(Ich mußte unwillkürlich zu Emmeline, der Primanernichte, hinüber sehen; warum weiß ich nicht. Stürenburg lächelte fein, und fuhr fort)» (KEZ 13). Der tradierte Erzähler, der hier innerhalb der Perspektive eines Ich-Erzählers seinem Geschäft nachgeht, durchschaut von dort («lächelt fein») den Ich-Erzähler, der auf die eigene unbewußte Lenkung sogar gleich zweimal («unwillkürlich», «warum weiß ich nicht») aufmerksam macht.

Man sieht hier also handgreiflich genug an einem unscheinbaren Detail, wie Schmidt darauf hinarbeitet, die unbewußte Motivation einer Erzählinstanz durchsichtig zu machen – allerdings bei Aufrechterhaltung einer anderen, die dadurch an Autorität nur gewinnt.

Ein verwandter, nun aber ausgeprägterer Abbau einer konventionellen Erzählsituation läßt sich beim Vergleich des ersten Entwurfes der Erzählung *Kühe in Halbtrauer* mit der Endfassung im gleichnamigen Band feststellen.[10] Wo ursprünglich noch erzählt wurde – «Herrn Peters war mittelwohl» –, baut Schmidt in der Buchfassung gerade den «unpersönlichen allwissenden» Erzähler ab[11], zugunsten einer «sehr subjektiven Figurenperspektive, die nah am Geschehen ist und dieses scharf nachzeichnet».[12] Damit ist man wieder bei der bekannten Erzählweise der offiziellen Experimente, die aber hier sehr deutlich entstehungsgeschichtlich im Zuge einer sprachlichen, dem Leser eine akti-

Wer Bücher schenkt ...

...schenkt Wertpapiere, heißt es bei Stendhal. Denn: Bücher sind Geschenke ganz besonderer Art; sie verwelken nicht, sie zerbrechen nicht, sie veralten nicht, und sie gleichem dem Kuchen im Märchen, den man ißt, und der nicht kleiner wird.

Man könnte hinzufügen, etwas prosaischer: Und sie tragen Zinsen wie ein klug angelegtes Kapital.

Wer Bücher schenkt, schenkt Wertpapiere.

vere Rolle zuspielenden Auflösung einer konventionellen Erzählsituation entsteht. Raum, in dem sich alles vollzieht, wird jetzt «ein sprachliches Handeln der Figuren»[13], mehrfach gebrochen in einem selbst sprachlich realisierten und sich realisierenden, dem Leser entsprechend offenen Bewußtsein.

Daß diese Auflösung einer traditionellen Form auch unter dem Zeichen der sexualisierten Sprache geschieht, hat Ulrich Goerdten in seiner Studie zu *Kühe in Halbtrauer* dargelegt.[14] Nicht nur deuten die nun seit *Kaff* gelockertere Orthographie und das immer mehr ins Auge springende Spielen mit Begriffen, Anspielungen, Ziffern, Worten, Satzzeichen und Buchstaben darauf hin, sondern man glaubt sowohl eine getarnte Darstellung des homosexuellen Verkehrs als auch eine Allegorie der Erfindung der Zeichensprache, die Sprache des Unbewußten, der «Etyms», in der dieser im Entwurf noch nicht oder nur latent vorhandene Inhalt nun vermittelt werden kann, durch und gegen die Oberflächenhandlung lesen zu können.

Mit der Einbeziehung des Unbewußten wird nun nicht nur die Erzählsituation des Ich-Erzählers auf unbewußte Motivation hin durchsichtig und somit fraglich gemacht, sondern die Beschaffenheit des Textes verlagert sich, im Sinne unserer eingangs aufgestellten Antithese, um einen Schritt von der Abbildung und dem damit verbundenen Errichten von Modellen weg, in Richtung auf eine radikale Potenzierung des Autor-Leser-Verhältnisses. Der Text entwickelt sich zu einem Assoziationsfeld, auf dem Autor und Leser nicht mehr klar gegeneinander abzugrenzen sind, da, um einen Schlüsselbegriff aus der Psychoanalyse heranzuziehen, die Übertragung mit ins Spiel kommt. Es ist allerdings durchaus kennzeichnend für Schmidt und seine Doppelmotivation in dieser Beziehung, daß das Unbewußte sofort wieder eingeholt wird, sei es in der Form von Stürenburg, in der allegorischen *Abbildung* der Erfindung der Zeichensprache, oder in fiktionalisierten Persönlichkeitsmodellen, wie Ernst Dieter Steinwender z. B. in den vier Figuren der Erzählung *Schwänze* erkannte.[15] Die «Etyms», auf die wir werden zurückkommen müssen, bilden bekanntlich das wichtigste Werkzeug, mit dem Schmidt das Unbewußte literarisch sichtbar machen will.

Die Vermutung, daß Schmidt seine anscheinend schlichten Erzählungen anhand der unbewußten Überdeterminierung der Sprache unterminierte, daß also seine Freud- und Joyce-Lektüre auf diese Weise Eingang in die eigene Praxis fand, wurde wohl zuerst 1978 von Josef Huerkamp aufgestellt.[16] In seinem seither oft zitierten Aufsatz zu der

1959 geschriebenen und 1966 in den gleichnamigen Band aufgenommenen Erzählung *Trommler beim Zaren* versuchte er, Schmidt zu lesen, wie Schmidt im 1963 erschienenen *Sitara* Karl May gelesen hatte, nämlich gegen die Sprache. Dabei entpuppte sich diese harmlos scheinende erzählte Kneipenanekdote, wie es dann bei *Kühe in Halbtrauer* und etlichen anderen Erzählungen der Fall sein sollte, als verkappte Beschreibung eines homosexuellen Geschlechtsaktes.

Interessant an dieser Deutung ist vielleicht weniger deren Überzeugungskraft im Detail als der darin erstellte Beweis dafür, daß Schmidts Texte nun erzähltechnisch so angelegt sind, daß sie mehrdeutig gelesen werden müssen. Obwohl Huerkamp, Steinwender[17], Goerdten[18] alle mit Fragen nach Schmidts Intentionalität ringen und dabei versuchen, in diesen Texten die Logik des Modells und der Abbildung wieder freizulegen, die Schmidt höchstwahrscheinlich in sie hineinlegte, sind ihre Befunde sehr häufig genauso von Willkür und unumgänglicher Vorhersagbarkeit gekennzeichnet wie Schmidts eigene Anal-ysen von Karl May. Diese unschätzbaren Aufsätze, die uns lehren, wie Schmidt zu lesen ist, liefern die rezeptionsgeschichtlichen Belege dafür, daß Schmidt nur noch mit Einsatz des eigenen Unbewußten gelesen, oder besser, realisiert werden kann.

Caliban über Setebos – von Schmidt selbst als «das Wichtigste» des Bandes bezeichnet (BAA 226) – scheint in mancher Hinsicht der Höhepunkt der *Ländlichen Erzählungen* zu sein, aber auch der Höhepunkt von Schmidts experimenteller Prosa vor *Zettels Traum*. Hier laufen diese zwei Entwicklungsstränge zusammen. Der zentral handelnde, ‹richtend› eingreifende Erzähler des Frühwerks wird auf etymarem Wege transparent («*ietsch Wonn of semm re=worded him*», LEZ 477) auf einen Über-Stürenburg hin, der durch die eigenen Pralltriller «fein lächelt» (und auf *Zettels Traum* zu «fortfährt»). Wie Michael Schneider treffend bemerkte, treten die unscheinbaren Erzählinstanzen der *Windmühlen* und der anderen «ländlichen Erzählungen», der Karl Richter des *Kaff* wohl auch, gegen ihn zurück:

«der Ich-Erzähler von ‹Caliban über Setebos› [benimmt sich] ganz wie der bekannte großspurige Referent des Frühwerks: schnoddrig, bramarbasierend, exzentrisch-egozentrisch.» Aber: «Man spürt [...], daß das Ich hier nicht auf eigenen Füßen steht, da quasi über seinem Kopf jemand – der Autor – es an Regie-Fäden führt.»[19]

Beide Impulse, die wir eingangs heranzogen, sind in *Caliban über Setebos* also pointiert vertreten. Der restaurierte Erzähler im nun hyperaufmerksam lauschenden Kreis seiner Leser spricht eine Sprache und beschreibt eine Handlung, durch deren Polyvalenz der Erzählsituation jede Integrität abhanden kommt. Somit sind zwei theoretische Ausgangspunkte Schmidts resümiert: das autoritäre Abbildungsprojekt erfährt eine Apotheose, indem souveränes Spiel nun sichtbar inthronisiert wird, während die Unzulänglichkeit des Subjekts, die ja das ganze Pathos der *Berechnungen* ausmachte, umgewertet wird, in einen jede subjektive Absicht in sich aufnehmenden und transzendierenden Leseprozeß.

2. Längeres Gedankenspiel und Traum

Aufgrund seiner Beschaffenheit als «Längeres Gedankenspiel» muß *Kaff auch Mare Crisium* immerhin zu dem gegen die Folie der *Berechnungen* zu lesenden Frühwerk Arno Schmidts gezählt werden. Hier wird ein bestimmter Bewußtseinsvorgang abgebildet. Schmidt geht davon aus, daß Menschen oft Gedankenspiele aufstellen, von denen es mehrere Arten gibt, die man literarisch verwerten kann, indem man das «Zusammen= und Durcheinanderspiel des Alltags eines Menschen mit seinem Längeren Gedankenspiel getreulich» abbildet (DE 82).[20] Das literarisch realisierte LG bestünde demnach in der Darstellung zweier «Erlebnisebenen», der des Alltages und der der Fantasie, in ihrer Beziehung zueinander (vgl. R & P 294). Im Falle *Kaff* geschieht das dadurch, daß die Erzählinstanz, der männliche Protagonist Karl Richter, ein Gedankenspiel elaboriert, das er seiner Freundin vorträgt. Auf diese Weise wird das Gedankenspiel konkret realisiert, und das Zusammenspiel und Durcheinanderspiel zwischen Erfundenem und Erlebtem der Darstellung zugänglich. Die Alltagswelt wird auf die allerbanalsten Ereignisse reduziert, das Gedankenspiel floriert um so einfallsreicher auf deren Grund (was keine Aussage zu dem Thema der Mondgeschichte sein soll, sondern nur zu der Form, in der sie dem Leser präsentiert wird). *Kaff* scheint also eine Lösung zu sein des in den *Berechnungen II* dargetanen Problems, dem Phänomen des «Längeren Gedankenspiels» eine technisch adäquate literarische Form zu verschaffen.

Diese Technik, die in dem nun erstmals verwendeten Zweispaltenformat ihren formalen Niederschlag findet, erlaubt es Schmidt, ein Bewußtsein und eine Wirklichkeit in zweifacher, dem Leser aber verhältnismäßig leicht nachvollziehbarer Brechung abzubilden. So wird nun doch eine «Erzählsituation» im Text evident, jetzt aber als *Lebens*situation problematisiert.

Mondgeschichte und Alltagswelt definieren sich gegenseitig als Momente einer Abbildung, für die das menschliche Subjekt noch relativ problemlos als Vorlage vorhanden ist. Schmidt sprach 1973 in seiner Goethe-Preis-Rede von den «schwierigen ‹Mehr=Spalten= Büchern›, von ‹Kaff› an; die, sorgfältig geflochtene Zöpfe, dem Feinbau der Persönlichkeit, und deren Gedankenspielen gerecht zu werden versuchen».[21] Demnach läßt sich *Kaff* in seiner zentralen Strategie, die des Zweispaltenformats, mit den Kategorien der Abbildung beschreiben. Die Leserrolle bestünde also darin, die feinen Verflechtungen zwischen Erlebnisebenen, wie etwa die Aufarbeitung von Gedankensplittern, oder Details aus dem Heidealltag in die Mondgeschichte, wie auch deren Rückwirkung auf die Realität, aufzuspüren und nachzuvollziehen.

Die Bedingungen einer freieren Leserrolle, wie wir sie dem Abbildungsprojekt heuristisch entgegenstellten, scheinen aber in *Kaff* trotz des strukturbestimmenden Abbildungsapparats auch gegeben zu sein. Dies hat zunächst einmal damit zu tun, daß bei dem Versuch, die Vorgänge im Gehirn sehr genau abzubilden, wie es bei Darstellung des LGs geschehen muß, der Abstand zwischen dem eigenen inneren Leben und der abgebildeten Realität zu verschwinden droht. Schmidt selbst erklärte hierzu:

«Der Poncho unbeteiligter Anonymität, wie ihn ängstliche Verfasser, die prinzipiell jedwede Ähnlichkeit ihrer Helden & der umliegenden Ortschaften mit sich-selbst oder gar der Wirklichkeit abstreiten, zu tragen pflegen, *muß* – immer vorausgesetzt, das geschilderte Zusammenspiel von Realität und LG solle dem Leser einigermaßen logisch & glaubwürdig wirken – besagter Poncho also dürfte ziemlich löcherig werden müssen.» (тбz 275)

Also wieder einmal ein nun von Schmidt selbst angedeutetes Nebeneinander von Abbildungsvorhaben und authentischer Gegenwart des Autors, auf das der Leser laut Schmidt problemlos zu reagieren imstande sein soll, das aber ästhetisch in zwei verschiedene Richtungen tendiert. Diese Unklarheit läßt sich an Giesbert Damaschkes textgetreuer und einsichtsvoller Interpretation von *Kaff* ablesen.[22] Sein großes Verdienst liegt darin, gezeigt zu haben, daß die mythischen Muster, die in der von Karl Richter erfundenen Mondgeschichte eine prominente Rolle spielen, auch auf der Ebene seines wirklichen Lebens operativ sind:

«Nicht nur die Fiktion der Mondgeschichte, sondern auch und gerade die nur scheinbar objektive Realität des Heidedorfes gehorcht den im NL [*Nibelungenlied*] und den damit verknüpften Sagen, Mythen und Märchen vorgegebenen Schemata.»[23]

Daß er dies nun in einem mimetischen Rahmen verstehen will, ist weniger befriedigend. Nicht weil Schmidts Absichten nicht in diese Richtung gegangen sind – schon Drews stellte fest, wie Schmidt durch die Mondgeschichte auf Karl Richters unbewußte Seelenregungen aufmerksam machte[24] –, sondern weil bei solcher psychologischen Komplexität es nur noch wenig Sinn hat, von «Abbildung» zu reden. Damaschke bestreitet, daß *Kaff* ein realisiertes LG im *Berechnungen*-Sinne sei, da die «Erlebnisebene II» fehle, wobei die «E I» «bereits durch die Optik Karl Richters gebrochen» sei.[25] Karls Mondgeschichte sei eine bereits «von der E II überformte E I».[26] Damaschkes Ausgangsposition ist ohnehin zu mimetisch bedingt, da Schmidt nie darauf Anspruch erhob, «objektive Wirklichkeit» zu liefern, sondern immer lediglich spezifische Mischungen aus Erfahrung und Wirklichkeit, die er als Erlebnisform isolieren und literarisch verwerten wollte. Für unsere Fragestellung ist aber eher von Belang, daß Damaschke, nachdem er festgestellt hat, daß die «Erlebnisebene II» fehle, sie «zu großen Teilen» «in das Unbewußte des erzählenden Subjekts verlegt»[27] wissen will. Karls «Unbewußtes» sei einem mythischen Muster verpflichtet, dem er auch in der Erfindung der Mondgeschichte gehorchen müsse und das zum «archaisch-apokalyptischen Bilderbestand von Karls Denkstrukturen» gehöre.[28]

Damaschke dekonstruiert also Schmidts eigenen theoretischen Abbildungsapparat, um verborgene Schichten der ästhetischen Konstruktion freizulegen, die mythischen Muster etwa, nur um seine Befunde dann wieder mimetisch einzuordnen, indem er ein tiefenpsychologisches Psychogramm zu erschließen trachtet. Was die mythischen Muster, zum Beispiel die mysteriöse, durch Buchstabenspiel suggerierte Einheit-in-Zweiheit der Frauenfiguren, anzudeuten scheinen, besagt vielmehr, daß der Leser nunmehr den mimetischen Grund des Textes nicht mehr ohne weiteres annehmen kann, und zwar gerade weil Schmidt sich jetzt mit dem Unbewußten zu beschäftigen beginnt. Das Unbewußte, ‹der andere Schauplatz›, läßt die Sprache und läßt die Konstitution des Textes nicht unberührt.

Kaff – nun doch als Schmidts Absichten realisierendes LG verstanden – stellt also einen Punkt in seiner Entwicklung dar, an dem sich die zweifache Determination, an der wir uns zu orientieren versuchen, zu einer Überdeterminierung verdichtet, die auf die Mehrschichtigkeit der danach erscheinenden Texte vorausdeutet, ohne auf die eigene abbildungsbedingte eindeutige Zweischichtigkeit (als «Erlebnisebene I» und «Erlebnisebene II») zu verzichten. Die «Oszillation» zwischen Bedeutungsebenen und ordnenden Strukturen, von der Huerkamp sprach[29], ist bis jetzt nur im psychologisch dunklen Hintergrund zu vernehmen. Dabei ist es doch so, als ob Abbildung und Erzählen als spezifische sprachliche Praktiken neben anderen anerkannt werden, die zusammen das Sprachfeld ausmachen, auf dem sich Autor und Leser begegnen.

Diese Gewichtsverschiebung von der Achse der Abbildung auf die des Leser-Text-Autor-Verhältnisses geschieht zum Teil unter dem Zeichen des LGs. Entscheidend aber geschieht sie unter dem des Traumes. Vorhergesehen in den *Berechnungen*, aber nie realisiert war der vierte und wohl komplizierteste Bewußtseinsvorgang «Traum» (R & P 308). Arno Schmidts Hauptwerk heißt zwar *Zettels Traum*, stellt aber keinen Traum dar, sondern besteht aus einer gattungstrotzenden Mischung aus Fiktion, Essay und Zitat mit traumartigen Einblendungen. Die Werke davor haben auffallend oft eine Beziehung zum Traum. *Kaff* hat zum Beispiel seinen Höhepunkt in Karl Richters Traum (KAFF 270 f.), der rätselhaft als Fluchtpunkt der ganzen Abbildung fungiert, unzweifelhaft in psychologische Tiefen führt, aber gleichzeitig die Perspektive eröffnet auf «Schmidt & Schlotter» jenseits der Fiktion. Etliche Erzählungen des *Kühe in Halbtrauer*-Bandes behandeln Träume (z. B. *Windmühlen* oder *Kundisches Geschirr*). Die verfremdeten konventionellen Erzählungen dieser Periode überhaupt werden als «Traumtexte» gelesen.[30] Um den Traum dreht sich das Unternehmen Schmidts. Es mag so gewesen sein, wie Flemming spekulativ formuliert:

«Den Traum hat er [Schmidt] nicht einmal, obwohl in den ‹Berechnungen II› angekündigt, isoliert erprobt oder theoretisch beschrieben. Ich nehme an, daß er es versuchen wollte und dazu vorbereitend auch die ‹Traumdeutung› las. Dabei könnten ihm die Augen auf- und gar übergegangen sein mit der Folge, daß er an seinem ganzen schönen Programm irre wurde. (Schon Joyce, den er wohl *vor* Freuds Büchern las, mußte ihm die Einsicht gebracht haben, daß er mitnichten ‹an den Grenzen der Sprache› und der Literatur angelangt sei, nicht einmal in dem, was er gewollt hat.)»[31]

Auch hierin (wie auch in manch anderer Hinsicht) vollzieht Schmidt in der eigenen Entwicklung mit wesentlicher Verspätung die Entwicklung der Moderne nach. Auch Freuds die Moderne tiefstens bestimmendes Unternehmen ging auf dem Weg von dem *Entwurf einer Psychologie* (1895) zu der Psychoanalyse durch das Reich der Träume. Der Weg der Psychoanalyse ist von einer Logik gezeichnet, die von der strengen Wissenschaftlichkeit, von dem Versuch, ein Modell des psychischen Apparats zu bauen, zu einem Umdenken der Verhältnisse gelangt, in denen Wissenschaft zustande kommt, in denen Modelle erstellt werden – und zwar, wie es auch bei Schmidt der Fall gewesen sein wird, auf dem Wege über die Erfahrung der eigenen Subjektivität. Schmidts oben angeführtes «Poncho»-Bekenntnis erinnert nicht zufällig an die Vorbemerkung zur ersten Auflage der *Traumdeutung*, wo Freud erklärt, wie tief aus dem eigenen inneren Leben er schöpfen mußte, um mit seiner Arbeit voranzukommen.[32]

Lewis Carroll in seinem Vorwort zu *Sylvie & Bruno*, worauf sich Schmidt wiederholt bezieht, sieht auch im Traum eines der Muster, deren sich seine neue Schreibweise bedienen sollte. Joyce, der für Freud bekanntlich nicht viel übrig hatte, verfaßte *Finnegans Wake*,

«to suit the esthetic of the dream, when the forms prolong and multiply themselves, when the visions pass from the trivial to the apocalyptic, when the brain uses the roots of vocables to make others from them which will be capable of naming its phantasms, its allegories, its allusions.»[33]

Der Traum ist die Figur für die Abkehr von der «wideawake language», also von jeglicher Sprache der Abbildung, in Richtung auf eine Aktualisierung der Sprache im menschlichen Unbewußten, die Schmidt nun unter dem Namen «Etyms» auf seine eigene Weise theoretisiert.

3. Sprache

Das Verhältnis, in dem sich Text, Autor und Leser zueinander befinden, sollte in dem notorischen Karl-May-Buch *Sitara und der Weg dorthin* einem streng normierenden Zwang unterworfen werden. Hier wird freilich der Sexualisierung der Sprache freiesten Lauf gelassen. Karl Mays kompositorische und erzählerische Absichten werden in Genitallandschaften zerlegt und dabei unbewußte Regungen enthüllt, bei denen das homoerotische Triebspiel überwiegt. Gerade die Freilegung dieses «Lesemodells» bestätigt aber Schmidts Autorität. Das Leser-Autor-Verhältnis polarisiert sich. Als Leser erscheint Schmidt nun als metasprachlich verfestigtes Subjekt dem Objekt May gegenüber. Als Autor tritt hier Schmidt dem normalen Konsumenten gegenüber erneut als wissenschaftlicher, Lesemodelle errichtender Kenner auf, dem man sich dankbar bewundernd unterzuordnen hat.

Gegen diese Darstellung des *Sitara* spricht freilich dessen oft außer Betracht bleibender Humor. Gerade in diesem Zusammenhang stellt Huerkamp eine Frage über den «prekären Status» von Schmidts Kritik an May. Der Humor dieser Texte basiere nach ihm einerseits auf dem aufgeklärten «Bewußtsein von Betroffenheit im Gegensatz zum betroffenen Unbewußten [May]», andererseits ufere er zum Spott aus, der keinerlei Selbstkritik zulasse, May einseitig des Defizits bemängele und den Verdacht auf sich ziehe, es handele sich weniger um Aufklärung als um Abwehr.[34]

Sitara, so könnte man vielleicht zusammenfassen, befreit die Sprache nur, um sie wieder gefangenzunehmen. Das befreiende Moment ist aber eben nicht völlig abwesend. Neben der manchmal zynisch anmutenden Demontage von Mays Lebenswerk vernimmt man die Stimme des neu aufgeklärten Schmidt, der die Entdeckung der sexualisierten Sprache in sein Programm aufnehmen will, mehr noch, schon aufgenommen und sich somit der Fruchtbarmachung des Verhältnisses zwischen Leser und Autor wieder zugewandt hat:

«auch ich habe in meinem ‹Kaff auch Mare Crisium› reichlichen Gebrauch von der Möglichkeit gemacht, die Gewinnung der beim Leser gewünschten Assoziationen durch fonetische Schreibung zu erleichtern, zu beschleunigen, ja, sie zuweilen überhaupt erst zu ermöglichen». (SIT 201)

Tatsächlich läßt sich dieser im Grunde sexuelle Bezug der Sprache schon in der Abbildungsstruktur zweifacher Brechung des *Kaff* konstatieren. Karl Richters erzählender Sprachgebrauch ist sexuell bedingt, wie aus seiner verzweifelt-ironischen Warnung seiner Freundin gegenüber zu entnehmen ist:

«erst hasDu noch zu erfahren, wozu 1, von seinen dicken Keimdrüsn gekwäählter, gehnialer Kopf in Wortn fähich iss : lausche=Du der Harrmonnie der Sfären, mein kalter Lieplink . . . . .» (KAFF 193)

Und tatsächlich fängt auch mit *Kaff* die orthographische Praxis an, in der nicht mehr in erster Linie abgebildet, sondern die Sprache zu einem assoziativen Spielfeld wird, auf dem Autor und Leser zuungunsten des Abbildungsverfahrens in ein produktives Verhältnis zueinander treten. Nur in einem solchen kann die Harmonie ein Element des grimmigen Ausharrens verraten, oder die durch die Harmonie der Sphären evozierten Testikel, in ihrer ganzen Qual, durch die Verdoppelung des «ä» veranschaulicht werden.

Dieser sexualisierte, traumartig aufgelockerte Sprachgebrauch kommt in den kürzeren Erzählungen besonders rein zur Geltung. In diesen Arbeiten, etwa mit *Trommler beim Zaren* beginnend, wird die neue Auffassung der Sprache, anfangs vielleicht noch nicht theoretisiert, in die eigene Praxis umgesetzt. Die Über- bzw. Unterdeterminierung der Sprache wird hier nicht «vom Leibe» gehalten, sondern konsequent gegen sich selbst eingesetzt, indem Rahmenanekdoten aus dem Bereich der «wideawake language» und des literarischen Marktplatzes als das Ergebnis von traumähnlicher sekundärer Bearbeitung transparent gemacht werden. Die Oberflächenkohärenz wird bis *Caliban über Setebos* immer kunstvoller durchlöchert und verdichtet, noch ohne den massiven Kommentar der späteren Werke. Allein über die Sprache selbst wird der Leser in das in *Schwänze* erwähnte «pornografische Lachkabinett» (vgl. LEZ 315; siehe auch: SIT 160, TRI 238, ZT 915) hineingelockt.

Hier scheint das erreicht zu sein, was Schmidt als kennzeichnend für die moderne Literatur bezeichnet, nämlich «ein fundamental anderes Verhältnis zu Worten & deren Folgen im Leser» (TBZ 262). Nach den Pionierarbeiten von Drews, Huerkamp, Steinwender, Goerdten u. a. kann man diese einst harmlos erscheinenden Texte nicht mehr unschuldigen Auges lesen. Es sind grundsätzlich Texte «mit tiefliegendem Metazentrum» (LEZ 341), bei denen die Oberflächenhandlung prekär einem Labyrinth von Kreuz- und Querwegen, die alle in die Genitalzone münden, aufgesetzt ist. Organisiert sind sie nicht mehr vom Prinzip der Abbildung aus, die in ihnen im wahren Sinne aufgehoben ist, sondern vom «Metazentrum» einer prinzipiell mehrdeutigen Sprache, für die Schmidt das Wort «Etyms» erfand.[35] Diese Leibesstimme ist für Autor und Leser sowohl Unterjochung als auch beiderseitige Befreiung, die «Quelle prächtigster intellektueller Genüsse für 5 –10 Generationen» (SIT 198) (man merke die ‹Genüsse der Generation›), die Erfindung einer Zeichensprache, die sich gegen die Abwehrmechanismen der Psyche neue Möglichkeiten der Kommunikation zwischen Subjekten eröffnet (dies die glückliche Interpretation des Motivs des Kreissägens durch Goerdten und Leuck in *Kühe in Halbtrauer*[36]).

Nach Schmidt war bei May die Homosexualität Defizit gewesen, in *Sitara* wird sie zur Botschaft des latenten Inhalts überhaupt, zur Botschaft der nicht sozialisierten Begierde. Überall schimmert die unzulässige Sexualität durch, die Fellatio, der coitus a tergo, der homosexuelle Verkehr, die Bisexualität, nicht lediglich als «Untergrundhandlung» oder anderes «Lesemodell», sondern als unvermeidliche Mitbestimmung jeder Abbildung, jeder Situierung des Erzählens, jener «wideawake language». Das bewußte Einsetzen des Unbewußten, das Schmidt mit der Lehre des Etyms theoretisieren will, sanktioniert den Hang nach Transgression, der jedem Menschen als unvermeidlicher Effekt der Sozialisation innewohnt.

Alles, aber schlicht alles, wird jetzt des alternativen Inhalts verdächtigt. Der Genuß dieser Lektüre besteht darin, die eigene Erfindungskunst und Lüsternheit mit der Kunst, Lust und List des Schriftstellers gemeinsame Sache machen zu lassen. Dies heißt, zum Beispiel, die Verschiebung von dem schon ausreichend phallischen «Sprengturm» der *Windmühlen* auf den sexuell noch pikanteren «Springturm» ein paar Seiten später entzückt hintergangen mitzuregistrieren[37], oder « ‹weiß› frühstücken» unter dem Einfluß von den daneben «gelagerten» sprechenden Ziffern 9 und 6[38] nicht nur mit Milch, sondern auch mit Sperma und Muttermilch (auf welchem Grund wächst schließlich jede Ausgestaltung der Sexualität?) zögernd, aber auch lustvoll zu assoziieren. (Daß Schmidt ursprünglich und im Rahmen eines steril sozialisierten heterosexuellen Verhältnisses schrieb: «(‹Komm; unser Morgen sei weiß !›; d. h. Milch=Trinken zum Frühstück.)»[39], scheint zu belegen, daß auch er sich schreibend auf Entdeckungsreise befand.)

Bei diesen Erzählungen ist es Schmidts Leistung gewesen, den Leser in die Position zu versetzen, die Schmidt selber in *Sitara* May gegenüber innehatte. «Überhaupt», schreibt Lenz Prütting, «scheint mir die

Sammlung ‹Kühe in Halbtrauer› ein Text zu sein, mit dem Schmidt seinen Lesern sozusagen die Aufgabe stellt, so lesen zu lernen, wie er selbst Karl May zu lesen gelernt hat».[40] Der Leser wird durch Schmidts bewußte und raffinierte Setzung auf eine «mutualistig[e]» (ZT 529ol) Ebene verholfen, wo Entdeckerfreude und krankhafte Besessenheit ineinander aufgehen. Die *Ländlichen Erzählungen* sind von dem massiven Kommentarapparat des Spätwerks noch nicht eingeholt worden. «Die vierte Instanz» ist noch embryohaft angelegt in dem Geist des Spiels und noch nicht zu dem geworden, was sie später wurde, teils Schmidts intellektueller Tiefpunkt, teils sein bester (und weisester) Witz. Welcher Vorteile und Einsichten auch immer die späteren Werke sich rühmen können, es bleibt das Verdienst dieser Erzählungen, unter großer Zurückhaltung und mit überzeugender ästhetischer Rechtfertigung, dem Leser eigenen Raum überlassen zu haben.

Bleibt noch die Frage nach den Mustern und Modellen, die Schmidt in diese Texte und in *Kaff auch Mare Crisium* eingebaut hat und die in der Orpheus-Parallele in *Caliban über Setebos* einen Höhepunkt finden. Wie stehen sie zu der traumartig sexuell unterhöhlten Sprache, die jeden festen Sinn verspottet? Um abschließend eine kurze Antwort darauf zu versuchen: sie werden durch die neue semantische Beweglichkeit belebt. Diese Beweglichkeit der mittleren Texte zeugt letzten Endes von der Begierde und von dem subjektiven Leben des Menschen selbst. Wie das Abbildungsprojekt früher der feindlichen Wirklichkeit und dem mangelhaften menschlichen Sinnenapparat Trotz bot, so vertreten die Muster, die durch die Sprache der Etyms sichtbar werden, die ständigen Transgressionen, die der Geist gegen den Leviathan begeht, indem er sich selbst behauptet, so aussichtslos wie auch immer. Wie Jauslin mit philosophischem Weitblick in seinen Aufsätzen zu Schmidt darlegt[41], gewinnen die Dimensionen des Sinnes, diese Bedeutungsmuster, ihren Sinn und ihre Bedeutung gerade in der unumgänglichen Tatsache ihres Scheiterns. Schmidts Schaffen definiert und entwickelt sich nach einer Dialektik, deren Pole, zugespitzt formuliert, die Ordnung und die Anarchie sind. *Kaff* neigt eher zu jener, die Erzählungen zu dieser, obwohl beide in der gleichen Spannung stehen.

In der Entwicklung der Moderne werden diese Pole durch Freud und Joyce vertreten, die sich ja beide auch mythischer Muster bedienten. Freud theoretisierte die Verbindung zwischen Triebstruktur und Sozialisation durch die Geschichte von Ödipus. Dieses prekär zwischen Wissenschaft und Literatur balancierende Modell oder Muster besagt den

Zwang der Gesellschaft und des Gesetzes, die Hilflosigkeit eines jeden menschlichen Subjekts gegenüber dem Schicksal. Joyce strukturierte seinen Text durch die Geschichte von Odysseus, gerade, um von der gesellschaftlichen Gesetzlichkeit der «wideawake language» freizukommen und die Polyvalenz der Sprache in der «Litterature» zu feiern. Zwischen diesen beiden Polen befindet sich Schmidt, und er versucht zu vermitteln. « ‹Die Macht der Muster›; das macht das Muster : Der macht die Muster» (LEZ 516). So läuft eine symmetrische Assoziationskette in *Caliban über Setebos*, die die Positionen von Freud und Joyce in bezug auf Muster zu resümieren und dabei Schmidts eigene Praxis in ihren verschiedenen Momenten zu versinnbildlichen scheint. «Mußt' er wohl», kann man kaum umhin, weiterzuassoziieren, womit Größe und Elend seines Werkes, und besonders die enigmatischen Kurztexte dieser Periode seines Schaffens, aufblitzen.

Anmerkungen

1 Jörg Drews: *Arno Schmidt vor «Zettels Traum»*. In: *Der Solipsist in der Heide. Materialien zum Werk Arno Schmidts*, hg. v. Jörg Drews und Hans-Michael Bock. München 1974, S. 169.

2 Josef Huerkamp: *«Gekettet an Daten & Namen». Drei Studien zum ‹authentischen› Erzählen in der Prosa Arno Schmidts*. München 1981, S. 31.

3 Drews (Anm. 1), S. 170.

4 Ernst-Dieter Steinwender: *«Da ist es sehr einsam, hinten an der Saar». Arno Schmidts «Schlüsseltausch» als Traumtext*. In: *Bargfelder Bote* 122–123 (November 1987), S. 20.

5 Huerkamp (Anm. 2), S. 180. Ausführlich zu der Problematik: Reinhard Finke: *«Der Herr ist Autor». Die Zusammenhänge zwischen literarischem und empirischem Ich bei Arno Schmidt*. München 1982.

6 Thomas Immelmann: *«KAFF» und «Arthur Gordon Pym», oder: Der Abgrund des Unbewußten*. In: *Bargfelder Bote* 119–120 (September 1987), S. 26. Hierzu siehe auch: Giesbert Damaschke: ‹*Bericht vom verfehltn Leebm*›. – *Zur Funktion des Nibelungenliedes in «Kaff auch Mare Crisium»*. In: *Bargfelder Bote* 101–103 (März 1986), S. 4–33; Jörg Drews: *Ein Kratersturz ins Unbewußte. Zur Konstruktion von Traum und Tagtraum in «Kaff auch Mare Crisium»*. In: *Bargfelder Bote* 69–70 (April 1983), S. 12–25; Sabine Kyora: *«Über Triebumsetzungen, insbesondere der Analerotik». Zum Zusammenhang von Metaphorik und Trieb in «Kaff auch Mare Crisium»*. In: *Bargfelder Bote* 131 (November 1988), S. 4–13; F. Peter Ott: *Gedankenspiel als (Selbst-)Porträt. Arno Schmidts «Kaff auch Mare Crisium»*. In: *Protokolle* 1 (1982), S. 35–48.

7 James Joyce: *Finnegans Wake*. London [3]1964, S. 489.

8 Arno Schmidt: *Eines Hähers «TUÉ!» und 1014 fallend*. In: *Das Tagebuch und der moderne Autor*, hg. v. Uwe Schultz. Frankfurt/M., Berlin, Wien 1982, S. 114.

9 Die Textvarianten wurden von Hartmann K. Maier tabellarisch aufgezählt: *«Die Wasserlilie» in beiderlei Gestalt*. In: *Bargfelder Bote* 71–72 (Juni 1983), S. 20 – 27.

10 Arno Schmidt: *Kühe in Halbtrauer. 1. entwurf*. In: *Arno Schmidt* (Text + Kritik-Band 20/20a), hg. v. Heinz Ludwig Arnold. München 1986, S. 4 – 6.

11 Friedhelm Rathjen: *Doppelte Halbtrauer. Ein Vergleich von Ur- und Endfassung der Erzählung «Kühe in Halbtrauer»*. In: *Bargfelder Bote* 125 (Mai 1988), S. 9.

12 Ebd.

13 Ebd., S. 11.

14 Ulrich Goerdten: *Zeichensprache, Wurzelholz und Widerstand. Arno Schmidts Erzählung «Kühe in Halbtrauer» als Vier-Instanzen-Prosa gelesen*. In: *Protokolle* 1 (1982), S. 61– 80.

15 Ernst-Dieter Steinwender: *L$_E^ä$ndlicher Spaziergang. Überlegungen zur Personenkonstellation in Schmidts Erzählung «Schwänze»*. In: *Bargfelder Bote* 138 (Mai 1989), S. 3–18.

16 Josef Huerkamp: *«Trommler beim Zaren». Eine Interpretation*. In: *Bargfelder Bote* 32 – 33 (Juni 1978), S. 3 – 39.

17 Siehe Anm. 4.

18 Siehe Anm. 14. Dazu: Ulrich Goerdten: *Symbolisches im Genitalgelände. Arno Schmidts «Windmühlen» als Traumtext gelesen*. In: *Protokolle* 1 (1980), S. 3 – 28.

19 Michael Schneider: *Bilanzen des Scheiterns. Raum, Wirklichkeit und Subjekt in Arno Schmidts Werken*. Frankfurt/M. 1984, S. 187.

20 Zu dem «Längeren Gedankenspiel» siehe *Berechnungen II* (R & P 293 – 308).

21 Arno Schmidt: *Dankadresse zum GoethePreis 1973*. In: *Der Rabe* 12 (1985), S. 31.

22 Damaschke (Anm. 6).

23 Ebd., S. 10.

24 Drews (Anm. 6).

25 Damaschke (Anm. 6), S. 7.

26 Ebd., S. 6.

27 Ebd., S. 7.

28 Ebd., S. 26.

29 Huerkamp (Anm. 2), S. 94.

30 Siehe z. B. Anmerkungen 4, 16 und Ernst-Dieter Steinwender: *«‹nachmittags drückend›». «Großer Kain» als Traumerzählung*. In: *Bargfelder Bote* 97– 98 (November 1985), S. 3 – 28.

31 Günther Flemming: *Letternspuren. Arno Schmidt und Eberhard Schlotter – die Außenseite ihrer Freundschaft*. München 1983, S. 51.

32 Die Erwähnung Freuds, die kurz auf die «Poncho»-Passage folgt, ist wohl als Anspielung auf Freuds berühmtes Bekenntnis zu lesen.

33 Joyce zu Edmond Jaloux, zitiert nach Richard Ellmann: *James Joyce*. Oxford u. a. 1959, S. 559.

34 Josef Huerkamp: *Des Klarglaswitzboldes ernster Jux. Überlegungen zum prekä-

ren Status der Kritik Arno Schmidts an Karl May. In: *Zettelkasten* 3 (1984), S. 220.

35 Zu der «Etym»-Theorie siehe zum Beispiel: *Sylvie & Bruno* (tbz 253 – 282) und *Das Buch Jedermann. James Joyce zum 25. Todestage* (TRI 254 – 291).

36 Goerdten (Anm. 14); Michael Leuck: «*Jeder Zoll 1 inch*» oder *Die chemische Metamorphose.* In: *Der Haide-Anzeiger* 1 (November 1985), S. 7–13.

37 Vgl. Goerdten (Anm. 18), S. 10.

38 Vgl. Goerdten (Anm. 14), S. 70.

39 Schmidt (Anm. 10), S. 4.

40 Lenz Prütting: *Die Wissensprobe. Hermeneutische Probleme im Umgang mit dem Werk Arno Schmidts.* In: *Gebirgslandschaft mit Arno Schmidt. Grazer Symposion 1980,* hg. v. Jörg Drews. München 1982, S. 139.

41 Kurt Jauslin: *Prospekte des «Scheitans». Eine Anmerkung zu Ulrich Goerdtens Frage nach dem Sein der Texte in BB 100.* In: *Bargfelder Bote* 109 (November 1986), S. 3–9. Ders.: *Freud und Plato in der Inselstraße. Überlegungen zur Ästhetik des Längeren Gedankenspiels.* In: *Zettelkasten* 5 (1987), S. 33–77.

Thomas Krömmelbein

Das Leben, aus Literatur gemacht
Arno Schmidts Typoskripte

> «HErr, überhäuf' uns selbst mit Mise-
> ren; unsere Kunstwerke aber umwind'
> mit Gelächter-Guirlanden!...»
> *James Joyce (übers. v. Arno Schmidt,*
> TRI 253)

1.

«– unsere einzigen Waffen sind der Humor und die Ironie, und oft müssen wir das Tiefste unter groteskem Gelächter sagen, schon daß man
uns nicht erkennt.» (JUV 276) Diese Worte, die geradezu prophetisch
auf die Typoskripte Arno Schmidts aus den Jahren 1970 bis 1979 vor-
ausweisen, stehen in seiner Juvenilie *Dichtergespräche im Elysium*,
geschrieben als junger angehender Autor im Jahr 1940. Sie sind dem
Verfasser des *Don Quixote* in den Mund gelegt, der seinen ‹Ritter von
der traurigen Gestalt› in eine Welt versetzt, die keineswegs die beste
aller Welten ist – vielmehr eine Welt, in der sich für den Protagonisten
(und zeitweise auch für seinen treuen Begleiter Sancho Pansa) Realität
und Phantasie undurchdringlich verwirren. Nichts bleibt eindeutig in
dieser Welt, in der Windmühlen technische Apparate, aber zugleich
verzauberte Riesen sind.

Aufhebung und Verschränkung der Gegensätze sind auch ein
Hauptmotiv im Spätwerk Arno Schmidts. Wie im *Quixote* sind Ernst
und Spiel, Lüge und Wahrheit, Erhabenes und Lächerliches, Tragik
und Komik als Gegensätze aufgelöst. Die späten Typoskripte sind wie
Cervantes' Roman Bücher von großer, bitterer und grotesker Komik.
Die Außenwelt scheint nur mehr als Störfall begriffen zu werden, in
dem kauzige Sonderlinge vom Typ des Senators und Friedensrichters
William T. Kolderup aus der *Schule der Atheisten* ihre Interpretation
der Welt in Dialogen und Monologen von sich geben und vom Primat

163

der Phantasie künden: «die Welt der Kunst & Fantasie ist die wahre, the rest is a nightmare», konstatiert beispielsweise Leonhard Jhering, Schmidts Alter ego, in der *Julia* (4 u).

Die wahre Welt der Kunst – und hier vor allem die der Bücher – gegen den Zugriff einer oberflächlichen Außenwelt zu verteidigen, wird zum Leitmotiv des Spätwerks. Die alten Herren wie Dän Pagenstecher (*Zettels Traum*), William T. Kolderup (*Die Schule der Atheisten*) oder A&O Gläser (*Abend mit Goldrand*) sind allesamt «KulturMelancholiker» (AMG 23m), denen Kulturbewahrung oberstes Anliegen ist. Kolderup, der Windmühlen durchaus Windmühlen sein läßt, weiß freilich auch, daß dieses Unterfangen zum Scheitern verurteilt ist. «WIR WERDEN SCHEITAN!», heißt es in der *Schule* (261 m), und am Schluß der *Julia* zusammenfassend: «‹Kultur›?: was Wir um Uns sehen, iss eine Parodie auf die Kultur in ihren letztn Zuckung'n!» (75 mo) Den Pessimismus des *Quixote*, daß alles menschliche Streben letztlich zum Scheitern verurteilt ist, hat sich Schmidt zu eigen gemacht. Im Motto zur *Schule*, dem Finale von Verdis *Falstaff* in leicht veränderter Form entnommen, ist von einer solchen Torheit die Rede:

«: ‹Alles ist Spaß auf Erden,
der Mensch ein geborener Tor;
(und dünkt er sich weise zu werden,
ist er dümmer noch, als zuvor).› »

Auch mit dem *Zettels Traum* vorangestellten Motto scheint Schmidt seinen Lesern von vornherein deutlich machen zu wollen, daß eine Auslegung seines Werkes vergebliche Mühe sei:

«Ich hab' ein äußerst rares Gesicht gehabt! Ich hatt' nen Traum – 's geht über Menschenwitz, zu sagen, was es für ein Traum war. Der Mensch ist nur ein Esel, wenn er sich einfallen läßt, diesen Traum auszulegen. Mir war, als wär' ich – kein Menschenkind kann sagen, was. Mir war, als wär' ich, und mir war, als hätt' ich – aber der Mensch ist nur ein lumpiger Hanswurst, wenn er sich unterfängt, zu sagen, was mir war, als hätt' ich's: des Menschen Auge hat's nicht gehört, des Menschen Ohr hat's nicht gesehen, des Menschen Hand kann's nicht schmecken, seine Zunge kann's nicht begreifen, und sein Herz nicht wieder sagen, was mein Traum war. –»

Und als wollte er nicht zuviel von seinem Buch mit dem Titel *Zettels Traum* preisgeben, verzichtete er auf die weiteren Worte Shakespeares: «I will get Peter Quince to write a ballad of this dream; it shall be called ‹Bottom's Dream›, because it hath no bottom.» In der Tat fühlt sich der

Leser von Schmidts großem Buch angesichts der Textmasse und der ausufernden etymistischen Analysen literarischer Texte von Abaelard bis Zschokke oftmals auf grundlosem Gelände.

2.

Sechs Jahre nach dem Erzählungsband *Kühe in Halbtrauer* erschien als erstes der vier Typoskriptbücher jenes Werk mit dem von Shakespeares *A Midsummer Night's Dream* entliehenen Titel «Bottom's Dream», 18 Pfund schwer und mit 1330 Seiten im DIN-A3-Format ein schon äußerlich gewichtiges Buch. In erstaunlich kurzen Zeitabständen folgten *Die Schule der Atheisten* (1972) und *Abend mit Goldrand* (1975). Als Arno Schmidt am 31. Mai 1979 an seinem Schreibtisch in Bargfeld einen Gehirnschlag erlitt und drei Tage später in Celle starb, arbeitete er an seinem vierten Typoskriptroman mit dem Titel *Julia, oder die Gemälde* (1983, posthum). In seine Schreibmaschine eingespannt war die hundertste Seite. Die letzte Zeile, die er schrieb, eine Frage, lautete: «Ist Fleiß für Menschen & Tiere eine einfache (Lebens)Notwendigkeit?»

Er hat diese Frage für sich selbst bejaht und dafür einen hohen Preis bezahlt, denn die Arbeit an den monumentalen Typoskriptbüchern forderte Lebenssubstanz, jene «Einbuße an Leben», die er einst Karl May vorwarf. Und Arno Schmidt hat etwas von seiner Kraftanstrengung auch an seine Leser weitergegeben. Sich auf sein Spätwerk einzulassen heißt, so pathetisch das auch klingen mag, Lebenszeit absorbieren. Nicht nur, daß die großformatigen Bücher eine lange Lektüredauer abfordern – allein die Textmasse umfaßt rund 9000 normale Druckseiten. Das Spätwerk läßt sich auch nicht wie die vorangegangenen ‹überschaubaren› Bücher des frühen und mittleren Schmidt bis zu *Kaff auch Mare Crisium* (1960) kontinuierlich-stringent lesen. Grund genug, so scheint es, das Frühwerk dem sperrigen Alterswerk vorzuziehen, zumal man vor einer solch langwierigen Lektüre kaum wissen kann, ob sich dieser extensive Leseaufwand überhaupt lohnt. So blieben die späten Typoskripte, wenn auch nicht gänzlich ungelesen, doch ein weitgehend vernachlässigter Teil seines Œuvres; und es ist ja bezeichnend genug, wie wenig Forschungsarbeit auf diesem Gebiet der Schmidt-Philologie bislang geleistet worden ist.[1]

3.

Der Zugang zum Spätwerk Schmidts, zu dem, was diese ernsthaften und zugleich komischen Bücher im Innersten zusammenhält, wird auch noch dadurch erschwert, daß die Erforschung der Biographie des Autors erst in den Kinderschuhen steckt. Ohne den autobiographischen Aspekt bei der Analyse eines literarischen Textes überbewerten zu wollen, kann die Kenntnis solcher Fakten durchaus weitergreifende Bedeutungsebenen eröffnen, wie dies beispielsweise in den Spätwerken Karl Mays der Fall ist (und Schmidt hat in seinen Arbeiten über May dieser Leseebene immer höchste Beachtung geschenkt). Was bedeuten z. B. die von älteren Herren zärtlich geliebten Kindfrauen wie Franziska, Ann'Ev' oder Julia? Und woher kommen die zunehmenden sexuellen Obsessionen, die ihre Höhepunkte im Beobachten koitierender Paare, wie in *Abend mit Goldrand*, finden? (Im Privatleben hingegen soll sich Schmidt ausnehmend prüde gezeigt haben.) Lassen sich die reaktionären Ausfälle gegen Arbeiter, Frauen, die Demokratie, die Jugend usw., die im Spätwerk überreich zu finden sind, wirklich so eindimensional als Welt- und Realitätsverlust eines Solipsisten interpretieren? Welche Traumata versuchte er mit und durch *Zettels Traum* zu verarbeiten, einer monumentalen Poe-Exegese, in der Schmidt seine frühere May-Auslegung in geradezu manischer Weise ausbaute, um sich schließlich – wie im *Sitara*-Buch von May – auch hier von einem einst hochgeschätzten Autor wieder abzugrenzen und ihn gar zu denunzieren?

Das Spätwerk Schmidts ist also reich an Irritationen. Irritierend war schon der Wandel der Prosaform. Als allgemein anerkanntes Faszinosum des frühen Schmidt galt und gilt seine unverkennbar eigene Sprache, jene konzentrierte und dehydrierte Prosa, in der jedes Wort, ja offensichtlich auch jedes Satzzeichen mehrfach überdacht und keines überflüssig erscheint. Ein nur flüchtiger Blick in *Zettels Traum* vermittelt hingegen eher den Eindruck einer Aufschwellung. ‹Aufschwellung› ist gemeinhin ein negativ besetzter Begriff, meint Sekundäres, zum Eigentlichen Hinzugekommenes, ‹Füllwörter› und ‹Formeln› wie in der oral poetry. Doch es wäre nicht gerecht, die Großform der Typoskripte mit einem schwächeren Formwillen erklären zu wollen. Mag der Umfang der Typoskriptromane den des vorangegangenen Werkes auch weit überschreiten, so bleibt Schmidts Prosa (bis auf das *Julia*-Fragment) sprachlich konzentriert genug. Anders als in den früheren

Büchern sind die präzisen Momentaufnahmen noch knapper gefaßt und finden sich vornehmlich in den narrativen Einschüben und Prosarahmen; die in den Typoskripten, der Form des Schauspiels folgend, als Regieanweisungen und Szenenbeschreibungen fungieren. Mit den an den Seitenrändern eingefügten und oft eingekasteten Zitaten sowie etlichen eingeklebten Bildern zeigt sich der Text zudem der Collage verwandt und erinnert an die Wortkunstwerke der Konkreten Poesie.

Hinzu kommt eine neue, radikale Form der Sprachbehandlung, bedingt durch Schmidts Studium der Werke von James Joyce und seiner intensiven Beschäftigung mit Sigmund Freud. Das führte zweifellos zu einem qualitativen ‹Sprung› im Œuvre Schmidts, zugleich zu einer Verkomplizierung seiner Texte. «Duden's nicht achtend», wie er es selbst charakterisierte, hatte Schmidt schon immer geschrieben. *Kaff auch Mare Crisium* war der vorläufige Höhepunkt einer Art phonetischer Schreibung, die nach der Erarbeitung der Etymtheorie in *Sitara und der Weg dorthin* festere Konturen gewann und in *Zettels Traum* ihre theoretische Grundlegung erfuhr, die aber zugleich durch allzu exzessiven und stereotypen Gebrauch ermüdet. Die Etymtheorie, gestützt auf die tiefenpsychologischen Abhandlungen Freuds, expliziert die These, daß in der Sprache und den Metaphern eines Kunstwerks eine unbewußte Schicht liege, die von der Sexualität des Autors geprägt werde. Unter ‹Etyms› sind Worte oder Wortgruppen zu verstehen, die Klangähnlichkeit besitzen und nur dem psychoanalytisch Geschulten ihre zweite Bedeutung zu erkennen geben. Diese Etyms werden von Schmidt als bewußtes sprachliches Kunstmittel in gewollte ‹Verschreibungen› umgesetzt. – Kein Typoskriptbuch nach *Zettels Traum* wird ohne etymistische Exkurse bleiben, die vor allem den Nachweis von Landschaftsschilderungen als Organabbildungen, vornehmlich als ‹Gesäßlandschaften›, zum Ziel haben. Doch sollte sich Schmidts Einstellung zur Etymistik durchaus ändern, denn mit der Figur Fohrbachs in *Abend mit Goldrand*, der eine Vorliebe für den drittklassigen Autor Friedrich Wilhelm Hackländer (1816–1877) hegt, und Olmers, der Texte mit Hilfe der Etymtheorie nach Sexuellem durchforscht, scheint Schmidt seine eigenen Vorlieben augenzwinkernd zu karikieren.

4.

Anders als im Frühwerk – wenngleich die Entwicklung dort in Ansätzen bereits zu erkennen ist – wird in den Typoskripten der Diskurs wesentlich und überlagert die Handlung, die (fast) nichts mehr zu bedeuten scheint und die selbst im ereignisreichsten Buch, in der *Schule der Atheisten*, nicht den wesentlichen Teil des Gehaltes ausmacht. Dialoge und Monologe fungieren offensichtlich geradezu als Handlungsersatz. Dieses Darstellungsprinzip fand der ‹Literaturarchäologe› Schmidt in den dialogisierten Romanen des 18. und 19. Jahrhunderts. Einem ihrer bedeutendsten Vertreter, dem Engländer Thomas Love Peacock (1785–1866), hat er denn auch in *Abend mit Goldrand* (154 lu) ausdrücklich Reverenz erwiesen, wo er sich eine Übersetzung der Werke Peacocks ins Deutsche wünscht. Peacocks humorvoll-satirische conversation pieces werden von Sonderlingen mit Witz und Geist bevölkert, die mit Vorliebe über entlegene Gegenstände, auch über allerhand Kurioses sprechen und gern in entlegene Gefilde abschweifen. Zu Recht hat Werner Morlang in seinem Nachwort zur deutschen Übersetzung von *Nightmare Abbey* Arno Schmidt als einen «verwandten Geist» Peacocks bezeichnet.[2]

Daniel Pagenstecher, kurz Dän genannt, der Protagonist in *Zettels Traum*, ist einer dieser charakteristischen älteren Herren des Spätwerks Schmidts, ein in allen Sparten der Geistes- und Naturgeschichte hochbelesener Schriftsteller, der zurückgezogen in einem Dorf der Lüneburger Heide lebt.

Der «EndlosenTâc» von *Zettels Traum*, die minutiöse Schilderung eines vierundzwanzigstündigen Tagesablaufs irgendwann im Juni oder Juli des Jahres 1968, beginnt frühmorgens um vier mit dem Betreten des «Schauerfeldes», eines schmalen Grundstücks im Besitze Däns. Ein befreundetes Übersetzer- und Schriftstellerehepaar aus früheren Tagen, Paul und Wilma Jacobi, nebst deren sechzehnjähriger Tochter Franziska besucht den Freund und erhofft sich von Dän, dem allseits beschlagenen Büchermenschen, Tips und Anregungen für die literarische Tätigkeit. Paul und Wilma arbeiten nämlich an einer Übersetzung der Werke Edgar Allan Poes (so wie einst Schmidt zusammen mit Hans Wollschläger und anderen von 1963 bis 1973, also parallel zur Arbeit an *Zettels Traum*). Dän, der Ich-Erzähler des Buches, beginnt in seiner Eigenschaft als «Alter Etymiker» (zt 183 mm) eine schier endlose Analyse der Dichtungen, des Lebens und des Charakters Poes. Das ist gewissermaßen der Essay im Roman-Essay *Zettels Traum*, in dem Poe decodiert wird, während Arno Schmidt einen Text verfaßt, der wiederum über weite Strecken codiert ist und vom Leser ein Entschlüsselungsvermögen abverlangt, das dem von Dän kaum nachsteht. Das «Gehirntier, (Species ‹Sprachfachmann›)» (zt 341 mm), Dän seziert die Texte Poes mit den Mitteln besagter und mittlerweile auch berühmt-berüchtigter Etymtheorie, die teils seriös daherkommt, teilweise sich aber so aberwitzig gebärdet, daß wir hinter Dän einen gewaltigen Schalk vermuten dürfen. Dän, «Schelm aller Schelme», als der er in einer verschlüsselten Anspielung angesprochen wird, der mit allen Wassern der Etymkunst Gewaschene – und dabei wohl wissend, daß der, der sich in «EtymGefahr» begibt, auch darin umkommen kann –, verengt nur allzuoft den Blick auf literarische Texte als «Ansiedlungsgebiet für S=Masken» («S» ist das bei Schmidt gebräuchliche Kürzel für «Sexualität, sexuell»). Mit Hilfe der Etyms soll die seelische Apparatur eines Autors aufgedeckt werden, vornehmlich die verborgene sexuelle Struktur, die er unbewußt in seinen Text einbringt und die mit den Etyms als weitere Leseebene sichtbar gemacht werden kann. Hatte Schmidt im May-Buch dem Autor eine Vorliebe für das männliche Hinterteil unterstellt, so kommt es für Poe dicker: Er ist (u. a.) ein Klo-Voyeur. Auf dem Gebiet des Voyeurismus kennen sich Dän und Paul bestens aus. Behängt sind beide Herren mit den notwendigen Arbeitsgeräten, «DopplGlas» und Kamera der Marke Yashika. Voyeurismus ist dann das Schlüsselwort, mit dem etliche mythologische Anspielungen auf der ersten Seite entschlüsselt werden können. So hat Dän eine «(sündije) Vision zu bekämpfn [...] im Stiel von ‹Achab + Zedecias durch 2›» (zt 4 mm). Das sind zwei Herren aus dem Alten Testament, die Susanna im Bade beobachten und zudringlich werden, doch wird die der Unkeuschheit bezichtigte Susanna durch Daniel gerettet, der ihre Unschuld beweist. Wessen Unschuld aber will Dän/Daniel beweisen? Ein Blick auf zwei weitere Gestalten, hier aus der griechischen Mythologie, die ebenfalls zum Voyeur-Komplex gehören, gibt weiteren Aufschluß. Dän fordert Wilma auf, den «Galathau» zu betrachten, aus dem man auch ein ‹Galatea› heraushören kann. In diese Nereide verliebte sich der aus der Odysseus-Sage bekannte Riese Polyphem, der sie beim Baden beobachtete. Wenn Dän dann mit den Worten fortfährt: «Und wie Herr Teat'on mit Auroren dahlt» (zt 4 mo), so handelt es sich hierbei (auch) um eine Anspielung auf die Mythe von Tithonos, dem Geliebten der Eos, der Göttin der Morgenröte – und zu dieser

Stunde spielt ja *Zettels Traum*. Eos erbat von Zeus für Tithonos die Unsterblichkeit, vergaß aber die Bitte um ewige Jugend. Dän tritt nun gewissermaßen an die Stelle des Tithonos: Wie der Gott, so altert auch Dän, der von Franziska angehimmelt wird (und sich ab und zu nicht ungern von ihr erotisieren läßt), der aber weiß, daß er das Schicksal eines Tithonos teilt, denn wegen des Altersunterschieds wäre jede nähere Beziehung nur lächerlich.[3]

Diese erste Seite von *Zettels Traum* zeigt, wie bewußt Schmidt Zitate in seine Texte integrierte. Mag sich der Leser auch zunächst wie in einem «Zitaten-Labyrinth»[4] fühlen, so erkennt er alsbald, daß es sich hier nicht um ein intellektuelles Kreuzworträtsel für literarisch versierte Bildungsbürger handelt. Schmidt treibt kein sich selbst genügendes Spiel mit Zitaten und literarischen Versatzstücken. Vielmehr soll diese Zitattechnik weitere Bedeutungsräume schaffen und vor allem mit dem Ineinandergreifen von Zitat und ‹Klartext› tiefergreifend-erklärende Bezüge aufscheinen lassen. Die Zitate konstituieren gewissermaßen die Tiefenstruktur des Textes, die, einmal durch Aufschlüsselungen erkennbar gemacht, dem Leser *einen* Schlüssel zum Verständnis des Buches gibt.

Arno Schmidt hat die Stoffülle seines ‹Romangobelins› *Zettels Traum* in drei Spalten (oder Kolumnen) angeordnet. Diese Spaltentechnik, die schon in *Kaff auch Mare Crisium* mit den Erlebnisebenen des Lagerbuchhalters Karl in einem Heidedorf (das «Kaff») und des US-Mondbesatzers Charles (das «Mare Crisium») erprobt wurde, findet jetzt ihre Erweiterung um eine zusätzliche Spalte. Die linke Spalte ist der psychoanalytisch orientierten Poe-Exegese vorbehalten, während die rechte Spalte weitere Bemerkungen, Zitate und auch Kuriosa herbeibringt, die als weitergreifende Materialsammlung zu dem in den beiden anderen Spalten Gesagten dient. Das ‹Alltagsgeschehen›, die Haupthandlung – wenn von einer solchen überhaupt gesprochen werden kann –, findet in der mittleren Kolumne in einer dialogisierten Form statt. Diese Dialoge kommen in allen Spielarten vor, sind mal autoritär-belehrend (in Sachen Poe und Umfeld), mal barsch-zurückweisend (wenn Wilma dazwischenfährt) oder zart-erotisch (Dän-Franziska und umgekehrt). Gelegentliche Monologe Däns und zahlreiche narrative Einschübe bestimmen die Form der mittleren Spalte.

Über weite Strecken handlungsarm und mit etymistischen Erörterungen überfrachtet, die nicht nur das Werk Poes betreffen, sondern weitere ‹Sekundärquellen› heranziehen wie Cooper, Fouqué, Thomas

Moore, Raabe, Collins, Holberg, Goethe, Schiller, Tennyson, Dickens, Tieck und Jean Paul, um nur einige Autoren zu nennen, die zur Unterstützung der Etymanalyse Poescher Texte herbeizitiert werden, offenbart *Zettels Traum* eher den Charme einer Enzyklopädie, einer Wissenssumme nicht nur auf dem Gebiet der etymistischen Literaturanalyse. Kein Text ist vor der Analysewut Däns sicher. Ein typisches Beispiel ist die Etymanalyse von Storms Märchen *Der kleine Häwelmann*, der nach Schmidt das «hemm'nde Hemd=Segel am frühkindlichen Mast(urbations)Baum» (ZT 391m) hißt. Auch hier interessiert vor allem die sexuelle Unterströmung des Textes:

«‹Häwen› iss doch Euer (plattdeutscher) ‹Himmel›(= Paradies ? ‹Sich heben› + das kleine ‹Himmlische Männchen›...: ?/(Sprich doch, ganz=brutal, ein ‹häi will mann› hinzu [...] der kleine Häwlmann im Bett [...] sein ‹Kopf›, ‹stand›. Die ‹Kleine Zehe› (wie der ‹Kleine Finger›): der Penis; über dem das Hemdchen hängt; und der Junge ‹rollt›, und keucht auf beidn Bakkn ? !...» (ZT 926 ro)

Erschienen ist *Zettels Traum* mit den handschriftlichen Verbesserungen, Zusätzen und Zeichnungen des Autors. Ist schon der Leseaufwand beträchtlich, so hat Schmidt leider auch am Mythos von *Zettels Traum* als schwierigem Buch kräftig mitgewirkt. Im *Spiegel*-Interview[5] hat er nach Erscheinen des Werks die Zahl seiner Leser mathematisch exakt bestimmt: Man erhalte sie, wenn man «die dritte Wurzel aus P» ziehe (P steht für ‹Population›, ‹Bevölkerung›). Das wären dann etwa 390 Personen, die Schmidt als Kulturträger einer Nation gelten läßt und die sein Werk richtig lesen, also verstehen können. Das erinnert fatal an die ‹Zaunziehung› um Joyces *Finnegans Wake*. Schmidt hat *Zettels Traum* in der Tat als deutschsprachige Antwort auf *Finnegans Wake* verstanden, freilich als «Zurücknahme (und nicht als Weiterführung)»[6], wie er auch nach eigener Aussage den vermeintlichen ‹Kardinalfehler› von Joyce, die *allzu private Verschlüsselung*, vermeiden wollte.

5.

Mit der *Novellen=Comödie Die Schule der Atheisten* hat sich Schmidt vom philologisch-etymistischen Kraftakt *Zettels Traum* erholt, ja fast scheint es, als sei dieses heiter-ernsthafte, geradezu verspielte Buch die Zurücknahme der *Zettels Traum*-Obsessionen.

Im Mittelpunkt des Geschehens steht wiederum ein alter, hochbelesener Herr, William T. Kolderup, 75, der Senator und Friedensrichter des «EiderReservats» rund um die ‹Erzählstadt› Tellingstedt in Dithmarschen/Schleswig-Holstein. Kolderup, wie alle alten Männer der Typoskriptromane ein «abgespaltene[s] Selbstporträt» (zT 20 lu) seines Autors, versteht sich als Kulturbewahrer auf einsamem Posten. Nach einer atomaren Weltkatastrophe blieb als einziger unverstrahlter Teil Europas die kleine norddeutsche Enklave an der Eider zurück, die, eingekreist von den verbliebenen Supermächten USA und China, um ihre Eigenständigkeit kämpfen muß. Vertreter der Frauen-Diktatur USA, die Außenministerin Nicole Kennan, genannt ISIS, und der Außenminister des patriarchalischen China, Yuan Schi Kai, treffen sich in Kolderups Reservat zu Friedensgesprächen, nachdem in China Außerirdische gelandet sind. Dem weisen Kolderup, der gern Konfuzius zitiert, gelingt es anläßlich eines Bootsausfluges zu Familienbesitzungen auf der Insel Fanö, die mißtrauischen Parteien zum Frieden zu bringen. Bei dieser Gelegenheit rettet Kolderup auch einige Exemplare jenes Überbuchs, «AN DEN GRENZEN DER SPRACHE» (sdA 6 mo), das schon im heimatlichen Tellingstedt auf dem Stehpult des alten Herrn lag: «...dies (schon legendäre !) RiesnBuch; das vom Alltäglichen, (ja, dem Herrlichstn=SubAlltäglichn !), der alltn Zeitn redit !...?» (sdA 131 mu) Unschwer erkennt man, daß es sich bei diesem Buchkoloß um Arno Schmidts *Zettels Traum* handelt, das – Gottseidank! – in mehreren Exemplaren den Atomkrieg überstand. Als Verfasser des «ÜberBuchs» gilt in der *Schule* ein gewisser «TIMON d'ARSCH» (sdA 139 lo), ein Anagramm Schmidts, das seine abgeklärte Ironie enthüllt, und er läßt Kolderup weiterhin offenbaren: « ‹Bücherschreibm wär das Nächste am Betteln›, hat Er gesagt; als Er, in jeder Hinsicht ‹fertich› war. – › » (sdA 139 mm)

Krank und ‹ausgeschrieben› war Arno Schmidt aber erst nach der Niederschrift von *Abend mit Goldrand*. Die *Schule* hingegen ist scheinbar ein komödiantisch leichtes Werk; es ist von allen Typoskriptbüchern das am leichtesten zugängliche. Der Form nach handelt es sich um einen Dialogroman, gegliedert in sechs Aufzüge und achtzig Szenen, mit Regieanweisungen und inneren Monologen. Sieben Tage umfaßt das Geschehen, transparent gemacht durch genaue Zeit- und Ortsangaben, so daß der Leser nie die Orientierung verliert. Drei Zeit- und Handlungsebenen sind kombiniert: a) Die eigentliche Handlung, die in Tellingstedt des Jahres 2014 angesiedelt ist. b) Das «Dazwischen-

Spiel» auf Spenser Island: die Binnenhandlung des Romans erzählt von den Geschehnissen während einer Fahrt im Pazifik auf dem Dampfer «Königin Kandace» im Jahr 1969 zwecks Propagierung des Atheismus (daher der Titel des Buches), und spielt also in der Gegenwart des Autors Arno Schmidt, der in diesem Jahr, nach Abschluß der Arbeit an *Zettels Traum*, das Material zur *Schule* sammelte, deren Niederschrift 1970/71 erfolgte. c) Die Fahrt nach Fanö. Strenggenommen gehört dieser Handlungsstrang zeitlich zur Haupthandlung, sie ist aber ihrer Intention nach eine Reise in die Vergangenheit, denn auf dieser dänischen Insel stehen die einstigen Besitzungen der Familie Kolderup, und der Protagonist macht sich nun auf in das Reich seiner Väter, u. a. um Kulturgut zu sichern, wie die oben bereits erwähnten Exemplare von *Zettels Traum*.

Mag das Szenario der *Schule* auch auf eine ernste Zukunftsutopie verweisen, so ist sie doch, wie die Bezeichnung *Novellen=Comödie* deutlich macht, ein komödiantisches, ironisch gebrochenes Welttheater. Da läuft eine temporeiche Handlung ab, mit nicht unterscheidbaren Zwillingen (die in ihrer späteren Berufstätigkeit als Huren den nicht mehr allzu trinkfesten «EiderSchipper» Tukker foppen, um dann doch in einer Gerichtsverhandlung vom listigen Kolderup entlarvt zu werden), und vor allem mit den Damen im Haushalt Kolderups, seiner siebzehnjährigen Enkelin Suse, frühreif und resolut, samt Freund, dem Apotheker Dümpfelleu, sowie Suses gleichaltriger Freundin Nipperchen, schon ihrem Namen nach mehr ein verhuschtes Etwas, die von Suse mütterlich betreut wird. In Nipperchen hat sich der Hofpoet der ISIS, Cosmo Schweighäuser, rettungslos verliebt. Freilich leidet er an einer mächtigen Verstopfung und wird mittels einer überdimensionalen Klistierspritze erleichtert...

Man ahnt, welch aberwitzige Handlung hier abläuft, eine atemberaubende Mischung aus Ernst und Komik, Hohem und Trivialem, alles kräftig durchsetzt mit Elementen der Kolportageliteratur und abstrusen Sexualkomödie. Die *Schule* ist nicht zuletzt ein brillantes Spiel mit literarischen Versatzstücken. In keines seiner Bücher, mit Ausnahme von *Zettels Traum* und *Abend mit Goldrand*, hat Schmidt so viele markierte und insbesondere nicht gekennzeichnete Zitate aus Büchern aller Völker und Zeiten in seinen Text integriert wie hier. Die *Schule* ist aus Literatur gemacht, eine gewaltige Literaturcollage, die selbst wieder zu einem neuen Ganzen wird. Im Spätwerk wird so die Literatur selbst wieder zum Gegenstand der Literatur. Fritz Dümpfelleu, der poetisch dilettierende Apotheker, sagt dies Kolderup nach, und man kann seine Worte geradezu als das poetologische Programm der Typoskriptromane auffassen:

«und es zeigt sich auch hier, laufend, wieder : daß der Deutsche alles Fremde sich aneigne, um es in einer neuen & vollendeteren Form so hervortreten zu lassen, daß es wahrhaft seine persönliche Schöpfung wird.» (sdA 320)

Eines der literarischen Vorbilder der *Schule* ist Jules Vernes Abenteuerroman *Die Schule der Robinsons,* auf den schon der Titel verweist. Als weitere Vorbilder wären Bulwer-Lyttons *The Coming Race* – Zukunftsvision einer Frauenherrschaft –, Kurd Laßwitz' *Auf zwei Planeten* und Tiecks *Die Vogelscheuche* zu nennen. Vernes Roman wird dem «DazwischenSpiel» als Folie unterlegt. Die Brüder Paul und Jules Verne befuhren während ihrer Reise «Von Rotterdam nach Kopenhagen» im Jahr 1881 die Eider (der Nord-Ostsee-Kanal war noch nicht gebaut), und Schmidt selbst ging mit diesem Buch in der Hand 1969 an der Eider und in Tellingstedt spazieren, dienstlich versteht sich, nämlich zur Materialsuche für die *Schule.* In seinem Essay *Dichter & ihre Gesellen: Jules Verne* zitiert er ausgiebig aus Paul Vernes Reisebericht, dessen Einfluß auf die Entstehung der *Schule* nicht zu unterschätzen ist. Viele Motive aus diesem Bericht sind in seinen Text eingegangen. Der Kapitän, der die Kolderupsche Ausflugsgesellschaft nach Fanö führt, heißt Adam Eden Tukker, nach Ausweis des ‹Comödienzettels› ein «EiderSchipper», auch «Pilot des NordSektors» (sdA 2), und es verwundert dann nicht, daß sein Schiff den Namen «Saint Michel VI» trägt: Der Lotse an Bord der Verne-Yacht «Saint Michel» hieß Harry Thomas Pearkop und wies sich aus als «Pilot for the Channel and the North sea». Er verfügte, so heißt es weiter, über «eine starke Stimme, welche auch das Sausen des Windes übertönte».[7] Da ist es nicht zufällig, daß in der *Schule* Cosmo Schweighäuser über ein entsprechendes Organ verfügt. Und auch Vernes Kapitän Ollive finden wir wieder; hier ist es der Schiffsführer der «Königin Kandace» auf Spenser Island im «DazwischenSpiel», und dieser Inselname stammt wiederum aus Vernes Roman *Die Schule der Robinsons.*[8]

Den Kolportagecharakter mancher Handlungsstränge der *Schule* hat Schmidt durch eine verstärkte Einbeziehung der Trivialliteratur noch intensiviert, wobei vor allem auf Karl Mays monströsen Lieferungsroman *Die Liebe des Ulanen* zu verweisen wäre, wie Martin Lowsky gezeigt hat.[9] Die dem Schema des Lustspiels folgenden Handlungen, die Liebespaare z. B., die sich am Schluß auch glücklich finden, sowie die verwechselbaren Zwillinge haben Zitatcharakter. Die Zwillinge Engel Marie und Genoril Butt, die Tukker zu heiraten gedenkt (und zwar beide), gehen auf eine Figurenkonstellation in dem von Schmidt hochgeschätzten Roman *Otto Babendiek* von Gustav Frenssen zurück; hier sind es die Zwillinge Jan und Jakob Stoffels, von denen ersterer Uhle Monk heiratet, die freilich noch am Hochzeitstag die Brüder verwechselt. Eine weitere Quelle war Vicki Baums Roman *Hell in Frauensee*, den Schmidt im *Abend* im Zusammenhang mit seiner Vorliebe für Badeanstalten erwähnt. Hier sind es nun Zwillingsschwestern, die der Vater nicht auseinanderhalten kann. Schmidts Butt-Schwestern sind somit leicht als Kontamination zweier Motive aus *Otto Babendiek* und *Hell in Frauensee* zu erkennen. Unschwer läßt sich auch die Spur eines weiteren Hochprodukts trivialer Romankunst finden, das bei der Schilderung der Freundinnen Suse und Nipperchen Pate gestanden hat, nämlich Frenssens Romanerstling *Die Sandgräfin* mit dem Freundinnenpaar Frauke und Gertrud von Knee.[10]

Die *Schule* zeigt sich somit zwar als ein Buch, das aus Literatur gemacht ist, es ist aber doch ein gänzlich eigenständiges Werk, in dem immer wieder ein Hauptthema aufgegriffen wird: Wie ist Kultur in einer kulturfeindlichen Zeit für spätere Generationen zu erhalten? Kolderup bewahrt das kulturelle Erbe der Vergangenheit in der für das 19. Jahrhundert typischen Form. Da sind zum einen die in seinem Haus konservierten Schätze (die umfangreiche Privatbibliothek, die Reproduktion von Gemälden, Stichen etc. und die Musik, die hier im Abspielen von Grammophonplatten genossen wird), und zum anderen sind es die Leseabende, zu denen Kolderup die ‹geistige Elite› des Reservats einlädt, wodurch sein Haus zu einem ‹Tellingstedter Salon› wird. Mit Nachdruck vertritt Kolderup in der *Schule* den Standpunkt, daß die Zeit zwischen 1850 und 1890 zur «vergessensten, vielleicht am falschestbeurteilten Epoche der deutschen Literatur» (sdA 135 lo) zählt. Die *Schule* ist nicht zuletzt Arno Schmidts Hommage an das 19. Jahrhundert mit ihren heute weitgehend vergessenen hochproduktiven Autoren wie Gutzkow, Schilling, Jensen, Spielhagen, Spindler und Hackländer, die Schmidt als die «guten Meister zweiten Ranges» schätzte und denen er im Spätwerk Reverenz erwies:

«(Gutzkow, ja;aber Wer hat schon Schücking gelesen? Holtei; Hackländer; Spielhagen;Wer kann Meriten & Stellung Wilhelm Jensen's – (?:eben des

‹Gradiva›=Jensen;ganzrecht) – angeben? Aber damit geraten Wir ins, zumindest jetzt=noch, Bodenlose.» (sdA 135 lo)

6.

Der *Novellen=Comödie* folgte mit *Abend mit Goldrand* eine *Märchen-Posse*. Der Titel des Buches stammt aus den *Biographischen Belustigungen* von Jean Paul, den Schmidt von allen seinen literarischen Hausgöttern wohl am höchsten schätzte. Der *Abend* ist voller Anspielungen auf diesen Autor, ganze Passagen sind geradezu in Jean Paulscher Manier geschrieben. Und in diesem Buch sollte Schmidt auch am meisten von sich preisgeben.

Die drei alten Männer, die uns im *Abend* vorgeführt werden, «ungerade und schlüpfrije Leute, die um 50=60=70; marklose UnMänner, turning bad dispositions into worser habits» (AmG 3 u), sind drei Ich-Abspaltungen ihres Autors. Es ist erstaunlich, wie genau diese Personenkonstellation Gläser–Olmers–Fohrbach, die drei Wesenszüge des Autors Arno Schmidt zum Ausdruck bringt, mit einer Bemerkung Sigmund Freuds über die Besonderheit des psychologischen Romans übereinstimmt: «der Neigung des modernen Dichters, sein Ich durch Selbstbeobachtung in Partial-Ichs zu zerspalten und demzufolge die Konfliktströmungen seines Seelenlebens in mehreren Helden zu personifizieren.»[11] *Abend mit Goldrand* ist eine Selbstanalyse Arno Schmidts, der tief in seine Jugendjahre eintaucht und der sich am Ende seines Autorenlebens als Gescheiterten begreift.

Die Altherrenriege dieses Buches bilden der sechzigjährige Schriftsteller A&O Gläser (nicht zufällig trägt er die Initialen Arno Otto Schmidts), herzkrank, melancholisch und hochbelesen; der ehemalige Artillerist Eugen Fohrbach, mit einer Vorliebe für exakte Daten und für Hackländer, sowie der pensionierte Bibliotheksrat Olmers, der alte Texte etymistisch nach Sexuellem durchforstet, so wie einst Pagenstecher in *Zettels Traum* (hierauf spielt der Untertitel *für / Gönner der VerschreibKunst* an). Zu ihnen gesellen sich zwei ebenso bösartige wie triebhafte Frauen: Grete, Fohrbachs Gattin und Schwester Olmers, sowie Asta, die Haushälterin, und weiterhin die fünfzehnjährige Martina, die wie Suse und Franziska zu den Kindfrauen des Spätwerks gehört. Ort der Handlung ist wie in *Zettels Traum* ein etwas abseits gelegenes Haus in einem Dorf der Lüneburger Heide namens Klappendorf – die Zeit: Anfang Oktober 1974. In diese – nur scheinbare – Idylle bricht die Bussiliat'sche Rotte ein, eine Art Hippie-Kommune, deren Mitglieder, allesamt splitterfasernackt, sich auf dem Grundstück drei Tage lang niederlassen und die auf dem Weg zum Ziel ihrer Träume sind, der Insel Tasmanien. Die Anführer dieser anarchisch-wüsten Gruppe sind der priapische ‹Bastard Marwenne› und der intellektuelle (Eier)Kopf ‹Egg› sowie Ann'Ev', eine ehemalige Studentin aus Luxemburg, zugleich aber auch ein nicht faßbares Wesen zwischen wirklicher Welt und Kunstwelt. Sie wird zur heimlichen Geliebten Gläsers und zur Zentralfigur des Romans. Ann'Ev' ist ein Mensch, der eigentlich gar nicht existiert, schließlich stammt sie aus «Garnich ad Mamer» (AMG 7 u) und lebt auf dem Klappendorfer Grundstück in einem Faß. Gläser weiß, daß sie seinetwegen gekommen ist, und es entwickelt sich eine überaus zarte Liebesbeziehung, die wie aus feinsten Spinnenfäden gewebt erscheint. Der Kontrast zwischen der überirdischen Liebe Gläser–Ann'Ev' und dem orgiastischen Treiben der Rotte könnte kaum größer sein. Die «MärchenPosse» in *Abend mit Goldrand* entwickelt sich zu einer aberwitzig-säuischen Sexualposse, überreich an hemmungslos ausgelebter verquerer Sexualität. Was da an wüsten «walpurgisnackt[igen]» (AMG 203 m) Bacchanalien abläuft, läßt sich kaum in Worte fassen, und Schmidt merkt an, daß sich beim Anblick des Treibens selbst die Satyrn des Altertums beschämt in ihre Wälder zurückgeschlichen hätten, und das ist keine Übertreibung. Diese Drastik der sexuellen Beschreibungen im Spätwerk ist allerdings durchaus nicht als Obszönität um ihrer selbst willen mißzuverstehen. Schmidt demonstriert eine Liebe ohne Subjekt, eine völlig veräußerlichte Sexualität, der er eine ideelle Liebe, hier die von Gläser und Ann'Ev', gegenüberstellt.

Ann'Ev' ist, wie ihre Liebe zu Gläser, nicht von dieser Welt. Sie kann in Boschs Gemälde *Garten der Lüste*, das in Gläsers Zimmer an der Wand hängt, ein und aus gehen und sogar Gegenstände aus dem Bild mitbringen. Sie stammt aus diesem Gemälde, in dem sie ihr Double trifft. Ganze Figurenkonstellationen und Handlungen der Rotte auf dem «Strohberg» erweisen sich bei genauerer Betrachtung als Kontaminationen von Boschs Motiven. Im *Abend* wird so zum erstenmal in einem Buch Schmidts der Malerei eine zentrale Rolle zugewiesen. Hatte er schon im *Faun* mit dem Besuch Dürings in der Hamburger Kunsthalle seine «Bilderliebe» kundgetan, so wird sie jetzt raumgreifend. Auch in der *Julia* rückt ein Gemälde in den Vordergrund des

Geschehens: Jan Mytens' *Die vier Töchter des Grafen Heinrich Friedrich von Oranien-Nassau* (ca. 1666, Schloß Mosigkau bei Dessau), und hier ist die weibliche Zentralfigur des Buches, Jherings Julia, ein Teil des Gemäldes.

Doch zurück zu *Abend mit Goldrand*. Dieser Typoskriptroman ist ein Werk des Abschieds und zugleich auch des Rückblicks. Anfang und Ende sind die bestimmenden Pole, was sich schon im Namen A&O Gläser ausdrückt. Der alternde Schriftsteller Arno Otto Schmidt blickt zurück auf seine Hamburger und Laubaner Kinder- und Jugendjahre, als hätte er sich das Epigramm Nr. 64 aus dem *Cherubinischen Wandersmann* des Angelus Silesius zur Maxime gemacht: «Wenn meine Seel erseuftzt / und / Ach und O schreyt hin: / So ruffet sie in sich ihr End und Anbegin.»[12] ‹Anfang› meint die Wiedergewinnung der Juvenilia. Ein frühes Manuskript Schmidts, *Pharos oder von der Macht der Dichter*, wird als Erzählung von Martinas Freund Martin Schmidt in den Text aufgenommen. Und das Bild 52, die Reise Ann'Ev's und Gläsers auf die Wolkeninsel, nimmt ihr Vorbild aus Schmidts Juvenilie *Der Garten des Herrn von Rosenroth*, teils mit wörtlichen Übereinstimmungen.

Über *Abend mit Goldrand* liegt eine wehmütige, aber nie sentimentale Herbst-Abend-Stimmung, die Schmidt in der ihm eigenen Weise auch durch subtile Anspielungen und Zitate aufscheinen läßt. So schon im ‹Dichtungseingang›, im ersten Bild, wo von «Ebereschen mit roten Beeren» (AmG 3 m) die Rede ist, eine Anspielung auf Gottfried Benns Gedicht *Ebereschen*. Die zweite Strophe lautet:

«Ebereschen – noch etwas fahl,
doch siehe schon zu einem Strauß gebunden
ankündigend halbtief die Abschiedsstunden:
vielleicht nie mehr, vielleicht dies letzte Mal.»[13]

Und wenn es von Gläser, Fohrbach und Olmers heißt: «das sind ‹3 alte Männer›» (AmG 16 m), so ist das eine weitere Benn-Anspielung, hier auf einen gleichnamigen Text, in dem drei alte Männer und ein junger Mann über das Unvermögen, die Welt zu erkennen, disputieren. Kunstwerke sind auch hier das einzig Wirkliche, und diese Auffassung ist eines der Leitmotive des Spätwerks.[14] Real erscheint nur noch die Welt der Bücher, oder mit den Worten Kolderups aus der *Schule* formuliert: «Die ‹Wirkliche Welt› ? :ist,in Wahrheit, nur die Karikatur unsrer Großn Romane !» (SdA 166 mu)

In *Abend mit Goldrand* offenbart Arno Schmidt tragische Selbst-erkenntnis. A&O Gläser, die wichtigste Ich-Abspaltung des Autors in diesem Buch, ist ein resignierter alter Mann, der in seiner Klappendor-fer Bücherhöhle haust, die in einer Szenenanweisung als «hús Völun-dar» bezeichnet wird. Das ist eine Stilfigur der altnordischen Literatur, eine nominale Umschreibung (in altnordischer Terminologie als Ken-ning bezeichnet), die «Haus des (Schmieds) Völund (= Wieland)» bedeutet. Schmidt fand diese Kenning in der altisländischen Marien-dichtung *Lilja* (*Die Lilie*) des Eysteinn Ásgrímsson aus dem 14. Jahr-hundert. Gemeint ist mit dieser norrönen Metapher das Labyrinth:

«Wenn ein Dichter [...] in einem Liede Deine, Marias Ehre nach Verdienst prei-sen wollte, so gliche er einem Mann, der verirrt von einem Weg zum anderen stürzt und taumelt, sich eingeschlossen sieht und keinen Pfad aus dem ‹Laby-rinth› [= ‹Haus des Völund›] findet.» [15]

Sah sich Arno Schmidt am Ende seines Autorenlebens als ‹Alter Etymi-ker› gescheitert, gefangen im Labyrinth der Etymistik und verirrt auf unfruchtbaren Pfaden? Ein Artifex wie Wieland der Schmied, zu dem er sich beziehungsreich als «WIELAND der Schmidt» (zt 179 ro) in Parallele setzte und wie dieser in der Isolation, anders als Wieland aber gefangen durch sich selbst in der Pose der selbstgewählten Abkapse-lung? Ein verschrobener Außenseiter der deutschen Literatur, als den ihn eine oberflächliche Literaturkritik nur allzuoft abstempeln wollte?

7.

Mit dem Bericht über seine Jugendjahre und der Wiedergewinnung der Juvenilia im *Abend* war eigentlich alles gesagt. Doch Schmidt sammelte und sortierte von 1976 an das Material zu einem neuen Buch mit dem Arbeitstitel *Julia, laß das*. Insgesamt kamen 14 000 Zettel zusammen, die die Grundlage für sein letztes Werk, *Julia, oder die Gemälde*, bilde-ten.

Der Fragment gebliebene, hundertseitige Roman wurde selbst von Schmidt-Verehrern verhalten, teils ablehnend zur Kenntnis genom-men. Das Werk war offensichtlich mit «letzter Kraft» [16] geschrieben. Allzu deutlich zeigte sich die Auflösung der Form in einem unbearbeite-ten Nebeneinander von Handlung und Zitaten, die hier mit weitaus geringerem Verweischarakter in den Text einbezogen worden sind, ganz zu schweigen von etlichen, auch wörtlichen Wiederholungen, die die fehlende Konzentration Schmidts augenfällig machen.

Im Mittelpunkt des Geschehens steht die Liebe des alternden Schriftstellers Leonhard Jhering, 65 – das Alter Schmidts in seinem Todesjahr –, zu der Kindfrau Julia, einem «lustige[n] Backfisch (der minne federspil)» (JUL, Personenzettel), den er bei einer Besichtigung des Bückeburger Schlosses auf einem Gemälde von Jan Mytens erblickt. Der Ort des Geschehens, «eine Art Bückeburg» im Sommer 1979, liegt in der Nachbarschaft des Steinhuder Meeres, wo Friedrich de la Motte Fouqué Elisabeth von Breitenbach kennenlernte, das leibhaftige Urbild der Undine, wie Schmidt in seinen Untersuchungen zu Fouqué nachweisen konnte. Den Fouquéschen Ruderbootausflügen auf dem «Undinenmeer» folgte Schmidt bei seinem literarischen Ortstermin im Jahr 1962, die in den nicht mehr ausgeführten Bildern 13 und 14 des zweiten Tages der *Julia* ihre Spuren hinterlassen hätten, auch wenn wir das nicht mehr genau erfahren werden.

Schmidt kehrt, wie zuvor im *Abend*, auch in der *Julia* zu seinen Anfängen zurück: Die frühe Begeisterung des Oberprimaners in Görlitz für den märkischen Spätromantiker Fouqué, dem er später (1958) eine detailbesessene Biographie widmete, die erste ‹Erledigung› einer literarischen Obsession, der später Karl May und Edgar Allan Poe folgen sollten. Die *Julia* wäre das zweite Werk des Rückblicks geworden, wie sich denn auch hier Altbekanntes wiederfindet: Die obligatorische Kindfrau tritt auf, Mathematisches (die unvermeidlichen Logarithmen) nimmt einen unverhältnismäßig breiten Raum ein, die Personen räsonieren in bekannter Weise über Politisches, diskutieren über entlegene Literatur (Lorber, Thesmar, Ulitz) und gehen in ihren Exkursen der sexuellen Unterfütterung literarischer Texte nach (Lovecraft, Rider Haggard). Und auch die Grundsituation erinnert an ein früheres Werk Schmidts. So hat Rudi Schweikert auf die Nähe der *Julia*-Handlung zur Erzählung *Seelandschaft mit Pocahontas* mit ihrer Ferienstimmung an einem niedersächsischen See, den Anknüpfungen von Beziehungen usf. aufmerksam gemacht.[17] Wer aus diesen und anderen Gründen in der *Julia* lediglich eine «Selbstkopie»[18] zu erkennen vermag, sieht freilich nur die Oberfläche des Romanfragments, dessen weiterer Ausbau und Intention sich allerdings nur noch über den inhaltlichen Umriß, einer handschriftlichen Planskizze mit dem Vermerk «1. Entwurf

25.3.77» erschließen läßt. Die «Begegnung mit den Gestalten meiner Bücher»[19] hatte Schmidt für den dritten Tag vorgesehen. Sie konnte nicht mehr ausgeführt werden.

In *Abend mit Goldrand* mußte A&O Gläser zurückbleiben, als Ann'Ev' mit der Rotte nach Tasmanien weiterzog. In der *Julia* wird Leonhard Jhering das gewährt, was Gläser versagt blieb: Er darf in das Bild von Jan Mytens eintreten und sich mit Julia vereinen...

Anmerkungen

1 Größere zusammenfassende Darstellungen zum Spätwerk fehlen. An Aufsätzen ist zu nennen: Wolfram Schütte: *Bargfelder Ich. Das Spätwerk und sein Vorgelände.* In: *Der Solipsist in der Heide. Materialien zum Werk Arno Schmidts*, hg. v. Jörg Drews u. Hans-Michael Bock. München 1974, S. 69 – 89; Christoph F. Lorenz: *Leitmotivik als tektonisches Prinzip im Spätwerk Arno Schmidts.* In: *Arno Schmidt* (Text+Kritik-Band 20/20a), hg. v. Heinz Ludwig Arnold. München 1986, S. 141–159. – Dieter Stündels Studie (*Arno Schmidt / Zettels Traum.* Frankfurt/M. ²1984) ist die bislang einzige Monographie zu einem Typoskriptroman. In den ersten Heften des *Bargfelder Boten* sind zahlreiche Einzelstellenerläuterungen zu *Zettels Traum* zusammengetragen (Lfg. 1, 2, 9, 11/13, 24/25, 34). – Zur *Schule der Atheisten* liegt ein zweibändiges Handbuch von Leibl Rosenberg vor (*Das Hausgespenst. Ein begleitendes Handbuch zu Arno Schmidts «Die Schule der Atheisten».* Bd. 1. München 1977; Bd. 2: *Ergänzungsband in Zusammenarbeit mit Klaus Jürgen und Hedwig Pauler.* München 1979). – Zu *Abend mit Goldrand* ist ein Handbuch in Vorbereitung. Zur ‹Bilderliebe› Schmidts s. bes. Kurt Jauslin: *Die Welt im Kopf des Einen. Über die Rolle der «variedad del mundo» des Hieronymus Bosch in Arno Schmidts «Abend mit Goldrand».* In: *Bargfelder Bote* 41– 42 (Februar 1980); und ders.: *MYT(H)EN(S) – Ein Versuch.* In: *Zettelkasten* 4. Frankfurt/M. 1986, S. 15 – 53.
2 Werner Morlang: *Nachwort* zu *Nightmare Abbey.* Zürich 1989, S. 213. Peacock zitiert die Shakespeare-Stelle (die Schmidt im Motto ausließ), die der deutsche Übersetzer Matthias Müller folgendermaßen wiedergibt: «[...] und sie soll ‹Zettels Traum› heißen, weil sie so seltsam angezettelt ist.» (S. 113)
3 Zu diesen Einzelstellenerläuterungen vgl. die Lfg. 1, 2 und 11/13 des *Bargfelder Boten*, sowie Jörg Drews: *Arno Schmidt: «Zettels Traum», Seite 1 (ZT 4). Ein Kommentar.* In: *Bargfelder Bote* 9 (Oktober 1974), unpaginiert.
4 Jörg Drews: *Kulturkommentar* (SFB III, 20. 11. 1971); zitiert nach: *Über Arno Schmidt. Rezensionen vom «Leviathan» bis zur «Julia»*, hg. v. Hans-Michael Bock. Zürich 1984, S. 234.
5 In: Gunnar Ortlepp: *Apropos: Ah!; pro=Poe* (*Der Spiegel*, 20. 4. 1970); zitiert nach: *Über Arno Schmidt* (Anm. 4), S. 189.

6 Heiko Postma: *Aufarbeitung und Vermittlung literarischer Traditionen. Arno Schmidt und seine Arbeiten zur Literatur.* Frankfurt/M. 1982, S. 213.

7 Paul Verne: *Von Rotterdam nach Kopenhagen an Bord der Dampfyacht «Saint Michel».* Frankfurt/M. 1978, S. 407f.

8 Zu diesen Bezügen vgl. Leibl Rosenberg (Anm. 1).

9 Martin Lowsky: *Auf den Spuren von Karl Mays ‹Ulanen›. Mays Kolportage und Molières Theater in Arno Schmidts «Schule der Atheisten».* In: *Zettelkasten* 6 (1988), S. 21– 46.

10 Vgl. Thomas Krömmelbein: *Tukkers, Uhles und Urbans Zwillinge. Eine Miszelle zu einem literarischen Motiv bei Arno Schmidt.* In: *Der Haide-Anzeiger* 25 (Juni 1989), S. 14 –16.

11 Sigmund Freud: *Der Dichter und das Phantasieren.* In: S. F.: *Studienausgabe.* Bd. 10. Frankfurt/M. ⁴1969, S. 177.

12 Zitiert nach der Kritischen Ausgabe: Angelus Silesius (Johannes Scheffler): *Cherubinischer Wandersmann,* hg. v. Louise Gnädinger. Stuttgart 1984.

13 Gottfried Benn: *Ebereschen.* In: G. B.: *Sämtliche Werke.* Bd. 1, hg. v. Gerhard Schuster. Stuttgart 1986, S. 304.

14 Zu Benn-Bezügen in *Abend mit Goldrand* s. Einzelstellenerläuterungen von Lenz Prütting in: *Ein Versteck für Kärrner. Materialien und Erläuterungen zu Arno Schmidts «Abend mit Goldrand»,* hg. v. Thomas Krömmelbein. Frankfurt/M. 1990 (im Erscheinen).

15 Wolfgang Lange: *Christliche Skaldendichtung.* Göttingen 1971, S. 71.

16 Rudi Schweikert: *Erste Liebe mit letzter Kraft. Lovecraft – eine späte Lektüreerfahrung Arno Schmidts und ihre Spuren im Fragment «Julia, oder die Gemälde».* In: *Über H. P. Lovecraft,* hg. v. Franz Rottensteiner. Frankfurt/M. 1984, S. 234 – 268.

17 Vgl. ebd.

18 Gert Ueding: *Arno Schmidts letzte Sackgasse.* In: *Frankfurter Allgemeine Zeitung,* 7. 5. 1983; zitiert nach: *Über Arno Schmidt* (Anm. 4), S. 330.

19 Siehe Nachwort der Herausgeber Alice Schmidt und Jan Philipp Reemtsma in der *Julia,* unpaginiert (S. 103f.).

Hubert Witt

Dädalus im Gehäuse
Zu Techniken des Spätwerks

> «Daedalus, rühmlich bekannt durch Geschick in den bildenden Künsten, schaffet das Werk. Merkmale verwirrt er und führt in die Irre täuschend den Blick durch die Zahl vielfältig gewundener Wege.
> [...] und er fand zu der Schwelle selbst kaum wieder den Weg: so ist das Gebäude verfänglich.»
>
> *Ovid: Metamorphosen*[1]

> «Und die eigentlichen ‹Pfade› ind der Literatur sind die Sackgassen [...]»
>
> *Arno Schmidt* (JUL 31 m)

1.

In den zwei Jahrzehnten, in denen Arno Schmidt zurückgezogen im Bargfelder Refugium arbeitete, schuf er nicht nur den umfangreichsten, sondern auch den technisch aufwendigsten Teil seines Œuvres: die Typoskript-Bücher. Daß sie das Frühwerk an artifizieller Leistung überbieten würden, war schon äußerlich sichtbar gemacht: durch Format, Umfang, Besonderheiten der Typographie und der Schreibung, Faksimiledruck. Das Ergebnis: elitäre Spezialfertigungen für Sammler und Geldanleger – man besaß nun fast das Original. Und zugleich enthielten diese Bücher ein höchst demokratisches Angebot: Arno Schmidt lädt die Leserschaft in seine Werkstatt ein, ihm beim Schreiben auf die Finger zu sehen.

In einer Verlagsankündigung zu *Zettels Traum* hatte es geheißen, der Text zeige die Kompliziertheit einer « ‹bisher nicht geübten multiformen literarischen Darstellungsart› ».[2] In Stoff und Thematik war die Steigerung des Schwierigkeitsgrades kaum begründet – es gab kein zwingendes Motiv, etwa ein Vier-Personen-Gespräch über Edgar Allan Poe zu einem der umfänglichsten und komplexesten Werke deutscher Literatur aufzutürmen. Meinte der Autor, die Verengung des überblickten Weltausschnitts durch ein Mehr an Technik ausgleichen zu sollen? Oder mußte für eine quasi mikroskopische Methode das zu durchleuchtende Material reduziert werden?

Zahlreich sind die Selbstcharakteristiken des Künstlers, die auf technische, wissenschaftliche, handwerkliche Komponenten seiner Arbeit verweisen: er nennt sich «Literaturwerker», «Prosafachmann», «Forscher», vergleicht sich mit dem Techniker, sieht sich als «Handwerker in den weiten Wortwerkstätten» (LEZ 374), «Wort=Metz», «Mosaikarbeiter» oder als «Wortweltenerbauer». Er vergleicht den Schriftsteller mit Dädalus, dem «selbst-großen, sehr künstlichen Labyrinth-Erbauer : und es *gibt* doch eigentlich keinen schöneren Vergleich für einen literarischen Super-Architekten !» (TRI 265)

Die selbstgestellte Aufgabe lautet immer von neuem: Erkundung der Wirklichkeit *und* der Methoden, sie adäquat zu beschreiben. Der Autor, dem *«die Abbildung der Welt»* (TRI 263) obliegt und der ein *«richtiges* Bild der Welt zu liefern» (TRI 115) hat, setzt jedoch immer gewichtiger den Akzent auf die Entwicklung der literarischen Technik:

«Es sei hier also einmal ausgesprochen, daß das Problem der heutigen (und künftigen) Prosa weder der feinsinnige noch der originelle noch der schockierende ‹Stoff› ist – der ist dem ‹Reinen› [im Gegensatz zum Angewandten, H.W.], es mag kurios klingen, völlig uninteressant – sondern die übrigens längst fällige, systematische Entwicklung des Gerüstes, also die Anordnung der Prosaelemente, sowie deren Durcharbeitung und Verfeinerung selbst; wodurch in letzter Instanz weiter nichts erreicht werden soll, als eine präzisere Abbildung der Welt und des Menschen als bisher : GRÖSSERE WAHRHEIT !» (DE 81)

Die Bedeutung der Technik nimmt im Alterswerk noch beträchtlich zu. *Zettels Traum*, das Hauptwerk, kann u. a. als ein überdimensionierter Diskurs über die literarische Methode gelesen werden – Schaffensprobleme sind zum Gegenstand eines fiktionalen Werkes geworden.

Von früh an bedeutet Abbildung der Welt für Arno Schmidt die Beschreibung von Ich-Welt-Verhältnissen: von Beziehungen zwischen «objektiver» und «subjektiver Wirklichkeit». Mag zunächst der Akzent stärker auf der Welt, im Spätwerk mehr auf dem Ich und seinen Innenbezirken liegen, immer geht es um « ‹die Welt im Kopfe des Einen› contra ‹die Welt› » (AMG 56 mo), um Berührung und Durchdringung sehr verschiedener Welten (vgl. JUL 87 m). Da ist der triviale Alltagsbereich, dem Autor störend-bedrohlich und zugleich faszinierend; da sind idyllisch-utopische Gegenentwürfe und Exklaven, denen die Helden zustreben oder in denen sie sich hinter Büchern verbarrikadieren; und da sind vielerlei Produktionen des Möglichkeitssinns, von Längeren Gedankenspielen bis hin zu Kunstwerken (Büchern, Bildern), zu denen vor allem die Hauptfigur den Zugang hat (geistig, aber schließlich auch leiblich: im *Julia*-Roman sollte Jhering am Ende als Gemälde-Figur fortexistieren). So begegnen sich Sphären verschiedener Realitätsgrade und verschiedener Grade von Kunst.

Als Schmidt sich nach Bargfeld zurückzog, hatte man – nach vielerlei vorangegangenen Andeutungen des Autors – meinen können, die Konzentration der Kräfte auf «Groß-Versuche» werde den großen politischen Roman des Jahrhunderts hervorbringen, Schmidt werde die Großstadt beschreiben, wie er es in seinem Tieck-Essay von der Literatur verlangt hatte (RVG 213), oder, «die Aufgabe aller Aufgaben» (LEP 131), zumindest genaue Schilderungen von «Großhauswelten» zu geben versuchen. Statt dessen die Abkehr von aller Politik; Schmidt siedelte seine Geschichten im ländlichen Milieu an, schilderte das Einzel-Gehäuse anstelle der «labyrinthischen ‹GroßhausWelten›» (AmG 169 u) und wandte sich den Labyrinthen seines Inneren zu.

Schon in seinem Herder-Essay hatte Schmidt «Orts=» als «Schicksalsveränderung» (BEL 88) begriffen. Nach seinem Umzug veränderten sich Blickwinkel und Erlebnisweise des Schriftstellers. Und ein, wie Schmidt meinte, biologisch bedingter «Um=Bau» seiner Persönlichkeit wäre wohl nicht so extrem und so folgenreich ausgefallen, hätte nicht Isolierung ihn verstärkt und verabsolutiert. Es entstanden radikale Wandlungen seines Wirklichkeitsverhältnisses, seines Traditionsbezugs, seiner literarischen Intentionen.

Für die avantgardistische Schreibart seiner Kurzromane hatte sich Schmidt bevorzugt auf ältere Literatur (von Homer bis Stifter) berufen, und er neigte dazu, alles, was je schrieb, als mitlebend zu verstehen. Nun trennte er eine neue Literatur, die sich vor allem auf Freud, Joyce, Carroll berufen müsse, von der früheren ab und bemerkte, die neuere habe «ein fundamental anderes Verhältnis zu Worten & deren Folgen im Leser, als die Jahre vor 1900» (TbZ 262). Und er meinte nun, daß «ein radicaler Wechsel der Bezugs=Systeme» (ZT 151 mu) dringend not täte, hin zu einer tiefenpsychologisch geprägten Prosadichtung.

Kunst bekommt eine immer höhere Gewichtung gegenüber der «Würgklichkeit». Schmidt rät, den Begriff der Realität auf die subjektive Wirklichkeit zu erweitern, und nutzt Verfahren, «die Innere WendlTreppe runter zu steign, und Stückchen des ubw wieder mit hoch zu bring'n» (AmG 210 mu). Und er gelangt zu Haltungen wie: «ich habe im Zimmer weit größere Freiheit, als draußen; und die Welt der Kunst & Fantasie ist die wahre, the rest is a nightmare.» (JUL 4 u).

Daran ist ein zwiespältiges Selbstverständnis des Autors beteiligt: zum einen hatten viele seiner Verfahren den Sinn, gesammeltem Wirklichkeitsmaterial mittels Kunst-Arbeit einen höheren Grad von Realität zu verschaffen. Wenngleich er oft genug dokumentierende Wirklichkeitszitate in seine Texte collagierte und durch verschiedene Techniken die Fiktion erzeugte, als seien die Erzählungen äußerst genaue Dokumente realer Vorgänge, so polemisiert er doch heftig gegen wirklich dokumentarische Verfahren (zum Beispiel des Tagebuchs), weil er sie unkünstlerisch und damit ungeeignet fand, Realität adäquat zu erfassen. In dem Maße, in dem Wort- und Phantasiewelten ein Übergewicht über die Alltagsrealität erlangen, wächst die Tendenz zu einem «Realismus» mittelalterlicher Art, der Worten und Begriffen einen höheren Realitätsgrad als den Dingen zuerkannte. «Die Kunst ist mehr, als das ihr zugrunde liegnde (an)organische GauklSpiel der Welt» (sdA 259 m). So hatte auch Hegel Kunst als gehobene Realitätsstufe verstehen wollen: sie gebe den Erscheinungen «eine höhere, geistgeborene Wirklichkeit».[3]

Andererseits aber versteht Schmidt, mit Gesten des Bedauerns und der Resignation, seine späten Arbeiten als bewußte Loslösung von Realität:

«wer nicht imstande wäre, die volle Wirklichkeit zu schildern, der sollte sich, wollte er dennoch ein komplett-großes Kunstwerk erzielen, sich [sic!] schon gleich so weit von der Realität entfernen, daß man gar nicht mehr auf den Einfall käme, ihn damit konfrontieren zu wollen» (TRI 118).

Und eine Bewertung, die in früheren Jahren für den Realisten Schmidt undenkbar gewesen wäre: «Gerade *weil* die Verknüpfung der Fabel mit der Realität [...] *besonders gering* ist ; [...] eben *deswegen* kann man es als Kunstwerk-für-sich würdigen.» (TRI 117) Über eine seiner Selbstporträt-Figuren läßt er sagen: «Der Mann iss ja 'n Erz=Illusionist ! –: Possn, Phantasien, Märchen d Vorzeit !» (sdA 254 u)

Aber Hang zur Realistik bleibt ihm dennoch eigen. So spottet er über das «halluzinatöricht[e]» Herumwirtschaften in den «InnenWeltn»

(ZT 1185 mu) und hält realistische Texte für die «wirklich guten» (TRI 118) – «er wurde allmählich realistischer ; besser» (TRI 121). Noch seine phantastischsten Szenen sind mit Realitätspartikeln (oft Alltagstrivialitäten) reich durchsetzt. Und seine Gespensterfiguren gehören zu den wirklichkeitshaltigsten der Weltliteratur. Schmidts literarische Gedankenspiele, auch wo sie Gegenentwürfe zur Alltagswelt des Autors bieten, sind immer mit Alltagserfahrungen durchtränkt. Wenn Schmidt seine Phantasie- und Kunstwelten entwirft, muß er zugleich einen schmidtähnlichen Literaten erschaffen, der sich Gegenwelten entwerfen will (und dabei scheitert).

2.

Die technische Außergewöhnlichkeit des neuen Buchtyps – signalisierte sie eine neue Art von Literatur, oder zumindest ein neues Genre? Die Untertitel der Typoskripte verweisen auf Dramatik, oder doch auf seltsame Genremischungen: «Novellen-Comödie», «MärchenPosse», «Scenen aus dem Novecento». *Zettels Traum* spielt schon im Titel auf Shakespeares Sommernachtskomödie an und besteht überwiegend aus Dialogen (wenngleich sie in den Erzählfluß eines Ich-Berichterstatters eingebunden sind). Die späteren Typoskriptbücher werden in Aufzüge, Bilder, Szenenfolgen und Szenen gegliedert; Dialoge sind strukturbestimmend; Erzählerisches findet sich in den Dialog eingeordnet oder zur Regieanmerkung verkürzt. Die Texte tendieren also deutlich zum Lesedrama. (Aber der Verlag dementiert energisch, wohl auf Wunsch des Autors, oder doch im Einverständnis mit ihm, daß es sich hier um Beiträge zum dramatischen Genre handele.[4]) Die Typoskripte sind nach dem Verständnis ihres Verfassers Prosawerke, als Groß-Formen ihrer Gattung also: Romane. Prosa gilt diesem Autor als höchste der literarischen Möglichkeiten. Aber er verlangt von ihr die Kunst intensiver Vergegenwärtigung und billigt ihr alle dazu dienlichen Mittel zu: so die Instrumentarien lyrischer Sprachgebung; so das Gespräch und die Suggestivität der Szene.

«Denn es ist nun einmal eine grammatische Selbstverständlichkeit, daß auf den Leser psychologisch viel eindringlicher das lebendige Präsens wirkt, als das scheinbar verhaltene, in Wahrheit aber muhmenhaft gewäschige Plusquamperfekt. (Daher ja auch die Verzauberung der Lyrik, oder das gar noch optisch überredende Bühnenspiel; die aber, ihrer wetterleuchtend kurzen Wirkungszeit entsprechend, nicht fähig sind, umfangreichen gewichtigen geistigen Gehalt aufzunehmen : das kann allein die Prosa !).» (FAUN 351)

Ende der fünfziger Jahre galt für Arno Schmidt die Erzählung als die «feinste literarische Gattung», die «idealste aller Dichtungsformen» (LEP 46) (allerdings verstand er sie als ein aussterbendes Genre). Und der Erzählungstyp mittlerer Länge, von ihm bald Prosastudie, bald Kurzroman, bald Erzählung genannt, mag die seinen Begabungen und seinen technischen Mitteln besonders angemessene Form gewesen sein. Aber in den Jahren der Vorbereitung auf die Großwerke wird ihm zunehmend der Roman zur «bedeutendste[n] unserer literarischen Kunstformen» (LEP 137). Für seine Typoskripte beruft sich Schmidt auf Traditionen eines «‹dialogisierte[n] Roman[s]› [...] um 1800», einer «äußerst intressanten !, Form»[5], weil sie seiner Meinung nach eine «Dehydrierung & verGegenwart'igung des immer noch herrschenden Romans Älteren Stiles» erlaube; sie sei damals «nur von Drittrangigen hastig benützt – niemals aber von Guten Meistern nach ihren sämtlichen Möglichkeiten durchprobiert worden».[6]

Erzähltes wird – wie es etwa im Film üblich ist – zu größerer Anschaulichkeit und Suggestivität ins Szenische transponiert. Wenn sich beispielsweise in der *Schule der Atheisten* ein Bericht ankündigt: «‹[...] & höre.›)):› Das sind jetzt ... : fünfundvierzich Jahre ... –:», dann wird der Text mit Regieanmerkung und szenischem Dialog fortgesetzt (149 u).

Ursprünglich hatte Schmidt den Roman nur als lange Erzählung definiert und auf *«gesellschaftliche Gepflogenheiten»* (den «Erzähler im lauschenden Hörerkreis», TBZ 270) zurückführen wollen. Das steht sehr im Gegensatz zu anderen Romanauffassungen, etwa der von Walter Benjamin:

«Es hebt den Roman gegen alle übrigen Formen der Prosadichtung – Märchen, Sage, ja selbst Novelle – ab, daß er aus mündlicher Tradition weder kommt noch in sie eingeht [...]. Die Geburtskammer des Romans ist das Individuum in seiner Einsamkeit».[7]

Der Romanpraktiker Arno Schmidt widerlegt den Theoretiker Schmidt und gibt Benjamin recht. Aber das Modell von Erzähler und Hörerkreis wirkt in den Dialogroman strukturbestimmend hinein: es prägt das Verhältnis der Figuren zueinander. (Was allerdings die Hauptfigur hier zu berichten hat, ist nicht Erzählung, sondern vor allem Literaturgeschichte, Tiefenpsychologie und Sexualkunde.)

Schmidt baut den Typ seines Groß-Romans aus heterogenen, widerstreitenden Elementen auf. Und er nutzt dabei immer wieder Methoden, die scheinbar nicht zu vereinen sind. Da ist der Impressionismus seiner Schilderungen, der sich vor allem an den Oberflächenwirkungen der Dinge delektiert (und sich dabei einer expressionistischen Sprache bedient), und zugleich die grüblerische Reflexion, die untergründigen Zusammenhängen nachgeht. Da ist die Abhängigkeit des Autors vom Sensuellen, von der Suggestivität des Erlebten, und andererseits die subjektive Souveränität, mit der die Fundstücke «dehydriert», bearbeitet und zu künstlichen Mosaiken montiert werden. Bei der Begegnung mit den frühen Haupthelden und Erzähler-Ichs wurde Welt in eine facettenhafte Vielheit aufgesplittert («*Das Unbegreifliche* in einzelne Begreiflichere zu zerlegen», FAUN 332, hieß eine der Formeln), um die Bruchstücke zu einem widerspruchsreichen Chaos zu ordnen (in Analogie zur Welt). Rationale Konstruktion und romantisierende Willkür, wissenschaftliche Präzision und verspielte Phantastik, verbissener Ernst und heiter-höhnische Welt- und Selbstverspottung verbanden sich miteinander.

In den späten Groß-Romanen führt Arno Schmidt alle seine bisherigen Arbeitsbereiche zusammen. Seine Erzählungsmodelle bringen die Schlichtheit der Fabeln, die Überschaubarkeit der Personenensembles ein und seine Techniken der Vergegenwärtigung, die auch die frühe Prosa mit Dramatik aufluden. Schmidts hörspielnahe Funkessays – platonischen Dialogen ähnelnd, in denen Sokrates durch eine Schmidt verwandte Gestalt ersetzt wurde – bestimmen mit ihren Gesprächsstrategien und der Fülle verabreichter Bildung den Charakter der Dialogromane wesentlich mit. Lyrik (zu der Schmidt einige beachtliche Texte beitrug und die seit je in seine Prosa hineinwirkte) färbt die Landschaftsschilderungen, die Liebes- und Abschiedsszenen. Und schließlich sind die Typoskripte mit Notaten, Aphorismen, Kürzestessays, gelehrten oder parodistischen Exkursen so reich durchsetzt, daß der Text passagenweise die Art eines Tage-, Arbeits- oder eines Lichtenbergschen *Sudelbuches* annimmt. Selbst Übersetzungskunst und die zugehörigen Theorien sind vertreten. So wirken die Romane mitunter wie «tollgewordene Realenzyklopädien» (LEP 93). Und wenn Schmidt einmal anregte: «Wie wichtig wäre nicht ein ‹MAY=Lexikon›; eins der schnurrig=anregendsten Nachschlagewerke der Weltliteratur» (LEP 155), so gilt das erst recht für ihn selbst: ein Schmidt-Lexikon, die (kritisch kombinierende) Wiederverzettelung seiner aus Zetteln erwachsenen Werke, wäre eine ebenso anregend-lehrreiche wie lustvolle Lektüre. Schließlich hatte der Autor gemeint, «nach Großn Dichtungn, sei das=Höchsde auf der Welt?: Große NachschlageWerke zu liefern...» (ZT 1047 mo)

Schmidt versucht in seinen Prosamodellen nicht nur die Trennwände literarischer Genres aufzuheben oder doch durchlässiger zu machen; auch Einflüsse der Nachbarkünste werden integriert: der Musik, vor allem aber der bildenden Kunst. Entsprechende Affinitäten waren schon im Frühwerk kenntlich geworden: die Neigung zum Beschreiben und Schildern, das Skizzieren und Malen mit Hilfe von Sprache; die Technik der Foto-Alben; später die Einbeziehung von Gemälden (Boschs *Garten der Lüste*, Jan Mytens' *Die vier oranischen Schwestern*) in die Romanhandlungen. Im Spätwerk beginnt der Autor, «Bilder als Vorlagen zu verwendn», «anstatt auf ‹wirkliche Erlebnisse› zurückzugreifn», und fragt sich, ob das mehr ein Problem des Alterns oder der Veranlagung sei (sdA 156 o).

3.

Der Dichter solle allein gehen – nicht mit dem König, nicht mit dem Volk, auch nicht mit seinen Berufskollegen, postulierte Arno Schmidt, als ihm nach *Zettels Traum* der Frankfurter Goethe-Preis zuerkannt wurde.[8] Dieses Diktum ist nur eine Variante jener früheren Forderung, der Dichter dürfe keinen Gott, Herrn oder Freund haben, um nichts von seiner Objektivität einzubüßen. Das Individuum, und besonders das eigene, ist ihm authentische Instanz, oder der archimedische Punkt, die Welt von dorther zu durchschauen und notfalls aus den Angeln zu heben. Bei Einrechnung des subjektiven Faktors, der Färbung des benutzten Brillenglases, erscheint es ihm möglich, objektive Welterkundung und Weltbeschreibung zu erreichen (vgl. GR 232 u. 293).

Und zugleich gerät ihm dieses Ich zum Hauptgegenstand der Untersuchung. Das wird vom Autor unterschiedlich begründet: er habe eben nur dies Objekt für so detaillierte und tiefgehende Studien verfügbar, oder kenne niemand sonst so genau, wie er es für die Ansprüche seiner Methode benötige. Nur hier kann er so präzise, darf er so rücksichtslos sein. Es sei Vivisektion, Aufopferung der eigenen Persönlichkeit. Und der Typus Gehirntier, literarischer Groß-Genius am Beispiel Schmidt, scheint ihm Gewähr zu geben, «sämtliche ‹Menschlichkeiten› leichter, ehrlicher & aufschlußreicher sichtbar» zu machen «als an schwächlicherem Material» (SIT 178).

Das Ich seiner Erzähltexte war immer schon ein – positiver – Antiheld, mehr der Kontemplation als der Aktion zuneigend, ansonsten auf der Flucht vor bedrängenden Verhältnissen oder mit innerer Emigration befaßt, die ihn zunehmend ins eigene Innere führte. Er war anscheinend der immer gleiche, und doch beständig ein anderer, fand sich aufgespalten und partikularisiert in der Diskontinuität des Daseins: «ein Anderer, der zur Bahn geht; im Amt sitzt; büchert; durch Haine stelzt; begattet; schwatzt; schreibt; Tausendsdenker; auseinanderfallender Fächer» (FAUN 301). Und dieses Ich verfügt zugleich über die Kraft der Kohärenz. Überwiegend Beobachter, fast eine Art Aufnahme- und Projektions-Apparat, führt es vor, wie sich Realität in Bewußtseinsströme, in kunsthafte LGs verwandelt.

Und durch die Art, wie dieser Beobachter schaut und erlebt und sich Welt einverleibt, ergibt sich zugleich ein ungemein differenziertes, plastisches Porträt dieses Ich. An Balzac hatte Schmidt gerügt, er habe oft «Gestalten, Motive, Situationen wiederholt, wie nur je ein Vielschreiber» (FAUN 376). In den Jahren der Spätwerke findet er für Joyce Verständnis, der in immer neuen Maskeraden und Rollenspielen vor allem das eigene Ich abkonterfeit.

Gemessen am Frühwerk zeigt sich das Ich in den Typoskriptbüchern zugleich relativiert und gesteigert, zersplittert und vervielfacht. Was Schmidt an anderen Alterswerken beobachtet hatte, führt er auch in den eigenen Romanen ein: Mehrfach-Porträtierung des Autoren-Selbst. Der Schreiber hält sich nun stärker im Hintergrund, ist aber in den Regieanmerkungen, in Dialogen, in eingestreuten Notaten dennoch gegenwärtig. Der Ich-Erzähler scheint getilgt oder verschmilzt teilweise mit einer der Hauptfiguren. So, wenn Kolderup in der *Schule der Atheisten* als Erzähler der Rückblende fungiert (149). Oder wenn A&O in *Abend mit Goldrand* andeutet, Ann'Ev' und Martina seien womöglich nur seiner Phantasie entsprungen und lösten sich auf, sobald seine Aufmerksamkeit von ihnen läßt (40). Nach *Zettels Traum* agiert der Schmidt-Figurentypus gleichzeitig in drei Verkörperungen, an die der Autor seine (äußeren und inneren) Eigenheiten austeilt. Er versieht sie mit seinen Ansichten, Hobbys, autobiographischen Erinnerungen, verkörpert in ihnen gar «Instanzen» seiner Persönlichkeit (wie Freud das Über-Ich, das Ich und das Unbewußte genannt hatte). Die Figuren-Aufspaltung hat mit der Schwächung des Selbst, mit seinem Abbau zu tun, die Schmidt als unvermeidliche Attribute des Alterns ansieht: nach 40 seien die Leute nur noch ein «Sortiment von Schrullen und schlechten Gewohnheiten» (R&P 210), nach 50 «bloß noch schwache Abbilder lebendiger Mensch'n» (JUL 13 lm), jenseits der 60 besäßen sie allenfalls noch ein «Surrogat von Seele» (AmG 29 m).

Die drei Hauptgestalten, aber nicht nur sie, sind «Spiegelungen ein und desselben Mannes» (TRI 101), sind Seelen in der Brust des Autors («‹2 Seeln›? – das muß'n armer Mensch sein : <u>Dän hat 4</u>», ZT 871 mm).

Auch die Nebenfiguren erscheinen – mehr oder minder – als Sprachröhren Schmidtscher Ansichten, als besessene Schmidt-Sektierer, und scheinen die theoretisierende Sex-Begeisterung des Meisters wie seine Bücherleidenschaft zu teilen: «‹Und könn'n Wa nu endlich ma etwas über Literatur red'n ?›; (sowas allahhöchstes – ? [...])» (JUL 95 u). Oft wurden sie aus Anteilen mehrerer wirklicher Personen addiert oder, wie die Partnerinnen in den späten Liebesromanzen, vorwiegend aus Phantasie gebildet. Während der Autor seine Ich-Figur in *Kaff* noch sagen ließ (zu einer Geliebten, die der Lebensgefährtin Schmidts ähnelte): «Du bist'as Modell zu meinen sämtlichen Frauengeschtaltn» (KAFF 51), so heißt es nun: «Ich hab noch nie wirkliche Mädchen geliebt – immer nur geträumte, ausgedachte» (AmG 180 m), und es geht die Rede vom «Gedanken-Liebchen» (TRI 70).

Die Figuren kommen, bei aller ausgestellten Besonderheit einer jeden, seltsam harmonisch miteinander aus. Da gibt es graduelle Unterschiede, etwa im Erotischen: «der A&O schwärmt noch im grauen Haar recht ehrbar. Der Major drückt sich schon fleischlicher aus. Und der alte Olmers iss natürlich 'n Ekel» (AmG 177 u). Aber ein Konflikt wie zwischen Dr. Jekyll und seinem Gegen-Ich Mr. Hyde tut sich hier nirgends auf.

Was sich in diesen Dialogen ereignet, das sind im Grunde die inneren Selbstgespräche des Autors, von ihm selber dramatisiert und in Szene gesetzt. Eines Autors, der im Gegensatz zu seinen früheren Jahrzehnten toleranter geworden ist und jede Suche nach absoluten Wahrheiten als Jugendtorheit verwirft. Der einst so polemisch Gestimmte bekundet nun: «Ich lehne jegliches ‹Streitgespräch› sowieso prinzipiell ab»[9]; und: «mir liegt nichts an Diskurs'n» (AmG 60 lu) (das hindert ihn allerdings nicht, gelegentlich in die Texte heftigste Invektiven einzustreuen). Er bekennt sich nun dazu, daß man «getrost 3 bis 4 ‹feste Standpunkte› haben könne=dürfe=solle».[10] Oder er meint, die Zusammenführung der Teil-Ichs in einem Buch sei «im Grunde der erschütternde Versuch, die rapide Auflösung der eigenen Persönlichkeit aufzuhalten» (TRI 298). Realitäten und Wahrheiten, zumal in der Wortwelt des Prosa-Demiurgen, werden beliebiger. Der Beobachter der Wirklichkeit wandelt sich zum Voyeur, der aus Mangel an Gelegenheit die Objekte seiner Schaulust selber imaginieren muß; zugleich wird er unvermeidlich zum Exhibitionisten, der sich aufopfernd-lustvoll preisgibt und der auch den Leser in die Voyeursrolle zwingt.[11]

Aus dem Persönlichkeitsverfall, der ein Nachlassen künstlerischer Kräfte im Gefolge hat, resultiert jedoch für Arno Schmidt zugleich eine gewaltige Steigerung seiner künstlerischen Möglichkeiten: durch Herausbildung einer (von ihm so benannten) «vierten Instanz» der Persönlichkeit, die nur dem Groß-Genius in der Phase der Impotenz erreichbar sei (und nur dem Manne, da die Frau, nach Schmidt, weder genial noch impotent sein könne). Durch altersbedingte Schwächung der Libido werde das Ich von den Herrschaftsansprüchen des Über-Ich wie von den Bedrängnissen des Unbewußten erlöst. Das bedeute unter anderem die Befreiung von Sexualtabus – nun könne sich das Ich ungehemmt seinen orgiastischen Gedanken- und Wortspielen hingeben, nun könne es die Sexualität, über die es erhaben sei, mit Lust verspotten. (Daß Schmidt so unermüdlich damit befaßt bleibt, weist allerdings nicht nur auf Befreiungen, sondern wohl auch auf Zwänge hin.) Schmidt umschreibt die «vierte Instanz» als «vaginabundirenden» (vgl. ZT 1184 mm) Komödianten oder als rebellisch-schalkhaften Souffleur im Worttheater, der alles Gesagte unterminiert und karnevalesk verkehrt. Das läuft auf Komödie hinaus, oder auf ein großes Satyrspiel, das sein Wider-Stück, die Tragödie, in sich birgt.

Arno Schmidt konstatiert einen Gegensatz von Autoren, die ihre Existenz aus dem Priesterberuf herleiten (Dichter-Priester, DP), und jenen, die im Stammespossenreißer und Hordenclown ihren Ursprung sehen. Die Dichter-Priester sind ihm immer wieder Anlässe zu heftiger Polemik, und das Clowneske tritt kräftig in den Vordergrund. Doch zugleich kann Schmidt nicht umhin zu erkennen (und gelegentlich zu bekennen), daß er selber zum DP tendiere, der seine Späße mit großem Ernst und höchstem Opfermut betreibt.[12]

Wo die «vierte Instanz» das Feld beherrscht, wird die Ich-Rolle zur bloßen Konvention, oder zum künstlerischen Kompromiß, da das mit Figuren verbundene «Raum=Zeit=Gemix» (ZT 1185 mm) zur Gestaltung nötig sei. Das Kunstwerk nimmt farcenhafte Züge an. Dennoch

gilt für Schmidt: «Jegliches umfangreichere KunstWerk ?–: liefere,
deutlich, die AbBildung des psy=Apparates seines Schöpfers» (ebd.),
und es folgt ihm daraus, «daß eine ‹zerklüftete Persönlichkeit, zerklüftete Terrains› aus sich heraus=projizieren» müsse (ebd. mu).

4.

Neben Gerüst, Fabel, Konstruktion – der «Anordnung der Prosaelemente» (TBZ 272) – war dem Autor sprachschöpferisches Vermögen das Hauptkriterium für Begabung und Rang eines Dichters.
Durch Sprache vor allem werden die ihm so unentbehrlichen Mikro-
Details in Kunst transformiert. Arno Schmidt, «HErr über Millio-
nenWorte» (ZT 722 mu), Bewohner eines «Wortalls», hätte wohl
bestritten, daß auch mit geringem Wortschatz und simplen Wörtern
große Dichtung möglich sei. *«Aber wenn Einem die Sprache im
Munde brennt : Mir !»* (FAUN 387) hat er von sich gesagt, und: «Ich
bin ein Gehirntier, (Species ‹Sprachfachmann›)» (ZT 341 mm), und:
«Vielleicht *bin* ich von Mutter Natur ausdrücklich als 1 Gefäß für
Worte angelegt, in dem es schtändich probiert & rührt & komm=
bieniert ?» (KAFF 146)
  Auch im Sprachlichen verknüpft der Dichter Macharten, die einander widerstreiten, nutzt heterogene Komponenten, um hochge-
spannte, mitunter explosive Mischungen herzustellen. «Energisch
farbig munter wird's immer erst, wenn ein Autor sich der *Unter*-
Sprachen getraut : des Slang ; der Fach & Familien-Sprachen ; auch
der Dialektfärbungen» (TRI 189). Schmidt mischt Schreib- und
Sprechsprache, Altväterlich-Archaisches und Modernes, Hochpoeti-
sches und Triviales. Er nutzt mit großem Raffinement Gegensätze
der Stilfärbung. Er vermengt Tragik und Komik, Scherz und Ernst,
Pathos und Parodie.
  Seine «Interpunktion ist nicht ‹dudisch›, sondern rhetorisch; und
subjektiv logisch & (in)consequent» (ZT 174 lm). Mit Hilfe der Satzzeichen erzeugt er eigenwillige Sprechrhythmen mit wechselnden Tempi,
die zur Spannung des Textes beitragen und Unbewußtes anzudeuten
vermögen. Daneben nutzt er sie zu einer Art Gesten-, Gebärden- und
Pantomimensprache.
  Arno Schmidt entgrenzt Wörter ins Vage und Mehrdeutige, läßt sie
zerfließen, zerfallen, sich neu formieren, greift Buchstabengruppen

heraus, die rebellische Untertexte sichtbar machen oder erzeugen. Er umspielt die Sätze mit Oberstimmen und Bässen, die gegen den Grundtext ansprechen, ihn hinterfragen, bis zur Unkenntlichkeit zerreden, die ihn aufsprengen. Das führt zu einem reicheren Spektrum von Sinnangeboten und zu einem Verlust an Genauigkeit. Viele solcher Mittel eignen sich, Texte intensiv, suggestiv und emotional zu machen. Und zugleich vermögen sie die Ratio zu aktivieren. Schon durch das Zusammenspiel solcher Verfahren erreicht Schmidt jene Dramatik, jene innere «Dialoghaftigkeit des Romanwortes»[13], wie sie einst Michail Bachtin für die Romankunst postuliert hatte.

Aber Schmidt wollte mit seinen sprachlichen Neuerungen weit mehr erreichen. Mit den «Etyms», den «Echten», den «Wort-*Keimen*» glaubte er, jene Sprache des Unbewußten gefunden zu haben, von der die Träume, die Assoziationen, die Fehlleistungen abhängig seien (vgl. TRI 280 f.). Und er meinte sich in die Lage versetzt, aus der Sprache eines Autors (indem er sie «verhörte») dessen persönlichste Geheimnisse erschließen zu können, auch solche, die der Schreiber selber verdrängt und vergessen habe.

Wenn zum Beispiel von Homer absolut authentische Textfassungen vorlägen, könne man mit der Etymmethode Persönlichkeit und Biographie des Dichters bis in die intimsten Einzelheiten rekonstruieren (vgl. ZT 1248).

Schmidt hatte das Verfahren, wie er es von Freud, Joyce und Carroll herleitete, schon in Rundfunkessays beschrieben, ehe er es in *Caliban* und anderen Erzählungen der Sammlung *Kühe in Halbtrauer* in seiner Radikalität und Fülle praktizierte. Mit Hilfe von Etyms, so glaubte er, könne man mit dem Unterbewußtsein (dem eigenen oder dem eines andern) unmittelbar kommunizieren, es befragen oder beeinflussen (wie dies in verschiedenen Formen der Werbung längst getan werde). Man könne Texte verfassen, in denen «die Meinung sämtlicher Instanzen der Persönlichkeit» (VZT 4) wiedergegeben werde oder die imstande seien, alle Instanzen der Leserpersönlichkeit anzusprechen.

Schmidt meinte, es sei eine Fähigkeit seiner «vierten Instanz», die Sprache der Etyms zu verstehen. Und da ihm das Unbewußte (das des E. A. Poe? oder das eigene?) bevorzugt erotische Anspielungen zuraunte, sind *Zettels Traum* und die folgenden Romane reichlich mit «Anekzot'n» gespickt (aber liebte er nicht auch in früheren Werkphasen zu «schwei-niegln»?). Unzensiertes Sprechen, das ihm angeblich Freiheit vermittelt, bringt Obsessionen zutage. Der Elternhaus-Atmosphäre hatte er voll Verachtung vorgeworfen (noch in *Abend mit Gold-rand*): die Luft sei «zum Schneid'n voll mit SexualRednsartn» (162 m) gewesen, oder: «Nichts als viehische UnterleibsWitze; jegliche Redns-art war S=getränkt [S = sexual, sexuell]» (161 m). Nach gewaltigsten Bildungsanstrengungen und einem riesigen Lektüre-Pensum liebt der Autor nun zu «sauigln», wie es der Vater einst (ohne Bildung und ohne Hemmungen) getan hatte.

Sicher auf geistigere Weise – aber nicht immer. Selbst das Etym-Genie Arno Schmidt findet nur begrenzte Möglichkeiten der Wort-metamorphose. Er nennt Liebe eine «Ficktion» und spricht von «FickSternen», redet ganz «literArsch» von «Arschäologie» und «Arsche-Typen». Seine Kombinationen mit «phall» sind Legion und laufen doch immer wieder auf eines hinaus. Zwar entstehen auch Bil-dungen von Rabelaisscher Kraft. Aber das Verfahren nutzt sich schnell ab.

Von Schmidts «Etymtheorie» geht die Rede. Man sollte sie besser Hypothese nennen, zumal der Autor selber bekundete: «Ich stelle nie Theorien auf : ich probiere Arbeitshypothesen,& wie weit dieselben tragen» (zt 26 lm).

Die Etyms sind so polyvalent, daß man auch unerotische, ja daß man beliebige Assoziationen mit ihnen verknüpfen kann. Wer von erotischen Visionen heimgesucht wird wie einst der heilige Antonius, mag vor allem Sex assoziieren. Autoren, die unter der Tabuisierung politischer Wahrheiten leiden, werden mit Hilfe solcher Verfahren unbequeme Fakten zur Sprache bringen (in der DDR-Lyrik ver-gangener Jahre finden sich dafür zahlreiche Beispiele). So relativiert sich der Anspruch Arno Schmidts, aus einem Text eindeutig und unbezweifelbar die verborgenen Wahrheiten ans Licht zu heben. Vie-les, was er herausliest, ist wohl hineingelesen. Daher vermag seine tiefenpsychologische Poe-Analyse weniger über Poe als über Schmidt auszusagen. (Bei Schmidts «Eulenspiegelitis» ist vermutbar, daß er ganz bewußt geheime Selbstanalyse in die Gestalt Poes hineinproji-ziert hat.)

Wäre Schmidts Verlese-Kunst eine Methode, vorhandenen Texten Leser-Intention aufzumodulieren, wäre sie von anderen Lese-Verfah-ren nur graduell verschieden. Denn nach einer These Umberto Ecos ist jedes Kunstwerk «wesensmäßig offen [...] für eine virtuell unendliche Reihe möglicher Lesarten».[14] Auch Schmidt hat öfter von Lesemodel-len gesprochen, die es ermöglichen könnten, literarische Texte sehr unterschiedlich auszulegen: «das tolle Wort vom ‹Leser der den Inhalt bestimmt›» (TRI 228).

Außer den Be- und Anzüglichkeiten der Etymmethode finden im Spätwerk auch andere Anspielungsverfahren reiche Anwendung. Dazu gehören zahllose offene und versteckte Zitierungen, Fingerzeige auf die Werke anderer Dichter – früher von ihm als Dienst an den zitierten Autoren verstanden, nun vor allem dienlich, das eigene Werk in weltliterarische Beziehungsgeflechte einzubinden oder auf die vielfältigen Anregungen zu verweisen, die er aus Büchern der Vergangenheit bezogen hat.

Schmidts Anspielungsgewebe bieten zugleich, und immer von neuem, «Wissensprobe» und «Bewährungstest», «Schnitzeljagden» für «Kreuzworträtselsüchtige», und Prüfungen für Adepten, ob sie die richtigen Bücher studiert und im Gedächtnis gespeichert haben. Durch Schlüsseltexte, die dem Autor wie dem eingeweihten Leser als Bezugssystem dienen, können zudem Botschaften codifiziert werden, die anderen vorenthalten bleiben.

Aber, so Schmidt: «*ver*-schlüsseln ist um 500%, und fast unanständig, leichter, als das Wieder-*Ent*schlüsseln» (TRI 231); also werden ganze Scharen von Dekodierern in Trab gehalten. Und: «Kunst herzustellen ist Schwerst=, sie richtig zu verbrauchen, Schwer=Arbeit» (ZT 137 mu). Der Lohn der Mühe, wenn die GeheimNüsse geknackt sind?

Kenntnisse über Literatur und Literaten und verschiedenerlei Aufklärungen – die gleichen, die Autor und Figuren unablässig-rückhaltlos aussprechen. Das Verfahren läßt sich benennen als «die Immer=wieder=Bearbeitung 1=&=deSSelbm Témas» (ZT 612 mo). «*Mehrfach-Gestaltung* relativ weniger & einfacher Grundvorgänge» wird «hier zum Formprinzip erhoben» (TRI 299). – «Das Geheimnis der *Schreibtechnik : ‹Mehrfach-Formung›.*» (TRI 233) Es ist ein Grundgesetz aller Dichtung, das Schmidt immer exzessiver nutzt. Er sagt mit der Fabel und den Figuren und mit verständlicher Figurenrede im Grunde das gleiche, was er in Rätseln raunt. Wer über die Etyms verfügt, könne alles sagen.[15] Aber Schmidts Literatur, die mit ihrer Hilfe «mehr zur Sprache» (ZT 28 lo) bringen sollte, bringt schließlich immer weniger zur Sprache, oder das Ewig-Gleiche in unablässiger Variation. «S iss ja imgrunde zum Heul'n monoton!» (ZT 937 mm)

Schmidts Texte muß man nicht (wie die des E. A. Poe) gegen den

Strich lesen, um erotische Besetzungen nachzuweisen: die gibt der Verfasser bereitwillig selber preis. Doch «Ehrlichkeit» ist, nach Aussage Schmidts, zugleich «auch eine Art, sich zu verstellen» (LEZ 372). Die tiefenpsychologischen Argumentationen verbergen, daß da auch andere, womöglich tiefere Konflikte und Krisen beteiligt sind, die Arno Schmidt seltener zu erkennen gibt.

Für all den Gewinn des Alterswerkes hat der Autor einen hohen Preis gezahlt. Um die heiter-wehmütige Gesprächswelt der Typoskripte imaginieren zu können, mußte er sich lebensbedrohliche Arbeitszwänge auferlegen. Seine «‹Behaglichkeit› ist [...] eines der Wunschbilder des verzweifelt-Fleißigen zur Selbstbetäubung !» (TRI 106) Wer sich erhofft, die Beschäftigung mit Literatur habe Vermenschlichung zur Folge, muß sich belehren lassen: «das Werk dehnt sich immer weiter ; die Persönlich- und Leistungsfähigkeit schrumpfen ; beide, verhängnisvoll divergierenden, Prozesse ergeben ein rapides ‹Unmenschlich-Werden› des Künstlers.» (TRI 239)

Arno Schmidts Trauer um ungelebtes Leben betrifft wohl nicht nur versäumte Liebe, sexuelle Entsagungen. Und «Impotenzklage» meint nicht nur Larmoyanz über das Nachlassen biologischer Kräfte. In der Formel «WIR WERDEN SCHEITAN !» (sdA 261 mm), Lernergebnis in der *Schule der Atheisten*, wird neben dem Vanitas-Motiv auch auf ein Satanisch-Höllisches angespielt (Scheitan = Teufel). Was Schmidt vom «pornografische[n] Lachkabinett» (TRI 239), von «galgnhumorije[r] Resignation & lachnde[r] Isolierung» (ZT 915 mm), vom «mit ProductionsZwang geschlagene[n] Individuum» (ZT 1185 mm), von den «WahnWelten» und dem «FrazznHaus» (ZT 1330 m) seiner Kunst mitzuteilen weiß, hat große Nähe zu «Dr. Fausti Weheklag»: «Das Heulende Gelächter des Gehirntiers» (TRI 320).

Es finden sich Aussagen, die vermuten lassen, der Autor habe geglaubt, mit den neu gewonnenen Techniken den Höhepunkt seiner Kunst erreicht zu haben.[16] Aber viele Notierungen Schmidts über Alterswerke, die eigenen eingeschlossen, bezeugen seine Skepsis in dieser Frage («an den Grenzn der Sprache & Form durch eig'ne Last zerfallend», sdA 222 m). Was er im Bargfelder Arbeitsgehäuse, in der schöpferischen Sackgasse erschaffen hat, sein neues weltliterarisches Genre, er nannte es die «‹Impotenzklage›, oder die ‹Nevermore=Sequenz› : Geschichtn von abnormem Aufbau, in einer HalbTraumSprache vorgetragn» (ZT 861 mu).

Verfängliche Gebäude, gewundene Wege. Aber Schmidts einsame, hermetische Labyrinthe sind mit den Jahren zugänglicher geworden. Seine Sackgassen haben Ein- und Ausgänge gewonnen. Wie hieß es in der *Schule der Atheisten*: «DIE ROLLE DER RESERVATE! –»; ‹Austausche› aller Artn. Brüc_hichkeitn» (198 o).

Anmerkungen

1 Publius Ovidius Naso: *Metamorphosen.* Leipzig 1971, S. 205.
2 Hartwig Suhrbier: «*Zettels Traum*» *zu Ende gebracht.* In: *Frankfurter Rundschau,* 1. 2. 1969; zit. nach: *Über Arno Schmidt. Rezensionen vom «Leviathan» bis zur «Julia»,* hg. v. Hans-Michael Bock. Zürich 1984, S. 184.
3 Georg Wilhelm Friedrich Hegel: *Ästhetik.* Bd. 1. Berlin, Weimar 1965, S. 20.
4 Pressemitteilung des S. Fischer Verlages, zit. v. Georg Hensel: *Comödienzettels Träumchen.* In: *Die Weltwoche,* 26. 4. 1972; zit. nach: *Über Arno Schmidt* (Anm. 2), S. 263: *Die Schule der Atheisten* «ist kein Theaterstück, kein Lesedrama und auch kein Film-Treatment. Solche Einstufungen wären Mißverständnisse.»
5 Arno Schmidt: ... *denn 'wallflower' heißt ‹Goldlack›. Drei Dialoge.* Zürich 1984, S. 55.
6 Ebd., S. 56.
7 Walter Benjamin: *Über Literatur.* Frankfurt/M. 1970, S. 37.
8 Vgl. Arno Schmidt: *Dankadresse zum GoethePreis 1973.* In: *Der Rabe* 12 (1985), S. 27 f.
9 Ebd., S. 28.
10 Schmidt (Anm. 5), S. 48. Vgl. auch sdA 162.
11 Vgl. ZT 533 mm: «daß zum V=tum, unablöslich, der ‹Exhibitionismus› gehört ...», oder ZT 764 lm: «Wer schaut, muß auch ‹zeigen› ».
12 Vgl. z. B. ZT 1134: «Mensch Du bist ja'n DP ?!»
13 Michail Bachtin: *Das Wort im Roman.* In: *Disput über den Roman. Beiträge zur Romantheorie aus der Sowjetunion 1917–1941,* hg. v. Michael Wegner u. a. Berlin, Weimar 1988, S. 282.
14 Umberto Eco: *Im Labyrinth der Vernunft. Texte über Kunst und Zeichen.* Leipzig 1989, S. 139.
15 Aus einem Gespräch mit Arno Schmidt, wiedergegeben von Gunar Ortlepp: *Apropos: Ah!; pro=Poe.* In: *Der Spiegel,* 20. 4. 1970; zit. nach: *Über Arno Schmidt* (Anm. 2), S. 193.
16 Etwa ZT 916 mo, wo er *Zettels Traum* unter «seir=bedäutnde Cun(S)tWerke» einreiht.

Heiko Postma

Lesen ist Lernen & Leben
Arno Schmidt als Essayist und Kritiker

1.

Schmidt war ein Kritiker, aber kein professioneller Literaturkritiker. Keiner also, der sich regelmäßig oder zwar «nebenberuflich» kasual, aber doch einigermaßen konstant mit dem Rezensieren literarischer Neuerscheinungen abgab, dem Aufspüren und Verfolgen akuter literarischer Trends oder womöglich dem Einordnen neuer Texte in größere gedankliche Zusammenhänge. Das «Rezensieren von KollegenBüchern»[1] schien ihm unanständig.

Selbst in den 50er Jahren, als es ihm materiell erbärmlich ging und er dringend auf Zeitungs- oder Funkhonorare angewiesen war, galten Schmidts Arbeiten «ums liebe Brot» (RVG 106) doch nie – bzw. nur in absoluten Ausnahmefällen – den aktuellen Produktionen seiner Dichter-Zeitgenossen. Ein Verriß von Rudolf Krämer-Badonis Roman *Mein Freund Hippolyt* (1951) – «süße Nichtigkeiten» in «heilvoller Normalsprache» (LEP 30) – blieb bezeichnenderweise unveröffentlicht. Und erst im posthumen *Leptothe=Herz* konnte man nachlesen, daß Schmidt «unsere[n] Verleger[n]» anstelle «solche[r] Dürftigkeiten» den Neudruck des *Anton Reiser* und des *Aristipp* empfehlen wollte oder auch die Herbeiführung einer «Renaissance der letzten großen deutschen Talentwelle – der des Expressionismus» (LEP 30).

Gegen die «Kontinuität unserer literarischen Mittelmäßigkeit» (LEP 30) werden also die großen, aber unabgegoltenen, ja verschütteten Traditionen angeführt, auf die zurückzugreifen «Fortschreiten» heiße, wie Schmidt es später in seinen *Schreckensmännern* formulierte; gegen den «feinsinnigen», bloßen «psychologischen Tagebau» (vgl. LEP 29) und die Diktion philiströser Humorigkeit die radikalen Sprachexperimente von Stramm und Ehrenstein. Und nicht nur, wenn von Krämer-Badonis Aussparung psychischer Vorgänge die höhnische

Rede geht oder von seiner braven Christlichkeit, darf der Leser an die Gegenbilder auch des *Leviathan* oder der *Schwarzen Spiegel* denken. Die Rezension ist schon exemplarisch für Schmidts Denken und Schreiben. Aber, wie gesagt: publiziert hat er sie nicht.

Gegenüber zeitgenössischen Politikern, Theologen, Germanisten gar, verhielt sich Arno Schmidt niemals zurückhaltend, so wenig wie bei seinen «Dekapitierungen» klassischer Großschriftsteller. Er vollführte rasante Attacken gegen belletristische Übersetzer, die doch schließlich auch «Kollegen» waren, und scheute sich nicht, seine eigenen Eindeutschungen den inkriminierten Passagen triumphierend entgegenzuhalten. Er prangerte editorische Bearbeitungs-Praktiken an und gab die entsprechenden, sehr wohl noch mitlebenden, Schreibtischtäter hohnlachend der allgemeinen Verachtung preis (obwohl er selber Bulwer-Lyttons *Dein Roman* 1973 kommentarlos entstellt unters Volk brachte).

Die Grenze aber zog Schmidt offenbar, wenn's genuin schöpferisch wurde. Das Diktum seiner Goethepreis-Rede, «der Schriftsteller soll alleine gehen»[2], schloß jedenfalls auch den Verzicht auf öffentlich vorgetragene Kritik(en), literarische Kontroversen oder Textdebatten ein. (Die von Alfred Andersch brieflich ausgesprochene Einladung zu einem Treffen der Gruppe 47 hatte Arno Schmidt ebenfalls zurückgewiesen; vgl. BAA 16). Gekannt hat er die «KollegenBücher» aber sehr wohl – und beiläufig schon auch mal ein Statement darüber fallenlassen, wie im Gespräch mit dem *Spiegel*-Interviewer Gunar Ortlepp über die Co-Romanciers Walser, Grass, Johnson: «We are not amused.»[3] Und für die Arno-Schmidt-Titelgeschichte des *Spiegel* hatte Schmidt sogar eine Rangliste der Gegenwartsautoren entworfen (ein Schmidt-typisches, ganz ernstes Spiel: das Meßbarmachen ästhetischer ‹Leistungen›). An erster Stelle rangierte Hans Henny Jahnn, gefolgt von Arno Schmidt; dann kam Alfred Andersch, danach Ernst Kreuder; auf Platz 5 lagen gemeinsam Heinrich Böll und Wolfdietrich Schnurre.[4] Schmidts freundlich vernichtendes Früh-Urteil über den Erzähler Martin Walser (der in seiner Eigenschaft als Rundfunkredakteur bei Schmidts ersten Radio-Arbeiten Regie führte) war dagegen ausdrücklich zu Alfred Anderschs Privatgebrauch bestimmt: «Gott hat ihn für Kritik und Literaturgeschichte prädestiniert. Weniger für eigene Produktion. – Aber sagen Sie ihm das ja nicht!» (BAA 89)

Nur zweimal hat sich Schmidt als (öffentlicher) Rezensent dem deutschen Gegenwartsroman gestellt, und beide Male ging es um Bücher von engen Gefährten – um Ernst Kreuders *Agimos oder Die Weltgehil-fen* und um Alfred Anderschs *Sansibar oder Der letzte Grund* (beide Kritiken erschienen in der *Anderen Zeitung*[5], und ein bißchen peinlich, «unanständig» sozusagen, ist die Sache bloß eben deshalb, weil Schmidt sonst keine Kollegen rezensierte). Bei Kreuder brachte das eine höfliche, bedauernde («er ist nun einmal ‹erste Garnitur›», LEP 83), doch letztlich entschiedene Absage: «Erschütternd unrealistisch» – «mystelndes Gemurmel» – «weicht [...] den Erfordernissen des tägli-chen Lebens aus» (LEP 88 f., 91). Und noch etwas hatte Schmidt – im gut getroffenen Gestus eines verärgerten Deutschlehrers – gegen die Nr. 4 seiner Autorentabelle vorzubringen: «Wenn Kreuder sich doch nur einmal diese unerträglich geschäftige ‹Handlung› abgewöhnen könnte» (LEP 81).

Damit war nun allerdings ein zentraler Aspekt im Literaturverständ-nis Schmidts angesprochen und ein Thema berührt, das über Jahre hin-weg seine Essayistik (und nicht nur diese) mitprägte: Es geht um die *Handlungsreisenden*, wie Schmidt in seinem gleichnamigen Aufsatz jene «Realisten» (und Naturalisten) nannte, in deren Texten die Aktion dominiert – die Tat, das Ereignis, die «Handlung» eben, das «affenteu-erlich Unerhörte». Dagegen setzte Schmidt den «wahren» Realismus, der – unter Vermeidung, ja Verweigerung einer aufgeregt aufregenden Fabel – das «Bezeichnende» schildert: das Kleine, alltäglich Eintönige, Selbstverständliche, das «Handlungsleere». Charakteristikum eines solchen «extremsten» Realismus wäre dann die Genauigkeit der Detailbeobachtung, verbunden mit sprachlicher Präzision (2 ZK, 3, 157 f.).

Daß sich beide Haltungen für Schmidt auf ‹Methoden›, auf ‹Schulen› reduzieren, die man kategorisieren und berechnen kann, die sich auf Lehrsätze hin untersuchen, oder nach Meistern (wie Cooper, Poe, Stif-ter) und Gesellen (wie Brockes) einteilen lassen – das hängt letztlich mit Schmidts technizistischer Literaturtheorie und auch seinem statisch-additiven Geschichtsbild zusammen. Schmidt selbst bekannte sich jedenfalls 1956 noch ausdrücklich, wenngleich mit einigen Vorbehal-ten, zur «Schule» Stifters: «Seine berühmte abwehrende Formulierung vom ‹sanften Gesetz› bedeutet auch mir die gültige Ablehnung artfrem-der klappernder Handlung». (2 ZK, 3, 161).

Zwei Jahre später, nach einer «erneuerten intensiven Lektüre» (BAA 156) des *Nachsommers*, sah Schmidt es freilich anders: Stifter, der Mann des «sanften Gesetzes», wurde nun – in Schmidts, sagen wir, bekanntestem Funkessay – zum «sanften Unmenschen» erklärt, der mit «grauenhafte[r] Gefühllosigkeit» (DYA 229) das «flegmatischste Filistertum» (vgl. DYA 209) schildert und feiert und dessen «anaerobe» Hauptfigur steif altklug durch die Berglandschaft «wurmisiert» und «Seen nachmißt»: «Heinrich, mir graut's vor Dir !» (DYA 203 f.)

In den *Handlungsreisenden* war James Fenimore Cooper noch dafür bewundert worden, daß er sich «am Schauplatz eines künftigen Romans gar bückte und sorgfältig die Pflanzen notierte, die da wuchsen» – notwendig für das «charakteristische Porträt einer Landschaft» (2 ZK, 3, 159). Hebbel wiederum, Stifters Kontrahent beim «klassischen Zusammenstoß der beiden großen Schulen», der in den *Handlungsreisenden* noch als «literarischer Highwayman» aufgetreten war – Kennzeichen: «Geschrei nach Handlunghandlung» (Ebd. 157) –, wird jetzt mit völlig anderen Augen gesehen. Er habe sich, meldet Schmidt an Andersch, nunmehr «endgültig auf die Seite Friedrich Hebbels gestellt» (BAA 156). Es war Ernst Kreuders Pech, daß Arno Schmidt ein weiteres Jahr später die Fronten erneut gewechselt hatte.

Für Alfred Anderschs *Sansibar*-Roman hatte Schmidt dagegen ein emphatisches, bekenntnishaftes (bisweilen auch etwas pathetisches) Lobwort geschrieben. Keine Literaturkritik im tradierten Sinne freilich – deren Gattungsauflagen erfüllte Schmidt eher floskelhaft und nebenher: «Kompositorisch ausgezeichnet», hieß der Schlußsatz, «sprachlich bedeutend über dem Durchschnitt» (DE 39). Aber die Rezension bekundet dem «großen Buch» hohen Respekt und ist darüber hinaus ein schönes Dokument der oppositionellen Gesinnungsgenossenschaft (gewürzt gleichwohl mit dem dezent verschlüsselten Hinweis, daß der eigene *Leviathan* an religionskritischer Radikalität ein Stückchen weiter gehe ...).

Alfred Andersch, der Arno Schmidt bis an die Grenze der Demut bewunderte und wie kein zweiter selbstlos für ihn eintrat, hat sich ergriffen für diese Besprechung bedankt. Wahrscheinlich war es ihm gar nicht aufgefallen, daß Schmidt den *Sansibar*-Roman ganz offensichtlich nicht einmal gründlich zu Ende gelesen hatte. Vielleicht war es auch Selbstschutz, daß sich Schmidt auf die Arbeiten seiner Kollegen Konkurrenten nicht einlassen wollte. Legitim wohl.

Was Arno Schmidt – nach dem stets bissig kommentierten Prinzip ‹primum vivere› – den Zeitungen (etwa dem *Hamburger Anzeiger* und der *Hannoverschen Presse*, der *Zeit*, der *Welt*, der *Anderen Zeitung*, der *Süddeutschen*, der *Frankfurter Allgemeinen Zeitung* oder der *Fuldaer*

Volkszeitung), den Zeitschriften wie dem *Studentenkurier* Werner Riegels und Peter Rühmkorfs, oft auch nur den Agenturen lieferte, die es dann an kleinere Blätter vermittelten, waren neben Kurzgeschichten (deren Stoffe sich nicht selten den Erfahrungen des Tieck- und Fouqué-Bewunderers Schmidt verdankten) und ätzend hingeworfenen Betrachtungen über die Schief-Lage der Adenauer-Nation vor allem historische Miniaturen. Schön quer zum zeitgeistig Angesagten auch sie: beispielsweise die inspirierte Darstellung des französischen Revolutionskalenders oder die zwar skeptische, aber zugleich alle alleinseligmachenden Kirchenansprüche relativierende Studie über «Das Buch Mormon». Wie überhaupt die religiösen ‹Ketzereien› einen unübersehbaren Platz in Schmidts literarischer Produktion einnehmen und den Eindruck bestätigen: Der prinzipiell Oppositionelle, der «Dagegen-Schmidt», wie er sich, nur leicht ironisch, gern betitelte – er benötigte einfach sicher herrschende Autoritäten, an denen er sich reiben konnte. Man merkt es an den Sujets seiner letzten Arbeiten, ob essayistisch oder erzählerisch: je permissiver die Gesellschaft wurde, desto beliebiger wurde Schmidt.

Einen breiten Raum in Schmidts Essayistik nehmen die Selbstdarstellungen ein (wer so vom Prinzip des Biographischen überzeugt ist wie Schmidt, macht bei sich selber keine Ausnahme): *Der Platz an dem ich schreibe*, *Meine Bibliothek*; aber auch nachdenkliche Antworten auf Rundfragen wie die Tagebuch-Beschreibung *Eines Hähers: «TUÉ!» und 1014 fallend*. Oder die provokante Polemik *Atheist?: Allerdings!* (als Bescheid auf Karlheinz Deschners, des späteren Arno-Schmidt-Preis-Trägers, Anfrage, was man denn so vom Christentum halte). Die 1963 ergangene, ernstgemeinte, doch reichlich kollektivierende Aufforderung des Hessischen Rundfunks, zu erwägen, ob «wir noch das Volk der Dichter und Denker» seien, benutzte Schmidt kurzerhand, um seine Theorie der traditionellen und modernen Prosa vorzutragen. Auf das eigentliche Thema ging er jedoch auch kurz ein: «Neinein : ‹Das Volk› und nicht etwa nur das deutsche, ist ungebildet und versteht nichts vom Denken.»[6] Nicht erst seit dieser Zeit müssen Arno Schmidts Anhänger mit der Tatsache leben, daß jemand ein «guter linker Mann» sein kann und trotzdem elitär (LEP 87).[7]

Auch kleinere Autorenporträts hatte Schmidt den Zeitungen bereits in den 50er Jahren geliefert[8]: Von Anregern und Vorbildern wie Cooper, von Brüdern im Geiste wie Karl Philipp Moritz, oder von Gestalten, die ihm – wie Massenbach und Pape – bei den Studienfahrten für seine Fouqué-Biographie «mit über den Weg» gelaufen waren (BAA 80). Namen, die bereits in Schmidts frühen Romanen gestanden hatten und über die man noch Näheres in den großen Funkdialogen hören sollte. Auch diese Personenbeschreibungen sind nicht zuletzt: gespiegelte Selbstumrisse. Schmidts vielberufene Autorität als Vor-Leser beruht zu weiten Teilen auf dieser Identifikations-Bereitschaft.

Soweit es nicht um belletristische Novitäten gehen mußte, hatte Arno Schmidt auch nichts gegen das ‹förmliche› Rezensieren neuer Bücher. Titel und Themen der von ihm vorgestellten Werke haben dabei aber deutlich genug mit seinen eigenen Arbeiten zu tun – etwa bei seiner nachdrücklichen Begrüßung der Karl-May-Monographie Hans Wollschlägers (s. LEP 143 ff.); dieser Freund, Gefährte, Jünger, Exeget und Dogmatisierer des Meisters erhielt später ebenfalls den Arno-Schmidt-Preis.

In die Abteilung der literarischen Dreistigkeiten (derlei hat Schmidt allerdings nie gescheut) gehören aber wohl doch die Rezensionen, die er über Bücher schrieb, welche soeben in seiner eigenen Übersetzung auf den Markt gekommen waren – Stanislaus Joyces *Dubliner Tage-buch*[9], Wilkie Collins' *Frau in Weiß*[10], Edward Bulwer-Lyttons *Was wird er damit machen?*[11] oder Stanley Ellins *Sanfter Schrecken*[12]. Mehr oder weniger getarnte Selbstanzeigen. Und das große Lob für die Werk-ausgabe des eigentlich ungeliebten Paul Scheerbart («ein schöner Band, ein begrüßenswerter Band», LEP 138) entspricht, trotz aller Mäkeleien am Vorwort, auch nicht unbedingt der feinen Art: Immerhin brachte Goverts das Buch heraus, bei dem auch Schmidts Übersetzungen erschienen.[13]

Eine andere Haupt-Abteilung der Schmidtschen Rezensentur befaßt sich mit den Neu-Editionen seiner Hausgötter wie Cooper, Schnabel, Sterne oder Karl May. Da konnte Schmidt wahre Blutbäder unter den Verantwortlichen anrichten. Ein kleines Beispiel bloß:

«Zumindest solange ich noch die Tasten schlagen kann, soll es nicht unwider-sprochen bleiben, wie die Herren Verleger es sich herausnehmen, mit uns, den Verbrauchern, ihr Schindluder zu treiben. Nichts liegt mir daran, irgendwelche (meist noch schlecht bezahlte) Kollegen über die Klinge springen zu lassen ; aber das muß nach Kräften verhindert werden, daß sich Dummheit & Frech-heit, ob in der Politik ob in der Kultur, als unangreifbar konstituieren.» (TRI 408)

Dies Resümee galt der «Übertragung» und «Bearbeitung» von Coopers *Littlepage*-Trilogie durch Rudolf Beissel, erschienen bei Heyne – «eine[r] filologische[n] Unverfrorenheit vom ersten Wasser». Schmidts Zorn war riesengroß:

«ist das Original ein höchst nachdenkliches Buch, so ist in dieser zusammengestutzten Ausgabe hier der Ton so hui & hastig geworden, so atemlos, überstürzt, eilfertig & holterdiepolter, daß man gar kein besonderer Klügelmeister zu sein braucht, um es allein deswegen kopfschüttelnd weit von sich zu schieben. (Beispiele bringe ich absichtlich nicht ; der zahlenmäßig belegbare Textunterschleif ist so unsinnig, daß ich den Raum lieber für anderes verwende).» (TRI 399)

Schon diese wenigen Textauszüge belegen im übrigen: Arno Schmidt ist auch in seinen ‹bloßen› kritischen ‹Brotarbeiten› trefflich (und buchstäblich) in Form. Er sei «in solchen krassen Fällen nun einmal inflammablen Temperamentes», hatte er bei anderer, doch vergleichbarer Gelegenheit an Alfred Andersch geschrieben (BAA 120).

Nicht zu leugnen ist indes, daß zu den vornehmlichen Opfern solcher «irasciblen» Augenblicke des Kritikers Schmidt sehr wohl die «schlecht bezahlten» Randfiguren, Wasserträger oder Zuarbeiter der Literatur gehörten: Schwerer Hohn ergoß sich etwa über arme Lexikographen oder Registermacher, wenn ihr Fachwissen dem Polyhistor Schmidt nicht hatte standhalten können; und unerbittlich wurde es der Mitwelt dargelegt, daß im Register der Freud-Ausgabe der *Struwwelpeter*-Hoffmann mit Hoffmann, dem Jugendbuchautor, verwechselt worden war (LEP 169). Gewiß, Schmidt hatte im Freudschen «Notregister» noch weitere Fehlleistungen entdeckt – aber hatte er nicht auch einmal das Wort von den philologischen «Minutien & Adiaphora» gebraucht, in denen sich ein Forscher verlieren könne (TRI 259)?

Kritische Feuerwerke brannte Arno Schmidt wiederum ab, wenn er sich ans Rezensieren nicht von ihm übersetzter Bücher machte und ganze Kaskaden voll mißratener Sequenzen auf Leser (und Übersetzer) niedergehen ließ – von der Neuausgabe des *Tristram Shandy* («total verfumfeit: der Ton des Ganzen») blieb nach Schmidts Musterung kaum mehr übrig als ein «wahrhaft peinlich herunter-genormte[s] DIN A 4-Produkt randvoller Lacünen & Verkennungen» (TBZ 241).

Schmidts berühmteste, auch wirkungsvollste (wenngleich gewiß nicht gerechteste) Nachprüfung galt dabei Georg Goyerts *Ulysses*-Eindeutschung und geschah 1957 ohne aktuellen Anlaß.[14] Es sei denn, aus diesem: Schmidt hatte soeben begonnen, Joyce für sich zu entdecken. Gut. Bedenkt man die etymistischen Folgen, dann war das ein Anlaß. Aber auch eine Legitimation, den Pionier Goyert «nicht nur ab[zu]stechen, sondern auf gut irokesisch [zu] zerstümmeln» (BAA 106)?

Schmidts Übersetzungs-Kritiken (auch die zu den alten Cooper- und Bulwer-Parallelübersetzungen) sind glänzend. Aber es sollte auch nicht verschwiegen werden: sie stürzen sich bei aller Präzision im (und Lust am) Detail eben bevorzugt auf solche Details (ein Spezifikum der gesamten Essayistik Schmidts). Oft genug brandmarken sie zudem bloße Unschärfe oder Stil-Nuancen (aber wir glauben's ja, daß Schmidt das alles viel eleganter gekonnt hätte). Und recht häufig reiben sie sich spitzfindig und wortgewaltig am Nebensächlichen. (Was sie gleichfalls mit vielen anderen Arbeiten Schmidts gemein haben.)

Ob's nun hübsch hinterhältige Absicht war oder nicht – Bernd Rauschenbach scheint jedenfalls eine inspirierte Wahl getroffen zu haben, als er seinen Sammelband mit Schmidtschen Literaturkritiken justament unter dem Titel *Das Leptothe=Herz* herausbrachte. So hätte eine (dann ungedruckt gebliebene) Jules-Verne-Rezension Schmidts heißen sollen, die der Diogenes-Ausgabe der *Reise zum Mittelpunkt der Erde* galt. «Leptothe – Herz» ist ein unfreiwilliger Neologismus des Druckers, dem offensichtlich eine Typoskript-Seite unbemerkt herausgefallen war («Leptotherium» hätte das komplette Wort heißen sollen). Fraglos ein Fauxpas. Doch gleich ein titelwürdiger?

2.

«Aber merken Sie sich wenigstens das Eine : Lesen ist Lernen & Leben – Hören bloßer Ohrenkitzel !» (BEL 274) Daß Arno Schmidt diesen Satz ausgerechnet einem seiner räsonierenden Stellvertreter im Radio (dem «ältlich herben» Sprecher A des Oppermann-Essays) in den Mund legt, dokumentiert zwar einerseits seine mißtrauische Skepsis gegenüber diesem «flüchtigen» Medium («ich bin ein Gegner von ‹Schall & Rauch & Rundfunk› !», BEL 246), ist aber andererseits – gerade wegen der Paradoxie – ein erneuter (und witziger) Beleg für Schmidts sisyphoshafte Grundhaltung, all seinen schwarzen Einsichten redlich («*ebmso hoffnunxlos* wie gefaßt», KAFF 128) entgegenzuarbeiten. Und so sind auch seine Funkfeatures über die Kollegen aus der Abteilung «Ältere Literatur» nicht nur Protestationen gegen die Vergänglichkeit von «Büchern & Menschen», Einsprüche gegen das Vergessenwerden, sondern auch didaktisch trickreich eingefädelte Provokationen zum Lesen.

Zunächst war es wohl freilich – wieder einmal – mehr ums Geld gegangen, als Arno Schmidt und Alfred Andersch, der eben die Redaktion ‹Radio-Essay› beim Süddeutschen Rundfunk übernommen hatte, Ende 1954 eine gelegentliche Zusammenarbeit vereinbarten. Und Schmidt scheint anfangs mehr an eine sorgfältigere Fassung seiner «literarhistorischen» Zeitungs-«Quodlibets» gedacht zu haben – für den «Studienrat in Uns» (BAA 50 u. 32). Andersch, der Ernsthafte, sah schon damals weiter, als er Schmidt aufforderte, für die Essays «eine ebenso eigentümliche Form [zu] schaffen, wie für Ihre Erzählungen» (BAA 39).

Dies gelang. Und damit entstand etwas bis dahin tatsächlich Unerhörtes: Arno Schmidts unverwechselbare Radio-Dozentur, die nicht allein eine veritable, gegen-kanonische Porträt-Galerie der Literaturgeschichte zusammenbrachte (und Literaturtheorie samt Geschichtsphilosophie gleich mitlieferte), sondern ein Vermittlungs-Instrumentarium entwickelte, das die Zuhörer – bzw. später auch die Leser – nicht gleichgültig ließ.

Schmidt selbst fand denn auch rasch Gefallen an der Sache (über die jeweils DM 900,– Honorar hinaus). Galten seine ersten Sendungen vorwiegend den bekannten, besser gesagt: den Schmidt-Lesern geläufigen Leitfiguren seiner Bücherwelt – Fouqué, Pape, May, Wieland –, so kamen mit der Zeit auch seine Neu-«Entdeckungen» hinzu (wie Wezel, Müller, Oppermann), später noch die Viktorianer sowie Joyce.

1958 erschien dann in Max Benses Zeitschrift *Augenblick* das *Vorspiel* – mit dem Arno Schmidt gleichsam das ‹Programm› seiner Funkessays nachlieferte, das da hieß: «die lebendige Verbindung zu unseren, praktisch sämtlich verschollenen, Großen fruchtbar wieder herzustellen» (DYA 10). Womit nicht zum wenigsten gemeint war, das «Unbekannte, dabei jahrhundertelang Verschüttete» (vgl. DYA 12) erneut ans Licht zu bringen und als «unerledigten Fall» auszuweisen (wie Schmidt es später einmal nannte, RVG 90), auf die – dann ja auch prompt eingetretene – Gefahr hin, als «schrullenhafter Sondergeschmäckler» (DYA 12) zu gelten.

Und bereits der trotzig in die Debatte gerufene Name des gern belästerten hartnäckigen Aufklärers Nicolai signalisierte, um welche «verschüttete» Tradition es hier gehen sollte. Schmidts Arbeiten über die

«Schreckensmänner» Karl Philipp Moritz und Johann Karl Wezel, die «Sprecher des Vierten Standes» (DYA 359), haben diesen Programmpunkt des *Vorspiels* ebenso bestätigt wie seine sympathetischen Beschreibungen Karl Gutzkows oder Heinrich Albert Oppermanns, der Fortsetzer dieser Traditionslinie im 19. Jahrhundert – «beste plebejische Kraft, mein Lieber !» (BEL 306)

Mit solchen «Rettungen» (ganz im Sinne Lessings) korrespondieren im finster entschlossenen, zum Schluß fast verschwörerischen *Vorspiel* aber auch die Verwerfungen:

«Ein Goethe, der sich sykofantisch vor der Herzogin=Mutter im Zimmer auf dem Fußboden umherwälzte, ‹und durch Verdrehung der Hände und Füße ihr Lachen zu erregen versuchte›, wird schon ein nachdenkliches Schauspiel gewesen sein.» (DYA 9)

Und damit wäre auch hier die Richtung gewiesen. Es ging nur stellvertretend um Goethe («Teppichwälzer, nobilitierter», DYA 124) – gemeint sind die «Klassiker» an sich, die angepaßten Großköpfe: «das muß Jeder für sich selbst entscheiden, ob er ehrlich sein will – oder aber ‹Klassiker›.» (RVG 234) Hier dienten Schmidts Funkessays der Rektifizierung, der «ausgleichende[n] Ungerechtigkeit»(DYA 229), zu deren Opfern Adalbert Stifter gleich zweimal gehörte (nach dem *Nachsommer* nahm sich Schmidt auch noch den *Wittiko* genauer vor); aber auch Klopstock mußte sich eine Demontage des *Messias* gefallen lassen, und selbst seinen Oden verweigerte Schmidt (ohne sonderliches Gespür gleichwohl) die Annahme.

Natürlich gingen Schmidts antiklassische Invektiven, auch dies zeigte das *Vorspiel* überdeutlich, an die Adresse der affirmativ-feinsinnigen Germanistik mit ihrer «blaublümlerischen» Verklärung der Dichterwerke (wofür Schmidt, bezeichnend, den Begriff «Arbeiten» einsetzte, heute heißen sie wohl ‹Texte›), mit ihrer Fixierung auf die wenigen, dann aber gleich heroisierten Großen, aus deren Œuvres sie dann auch instinktsicher die falschen Sachen für ihre «Kanonisierungsversuche» herauspicken.

Gegen solche Reduktionen des Kanons setzte Schmidt dann seine Umwertungen (Klopstocks *Teutsche Gelehrtenrepublik* und die *Grammatischen Gespräche* gegen Oden und *Messias*; Wielands *Aristipp* gegen den *Agathon*); vor allem aber führte er in der Folgezeit beharrlich seine «*Guten Meister zweiten Ranges*» (BEL 181) in den Ring, auch wenn sie, wie Leopold Schefer oder Gustav Frenssen, in

Wirklichkeit vielleicht nur dritten Ranges gewesen sind. Aber auch Schmidts düstere Interpretation der Romantiker als poetische Gestalter einer instabilen, als Chaos empfundenen Welt gehört, wie die Essays über Tieck und Fouqué zeigen, hierher.

Das zitierte Genrebild mit Goethe auf dem herzoglichen Teppich hatte darüber hinaus noch eine weitere Rektifizierungsfunktion gehabt, abermals gerichtet gegen die «besoldeten Verwalter unserer Literatur» (RVG 211) und deren «widerliche Vereinfachung und Verniedlichung von ‹Künstlers Erdenwallen›» (DYA 8). Was Schmidt in *seinen* Porträts dagegensetzte, bezeugte die Misere der Künstler. Und wenn er in den einleitenden Lebensabrissen seiner «Weltrekordler des Geistes» zuweilen ins gegenteilige Extrem fällt («Keine Zeit mehr zum Schlafen» – «Keine Zeit mehr zum Aufstehen & Anziehen : der Intellektuelle ist gleichgültig gegen Dreck !» – «Keine Zeit mehr für Bekannte & Freunde und ‹gesellschaftlichen Umgang›» – «Keine Zeit mehr für Liebe ! : höchstens noch etwas Sexus» – «Keine Zeit mehr für Charakter» – »Keine Zeit mehr zum Leben : nur noch Zeit für die ‹Schweizergeschichte› in sechzehn Bänden» heißt es über den Historiker Johannes von Müller, BEL 124 f.) – dann wird man auch dies als «ausgleichende Ungerechtigkeit» gegenüber den «Gehirntieren» verstehen können.

Das *Vorspiel* wurde dann zum Vorwort. Seit 1958 erschienen Schmidts Funksprüche sukzessive auch in Buchform (den Verleger hatte, wer anders, Alfred Andersch vermittelt) und belegten: diese Essays sind genuiner Bestandteil von Schmidts Werk. Der Werke anderer Teil.

Denn auch die von Andersch angemahnte «eigentümliche Form» hat Schmidt ja gefunden. Wenn auch nicht sofort. Er hatte mit Cooper begonnen, korrekter: beginnen wollen. Doch Redakteur Andersch reagierte einigermaßen entsetzt auf dies Hörbild *Siebzehn sind zuviel!* (vgl. BAA 61) mit seinen schlaglichternden Episoden aus dem Leben eines erst Gefeierten, dann Gestürzten. Sogar das Wort «Jugendfunk» ließ er fallen, was wiederum Schmidt erschüttert zur Kenntnis nahm (der aber später tatsächlich versuchte, die Szenenfolge dem Schulfunk anzudienen; dort wollte man sie aber auch nicht). Die Studie über Barthold Heinrich Brockes, den hamburgischen Patrizier und teleologischen Bedichter des Ritzebütteler Landlebens, mit der Schmidts essayistische Rundfunk-Karriere dann 1955 wirklich begann, ist formal vorsichtshalber ziemlich konventionell gehalten. Der Karl-May-Studie *Abu*

Kital, die das Spätwerk des Radebeulers der sogenannten Hochliteratur zuschlug, was die Kinder unter den erwachsenen May-Lesern gern hörten, bescheinigte Schmidt in einem Eigenkommentar dann zwar «den weit flotteren Charakter eines Streitgespräches» (BAA 83), doch im Text bemerkt man davon nicht viel. Immerhin: die Idee war jetzt da. Und zur Besichtigung der *Insel Felsenburg* traten dann im Dezember 1956 erstmals zwei gegensätzliche Partner an: ein «Referent; ruhig» und ein «Skeptiker» für «Fragen & Einwände» (DYA 55). Damit war die Ausgangssituation gefunden, die in den folgenden Features zunehmend komplexere Form bekam: das fiktive Gespräch in einer Privatbibliothek, der ansteckende Dialog über «Bücher & Menschen».

Spielerisch in «Runden» eingeteilt, werden Biographie und Schriften des jeweiligen Autors schrittweise vorgestellt – vorangebracht durch das zuweilen ignorant konformistische, zuweilen echt nachbohrende Fragen und Zweifeln B's oder das manchmal aufreizend arrogante, manchmal rechtschaffen weise (immer ungemein belesene) Antworten und Propagieren A's, des Spielmeisters, der als «Kenner und Anwalt der Gehirntiere» (BEL 115) auch die provokanten (hin und wieder auch bloß spitzfindigen) Thesen aufstellt und die charakteristischen Werkproben-Zitate appliziert – Belegstellen, denen freilich nicht in jedem Fall zu trauen ist. Zumal bei seinen ‹poetae minores› hat Schmidt öfter mal den posthumen Lektor gespielt und einiges nachgebessert (einem Revisionsanwalt ist halt jedes Mittel recht).

Aber bei manchem seiner Erwählten – bei Pape, bei Frenssen, sogar bei Meyern und vor allem bei Fouqué – entsteht doch unwillkürlich der Eindruck: Schmidts Wiederbelebungsversuche werden immer lebendig bleiben, jedoch am Tod des Patienten ändern sie nichts.

Es ist aber ohnehin nicht unbedingt das monographische Element selbst, das diese Dialoge so funkelnd und anregend (anregend auch zum Widerspruch) macht, sondern viel mehr ihre – jeder üblichen Sekundärliteratur überlegene – Mixtur aus Aperçus, Exkursen, sententiösen Randglossen, seitenhiebigen Ketzereien; natürlich auch ihre spezifische Lust am Entdeckerischen (verbunden mit Schmidts unverhohlenem Stolz darüber).

Dabei hat Arno Schmidt – außerhalb seiner mit rührendem Arbeitseinsatz vollzogenen Fouqué-Studien – nur selten und nur wenige eigenständige ‹Quellen›-Forschungen betrieben: Die *Allgemeine Deutsche Biographie* und Pierers Lexikon, Wolfgang Menzels *Literaturge-*

schichte, dazu einige einschlägige, «organisch ältliche» (meist ihrerseits längst verstaubte) Biographien genügten ihm für seine Dozentur, neben der entsprechenden Werkausgabe. Trotzdem muß man auf einen wie, beispielsweise, Oppermann erst einmal kommen! Und wenn Dieter Kuhn auch im *Bargfelder Boten* den triumphierenden Nachweis geführt hat, daß Schmidt für seinen Schefer-Essay nicht einmal die Originaltexte des Dichters benutzte und sein Wissen allein aus der einzigen, obendrein noch kräftig geschmähten Biographie des *Waldbrand*-Verfassers bezog: Was macht das? ‹Wissen› ist nicht identisch mit Urteilen – und das bestätigt jede einzelne der von Kuhn herbeigeholten Vergleichspassagen.[15] Interessant an diesem ‹Fall Schefer› ist freilich, daß Schmidt, der sehr massiv auf seinen literarischen Erstgeburtsrechten bestehen konnte (*«Ich fuhr herum : Wildenhayn ? ? :* Das wußte Niemand außer mir ! ! Wollte mich wieder ein Hund um die Priorität bringen ? !»*, DYA 396), als Nehmender etwas lax war in Sachen geistigen Eigentums.

Übrigens hat Helmut Heißenbüttel, Anderschs ehemaliger Redaktions-Assistent und seit 1958 dessen Nachfolger als Leiter des ‹Nachtprogramms› im Süddeutschen Rundfunk, den Schefer-Aufsatz nicht zur Sendung angenommen. Auch vorher schon hatte er einige Schmidt-Projekte abgeblockt («abgelegene Bezirke», BAA 149), darunter einen geplanten Dialog über den *Ruodlieb*, den 1030 in lateinischer Sprache geschriebenen ersten deutschen Roman – nach Arno Schmidts begeistertem Diktum ein «einundeinziges Fänomen»: «Das Ding ist von einem Realismus wie Zola und Bahnwärter Thiel zusammengenommen» (BAA 145). Andersch wiederum ignorierte Schmidts nie wiederholtes Angebot, einen Jean-Paul-Essay zu schreiben: ein ewiger Verlust; denn die Umkreisung dieses Wahlverwandten hätte wohl Aufschlüsse über beide bringen können, über Jean Paul, doch ebensosehr über Arno Schmidt selbst. Wie denn generell die autobiographischen Bezüge («Selbstexplikation»[16] nennt sie Jan Philipp Reemtsma) in Schmidts Funkdialogen keine geringe Bedeutung haben: Was er als Charakteristikum an den von ihm Porträtierten ausmachte, traf allemal auch ein Stück der eigenen Person, ob er die «sich radikal in Bedeutsamkeiten hochquälenden» (vgl. BAA 118) Schreckensmänner beschrieb oder die Zettelkasten-Sucht des «Gehirntiers» Müller, ob er Wieland als Konstrukteur neuartiger Prosaformen vorstellte oder Klopstock als Experimentator mit umgangssprachlich geprägter Orthographie, Herder als widersetzlich isolierten «Primzahlmenschen» und Polyhistor oder Heinrich Albert Oppermann als fleißig niedersächsischen Historiographen und Exponenten des politischen Romans. Dichter & ihre Gesellen.

Ruhestörend wirkten Schmidts Nachtprogramme zu ihrer Zeit außerdem. Seine häretische Abrechnung mit dem *Nachsommer* mußte – auf Geheiß des Intendanten – sogar mit der ausgleichenden Gegenrede eines unbedenklichen Amtsgermanisten versehen werden, ehe sie auf Sendung konnte. Der leidenschaftlich düstere *Belphegor* durfte im gleichen Jahr 1959 gar nicht mehr im Süddeutschen Rundfunk produziert werden, woraufhin der Hessische Rundfunk einsprang.

Sicher – so spektakulär ging es nicht immer zu; und ganz zu Unrecht sah sich Schmidt wohl auch nicht dessen bezichtigt, was er «preziösen Snobismus», «steifhosige Gelehrsamkeit» (na gut: «steifhosig» wäre tatsächlich ungerecht!) oder «verschrullte Freude am entlegenen Biographicum» (BAA 153) nannte. Immerhin: 1957 hat er sich gegen solcherart – latente, aber in manchen Rezensionen schon auch sinngemäß manifeste – Vorwürfe noch entschieden zur Wehr gesetzt und konnte es auch.

Das änderte sich. So, wie sich auch die Frage- und Problemstellungen seiner letzten, in den Jahren seit 1966 entstandenen Funkessays änderten. Zudem herrschten unter den Porträtierten nun eindeutig die (um wenig zu sagen) Zweitklassiker vor: Lafontaine (nur ein Zeitgenosse Jean Pauls), Wilkie Collins, Edward Bulwer-Lytton und Carl Spindler heißen die letzten Erwählten Schmidts, die vordringlich ihrer Gestaltung historischer «Privatalterthümer» wegen gerühmt werden und (so darf man – übrigens ohne Spott – vermuten) nicht zuletzt deshalb «zu retten» und im Gedächtnis zu bewahren sind, weil sie überhaupt einmal geschrieben, somit gelebt haben.

Es gab seither auch keine «Dekapitierungen» mehr, ebenso wie Schmidts hingefetzte Herausforderungen an die etablierte Germanistik aufhörten (und wie schön hatte es doch 1958 noch über den Novellen-Spezialisten Fritz Lockemann geklungen – «der Bube ist Dozent für deutsche Literatur in Mainz; und vergiftet ergo laufend die Jugend ! [...] nun, solange es geht, will ich den Teufel machen, der solche Buchstabenmänner holt !»[17]).

Mitte der 60er Jahre ging es offenbar nicht mehr. Merkwürdig: Während die Studentenbewegung beginnt, die Blaue Blume rot zu färben, während die vormals zementierten Kanons zerbrechen und die widersetzlichen Literaten des 18. Jahrhunderts in die Seminare gebracht werden, wo man sich auf Schmidts Essays beruft, stellt Schmidt seine Funksprüche endgültig ein. Rückzug ins tusculuminöse Retrograd.

Die Form des antagonistischen Zwiegesprächs hatte Schmidt in seinen Features schon vorher aufgegeben – die letzten Unterhaltungen seiner nächtlichen Büchermenschen fanden im vergleichsweise realistisch gestalteten Familienrahmen statt.

An der Spindler-Exegese nehmen insgesamt fünf Menschen teil, unter ihnen ein «dekorativ angeschmutzt[es]» (2 ZK, 3, 115) Hippie-Pärchen, das Zivilisationsmüdes verbreitet und Generationskonflikte mit dem Textilfabrikanten-Elternpaar ausficht. Man spricht über Spindler. Aber genau so gern und lange redet man auch übers Fernsehen, die Gegend, sich selbst. Man sitzt auch nicht mehr in einer Bibliothek, sondern auf einem Campingplatz. Und der alte Sprecher A. ist kaum noch ein «Meister» des Spiels zu nennen – er hat Mühe, die anderen überhaupt dazu zu bringen, längere Zeit am Stück über ein Thema wie die «Historie im Roman» zu reden.

Seit dem Schnabel-Essay waren Arno Schmidts Radio-Dialoge nicht nur Vermittlungs-Instrumente, sondern zugleich Modell-Situationen. Das hat sich auch im allerletzten Feature nicht geändert – dem Modell eines windschiefen Gesprächs über Bücher. Der alte Experte A. macht trotzdem freundlich und geduldig weiter. Auch wenn ihm, am Schluß, keiner mehr zuhört.

Anmerkungen

1 Arno Schmidt: *Dankadresse zum GoethePreis 1973*. In: *Frankfurter Rundschau*, 29. 8. 1973.
2 Ebd.
3 Gunar Ortlepp: *Apropos: Ah!; pro=Poe*. In: *Der Spiegel*, 20. 4. 1970.
4 [Walter Busse]: «,;.–:!–:!!». In: *Der Spiegel*, 13. 5. 1959.
5 Am 28.10. 1959 und am 24.10. 1957; sie finden sich in den Sammelbänden *Das Leptothe=Herz* und *Deutsches Elend* als Neudruck wieder. Leider bringt der Herausgeber Bernd Rauschenbach keine Quellenangabe.
6 Arno Schmidt: *Die moderne Literatur und das deutsche Publikum*. In: *Sind wir noch das Volk der Dichter und Denker?*, hg.v. Gert Kalow. Reinbek 1964, S. 96–106; hier S. 97.
7 Schon 1959 hatte Arno Schmidt an Wilhelm Michels geschrieben: «ich habe mir nie eingebildet, ein ‹Sprecher des Vierten Standes› zu seyn; höchstens Mundstück

derjenigen Intellektuellen, radikalerer Artung, die im 4. Stande geboren wurden! Ich bin mir aufs Grausamste bewußt, daß ich ‹zwischen den Stühlen› sitze.
Dennoch!» (BWM 107)

8 «[...] ich kann mir es finanziell noch nicht leisten, von einem Autor so viel zu
wissen, und dies Wissen nicht in knisternde Müntze zu verwandeln: ich habe
Schulden; nichts sag' ich weiter!» (BWM 147)

9 Arno Schmidt: *Ein Vir Quadratus.* In: *Der Spiegel,* 3. 6. 1964.

10 Ders.: *Wilkie Collins ist mitnichten tot.* In: *Die Welt der Literatur,* 14. 10. 1965.

11 Ders.: *BULWER oder die Meßbarmachung einer unbekannten Größe.* In: *Süddeutsche Zeitung,* 2./3. 10. 1971.

12 Ders.: *Ein Buch und eine Meinung. Arno Schmidt nimmt Stellung zu dem Erzählungsband «Sanfter Schrecken» von Stanley Ellin.* In: *SDR I,* 23. 11. 1961.

13 Interessant dazu ist eine Passage aus dem Briefwechsel Schmidts mit Wilhelm
Michels. Michels hatte vermutet, Goverts könne wegen der Scheerbart-Kritik
«sauer sein» (BWM 263). Schmidt entgegnete: «Nö; ich will mich nich mutiger
machen, als ich bin. Ich hatte auf kuriosen Umwegen [...] in Erfahrung
gebracht, daß es zwischen Vorwortler und Verleger nicht nur ‹Funken›, sondern
schon einen veritablen WALDBRAND gäbe, usw. (Das Dankschreiben des Verlages ist bereits eingegangen, und kann auf Verlangen besichtigt werden.)» (BWM 264)

14 Arno Schmidt: *Ulysses in Deutschland.* In: *Frankfurter Allgemeine Zeitung,*
26. 10. 1957; Wiederabdruck in LEP 31– 44.

15 Vgl. Dieter Kuhn: *Einige Anmerkungen zu Arno Schmidts Funkarbeiten über
Schefer und Wieland.* In: *Bargfelder Bote* 28 – 30 (März 1978), S. 3– 34.

16 *Nachwort* im 4. Band der *2. Zürcher Kassette,* S. 384.

17 Das war zwar nur eine briefliche Äußerung (BAA 171), aber in seiner Rezension
zu Lockemann (LEP 45 – 54) war Arno Schmidt nicht wesentlich zurückhalten-
der; außerdem kommen alle Briefe großer Männer eines Tages ans Licht. Also.

Georg Guntermann

«In unserer Bestjen der Welten...»
Zeit- und Religionskritik im Werk Arno Schmidts

«[...] ich gehöre keiner Religion an. Ich bin zwar als Lutheraner geboren und getauft, jedoch vor 25 Jahren aus der Gemeinschaft jener Kirche ausgetreten (meine Frau ebenfalls); [...] ich [bin] nichts weniger als etwa ‹militanter Atheist› [...]; wir sind gewohnt, in völliger Stille und Zurückhaltung zu leben [...].»

Der mit solchen Worten sich um die Stellung eines Küsters – wegen der damit verbundenen Gewährung einer Dienstwohnung – bewarb[1], war nicht lange zuvor «wegen Gotteslästerung und wegen Verbreitung unzüchtiger Schriften» angezeigt worden.[2] Das Ungenügen der Verhältnisse, seine zeitweilig bedrückende Armut, das Bewußtsein fortwährenden Nichtbeachtetseins, der Zwang zu Brotarbeiten – all dies brachte ihn dazu, das Bild einer Gesellschaft anzuprangern, die ihre besten Künstler buchstäblich verhungern läßt. Verantwortlich für die grundsätzliche Gegnerschaft eines Schriftstellers gegenüber einem Staat, von dem er nichts erhoffen zu können glaubt, ist die hoffnungslose Isolation des Intellektuellen, der sich alleingelassen findet «inmitten des Volkes des ‹dicht er› & ‹denk er› !» (LEZ 322).

Zeit- und Religionskritik im Werk Arno Schmidts[3] erscheinen von Beginn an in einer eigenartigen Weise ineinander verschränkt. Nicht zuletzt daraus erwuchs das «Mißverständnis»[4], in diesem Autor entweder nur einen unpolitischen, elitären Anti-Demokraten oder aber einen radikal-militanten Jakobiner sehen zu können. Beide Einschätzungen verweisen zurück auf die Literatur, in der sie artikuliert werden; ganz konkret: auf die Lage ihres Autors.

Zeit- und Religionskritik als Kritik in eigener Sache: in litteraricis

Schmidt als Kritiker der staatserhaltenden Rolle von Religion und Kirche spricht zunächst einmal in eigener Sache. Wenn es in seinem bekanntesten, paradigmatischen religionskritischen Essay, der Antwort (*Atheist?: Allerdings!*) auf Karlheinz Deschners Umfrage «Was halten Sie vom Christentum?»[5], heißt: «Bei heutigen Schriftstellern ist man mit gerichtlicher Verfolgung ‹wegen Pornographie, Gotteslästerung und anderem› rasch bei der Hand» (IV), dann meint er den eigenen Prozeß, der ihm eine Zeitlang gedroht hatte. Als Betroffener polemisiert er gegen christlich inspirierte Literaturwissenschaft und -kritik: sie sei uninformiert, urteile von willkürlich-ideologischen, literaturfernen Kriterien aus und verfahre selektierend, selbstgerecht, perfide und tendenziös. Als Betroffener plädiert er für weltanschauliche Neutralität des Kunstwerks und beharrt auf der «Verknüpfung zwischen Atheismus und Erotik».[6] Die forciert vertretene Verbindung zwischen Gottlosigkeit und Unsittlichkeit mag aus heutiger Sicht als fragwürdig angesehen werden. Doch scheint sie als spezifische Form des Protests für das geistige Klima der Bundesrepublik in der Adenauer-Zeit überaus charakteristisch zu sein. Sie führt ihn schließlich zu Angriffen gegen die «falsche Wortmünze von der ‹christlich-abendländischen Kultur›. Eine ‹christliche Kultur› ist [...] ein Widerspruch in sich!» (XII), und gipfelt in der These von der christlichen Religion als Kulturverhinderin.

Das Grundmuster: Reduktion auf den Menschen

Es wird häufig behauptet, Schmidts Argumentationsstrategie in seiner Auseinandersetzung mit Kirche und Religion habe mit bibel- und religionskritischen Facharbeiten wenig zu tun, im Gegenteil: oft fänden sich der Stoff und die Erkenntnisse der Religionsforschung bewußt verdreht und falsch dargestellt – was Rückschlüsse auf seine Kritikfähigkeit zulasse. Apologetische Reaktionen von Priestern und Religionswissenschaftlern verfolgen im allgemeinen diese Linie. In einem grundlegenden, ja entscheidenden Punkt indes folgt Schmidt sehr wohl einer bestimmten, aufklärerisch inspirierten Tradition materialistischer Religions- und Ideologiekritik des 19. Jahrhunderts (Feuerbach, Marx, David Friedrich Strauß): der reductio ad hominem.

Dem Autor Schmidt bedeutet das zunächst konkret, die Bibel als ein Werk von Menschen für Menschen darzustellen: «ein Buch mit, milde gerechnet, 50 000 Textvarianten (also pro Druckseite durchschnittlich 30 strittige Stellen!)» (II) Entscheidend jedoch ist die anthropologische Wende der Religionskritik («Gott hat den Menschen geschaffen ? : Es mag wohl umgekehrt sein», BEL 220), die bewußte anthropozentrische Umkehrung der Blickrichtung als Mittel seiner Argumentation. Das schafft Raum – in literarischer Argumentation, in Dialogen und Reflexion – für polemisches Zurechtrücken, das Nieder-Holen von als vorbildlich vorgestellten Figuren und Haltungen.

Schmidts religionskritische Äußerungen sind oft unnötigerweise so aufgefaßt worden, als seien sie in blasphemisch-kränkender Absicht geschehen. Doch wenn es im *Atheismus*-Essay heißt: «Der Himmel behüte mich, daß ich je ein Mann nach dem Herzen Gottes werde!!« (IV), dann ist damit nicht nur polemisiert gegen die Reihe verderblicher ‹Vorbilder›, welche die Bibel empfehle, sondern es spricht daraus auch ein positiver Antrieb. Schmidts (anti)religiöse Zeitkritik – so machen es viele einschlägige Belege deutlich – präsentiert sich humanistisch inspiriert, ihr Impetus will als Mit-Leid gegenüber dem Leiden der Menschen, der Kreatur überhaupt aufgefaßt sein. Angegriffen wird die Vorstellungswelt einer Religion, die mit Bildern von Angst und Gewalt operiert und die Drohung des Jenseits als Mittel im Diesseits benutzt. Schmidt mißt die «Auswirkungen des Christentums in seinem Machtbereich» (II), weiß die Praxis, die Verbrechen der Christen im Namen der Kirche, als Argument gegen die Religion auszuspielen.

Am weitesten geht dieser humanitäre Antrieb der Religionskritik, wenn aus ihm sich ein ‹negativer Gottesbeweis› eigener Art speist, indem das Elend der Welt als Argument gegen ihren Schöpfer dient, «das Wahnsinnsprinzip einer Welt, deren lebende Wesen dadurch existieren, daß sie einander auffressen» (VII), polemisch gegen die Vorstellung von der ‹besten aller Welten› gewendet wird, in Anlehnung an Lichtenberg: «Zu untersuchen, inwieweit Gott aus der Welt erkannt werden kann : sehr wenig : es *könnte* ein Stümper sein!» (VII) Der Schöpfer wird angeklagt aus der Perspektive der Geschöpfe, wird haftbar gemacht für alles, was vorgeblich in seinem Namen geschieht:

«Der ‹Herr›, ohne dessen Willen kein Sperling vom Dache fällt oder 10 Millionen im KZ vergast werden : das müßte schon ne merkwürdige Type sein – wenn's ihn jetzt gäbe !»(POC 393)

Kritik als Kunst der Versetzung:
die Fremdartigkeit des Gewohnten

Schmidts Kritik an seiner Umgebung funktioniert durch Distanzierung, als arrangierte Fremdheit, künstlich (das heißt: literarisch) hergestellte Fremdartigkeit des im schlechten Sinne Gewohnten und allzu Vertrauten. Überaus dankbares Objekt für ein solches Verfahren, in dem weltanschaulicher Nonkonformismus seine literarische Entsprechung findet, bietet ihm die Praxis kirchlicher Riten. Der Kritiker Schmidt begibt sich mittels der Technik der Versetzung in eine Position gespielter naiver Unvoreingenommenheit, aus der heraus das Abendländisch-Gewohnte, Gegenwärtige sich als vollkommen fremdartig und auf bestürzende Weise martialisch ausnimmt. So wird es möglich, daß, im Stile eines staunenden Ethnologen, der wunderliche Gebräuche aus fortgeschrittenem Bewußtsein heraus beobachtet und für die Nachwelt festhält, das Unverständlich-Exotische an jahrhundertelang vertrauten Riten wie der christlichen Eucharistie sich preisgibt (FAUN 346). Das Entfernte, als zeitlos-heilig scheinbar Entrücktes, soll, am menschlichen Maß gemessen, auf seine banale Normalität reduziert erkennbar werden, und umgekehrt: heute gebräuchliche und allgemein akzeptierte Einstellungen sollen sich als unzumutbar und unerträglich fremdbestimmt offenbaren.

Kritik funktioniert als arrangierte Distanzierung. Aus dem Blickwinkel des an den Rand gedrängten Beobachters ergeben sich «*reaktive* Wertungen»[7], dem bösen Blick gewollter Gegnerschaft wird schlechterdings alles zugänglich, sei es das wahrnehmungsunfähige Publikum («Taubstummenanstalt»)oder die ähnlich aufnahmebeschränkten Kritiker («einknopfbediente [...] Wortauspuffs»; BWS 13, 1. 9. 1954).

Die geballte Wut desjenigen, der erzwungenermaßen nicht dazugehört, des erst unfreiwilligen und dann willentlichen Außenseiters, macht auch vor den Mitspielern der selbsthergestellten literarischen Konfigurationen nicht halt. Auch die Hintergrundfiguren seiner Erzählungen und Romane sind aus einer Haltung der Opposition gezeichnet. Sie trifft der mitleidlos sezierende Blick, von dem sie, leidvoll von Schmidt als Zeitgenossen erfahrene Gestalten, sich wie exotische Präparate aufspießen lassen müssen. Die Bauern zumal («Iss einfach ne andre Art Mensch !», STH 20), ihm seit jeher suspekt als Nutznießer der Not anderer, sie verlieren alles Menschenähnliche («Fast=Vierfüßler», LEZ 343) durch übergenaue Beschreibung und hypertrophe Bilder

(«eine Haut, an der sich der Stachel einer Hornisse verbogen hätte»,
LEZ 363), erdacht von demjenigen, der sich vis-à-vis von ihnen nieder-
gelassen hat, um «les fonctions mentales dans les sociétés inférieures zu
beobachten» (LEZ 499):

«Haare aus schwarz=weiß=rotem Zwirn; mit ledernen Händen, an jeder davon
5 Daum'm. [...] Vorn 1 wollüstich fette Schtirn : an der Seite hingn die Ohrn
wie Lumpn. (‹Große Lappm› [...]).» (KAFF 56 f.)

Distanziert und unbarmherzig werden sie betrachtet, ob draußen im
Freien oder in der Wirtsstube, allwo sie «das, mit Recht so genannte,
‹Schaaf=Kopp›» spielen (KAFF 179), oder Skat:

«Unweit nordöstlich von mir, studierten drei Archetypen, Dall Damb & Aggli,
das Buch der Könige – 18, 20; zwo=vier; (Kapitel= & Vers=Einteilung demnach; ohne daß man sie hätte als ‹Bibelforscher› bezeichnen können)».
(LEZ 498)

Konsequent, daß er solchen Gestalten – von seiner geistigen Höhe
herab die Lizenz für Erkenntnis, das heißt: Menschsein verteilend –
grundsätzlich die Fähigkeit und damit das Recht abspricht, über das
Gemeinwesen mit zu entscheiden: «Jeder müßte mit 21 (bzw. 18) Jahren eine kleine historisch=geographische Prüfung bestehen (die dann
alle 5 Jahre wiederholt wird)» (StH 98). Doch nicht nur die Beherrschten, auch die in der «Adenauer=Republik» verantwortlichen Politiker
(«was brauchen wir noch Altersheime, wo wir doch die Parlamente
haben !», UMS 284) trifft der gleiche Ausschluß in diesem kürzeren
Gedankenspiel einer ‹idealen freien› Wahl der Besten eines Volkes:
«Mit 65 erlischt das Wahlrecht unerbittlich, aktiv wie passiv : *es giebt
keine Altersweisheit !!*» (StH 98) Die nähere Begründung war seinerzeit
den (selbst-)zensurierenden Rücksichten des besorgten Lektors zum
Opfer gefallen:

«Greise Politiker ? : Makrobioten ! : Wenige sterben und Keiner dankt ab;
Churchill, Stalin, Adenauer, der Papst : voller Altersfrechheit, eisiger Rück-
sichtslosigkeit, und greisenhaftem Eigensinn, reiten sie ihre Völker immer tiefer
in Atomunheil und bebrüllte Dienstbarkeit [...].» (StH 83)

«Thron & Altar»: Momentaufnahmen aus den fünfziger Jahren

Scheidepunkt der Kritik Schmidts an seiner Umgebung, Kern seiner Ausfälle gegen die bundesrepublikanische Restauration, gegen Verdrängung und ‹Wiederaufbau› ist die Ablehnung der in seinen Augen alles übergreifenden Verbindung von Kirche, Staat und Militär, der unheiligen Allianz von «Geistlichen, Militärs & Juristn» (KAFF 165). Es entstehen Momentaufnahmen aus den fünfziger Jahren, die das Leben unter der lastenden Herrschaft der Kirche zeigen. *«Wenn ich nicht schon von Geburt Atheist wäre, würde mich der Anblick Adenauer=Deutschlands dazu machen !»* So heißt es im Originalmanuskript des *Steinernen Herzens* (21). «Wenn ich nicht schon von Geburt Atheist wäre, würde mich mancher Anblick hier im Lande dazu machen», lautete der abmildernde Änderungs-Vorschlag von Ernst Krawehl, dem Lektor des Stahlberg-Verlags, in vorauseilender Vorsorge; «wenn ich nicht schon von Geburt Atheist wäre, würde mich der Anblick Deutschlands dazu machen !» die darauf folgende Korrektur Schmidts, der auf der unheiligen Allianz, dem «eklen Zusammenspiel von Thron & Altar» (DE 29) beharrt als einer der wesentlichen Triebfedern seiner Opposition, dem Vorwurf, die christliche Religion habe sich vom Staat als quasi-offizielle Weltanschauung in ihren Dienst nehmen lassen. Zeit- und religionskritische Motive durchdringen und stützen einander gegenseitig.

Wie sehr Schmidts Vorstellung von einem Rundum-Panorama, das Kirche und Staatsgewalt als vereinte Macht erkennen läßt, zu einem fast formelhaften Begriff geworden ist, bezeugen ungezählte Beispiele.[8] Die Gefahr solcher Zusammenschau liegt darin, daß das ‹Feindbild› nur noch zur unbestimmten ‹Gesellschaft›, zur ‹Compagnie›, zum Markenzeichen geronnen wahrgenommen werden kann: «der berühmte ‹Deutsche Mensch› ! Von der Christlich-Abendländischen Kultur GmbH !» (FAUN 320) Hier macht sich ein Hang zur Überzeichnung bemerkbar, ein fast rassistisch zu nennendes Moment der Auseinandersetzung, in welcher auch über die Grenze des Sachgerechten hinaus Argumente gesucht und gefunden werden. Einige seiner zeit- und gesellschaftskritischen Einwände, die Angriffe gegen die Atombombe, den Wehrdienst, die Wiederaufrüstung und deren Kosten, droht er damit selbst zu entwerten.

Auf der anderen Seite, in seinen Erzählungen und Romanen, ist das

Medium ‹Literatur› in der Lage, eben jene formelhafte Erstarrung der Feindbilder aufzulösen: indem sie Wahrnehmungen vermittelt, die selbst die Verbindung zwischen Kirche und Staat sinnfällig beglaubigen und Details zu einem Anblick verdichtet, der die beiderseitige Kumpanei ad oculos demonstriert:

> «die Ehrentafel für die 1914–18 Gefallenen : Christus oben : *zu seinen Füßen gekreuzt Stahlhelm und Schwertmitlorbeerkranz ! !* Und ich grinste höllisch amüsiert ins Halbrelief : so deutlich wärs gar nich nötig gewesen ! : Thron und Altar : das iss schon ne Allianz ! !» (STH 32)

Mit literarischen Mitteln kann ein Arrangement nachgestellt werden, das deutlich macht, wie sehr die Allgegenwart der von der (katholischen) Kirche geprägten Kultur das Leben der fünfziger Jahre in der Bundesrepublik beeinflußt hat. Der christliche Gottesdienst im Radio, konfrontiert mit der Vorbereitung des Mittagessens, verweist kontrastiv auf den Vollzug des Alltags, allsonntäglicher bürgerlicher Normalität (und ein Stück der ihr innewohnenden Brutalität färbt ab):

> « ‹*Großer Gohott wir lohoben Dich :* › (aus Evers' offenem Radio drüben, während die Alte Koteletts niederknüppelte und ihr Kleid auskehrte; und dann fing erst das eigentliche Gegospel an). Auch auf Langwelle kaute man feierlich an Dschieses Kraist, Orgeln brummten kuhwarm, und es war keine Rettung vor all den Molkereien der frommen Denkungsart.» (FAUN 314)

An vielen Stellen in Schmidts Werk darf der Leser «*Nachrichten mit hören*» (STH 13), mit Hilfe der jeweils zeitgemäßen Apparatur, sei es im Rundfunk oder dann auch im Fernsehen (des Dorfgasthofs: «das graublaue Geflimmere [...] gibt die bekannten ‹halben Wahrheiten› von sich», LEZ 342); die Funktion einer «Regierungsmaschine» bleibt stets die gleiche. Denn die Nachrichten geben dem Erzähler die denkbar günstigste Gelegenheit, den Gegner, eine undeutlich empfundene Mischung von ‹Staatsapparat› und gesellschaftlichem Bewußtseinszustand, anhand seiner Selbstdarstellung der planmäßigen und fortgesetzten Lüge zu überführen – abgrundtiefe Skepsis («Politik : stinkt mich an», BH 165) eines Nicht-Zugehörigen, der in «‹Nachrichten› ?» nur die «unerhört falschen Darstellungen in Wirklichkeit längst überholter Gaunereien» zu erkennen vermag (LEZ 500).

Überreden oder Überzeugen?
Poetisierte Argumente, polemische Rhetorik

Es ist punktuell beanstandet worden, daß Schmidt «Politisches nicht innerhalb historischer Prozesse reflektiert und beurteilt, sondern innerhalb eines von ihm gesetzten starren Rahmens radikaler ethischer und ästhetischer Prämissen».[9] In der Tat geraten in Widerstreit die Anforderungen der Argumentation einerseits (Argumente zu entwickeln, das heißt: ‹Diskurs›, monologartige Explikation von gedanklichen Zusammenhängen) und die Erfordernisse der Literatur andererseits: der Herstellung von ‹Handlung› und Dialog, Figurenkonstellation und psychologisch wahrer Interaktion. Gesucht ist ein drittes: «Reflexionsgespräche».[10]

Polemischer Gehalt und rhetorische Form sind aufeinander angewiesen. Das gilt für die Streitschrift ebenso wie für Erzählung oder Roman.[11] Gespielte Naivität befördert das allzu Vertraute in absurd erscheinende Sinnlosigkeit und Fremdheit, gewolltes Mißverstehen konfrontiert polemisch den übergroßen metaphysischen Anspruch des Ganzen mit dem ‹realistisch›-alltäglichen Gehalt im Kleinen. Bibelkritik, als Wörtlich-Nehmen und Auslegen wider den Strich, erreicht ihre aggressiv provokative Wirkung durch die abweichende, speziell ins Geschlechtlich-Sexuelle abbiegende Richtung der Neu-Lesung, die den Kritiker nicht ohne Schadenfreude ‹unzüchtige Stellen› in der Heiligen Schrift auffinden läßt (IV). Polemik ist lustvoll auch in den literarischen Texten geübte Praxis, in denen dem Ich-Erzähler alles: Einfälle, Witz, Ironie, die Geistesgegenwart passender Bilder und Vergleiche usw., zur Hand ist. Diese Lust an der Polemik führt bisweilen dazu, daß sich im literarischen Spiel das Ziel entfernt und das Mittel verselbständigt, Religionskritik dann am Ende die mangelhafte Statik, die geodätische Unzuverlässigkeit sakraler Bauten sich vornimmt:

«die alte Kirche ? ? – Wissenschaftlich=angeekelt den Turm betrachten : schon mit bloßem Auge sah man, daß der Diagonalenschnittpunkt seines Grundrißrechtecks und die Projektion der Helmstange von oben, garantiert nicht zusammenfielen : kein Verlaß auf kirchliche Einrichtungen ! (Wie jeder Landmesser freiwillig bestätigen wird : kein Geodät mit gesunden Sinnen wählt, solange noch was anderes da ist, Kirchtürme als Dreieckspunkte ! Abgesehen von Umbauten und Reparaturen [...] und den pendelartigen akuten Böenschwankungen [...] erleiden die meisten Dachstühle beträchtliche säkulare Verformungen; durch Austrocknung und regelmäßig=einseitige Sonnenbe-

strahlung; Regenschlag und beharrlichen Druck aus der Hauptwindrichtung :
schon deswegen also wäre Atheismus begründet!» (sтн 73)

Schmidt ist, namentlich in seinen frühen bis mittleren literarischen
Texten, «einem überschießenden Bedürfnis nach Provokation»[12] folgend – so scheint es –, jederzeit bereit zur unsachlichen Verallge-
meinerung, zum konstruierten Mißverständnis, zur vorsätzlichen Ver-
tauschung der Ebenen. Bisweilen werden in gewollter Polemik die
Grenzen zum Geschmacklosen gestreift, in den Angriffen gegen religiöse Praktiken zumal, oder aber die Grenze zum Blasphemischen wird
überschritten, wenn «Anus Dei!» (POC 435) als Wort dient für den reg-
nerisch unfreundlichen, kalten Abschiedsmorgen, der dem Ich-Erzähler die Sexualpartnerin wieder entführt.

Gezielte Verschreibungen und Sprachspiele sind die harmlosere
Variante solcher polemischen Kritik an der «Aabmdlendisch=kristli-
che[n] Kulltour» (KAFF 243), indem der Gegner, durch Wörtlich-Nehmen der Sprache über den ursprünglich intendierten Rahmen hinaus
(«ich kannte mal einen, der antwortete auf ‹Grüß Gott› grundsätzlich
‹Wenn D'n siehst›; war 'n feiner Mann», POC 401), auf mitunter wit-
zige, ‹literarische› Weise verulkt und bloßgestellt wird und der Widerstand gegen Kirchliches zum kalauerartigen Wortspiel, bloßen
Respons sich zusammenzieht: «‹Haa - lee - luh : ja !› (Hallelu : nein!
[...]).» (sтн 32)

Dialog als Überredung:
Streiten für ein ‹realistisches› Weltbild

Bei der Bewertung von Zeit- und Religionskritik im Werk Arno
Schmidts kann es nicht um eine losgelöste, abstrahierbare Weltanschauung gehen. Es muß dem ‹Funktionieren› einschlägiger Passagen
in seinen Texten selbst nachgegangen werden – im erzählerischen
Werk wie in seinen Pamphleten und Streitschriften, die ähnlichen ‹literarischen› Strategien folgen, indem sie ein bestimmtes Arsenal an Spre-
chern, Stimmen und Gegenstimmen, aufbauen, die in bestimmten,
funktional festgelegten Rollen agieren. Der Stilgestus des Überreden-
Wollens durchzieht all seine Texte und bestimmt sie in doppelter Hinsicht. Zum einen sind es die wortführenden «seiner Figuren: der
Schriftsteller, Privatgelehrten und sonstigen Intellektuellen [...], die er

als mehr oder weniger deutliche Projektionen seiner selbst [...] in seine Prosa hineinschickt, damit sie dort niedere oder gehobenere philosophische Skepsis verbreiten».[13]

Der ‹Held› verwickelt seine jeweiligen Kontrahenten mit Hilfe suggestiv geführter Widerrede in unversöhnliche, nur scheinbar mäeutische Streitgespräche («*Diskussion :* Würden die Menschen nicht besser werden, wenn sie *nicht* an die Unsterblichkeit glaubten ? !», sth 21), weniger um die Gegenspieler zu bekehren, eher um gegen sie zu polemisieren. Aber auch mit seinen Lesern verfährt der Autor Schmidt in ähnlich unnachsichtiger Weise. Auch dieser ‹Dialog› ist von vornherein auf Überredung hin angelegt. Einwände sind nur dazu da, von einem archimedischen Punkt unbezweifelbarer Sicherheit aus widerlegt zu werden; in Rede und Gegenrede wird zu einem schon im vorhinein feststehenden Ziel hin ‹entwickelt›.

An herausgehobenen Stellen wählt Schmidt die ‹philosophische› Methode, das ‹kosmologische› Verfahren, um den fiktiven Widersacher von der Haltbarkeit seiner Zeit- und Religionskritik zu überzeugen. In immer ähnlichen Argumentationsmustern werden die Erkenntnisse der Wissenschaft, insbesondere der Physik, und das physikalisch definierte Weltbild, zur Veranschaulichung gestützt durch Beispiele aus der Astronomie, dem Befangensein im Glauben als einer falschen Autoritätshörigkeit entgegengehalten. Stets ist es die gleiche Form von Kosmogonie, relativiert durch den Hinweis auf die begrenzte sinnliche Wahrnehmungsfähigkeit des Menschen, die als Argument gegen totalitäre, religiös bestimmte Ideologien bereitsteht, im *Faun* (1953) kennzeichnenderweise eingebettet in ein Streit-Gespräch des Ich-Erzählers mit seinem Vorgesetzten, dem Herrn Landrat: Versuch einer Gegenwehr, um die eigene intellektuelle und moralische Überlegenheit sich zu demonstrieren in einem Akt der geistigen Selbstbehauptung. Wissen (um die Grenzen des Wissens) steht gegen Glauben. Aus dieser Position stellt sich Religion dar als eine historische (und historisch *überlebte*) Bewußtseinsstufe; das mythische Welterklärungsmodell hat der neuzeitlichen wissenschaftlichen Erkenntnis zu weichen. Religion hat ausgedient, als Herrschaftswissen, notwendiger Feind einer über sie hinausführenden Entwicklung – ein ungeheurer Erkenntnisoptimismus und Wissenspositivismus drückt sich darin aus, übernommen als gewalttätig autoritäres Erbteil der Aufklärung und weit entfernt von jeglicher ‹Dialektik› derselben.

Schmidt als Kritiker gesellschaftlicher Zustände ist fixiert auf Mathe-

matik und Physik, Astronomie und Vermessungswesen[14], sein anti-
religiöser Impetus speist sich immer neu aus positivistisch-aufkläre-
rischen Argumenten. Aus «dem Ernstnehmen der Zahlen, dem Be-
herrschen der Quantität»[15] gewinnt er, pro domo sprechend, das
Material für seine kritische Absicht, «das Mißverhältnis zwischen
einem Geist erster Größenordnung und seiner armseligen Umgebung
handgreiflich» werden zu lassen (DYA 359). ‹Realismus› ist nicht nur
eine poetologische Maxime (mit problematischer Nähe zum Naturalis-
mus), sondern dient ihm auch als Wort für seine «Grundüberzeugung
von der prinzipiellen Unzulänglichkeit der Natur- und Weltord-
nung»[16], aus der all seine zeit- und religionskritischen Äußerungen
erwachsen. Die Vorstellung vom Kosmos als Chaos, vom Menschen als
«Gemisch aus Scheiße und Mondschein» (DYA 116), «das Grauen
einer Welt, deren Geschöpfe dadurch leben, daß Eins das Andere auf-
frißt» (DYA 210) – ein solches Weltbild ist es, das ihn gegen alle ideali-
sierende Literatur, das heißt aber, gegen jegliche ‹positive Weltanschauung› angehen läßt. «Klassische Dichtung gilt ihm als verlogen»[17];
«in unserer Bestjen der Welten» (DE 90) ist nur realistische Literatur
erlaubt.

Religionskritik im Widerspruch:
Der negierte Gott und seine literarische Präsenz

«Ich bin also nicht nur antiklerikal – das ohnehin! –, sondern auch
antichristlich; oder präziser, bedeutend-allgemeiner, : *anti-religiös!*»
(XII) Dieses umgekehrte Glaubensbekenntnis ist ernst und wörtlich zu
nehmen. Schmidt, als ‹Regimegegner› in jeder Hinsicht, ist im Grunde
gar kein Atheist im strengen philosophiegeschichtlichen Sinne, sondern
ein Anti-Theist sozusagen, jemand, der die Existenz eines göttlichen
Wesens als Sinngebers auch weltlicher Ordnungen nicht rundherum
leugnet, sondern (‹nur›) all seine (positiven) Eigenschaften radikal
negiert und ihm anstelle dessen negative zuhauf zuschreibt, aus der
Überzeugung heraus, «daß – falls unsere Welt schon ein ‹Werk› ist, –
man so ehrlich sein sollte, hinzuzusetzen : das eines Halbirren»
(DE 36).
    Angelpunkt für eine Kritik der religionskritischen Äußerungen
Schmidts ist die literarische Präsenz der Gottesfigur, gegen deren Existenz er polemisiert. Er verfährt, in literarischer und essayistischer

Argumentation, mit seinem Gegenspieler, dessen Vorhandensein er leugnet, in einer Weise, als sei er gegenwärtig, freilich nicht in der von den anderen geglaubten Vollkommenheit, Güte und Allmacht, sondern als Verneinung all dieser positiven Attribute: und dies anklägerisch – ein Rest, in dem die bekämpfte Position ex negativo überlebt. Seine Welt, ohne Gott, kommt als (Natur-)Bild, als poetischer Wille und Vorstellung, ohne Gott gleichwohl nicht aus: «Der Mondrachen schlich winselnd über die Wiesen : Gottes Stelle ist augenblicklich vakant; kann ausgeschrieben werden.» (stH 113)

Fraglich ist nur, ob man dies als innere Unstimmigkeit seiner Position anlasten kann, das Gebundensein an das gegnerische Bild, für dessen Zerstörung, ja Abschaffung er streitet:

«(Der ihre ‹Ewige Hölle› ! : welches Verbrechen, das Menschen überhaupt begehen können, wäre so groß, daß es ‹ewig› bestraft werden müßte ? ! Wenn überhaupt Einer rein gehört, ist es Gott : wegen seiner feinen Schöpfung !)» (stH 49)

Im *Faun* erfaßt den Ich-Erzähler Empörung und Weltekel angesichts des bevorstehenden Kriegsausbruchs 1939, eines Krieges, den er als sinnloses, grausam-blindes Wüten, verantwortet durch ein ins Dämonische aufgeblähtes totalitäres Staatssystem, erfährt; der geleugnete Herr der Heerscharen ist als unfähiger, übelwollender Dämon gleichwohl literarisch präsent; Gott existiert als das Böse:

«der verfluchte Lorbas da oben ! : Sieht angeblich Alles, hört und riecht Alles – herzliches Beileid nebenbei ! – und läßt wieder einen Krieg starten ! (hat ihn folglich in seine vorgebliche Weltplanung mit aufgenommen ? !)» (FAUN 365)

Das, wovon man sich lossagt, bleibt Teil des eigenen Selbst; der geleugnete Gott ist, als Negativ-Gestalt, allgegenwärtig. Namentlich die Figur des ‹Leviathan›, die titelgebend für Schmidts erstes Buch (1949) war, ist in solcher Weise funktional bestimmt.[18] Schmidt teilt damit jene Entwicklung, die auch an anderen religionskritischen Schriftstellern dieses Jahrhunderts beobachtet worden ist, die Wendung «von der aufklärerisch-verständnislosen zur psychologisch-verständnisvollen Betrachtung der Religion».[19]

Zeitkritik im Widerspruch:
Literatur als Flucht-Raum der Gesellschaft

Arno Schmidts Zeitkritik ist auf ähnliche Weise mit einem Widerspruch behaftet. Dort, wo er gegen die ‹Gesellschaft› argumentiert und polemisiert, tut er dies mit Hilfe literarischer Flucht-Räume. Vergangenheit und Zukunft bieten Widerspruch gegen und Zuflucht vor der Gegenwart, Landschaft/Natur ist der aporetische Ausweg aus der Gesellschaft. Auch hier finden wir das, was im Leben des Autors schließlich realisiert wurde, in seinen literarischen Texten vorgebildet (‹Der Solipsist in der Heide›, ‹Rückzug in die Heide› usw.). Bereits in den allerersten Erzählungen und Romanen funktioniert Kritik als Versetzung in diesem Sinne. Das (allzu) Gewohnte, beklagens-, ja hassenswert Normale wird erkennbar und darstellbar durch Versetzung, über die Zeiten und Räume hinweg: Zurück in die Antike als einen alternativen Schauplatz (1949: *Enthymesis oder W. I. E. H.*, *Gadir oder Erkenne dich selbst*; 1953: *Alexander oder was ist Wahrheit*; 1955: *Kosmas oder Vom Berge des Nordens*), oder aber voraus in die Zukunft, in die Horrorvision einer durch einen künftigen Atomkrieg (1960 – 62) verwüsteten, menschenleeren Erde (*Schwarze Spiegel*, 1951), in das Monstrum einer zur Gänze verwalteten, orwellartigen Welt (*Die Gelehrtenrepublik*, 1957). Dabei erfolgt diese Transponierung des Ungenügens an der realen Gegenwart nicht ohne (literarischen) Lustgewinn, der aus Entlastung resultiert. Das Schreckensbild der totalen atomaren Verwüstung etwa wird eigentümlich konterkariert von wunschbildhaften, utopischen Zügen der Einsiedlerexistenz des einen (von zwei, wie sich herausstellen wird) Überlebenden, der, vom Zwang zur Gesellschaftlichkeit befreit, über die nun menschenleere Erde streift und von den übriggebliebenen Resten der Zivilisation zehrt.

In den sechziger Jahren kommen beide Fluchtbewegungen, räumliche und zeitliche, überein: im Doppelroman. *Kaff auch Mare Crisium* (1960), das erste der Zwei- und Mehrspaltenbücher, funktioniert auf genau diese Weise; mit der Zweiteilung des Handlungsschauplatzes wird der Mond zur Kritik der Erde. Er ist Fortsetzung der Erde mit anderen Mitteln – auch dort oben herrscht weiterhin so etwas wie Kalter Krieg in der Auseinandersetzung zwischen den US-amerikanischen und der sowjetischen Kolonie, wovon ein zeitgemäßes Remake des *Nibelungen*-Lieds im Geiste der Wiederaufrüstung beredtes Zeugnis ablegt. Doch auch hier, in diesem Roman der Verneinung, der mit vierfacher, wiederholter Negation einsetzt («*Nichts Niemand Nirgends Nie* ! : *Nichts Niemand Nirgens Nie* ! :», KAFF 11; vgl. ebd. 213), wird den horriblen Zügen einer solchen Schreckensvision dort oben literarisch die Waage gehalten durch die Aussicht auf ein kleines privates Happy-End hier unten im Abseits.

Man wird ein «Nachlassen gewisser politischer Intentionen und Schärfen»[20] in Schmidts zeit- und religionskritischen Äußerungen nicht verkennen dürfen. Bereits zur Zeit der Niederschrift des *Steinernen Herzens*, im Winter 1954/55, also noch deutlich vor dem *Atheismus*-Essay, lassen manche Beobachter diesen Prozeß einsetzen, auch wenn, wie gesehen, gerade dieser Roman eine Fülle politisch intendierter Schärfen enthält, die der Autor gegen zensurierende Widerstände durchzusetzen wußte. Aber später wird die neu gewonnene Heiterkeit und Souveränität der Auseinandersetzung unverkennbar deutlicher, in den *Ländlichen Erzählungen* von *Kühe in Halbtrauer* etwa, diesen eigenartig spannungslos-spannungsgeladenen ‹Idyllen›, dramaturgisch durchgefeilten und, wie wir aus (bisweilen überangestrengten) Dechiffrierversuchen wissen, psychologisch höchst mehrdeutig angelegten Bildchen allzu alltäglicher *Abenteuer* nicht nur in *der Sylvesternacht*. In ihnen läßt sich Schmidt in seiner Gegnerschaft zum Bestehenden von der Sprache selbst launig anmuten: «Das Rathaus. (Ob die Blumen davor ‹Gremien› hießen ?)» (LEZ 281). Auch der Atheismus fixiert sich endgültig auf die Sphäre verbaler Flucht-Räume: «Also was mich zur Zeit int'ressierte… : ‹Worte, Felix, die *nich* in der BIBEL vorkomm'm› » (438). Antikirchlichen Ausfällen nimmt die Sprache, als Spielplatz, die vormalige Schärfe: «[…] im Nam' des Fadns & der Sonne & des heiln Kreuzes» (411). Die antireligiöse Haltung erhält einen geradezu kontemplativen Zug, Atheismus als Fonds der innerweltlichen Opposition nimmt betulich-resignative Züge an, des versöhnlich Menschlich-Allzumenschlichen, fast in der Art der privaten Marotte eines ‹Unverbesserlichen›: «[…] ich bin 'n alter Diesseitler» (404). Dazu paßt, daß Schmidt sich selbst, auf die Folgenlosigkeit seiner oppositionellen Haltung anspielend, als komische Figur: eines erfolglosen Schriftsteller-Kollegen («Dagegen=SCHMIDT», 499), der auf lächerliche Weise «prinzipiell ‹in der Opposition› » (451) befindlich ist, in seinem Text deponiert. Politische Widerständigkeit landet im merkwürdigen Einfall («Kann man mit abgeschnittener Nase Bundestagsabgeordneter werden ?», 431), Zeit- und Religionskritik wandern ab in die Bereiche skurrilen Humors – wie beispielsweise eine Szene aus

Großer Kain (1961) zeigt: das Befremden jenes Zeitungsredakteurs mit dem Spezialgebiet ‹Kuriosa›, der, ins Abseitige der Leserbriefspalten-Bearbeitung abgedrängt, sich folgende Frage seines Freundes, des Ich-Erzählers, gefallen lassen muß:

«: ‹Ist MAGGI am Freitag zulässig ?‹ – ‹Bis'Du verrückt ? !› fragte er befremdet. Ich schwieg lediglich erhaben; und da wurde auch er schon ernst, er hatte das Gordische der scheinbar harmlosen Frage erkannt. Und bewegte die Schultern immer unbehaglicher : ‹Oh=oh. – Ffffff : Mensch, laß die Finger *da*von !›. Er machte eine Rednerklaue, sah hinein, und bildete die Sentenz – : ‹Wenn ein Feiger heutzutage seinen Mut beweisen will, dann protestiert er gegen die Atombombe=allgemein. Das ist so schick & gefahrlos, daß De im unverbindlichsten Causeur=Ton fragen kannst : ‹Ach, sind Sie *auch* so gegen die Bombe ?›. Aber über ‹Die Religion› sags'De am besten gar nischt – über's Kristentum, heißt das› präzisierte er.» (357)

Die nur knapp gescheiterte lebensgeschichtliche Alternative der fünfziger Jahre, die Stelle eines Küsters, die Arno Schmidt anzutreten bereit war («daBey wär' Ich, um 1 Hârmâl, wohlbestallter GlokknZieher zu Sankt=Jürgn gewordn!», ZT 1280 rm), dieses Projekt noch aus dem Jahre 1957, erscheint nun als heiter-skurrile Reprise, wenn in *Der Sonn' entgegen*..... (1960) der Ich-Erzähler – als aus einiger Entfernung Glockenklang zu vernehmen ist – seinem schriftstellernden Freund Peter die nunmehr komische Bürde aufhalst: « ‹Sie hören das Geläut von Sankt Jürgen : ‹am Strange› der bekannte Publizist Peter Landorf.› » (LEZ 304)

Und das Alter ego, der Bruder im Geiste, läßt – amüsiert – nur noch entfernt an die vormalig brisante Verbindung von militant vertretenem Antiklerikalismus und Staatsfeindschaft erinnern:

«[...] Peter nickte [...] ob des schmeichelhaft=exponierenden Doppelsinns; er kam sich gern als ‹unbequemer Autor› vor; (dabei war er vollkommen fingerzahm, wie sich's für den meinungsfreien Westen gehört. [...])» (304)

Das Ganze zieht sich – auch sprachlich – in den Bereich des Subjekts zurück, in eine Welt aus persönlichem Willen und interner Vorstellung, mit der Freude am skurrilen Detail (der Imagination), an der merkwürdigen Begebenheit (in der Sprache), an kurioser Handlung (im Geiste): «Auch runzelte sich die fette Stirn sogleich, als er sich den Gehängten, ‹am Strange›, vorstellte : wie Der ‹unwillkürlich› die Glocken läutet !« (304)

Opposition, vordem in Streitgesprächen um letzte Dinge geübt, wird

aufs Private reduziert; aus systemwidrigen Dialogen werden «Diavo-
loge» (432), jene Ulk-Gespräche der Männerfiguren, in denen in der
Art von Geheimbünden verschwörerisch Widerstand gegen die Obrig-
keit nur mehr noch bedeutet, den Schluck aus der Korn-Flasche gegenüber den argwöhnischen Ehefrauen zu verbergen.

Zielprojektion ‹Literatur›:
Vom geheimen Idealismus des Arno Schmidt

Zeit- und religionskritische Antriebe im Werk Arno Schmidts, die –
fließend ineinander übergehend, in wechselnder Gewichtung allmählich einander überlagernd – die Texte der fünfziger und sechziger Jahre
noch gemeinsam prägen, werden schließlich von der Sphäre der Literaturgeschichte aufgesogen. In den großen Typoskript-Büchern der siebziger Jahre vollzieht sich endgültig der Rückzug aus der Gegenwart in
die Geschichte, aus der Gesellschaft in die Literatur. Die Literarhistorie
bildet den Flucht-Raum aus der eigenen Zeitgenossenschaft, das Buch
wird zum Hort. Eine solche Verflüchtigung, Spiritualisierung kritisch
teilnehmender Zeitgenossenschaft, die Rückwendung aus der gesellschaftlichen Gegenwart in die Geschichte, in den – als überhistorisch
erlebten – Bereich der Dichtung, ist bezeichnend für die Misere von kri-
tischer Literatur dieser Zeit: ihr «enthistorisierender Zug ist Folge
negativer Erfahrung von Geschichte».[21]
   In sich steigernden Bewegungen des Sich-Absetzens auf allen Ebenen, der Askese gegenüber der Wirklichkeit – die ‹Insel› ist eine schon
früh angelegte Metapher[22], Formen des Gesprächs dienen als Handlungsersatz – gewinnen eskapistische, weltflüchtige Tendenzen die
Oberhand. Es ist aufschlußreich zu verfolgen, wie diese Verweigerung
eines nicht mehr teilnehmen wollenden und sich nicht mehr mitteilen
wollenden Eremiten – paradox genug und doch einsichtig – einhergeht
mit einer grenzenlosen Aufwertung von Literatur. Sie bietet das
Medium, in dem ein (gar nicht einmal übermäßig) geheimer Idealismus
überdauert. Schmidt, den Heißenbüttel einen «Volksschriftsteller, aber
ein[en] verhinderte[n]», nannte[23], «ist Moralist»[24], ein «Provokateur
aus humaner Gesinnung»[25], und «das gewollte Ärgernis», das seine
mit literaturgeschichtlichen Anspielungen und Reminiszenzen überla-
denen späten Werke ihrem Inhalt und ihrer Form nach darstellen,
spricht für eine nachgerade altertümlich anmutende Hoch-, ja Über-

schätzung der Rolle eben dieser Literatur. In solch verkleidetem Idealismus kommen literatur-, gesellschafts- und religionskritische Impulse auf eine überraschende Weise kurzgeschlossen überein, wenn Schmidt seiner Überzeugung offen Ausdruck verleiht: «‹KUNST› dürfte immerhin die (hoffentlich ! !) kommende, allen Gebildeten nicht nur verständliche, sondern überzeugende ‹Religion› darstellen», heißt es schon früh (DE 98). Am Ende ist er gar nicht mehr so weit von den durch ihn so bekämpften deutschen Klassikern entfernt, wenn er, mit durchaus idealistischem Impetus, den Dichter als das (der Jugend verlorengegangene) Ideal preist (vgl. DE 49). Ist es doch so, daß Literatur und Realität für ihn allmählich in ihrer Stellung zueinander sich vertauschen, oder, wie er es in einem der späten Romane verkünden läßt: «Die ‹Wirkliche Welt› ? : ist, in Wahrheit, nur die Karikatur unsrer Großn Romane !» (sdA 166 mu)

Abwehr von Zeitgenossenschaft als Herausforderung: Rückzüge als Kritik

Um Auskunft gebeten über sein Leben, hat Schmidt stets abweisend reagiert: «Was ich will ? Was ich bin ? : Warten Sie, bis ich *nicht* mehr bin.» (TBZ 347) Sein Leben war niedergelegt in seinen Büchern, es ging auf in der Arbeit an ihnen, der er sich mit immer größerer Ausschließlichkeit widmete; was übrigbleibe, so seine Empfehlung, «diesen ‹schäbigen Rest› von 1 Menschen besieht man sich besser nicht mehr» (TBZ 346). Rückzug ist, so scheint es, die Haupt-Bewegungsrichtung in seinem Leben gewesen, bis hin zu jenen «10° 20′ 53″ ö. L./ 52° 42′ 20″ n. Br.», den Koordinaten auf einem Meßtischblatt-Ausschnitt, mit dem Schmidt den Umzug nach Bargfeld mitteilte[26], dem Ort, den er, unausgesetzt an immer gewaltiger werdenden Romanprojekten arbeitend, bis zu seinem Tod nur noch ganz selten und dann auch nur für kurze Zeit verließ. Fluchtlinien beschreiben auch seine Werke, allesamt «Parabeln der Absonderung und des Sich-Abscheidens».[27] Die Literatur selbst wird zur Haupt-, ja bald zur, so scheint es, alleinigen Quelle für Phantasie und Imagination; «die Reflexion politischer Gegenwart stirbt langsam ab».[28] Bücher vergangener Zeiten bilden den eigentlichen Ort seiner solchermaßen reduzierten und zurückgenommenen Welterfahrung, in die wichtige Züge der Wirklichkeit der (späten) sechziger und siebziger Jahre, wie Studentenbewegung und technisch-industrielle Revolution, nur noch schemenhaft, andeutungsweise Eingang gefunden haben; man hat wohl zu Recht in diesem Zusammenhang von «Wahrnehmungslücken Schmidts»[29] gesprochen.

Schmidt hat sich als Zeitgenosse in sein Werk zurückgezogen. In der Adenauer-Zeit hatte er mit seiner Kritik an «Thron & Altar» das «Deutsche Elend» der Restauration und Wiederaufrüstung (auf beiden Seiten) beklagt und bekämpfen wollen, mit großer Entschiedenheit seine antipolitische Haltung einer Verweigerung, des Sich-Ausschließens politisch formuliert, mit anarchistischem Impetus («*Ich behalte mir jede Handlung gegen den Staat vor ! :* das ist zu meiner Sicherheit als Mensch nötig !», FAUN 321) und auch nicht frei von Ressentiments gegen ‹die da oben› («Ein anständiger Mensch schämt sich, Vorgesetzter zu sein !», FAUN 304). Am Ende haftete seinen wenigen zeitkritischen Verlautbarungen etwas Misanthropes, Grämliches, elitär Menschenverachtendes an. Irritierend der nur noch auf meßbare Höchstleistungen in puncto Wissensbesitz und Materialfülle, auf Quantität auch im Literarischen gerichtete Ehrgeiz des geborenen Autodidakten, provozierend sein elitäres, nur halb ironisch gebrochenes Bewußtsein eigener Außerordentlichkeit, weil Unzeitgemäßheit («Ich finde Niemanden, der so häufig recht hätte, wie ich !», R&P 90), das angesichts ablehnender Umgebung als Gefühl verkannter Bedeutung um so stolzer nach außen getragen wird; provozierend seine «Einteilung der Menschheit in zwei Hälften eine er die anderen die andre»[30], seine «egozentrische Empfindlichkeit»[31], seine demonstrativ zur Schau gestellte Leistungsethik, die verbissene Arbeitswut («ich kann das Geschwafel von der ‹40=Stunden=Woche› einfach nicht mehr hören : *meine* Woche hat immer 100 Stunden gehabt»[32]), die gar zur – satirisch gemeinten – Vermutung geführt hat, Schmidt als einen einzigen Autor könne es, gemessen allein am Umfang seines Werkes, gar nicht geben; es sei nicht anders zu erklären denn als Gemeinschaftsproduktion von einem Dutzend ältlicher Oberlehrer.[33] Anstößig auch der zur Menschenverachtung neigende Solipsismus und unbedingte Egozentrismus seiner ‹Helden›, die den Außenseiter-Status ihres Autors, der «ins Abseits» geriet[34], getreulich spiegeln. All diese Eigenheiten müssen gelesen werden als Bewältigungsversuche inmitten einer feindlich gesonnenen Umwelt. Schmidts provokativer Gestus des ‹Besserwissers›, der sich – kritisierend – zurückzieht, signalisiert das Erbe jener Randständigkeit, die er, bei aller

Verschiedenheit, mit anderen bedeutenden Schriftstellern der Adenauerzeit, Böll und Koeppen etwa, teilt: «Ich : gehörte nicht hierher. (Aber wohin *denn* ? ! [...]).» (st*H* 100)

Anmerkungen

1 An Pastor Schulz, Lilienthal bei Bremen, 22.10. 1957, mitgeteilt bei Friedhelm Rathjen: «*Schmidt als Küster an St. Jürgen!*» In: *Bargfelder Bote* 132–133 (Januar 1989), S. 6.

2 *In Sachen Arno Schmidt ./. Prozesse 1 & 2*, hg. v. Jan Philipp Reemtsma und Georg Eyring. Zürich 1988, S. 103.

3 Die folgenden Überlegungen fußen auf meiner Untersuchung: «*Atheist?: Allerdings!*» *Arno Schmidts Religionskritik*. In: *Arno Schmidt. Das Frühwerk III. Vermischte Schriften. Interpretationen von ‹Die Insel› bis ‹Fouqué›*, hg v. Michael Matthias Schardt. Aachen 1989, S. 287–306. Dort finden sich auch ausführlichere Belege für einige der hier beigebrachten Thesen.

4 Vgl. Dieter Kuhn: *Das Mißverständnis. Polemische Überlegungen zum politischen Standort Arno Schmidts*. München 1982, sowie die ebenso grundlegenden wie anregenden Überlegungen von Dieter Bänsch: *Rückzug in die Heide. Über Arno Schmidts fünfziger Jahre*. In: *Die fünfziger Jahre. Beiträge zu Politik und Kultur*, hg. v. Dieter Bänsch. Tübingen 1985, S. 326–365.

5 *Atheist?: Allerdings!* In: *Was halten Sie vom Christentum? 18 Antworten auf eine Umfrage*, hg. v. Karlheinz Deschner. München 1957, S. 63–75; zuletzt als *Haffman's Freie Flugblätter, N° 1*, 1984 (nach dieser Ausgabe, mit Angabe der Seitenzahl im Text, durch römische Ziffern, zitiert).

6 Walter Olma: *Naturerleben und «konsequente Erotik» in begrenzter Idylle. Arno Schmidts ‹Seelandschaft mit Pocahontas›*. In: *Arno Schmidt. Das Frühwerk II. Interpretationen von ‹Brand's Haide› bis ‹Gelehrtenrepublik›*, hg. v. Michael Matthias Schardt. Aachen 1988, S. 170.

7 Jörg Drews: *Phänomenologie der Gehirntiere. Zu Arno Schmidts Funkfeatures*. In: *Arno Schmidt* (Text + Kritik-Band 20), hg. v. Heinz Ludwig Arnold. München [2]1971, S. 37.

8 Vgl. Guntermann (Anm. 3), S. 292.

9 Bänsch (Anm. 4), S. 354.

10 Ebd., S. 340.

11 Zum Stil des Essays *Atheist?: Allerdings!* vgl. Guntermann (Anm. 3), S. 294f.

12 Bänsch (Anm. 4), S. 358.

13 Ebd., S. 340.

14 Vgl. ebd., S. 342.

15 Karl-Heinz Bohrer: *Von vergessenen Kollegen* [Zu: RVG]. In: *Die Welt der Literatur*, 9.12.1965. Zit. nach: *Über Arno Schmidt. Rezensionen vom «Leviathan» bis zur «Julia»*, hg. von Hans-Michael Bock. Zürich 1984, S. 150.

16 Bernd Leistner: *Nachwort*. In: *Arno Schmidt: Vom Grinsen des Weisen. Ausge-*

wählte Funkessays. Auswahl und Nachwort von Bernd Leistner. Leipzig, Weimar 1982, S. 291.

17 Drews (Anm. 7), S. 35.

18 Vgl. Guntermann (Anm. 3), S. 303.

19 Bernhard Spies: *Oskar Panizzas «Liebeskonzil» und die Geschichte der Religionssatire.* In: *literatur für leser* (1988), S. 64.

20 Drews (Anm. 7), S. 32.

21 Bänsch (Anm. 4), S. 331. «Merkwürdig genug hätte Schmidt dann gerade zu einem Zeitpunkt politisch entsagt, als die politische und literarische Opposition merkbar stärker wurde und die antikapitalistische Revolte der sechziger Jahre sich ankündigte» (ebd., S. 362) – für die er kein (gutes) Wort mehr fand, im Gegenteil.

22 Hans Wollschläger: *Die Insel und einige andere Metaphern für Arno Schmidt* (SP 82, 19 – 62).

23 Helmut Heißenbüttel: *Über Literatur.* Olten, Freiburg/Br. 1966, S. 69.

24 Reinhard Döhl [Zu: BEL]. In: *Die Kultur* (März 1962); zit. nach: *Über Arno Schmidt* (Anm. 15), S. 124.

25 Axel Eggebrecht: *Buchkritik* [Zu: DYA]. In: *NDR UKW*, 6.7.1959; zit. nach: *Über Arno Schmidt* (Anm. 15), S. 97.

26 Arno Schmidt: *Aus der Akte ‹Bargfeld›.* In: *Der Rabe* 12 (1985), S. 83.

27 Wollschläger (Anm. 22), S. 21.

28 Bänsch (Anm. 4), S. 362.

29 Ebd., S. 351.

30 Helmut Heißenbüttel: *Schnappschüsse aus Bargfeld. Arno Schmidt zum 65. Geburtstag abgeschrieben 20 Tage nach seinem Tod.* In: *Bargfelder Bote* 38 – 39 (Juni 1979), S. 5.

31 Bänsch (Anm. 2), S. 363.

32 Arno Schmidt: *Dankadresse zum GoethePreis 1973.* In: *Der Rabe* (Anm. 26), S. 29.

33 Peter Knorr: *Wer hat sich den bloß einfallen lassen? 10 Thesen zu Arno Schmidt.* In: *Der Rabe* (Anm. 26), S. 43.

34 Leistner (Anm. 16), S. 288.

Elke Schmitter

Provinz und Sexus, und ein Drittes
Zu den frühen Romanen Arno Schmidts

Veit Heinichen gewidmet

Jede der heißen Nächte lagen Mann & Weib
im Ringen, und auf den Dächern im Fächeln
des Monds übten die Katzen wilde fremde
Begattung. Die Bäume reichten über die
Dächer, über die Bäume die Berge und
über den Bergen zogen die Sterne hinter
der Nacht her.

Da sprach der König: meine Kinder
habt Geduld. Warten wir ein paar Jahrhunderttausend,
bis dahin wandern die Steine im Feld
und vielleicht weint sogar einer einmal.

Werner Herzog

Arno Schmidt war, dem Vernehmen nach, kein geselliger Mensch. Wie viele Schriftsteller dieses Jahrhunderts, die etwas auf sich halten, blieb er einsam, nach Möglichkeit auch unverstanden. Er unterscheidet sich jedoch vom Typus des Einsamen in der jüngsten Moderne durch die völlige Abwesenheit der Melancholie in seinem Werk wie in seinen Lebensäußerungen: Wut ist gestattet, Ohnmacht auch, und neben dem trotzigen Mut hat ein bißchen weher Mut seinen Platz, doch die große Trauer der Einsamen, Trauer als Haltung, kennt er oder erlaubt er sich nicht.

Damit ist schon viel Erotik zuschanden gemacht. Der feinsinnige Schmerz in Camus' Gesicht, die abgrundtiefe Einsamkeit in den Moor-augen Kafkas, die existentielle Verzweiflung Kierkegaards, die gepflegte Melancholie Thomas Manns, die unruhige Depressivität Paveses – all diese mächtigen Autoren haben uns ein Bild von Größe vermittelt, das unmittelbar mit einer Fallhöhe verbunden ist: die Fall-höhe vom Seil des angestrengten Lebens, das so viel Kraft kostet, weil es traurig macht, und diese Trauer, der für die achtziger Jahre Mathieu Carrière sein Gesicht geliehen hat, empfinden wir als schön.

In einem Zeitalter, das den Schriftsteller nicht nur in den Zeichen, sondern auch in den Bildern sucht, die er von seinem Leben gibt, nimmt der Gestus des Autors eine hohe Bedeutung ein, welche die Lektüre seines Werkes färbt. Man sieht Kafkas Gesicht vor sich, wenn man seine Schriften liest, und die Schönheit und Trauer der Sätze finden sich in seinem Antlitz wieder. Die unterdrückte, vergrabene, mit Verboten belegte Erotik seiner Schriften bestätigen seine Briefe an die Frauen, die er begehrte, und die gequälte Doppelbödigkeit der Erotik Thomas Manns findet ihren höchsten Ausdruck in den sublimierten Verführungsszenen seiner Literatur wie in der Sehnsucht eines Herrn Friedemann... Unser Bild von Erotik ist, wo es literarisch vermittelt wurde, stärker vom Scheitern geprägt als vom ekstatischen Gelingen. Der Topos der Verführung hat die Trauer als Schatten. Verführt also Arno Schmidt?

Die wenigsten großen Prosaschriftsteller sind aggressiv. Wenn sie aggressiv sind – wie Joyce es war –, sind sie selten kleinlich. Auch hier ist Arno Schmidt eine Ausnahme. Er gönnte sich jede Bosheit, jede Schadenfreude, jeden Fingerzeig auf die Schwächen der fiktiven und realen Personen, mit denen er sich umgab. Allerdings sind es im Regelfall die Männer, die seinem rechtschaffenen scharfen Blick zum Opfer fallen, er scheint sie ernster genommen zu haben. Seine berühmten Radiosendungen: Männerfreundschaften, zumeist. Eine Art überzeitlicher Stammtisch, den er einberufen hat, um endlich unter Gleichen zu sein und die rauchige, streitlustige Luft zu atmen, die der deutschen Eckkneipe eigen ist. Gibt es einen Ort, der Erotik deutlicher ausschließt?

Sein Gesicht ist, schon auf Jugendphotos, trotzig und energisch, scharf in den Zügen trotz seiner Stämmigkeit, die mit den Jahren zunimmt. Die Attitüde seiner Helden, wo sie unverkennbar autobiographische Züge aufweisen, betont die Wehrhaftigkeit des (im sozialen Rahmen) kleinen Mannes, der über Räume und Zeiten hinweg seine Männerfreundschaften pflegt, während er gegen die verlogenen, tumben und inkompetenten Landräte listig und wuterfüllt opponiert. Während er ihren Töchtern schöne Augen macht, beweist er den Herren lässig, daß sie in ihrer vermeintlich soliden Bildung wie in einem lecken Paddelboot auf dem Meer der Wirklichkeit treiben, daß sie vom Leben *und* von der Literatur keine Ahnung haben. Er mißt sich an ihnen, derweil nimmt er den Mädchen Maß. Inmitten der gepflegten, noblen Großen der Moderne, die mit müder Gebärde auf den offenen Kampf verzichten, wirkt er wie ein wadenbeißender Straßenköter, der jeden Baum anbellt, der ihm im Wege steht. Er ist niemals bereit, sich abzufinden oder sich auf der großen Ottomane Tragik niederzulassen, die, dunkelrot bespannt, schon so vielen Helden Platz bot. Noch als vermeintlich einziger Mensch auf der Welt, als letzter Überlebender der atomaren Katastrophe, macht er sich einen Plan und rückt mit Zirkel und Bleistift der Zukunft zu Leibe. Verbissen und haushälterisch sorgt er für sich, vertreibt die Melancholie mit Hammerschlägen. Ein solcher Held wäre ein guter Kriegskamerad, wär' er nicht Pazifist gewesen, ein bärbeißiger, schrulliger Außenseiter, ein nicht unsympathischer Kauz. Ein Liebhaber aber?

Die Liebe ist das vielleicht meistbeachtete Thema der Literatur, es ist ein Ozean ohne Ufer. Unsinnig wäre es, von *der* klassischen Lesart der Liebe zu sprechen, denn hier, wo jeder lügt und bekennt, quält und vergibt, wo *alle* Haltungen erlaubt sind, kann es keine Einheit geben. Und doch... gibt es nicht das Lied der Minne, in dessen Echo wir noch immer sprechen? Gibt es nicht die Schönheit als Bedingung der Erotik, kann es eine wirkliche Verführung geben des Nachts, ohne Spiegel? Seit Frauen über die Literatur von Männern schreiben dürfen und gelesen werden, wird diese Klage geführt: sind wir nicht so schön wie Emma Bovary, haben wir kein Anrecht auf Romantik. Sind wir aber so schön wie Emma, so leidenschaftlich wie Anna, so verführerisch wie Nana, so müssen wir es bitter büßen: *Der* Augenblick, gelebt im (falschen) Paradiese... Natürlich ist einzuwenden: Dies ist neunzehntes Jahrhundert. Was aber macht das zwanzigste aus, gibt es einen wirklichen Epochenwechsel in der Geschichte der Liebe, die Männer schreiben?

In einem der leidenschaftlichsten und empfindsamsten Romane der Weltliteratur[1] verfällt ein junger Mann einer jungen Frau aus gekränkter Eitelkeit. Er verliebt sich in sie, weil sie ihn schnippisch unbeachtet läßt und weil er sie als so weit unter ihm stehend empfindet, daß er ihre Mißachtung nicht ertragen kann. Er versucht, seiner Hörigkeit Herr zu werden, indem er sich unentwegt ihre ästhetischen Mängel vor Augen führt: sie ist nicht schön, sagt er sich, ihre Haut ist grünlich, sie sieht krank aus, schwindsüchtig, *sie ist nicht schön*. Die Unablässigkeit, mit der er sich dieses Argument *vor Augen* führt, als eines, das stärker sein soll als die Erkenntnis aller charakterlichen Defizite, ist ein Reflex auf den Mythos der Verführung und markiert zugleich seinen Umschlag:

Die Schönheit hat ihre Macht verloren, sie zeigt ein leeres Gesicht, das von jedem neu gezeichnet wird.

Dieser Roman spielt vor dem Ersten Weltkrieg. Es ist vielleicht die letzte westeuropäische Liebesgeschichte, die von elementarer Aufrichtigkeit diktiert wurde und auf die Schönheit als Liebesgrund Bezug nimmt, ohne Ironie zu gebrauchen oder im Kitsch zu versinken. Aus dem Ersten Weltkrieg kommen die Männer mit zerschlagenen Gliedern heim, ihre Haut ist vom Gas verwüstet, ihre Körper wurden hart bestraft. Doch auch die Frauen sind älter geworden unterdes. Wo sie als Frauen nicht gestorben sind, zeigen sie sich nun kokett, ein Spiel mit Strapsen um Tabak beginnt. Eine kurze Epoche lang ist man zu hastig für Romantik, die Küsse sind bitter und schnell, und die Laken sind schon grau, bevor man sich auf ihnen niederlegt zu verzweifelter, blinder Umarmung. Die Schönheit der Frauen Christian Schads ist geliehen, ihre überschminkten Augenringe werden von Fallada, Döblin und Benn mit galliger Tinte beschrieben; die Gesellschaftsschönheiten Gustav Klimts sind inmitten ihrer Dekoration erstarrt, die Leidenschaft der Damen Stefan Zweigs ist schon Literatur, bevor sie gelebt wurde. Schönheit ist nicht mehr der Königsweg zur Erotik; Freud und der Krieg haben den Sexus befreit, und Sublimation ist eine ironische Metapher.

Von dieser Destruktion des Mythos von Schönheit und Verführung wird sich die Literatur nicht mehr erholen. Wo nicht Alkohol den Blick vernebelt und alte Bilder evoziert, muß ein neuer Einsatz das alte Spiel bestimmen. Bevor es dazu kommen kann, wütet der Zweite Weltkrieg mit einer neuen Attacke auf die geschienten, geschundenen Körper und auf die *nachgewachsenen* gesunden Leiber, die, kaum zwanzigjährig, in den Alptraum der Verstümmelung geschickt werden. Wer zurückkommt, der findet veränderte Frauen vor, wie schon fünfundzwanzig Jahre zuvor. Dem Bürgertum ist nicht das Rückgrat, doch es sind ihm die Knochen gebrochen worden. Die Emanzipation ist nicht intellektuell, aber praktisch dort vollzogen worden, wo die Notwendigkeit es gebot. Schnell werden neue Korsetts erfunden, die formen die Kurven nicht nur, die geben auch den Blick auf die Linien des Fleisches frei. Das Profil ist eine optische Verführung, der Hüftschwung eine haptische. Die Liebe kommt zum Greifen nah, selbst dort, wo Hollywoods Glamour Distanz gebietet und die deutsche verlegene Sondermischung von Bubikragen, Küchenschürze und Seidenstrumpf die Schwüle zu verdrängen sucht. Der Versuch der Kulturindustrie, die heile Romantik heiler Leiber, heiler Liebe neu zu beleben, wird von der Literatur nicht aufgenommen. Die ehrlichsten der deutschen Schriftsteller definieren Unschuld und Erotik neu. Unter ihnen: Arno Schmidt. Seine Frauen sind nicht schön, er hat sie nicht nach Schönheit ausgesucht. Die Literatur hatte sich müde gearbeitet an dem Beweis, daß ein schönes Gesicht oft nichts als eine böse Täuschung ist, die Entlarvung hat ihren Wert verloren. Nur noch die Eintagsfliegen summen um den alten Honig. Ein neues Gesicht wird bei den Frauen gesucht. Man könnte es das Gesicht der Ankunft nennen.

Ein zweiter großer Romanautor der fünfziger Jahre, der die ungewollte Lektion der Zerbrechlichkeit der Glieder gelernt hat und nie wieder vergessen wird, schrieb einen kurzen, atemlosen Roman über eine Begegnung mit diesem Gesicht.[2] Der Held, ein junger Mann, ist vom Hunger geprägt, es quält ihn das Verlangen nach dem Einfachsten, dem Elementaren: dem Brot. Er holt eine junge Frau am Bahnhof ab, und er verfällt ihr im Moment des *Erkennens*:

«Dieses Gesicht ging tief in mich hinein, drang durch mich hindurch wie ein Prägstock, der statt auf Silberbarren auf Wachs stößt, und es war, als würde ich durchbohrt, ohne zu bluten, ich hatte für einen wahnsinnigen Augenblick lang den Wunsch,.dieses Gesicht zu zerstören, wie der Maler den Stein, von dem er nur einen einzigen Abdruck genommen hat.»

Dieses Gesicht ist Entdeckung und Ankunft zugleich, darin ein Mund, der niemals Brot verweigern würde. Dieses Mädchen ist nicht schön, und es verführt gleichsam katholisch: durch seine Güte, durch seine madonnenhafte Anmut und die Unschuld eines Menschen, der sich fürchtet. Der Held begehrt eine Wahrheit, die er als die seine erkennt, sein Verlangen ist erotisch, ohne die alten Requisiten zu bemühen. Die Werbung ist keine kalkulierte, gerüschte Maßnahme, sondern das Zeigen einer Wunde.

Arno Schmidt war antiklerikal aus tiefster Seele, und seine Helden sind es auch. Er ist ein Anti-Romantiker, sein Gesicht der Ankunft hat einen «blassen, klaren Mund» und «spöttisch kalte Augen», es ist die Verheißung von Härte und Gewißheit, von Tapferkeit ohne Pathos. Die Wahrheit ist eine andere: die des Davon-gekommen-Seins, des kühlen und bitteren Blicks auf die Trümmer der Geschichte. Fest geschlossene Lippen wollen geöffnet sein, Lippen, die keinen romantischen Satz mehr sagen können. Lore und Grete, die Heldinnen aus *Brand's Haide*, sind Überlebende, wie der Erzähler einer ist. In ein verlassenes Dorf verschlagen, wehren sie sich ihrer Haut nicht gegen Verführung, sondern gegen Vergewaltigung, Kälte und den Stiefeltritt der Macht. Es gibt nur eine Art der Eroberung: die des Respekts, der Kameradschaft, des kurzen Blicks am Küchentisch, über Kartoffelschalen. Der Held stirbt einen letzten romantischen Tod, als es gilt, der Lore, um die sein Begehren kreist, seine schmutzige Wäsche zur Wäsche zu geben: er hat nur diese eine Garnitur... Wir sind nicht mehr bei Hofe. Das Dekolleté der Armut hat das der Üppigkeit ersetzt.

In jeder realen Liebe wird die Wahrheit des Erkennens durch eine zweite und dritte ergänzt, die, wenn es eine glückliche Liebe ist, die erste Wahrheit nicht auflösen, sondern aufheben. Bei der ‹katholischen› Verführung ist es die Wahrheit von Stärke und Entschiedenheit, mit der die junge Frau den Helden überrascht. Bei Arno Schmidt vollzieht sich der Prozeß mit umgekehrten Vorzeichen: das kalte, selbstbewußte Versprechen von Tüchtigkeit «wie ein stählerner Kuß» wird zum «spielenden Licht», die «scharfe, blanke Stimme» wird «behutsam und teilnahmsvoll». Held und Heldin finden sich im Wald, weit weg von der Müllhalde der Geschichte. Sie gehen durch eine bewegende, sprechende Natur, und dort, unter dem «Silberkraal des Mondes», öffnet sich der Blick der Liebe, bisher nur in den Augenwinkeln, weit: «und sahen uns tiefer in die reinen Gesichter, tief in der Nacht. Wie Augengelichter.» (BH 170) Der ausgehöhlten, kahlen Szenerie eines ärmlichen Provisoriums entlaufen, entdecken die «erfahrenen», verhärteten Liebenden ein neues Gefühl: Zartheit.

Die Heldinnen der frühen (auch: Liebes-)Romane Arno Schmidts werden beiläufig eingeführt, sie betreten die Szene nicht frontal, im vollen Licht, sondern rückwärts, durch ihre Stimme, durch das Einsteigen in den Zug wie jeden Tag; der Beginn einer Liebe ist so realistisch wie der Roman selbst. Die erotische Dialektik des Erkennens verläuft als ein Abtausch von Provokationen, ist auch ein Kampf um Anerkennung inmitten eines Alltags, durch den mit Stetigkeit ein rüder, eiskalter Wind pfeift. Die Existenzen sind aus ihren alten Bindungen versprengt, sie stehen in zu dünnen Mänteln da und frieren, jeder Fremde hat Hunger, er ist ein Feind. Der Alltag ist eine schorfige, schmutzige Wunde, die Liebe kann sie heilen.

Es gibt keinen langen Weg vom Augenblick zur Umarmung. Mit dem Altern Arno Schmidts wird er kürzer werden, bis die neu geformten Vokabeln der Lüste mit der Semantik des Alltags zu einem einzigen Gewebe verwirkt sind. Jedoch von Anfang an bedarf der Eros keiner

Entschuldigung. Das Erbübel, ein Leib zu sein, hat der Autor auf die realen Übel reduziert: Krankheit, Alter, das Knacken der Knochen. Doch wie die Scham überwunden ist, so ist es auch ihr Gegenstück: das schwüle Ausreizen aller Möglichkeiten, die komplexe, raffinierte Steigerung der Lust taucht bei ihm nicht auf. Eher kommt es zu den Handgreiflichkeiten der Provinz, ein Zwicken, ein Schlag auf den Hintern, während das Sauerkraut zieht. Wer deutschen Materialismus sucht: hier ist er zu finden; der Körper ist ein Instrument, auf dem sich recht schön spielen läßt.

Das gilt für Mann und Frau. Eros ist der Schatten beider Geschlechter, gleich groß, nur in der Silhouette verschieden. Vor der proletarischen Frau hat die Verleugnung des weiblichen Begehrens in Literatur und Wirklichkeit stets haltgemacht. Es fiel dem Gewissen leichter, das Dienstmädchen mit den starken Trieben zu schwängern, die man an der eigenen Frau und Mutter nicht wahrnehmen wollte. Auf dieses Unterscheidungsmerkmal der Klassen – Eros als Lust oder als Notwendigkeit – hat das Bürgertum lange gepocht, es markierte den Abstand von Kultur zu Natur.

Arno Schmidt ist der Intellektuelle als Proletarier, den eine mögliche Schwangerschaft mehr beschäftigt als eine Verletzung der Ehre. Die gegenseitige Befriedigung ist eine Kunst, die keines Piedestals mehr bedarf; der Körper ist zu sich selbst gekommen.

Die Heimat seiner Romane ist das flache Land. Die Frauen, die den Ich-Erzählern des Autors dort begegnen, sind (wen wundert das?) ungebildet, aber lernwillig: der Mann als Pädagoge. Es gelingt ihm, diese durchweg willensstarken Geschöpfe seiner Wahl nicht nur über den, sondern auch neben sich an den Tisch zu ziehen: dort sitzen sie, mit offenem Mund über Folianten gebeugt, bestaunen die Arbeit des Meisters, bis die Kartoffeln verkochen. Die Hausfrauen haben es schwer, unsere Sympathien zu erringen, man riecht Seifenlauge und Blutwurst und hat eine keifende Stimme im Ohr. Sind die Verhältnisse einmal häuslich geworden, legt sich ein kleinkariertes Wachstuch über alle Hoffnungen, und da die Figuren nicht weinen, streiten sie sich. Es mufft eine dumpfe Piefigkeit durch diese Ehen, es ist nicht weit zu Nudelholz und Männerwitz: die üppige Fünfziger-Jahre-Hausfrau, die backt und kocht und bohnert, und all dies, soweit sie sexuell in Frage kommt, mit maulig verzogenem Kirschmund tut. Sie nimmt am Geistigen nicht unwillig teil, ist das Leibliche einmal erledigt.

Sie ist die Frau – wenn es denn eine richtige ist –, die für die Liebe im

Grünen die Schinkenbrote mitzunehmen nicht vergißt. (Um dann die Ausdauer des Meisters zu bewundern: «‹Donnerwetter !› flüster-keuchte sie»…) Die jungen Frauen, die alleine leben oder auch geschie-den sind (was dem Erzähler immer einen ehrlich protokollierten ersten Schreck durch die Glieder fahren läßt), haben es leichter, weil sie form-barer sind und beim Erzähler weniger Ängste auslösen: Es wird keinen Machtkampf geben. Die Frauen bei Arno Schmidt herrschen gern, sie sind kaltschnäuzig und aggressiv, aus Stolz, Erfahrung und Notwen-digkeit. (Wo sie es nicht sind, sind sie auch nicht des Begehrens wert.) Solange es sich nur um Charakter handelt, sind die Verhältnisse span-nend und erotisch, hat die Frau aber einmal Macht, lehrt uns Arno Schmidt, dann wird sie diese Macht mißbrauchen: Küche, Kinder, Krieg.

Es wundert nicht, daß die Provinz überall zu spüren ist. Die Frau ist dem Manne geistig keine Partnerin, sondern bestenfalls gelehriges Echo, das mit kleinen, klugen Bemerkungen seine Lernfähigkeit beweist. Im Kampf ums bloße Dasein erweist sie sich als tapfer, unab-hängig, gerade und kraftvoll wie ein Pfeil. Droht jedoch der Wohl-stand, versinkt sie schnell in Behäbigkeit, sie ist der Freizeit nicht gewachsen. Selbst Tina Halein, die den Helden (von dem sich der Autor keineswegs distanziert) im Aufzug ins Elysium entführt, schrieb zwar Romane, räumt allerdings freimütig ein: «90 Prozent […] sind schon als Makulatur weg» (TINA 181). Die beiden stehen sich in der kleinen Kabine zur Ewigkeit schwer atmend gegenüber, das Leibliche zuckt Erkennungszeichen, die eiliger sind als die Sprache (und sicherer auch): sie küssen sich. Eine Dichterin in des Dichters Armen. Freilich eine schon tote.

Es ist wenig interessant, die großen Toten aus dem Grabe zu zerren, um ihnen ins Gesicht zu sagen, daß sie zur Emanzipation der Frau nichts oder wenig beigetragen haben. Der junge Autor Arno Schmidt ist noch nicht der pedantischen und speziell frauenfeindlichen Misan-thropie verfallen, welche die Lektüre seiner ‹großen› Schriften so ermü-dend macht, wenn es an privater Galle fehlt. Der lieblose Blick auf die Megäre im Butterbrotpapier, die seine Tage zuschanden macht: hier gibt es ihn noch nicht. Wo es nach Zwiebeln riecht, daß man sich beim Lesen die Nase zuhält, gibt es auch ein befreites Lächeln, das vermut-lich daher rührt, daß hier ein Autor ohne Programm Sozialprotokolle schreibt. Und Arno Schmidt ist vielleicht der einzige Roman-Schrift-steller von Rang, der die Scham einer Frau des zwanzigsten Jahrhunderts, den erbarmungslosen Direktiven der Schönheitsnorm nicht zu entsprechen, zum Gegenstand poetischer Rührung machen konnte: «Pocahontas» ist die zickigste, erbarmungswürdigste und glücklichste Geliebte unserer hochglanzgeschminkten Zeit.

Selma Wientge, gegen 30, Büroangestellte: «6 Fuß groß; weißgelb geringelt im zaundürren Wespenkleid, ‹Wie die Alten den Tod gebildet›; endlose Armstöcke, tiefbraune, knieten vor ihr auf dem Tisch [...]. Sie war wirklich erstaunlich häßlich. Zuerst.» (POC 399) Der Held dieser merkwürdigen Liebesgeschichte fährt mit einem Kumpel aufs Land, aus der Provinz in die Provinz, Urlaub in der Pension. Da muß man nehmen, was kommt, ist man auf Abenteuer aus, das Angebot ist spärlich, dieser holzige Spargel blieb übrig. So weit, so Mann, sagt sich die Leserin und schaudert. Daß der Erzähler selbst mit Schönheit nicht überreich gesegnet sein mag, bleibt selbstverständlich unerwähnt; insofern: alles wie gehabt. Doch dann:

«‹Ich glaubs nich›, sagte sie düster : ‹ich seh doch aus – – wie ne Eule ? !› und wartete verzweifelt auf Widerspruch, hoffnungslos, mit ungeschickt verzerrtem Mund und hagestolzernen Augen. Ich faßte ihre Hände unter Wasser und verbot ihrs mit dem Kopf: kein Wort mehr gegen – ‹Pocahontas› sagte ich leise» (POC 403).

Gewiß: das ist alles in jenem Rahmen, der längst Sprünge im Holz hat, der Mann als schnalzender Richter des Eros, dessen Fleisch so sehr Geist geworden ist, daß es mürbe und faltig sein darf. Er erträgt das Bild ihrer Häßlichkeit nicht, so macht er Anleihen bei den Bildern im Kopf: «‹Wieso ‹Pocahontas› ? ?› : ‹Ne indianische Prinzessin !›» (POC 410); denn: «lachsrote zarte Fiederkiemen als Blume hinter jedem Ohr : das sah sehr hübsch und ukulele aus.» (POC 401) Selma Wientge ist die Verkörperung der Scham, als der Erzähler sie trifft. Dafür kann er nichts: er tritt ein Erbe an, das er nicht in Frage stellt, aber es ist immerhin ein Erbe, auch das seine. Sein Blick ist der des zwanzigsten Jahrhunderts, der das Fleisch auf der Waage prüft, bevor er es in die Arme nimmt. Er ist nicht besser, als: die Männer? sind, er ist der König auf dem Denkmal der Provinz, der nach dem Schweinefleisch das Frauenfleisch goutiert, der denkt: «(wenn ihr bloß manchmal das Gesicht im Nacken stände !)» (POC 403). Aber er denkt es eingeklammert, und wenig später denkt er anderes: «auch mein Herz trabte überraschend an, und endlich ließen wir alle Oghams und Futharks beiseite, und sagtens uns frei heraus : wie hübsch wir wären, undsoweiter.» (POC 412) Es hat sich etwas Bahn gebrochen, das jenseits des Erwarteten liegt, für das Opfer und den Richter. «‹Meine Größe! ! Und zu kurz sintse grundsätzlich!›, hielt mir auch Glied und Hülle als Beweis hin – : !, vergleichende Anatomie, und ich hatte viel zu messen und zu rühmen» (POC 427).

So geht es, bis zum «Trauerkleid der letzten Nacht». Die Welt dreht sich nicht anders herum. Es bleibt ein Abenteuer. Die lange, braune Indianerin reicht «sich stumm zum letzten Biß». Und nach dem knappen Abschied rühmt der Kumpel «Erich, unverwüstlich, [...] schon wieder die Autobusschaffnerin», während der Erzähler sich den letzten, gefühlvollen Satz gönnt: «Mein Kopf hing noch voll von ihren Kleidern und ich antwortete nicht.» (POC 436 f.)

Selma Wientge bleibt zurück. Sie wird weiter stenographieren, tippen, Briefumschläge kleben. Sie wird in der Stadtbücherei unter dem Stichwort «Pocahontas» ein Lexikon aufblättern, vergeblich. Sie wird vermutlich ihre Glieder anders tragen, weniger unbeholfen und traurig, weniger verlegen schlenkernd. Sie wird ein Geheimnis haben, Salbe für die wundgescheuerten Gedanken der Scham, ein solcher Leib zu sein. Sie war einmal Emma, Anna und Nana zugleich, die häßlichste Geliebte der Literatur. Wir können sie den fünfziger Jahren nicht entreißen. Aber wir können staunend konstatieren, was da, inmitten von Sexus und Provinz, entstanden ist: ein Ort der scheuen Zärtlichkeit.

Wir können nur darüber spekulieren, warum diese Zärtlichkeit verlorengeht. Je akribischer der Autor arbeitet, je vertüftelter er der Sprache auf den Grund geht, je heftiger er jeden Satz zerstückelt, um so endgültiger geht ihm das weiche Gewebe verloren, das er einmal zur Sprache gebracht hat. Der Autor als älterer Mann: er sieht weniger besessen als verbissen aus. *Abend mit Goldrand* ist das vielleicht bösartigste, sicher aber verzerrteste Bild der Pubertät in der Literatur; kleine, vor Lüsternheit unruhige Mädchen, die durchtrieben um «das Eine» kreisen unter dem scharfen Auge des Autors... Es wirkt ebenso peinlich wie die gehauchten geflüsterten, anbetenden Bestätigungen der Potenz der Erzähler, die sein Werk durchziehen und die er immer nötiger zu brauchen scheint. Der Mann hat dem Schmetterlingsforscher Platz gemacht: die lieblichen Geschöpfe zappeln unter seiner Hand, bis er sie, fleißig und genau beschriftet, zu den übrigen Exemplaren legt. Der unermüdliche Forscher in Bargfeld, der, aus allen Vereinen ausgetreten, nun seine Phantasien collationiert.

Epochenwechsel. Es gab eine Phase der doppelbödigen Anbetung,

voller Frauenfiguren, die in Schönheit und mit schwerem Herzen starben, ihrer Verfehlungen eingedenk. Das Leben zu kosten hieß, daran zu
sterben; schön sein hieß, eine Legende zu bewohnen; Verführung hieß
die Blendung durch den schönen Schein. Der schwärmerische Blick
wich einem grübelnden, bis schließlich, zwischen den beiden Kriegen,
das kalte Röntgenauge des Arztes bis in die Eingeweide sah. Dann
mußte etwas Neues sich einstellen, ein neues Scharnier entwickelt werden, Gefühl und Körper zu verbinden. Der Mythos von Verführung,
Schuld und Scham blieb der Kulturindustrie überlassen und zuckt dort
noch bis heute. Dem radikalsten Materialisten unter den neuen Schriftstellern gelang es in wenigen, frühen Werken, unsere Augen für das
Mögliche zu öffnen. Inmitten der reinsten Armseligkeit und tief in der
schäbigsten Provinz beschreibt er Begegnungen von Menschen mit
noch klammen Gliedern, gelötet an die Notwendigkeit des Überlebens,
die eine kurze, verlorene Umarmung lang das Weiche spüren, das sie
begehrenswert macht.

Anmerkungen

1 William Somerset Maugham: *Of Human Bondage*. London 1915; dt.: *Des Menschen Hörigkeit* (1939).
2 Heinrich Böll: *Das Brot der frühen Jahre*. Köln, Berlin 1955.

Monika Albrecht

«Wo bleibt vor solchem Traum die Wirklichkeit ?»[1]

Bemerkungen zum Thema ‹Sexualität› bei Arno Schmidt

Der amerikanische Comic-Zeichner Robert Crumb hat eine Bilderge-
schichte veröffentlicht, die als satirisch-bissige Antwort an seine Kritiker zu lesen ist: Eine Comic-Figur namens Robert Crumb sitzt im
ersten Bild am Arbeitstisch und zeichnet mit gierig hervortretenden
Augen und sabberndem Mund eines jener prallen weiblichen Wesen,
die in kaum einem Comic-strip des realen Robert Crumb fehlen. Der
Kommentartext dazu rühmt das paradiesische Leben eines Zeichners,
der sich alles, worauf er gerade Lust hat, selbst erschaffen kann.

Mit dieser Einleitung soll keineswegs unterstellt werden, Robert
Crumb habe gleichsam im Namen von Arno Schmidt die Arbeit und
das Leben eines Schöpfers von fiktiver Realität in Bilder umgesetzt.
Wenn sich dennoch eine Analogie aufdrängt, so liegt diese in der Dis-
krepanz zwischen Arno Schmidts Anspruch auf «konforme Abbildung
unserer Welt durch Worte» (R & P 293) und der tatsächlich dargestellten fiktiven Realität seiner Texte begründet. Die Beharrlichkeit, mit der
Crumb seine Comic-Welt mit weiblichen Figuren bevölkert, deren
Ausmaße in der Realität kaum eine Frau unter tausend aufweist,
scheint mir keine wesentlich andere zu sein als diejenige, mit der Arno
Schmidt seinen Lesern Figuren- und Handlungskonstellationen zumu-
tet, die verdächtig an das von ihm sogenannte «Längere Gedankenspiel»
vom «I. Typ» (R & P 300f.) erinnern. Zwar sind es durchaus keine
‹Traumfrauen›, die in seinen Texten agieren, und spektakuläre Ereignisse fehlen fast immer; eine solch primitive Wunscherfüllung erlauben
sich seine Erzähler nur ganz selten. Die von Arno Schmidt vorgenom-
mene Unterscheidung in «4 recht scharf getrennte Typen» von Gedankenspielen (R & P 300) und die Zuordnung eigener Texte zu der am
weitesten ausdifferenzierten Form kann jedoch nicht darüber hinweg-
täuschen, daß sich die «rosa/semig[en]» Wunscherfüllungsphantasien
des ersten Typs (R & P 304) in seinem gesamten Werk nachweisen lassen.

Zu den ständig wiederkehrenden Mechanismen der Wunscherfüllung zählt das offenkundige Faktum, daß die dargestellte fiktive Realität auf die Bestätigung des jeweiligen Erzählers hin ausgerichtet ist: Die meisten Ich-Erzähler bei Arno Schmidt treten nicht nur mit dem besserwisserischen Überlegenheitsanspruch eines Old Shatterhand auf, sondern bekommen vor allem, genau wie Old Shatterhand bei Karl May, durch die fiktive Realität des jeweiligen Textes immer ‹recht›. Nun soll es ein bemerkenswertes Kennzeichen des ersten Typs von Gedankenspielen sein, daß der Phantasierende «keine Ahnung» von dem jeweils Herbeiphantasierten hat (R & P 301). Dieser Aspekt macht sich tatsächlich insbesondere bei der Ausgestaltung eines Themas bemerkbar, das «sich wie ein Generalbaß durch alle Werke Schmidts zieht, aber vor allem in den späten Texten fast zur Hauptmelodie aufsteigt»[2], des Themas Sexualität. Ebenso wie die starre Weltsicht der Erzähler niemals, etwa durch die Auseinandersetzung mit der Umwelt, ernsthaft in Frage gestellt wird, die fiktive Realität im Gegenteil die Erzählerperspektive als einzig richtige bestätigt, kommt es auch auf dem Gebiet der Sexualität zu keiner Relativierung der stark eingeengten Position dieser Erzähler, die Mitspieler beiderlei Geschlechts bestätigen vielmehr in Wort und Tat die Berechtigung einer solchen Haltung der Sexualität gegenüber. Was als beschränkte Figurenperspektive eines einzelnen Werkes durchaus akzeptabel wäre, wird als durchgehend unveränderte Haltung und vor allem als verbindlich gemeinte Wahrheit von Erzählern, die «die Nessel Wirklichkeit fest anfassen» und dem Leser «Alles zeigen» wollen (FAUN 317), zur Schwachstelle des Gesamtwerks.

Arno Schmidt wird im allgemeinen genau jene «Vermittlung von Wahrheit», jene «Aufklärung» über die Realität zuerkannt[3], die dieser selbst für sich in Anspruch nimmt, und damit implizit auch seine Kompetenz auf den jeweils angesprochenen Themengebieten. Die Fragen, ob das, was Arno Schmidt ins ‹richtige Licht› rücken will, sich nicht oft von selbst versteht, oder, andernfalls, wie es um dieses ‹richtige Licht› denn eigentlich bestellt ist, bleiben dabei meist unberücksichtigt. Es spricht – um zunächst ein Beispiel aus einem anderen Gebiet zu wählen – m. E. nichts dagegen, eine Romanfigur zur Toilette gehen zu lassen. Wenn ein Autor allerdings immer wieder in aufklärerischer Absicht für das Hereinnehmen der «bisher so verlogen=vernachlässigte[n] Fäkal= und Urogenitalsfäre» (TINA 176) in einen literarischen Text plädiert und entsprechend jeden seiner Helden gleichsam obligatorisch mehrfach zur Toilette schickt, so läßt dies nur einen Schluß zu: Der Autor ist der Auffassung, daß der Leser über keinen Verdauungsapparat verfügt und deshalb via Literatur von dem «biologischen Irrsinn dieser Welt» (KAFF 167) erfahren muß.

Zeigt dieses Beispiel schon die potentielle Problematik der ‹Aufklärung› bei Arno Schmidt, so läßt sich die Frage nach der Kompetenz des Autors ebenfalls vorab an einem kleinen Beispiel erörtern. Das wichtigste Kriterium für die Beurteilung eines Schriftstellers sei, so Arno Schmidt, sein «Verhältnis zur Natur» (FAUN 375). Es drängt sich dabei jedoch der Verdacht auf, daß Schmidt mit der «Natur» die norddeutsche Landschaft und ihre Flora und Fauna gemeint hat; denn bei dem Versuch, einen entlegeneren Naturbereich in seinen Text einzubeziehen, greift er bisweilen zielsicher daneben. Wenn beispielsweise die Figur Selma aus der *Seelandschaft* einmal als überschlanke junge Frau geschildert wird, der Erzähler sie das andere Mal dagegen nicht nur eine «Grille» – dies Bild würde zweifellos noch treffen –, sondern «grillenschlank, meine braune Zikade» nennt (POC 412), dann ist dies ein sicherer Hinweis darauf, daß dieser Erzähler nie im Leben eine Zikade gesehen oder – falls hierauf angespielt sein sollte – gehört haben kann.[4] Es erscheint also angebracht, Inhalt und Form der ‹Aufklärung› bei Arno Schmidt etwas näher zu betrachten.

Der Eros ist bei Arno Schmidt nicht nur «ein wenig einseitig auf die Sexualität eingeengt»[5], sondern es hat überdies auch den Anschein, als wolle er die faktische Identität beider Begriffe in wechselnden Formulierungen und Anspielungen immer wieder beweisen. Der *Kaff*-Erzähler beispielsweise fühlt sich beim Anblick eines weiblichen Lehrlings zu der Überlegung gedrängt, das Mädchen werde in ein paar Jahren «eine größere Anzahl Haidjerhertzn knackn, sagn wa fuffzich», und er kommentiert sich selbst: «Milde ausgedrückt : en vérité würde sich die Wirkunk seiner=ihrer Reitze ja anders ‹äußern›» (KAFF 188). Hier tritt der Erzähler mit dem Anspruch auf, das Klischeebild von der ‹Herzensbrecherin› zu demaskieren und die dahinterstehende Wahrheit und Wirklichkeit ans Licht zu ziehen: «(Aber Wer hat schon Intresse an der Vérité [...])» (KAFF 188). In der bekannten Opposition: hier das dumme Volk (das an Auswirkungen im Herzen glaubt), dort der allwissende Erzähler (der diese etwas tiefer lokalisiert), zeigt sich ein genereller Mangel im Argumentationsmuster der Erzähler bei Arno Schmidt: sie wollen Klischees entlarven und setzen an ihre Stelle private Obsessionen, die als «Vérité» ausgegeben werden. Im zitierten Fall bedeutet dies, daß die Vorstellung von den Auswirkungen erotischer Anziehungskraft in den Herzen der Menschen als verlogen-schönfärberisches Bild zerstört und zugunsten einer Vorstellung von den ausschließlich physischen Reaktionen ersetzt werden soll.

Vor diesem Hintergrund ist auch der gesamte Komplex der Vorgeschichte des *Kaff*-Erzählers mit «TH» zu sehen. Die Tatsache, daß Karl Richter als Junge seine damals dreißigjährige Tante nach jenem «Blick durchs Waschküchn=Fenster» «angedichtet» (KAFF 99, 194) hatte, bedeutet dabei nicht mehr, als daß der Glaube an einen umfassenderen Eros allenfalls als Jugendtorheit belächelt werden kann. ‹En vérité›, so weiß der Erwachsene Karl Richter, war seine Jugendliebe nichts anderes als das, was er der männlichen Jugend in Giffendorf in bezug auf das hübsche Ladenmädchen prophezeit hat: «‹Jaja=Tanndte; [...] Es ist mich, in den folgenden 10 Jahrn, auch teuer genuck zu schte'hn gekomm'. – : Hier=die=Kumme [...] wär' wohl voll gewordn.›» (KAFF 153) Die auf Demaskierung solcher Klischeebilder abzielende Argumentation mit dem Ziel der ‹Richtigstellung›, der Reduktion des Eros auf die «Drüsen-Melodey» (TBZ 232), zieht sich zumindest seit der Mitte der fünfziger Jahre durch das gesamte Werk von Arno Schmidt. Wenn Walter Eggers, der Erzähler in dem Roman *Das steinerne Herz*, hinter der Hohlhand der Klammer die hektische Betriebsamkeit des Protagonisten Karl Thumann kommentiert: «(Die Liebe, die Liebe ist eine Himmelsmacht.)» (STH 115), so weiß der Leser längst, daß auch dieser Erzähler den Ursprung der «Himmelsmacht» unterhalb der Gürtellinie ansiedelt; hatte er sich doch einige Seiten vorher den Ausführungen Karl Thumanns über die Bedeutung der Sexualität für den Mann ganz selbstverständlich («natürlich hat Karl recht !») angeschlossen (STH 102). In den späten Werken wird das vermeintliche Klischee von einem über den Sexualtrieb hinausgehenden Eros häufig in beiläufigen Anspielungen oder in der bekannten Etym-Schreibweise ‹entlarvt›. Eine weibliche Figur in der *Schule der Atheisten* beispielsweise gibt einer anderen den Ratschlag, wie diese am besten «die Länge und Dikke Seiner Zuneigung» herausfinden kann (SDA 128 o), und in einem Kommentar der sechsten Szene desselben Textes heißt es: «(‹Was Gut zuSamen fügkt, daSS soll der Mensch nicht Scheide !›)» (SDA 123 m).

Gemäß der Reduktion des Eros auf den Sexualtrieb kommt es im Werk von Arno Schmidt nicht nur zu einer recht primitiven Fixierung der männlichen Erzähler auf die eigenen Genitalien, sondern vor allem – und hier macht sich der Aspekt bemerkbar, der oben als Kennzeichen des «Längeren Gedankenspiels» vom ersten Typ zitiert wurde – darüber hinaus zu direkten Auswirkungen bei der Gestaltung der Frauenfiguren in der fiktiven Realität der jeweiligen Texte: die Protagonistinnen bei Arno Schmidt reden und handeln, als würde die weibliche Sexualität tatsächlich den eingeschränkten Vorstellungen und Fehleinschätzungen der männlichen Erzähler entsprechen. Es mag ja sein, daß Arno Schmidt einen Sachverhalt auf diesem Gebiet auch einmal richtig beurteilt, wenn er in *Sitara und der Weg dorthin* schreibt: «Daß er'n büschen sehr groß ragt, ist ein beliebter, viriler Wunschtraum [...]» (SIT 331); es mag auch sein, daß das bloße Wissen darum auch den Intellektuellen von diesem Wunsch nicht notwendig frei macht. Wenn allerdings dieser Intellektuelle und selbsternannte Realist über der literarischen Ausgestaltung seines Wunschtraums sogar die Gesetze der Anatomie mißachtet und seinen eigentümlichen Obsessionen zum Opfer bringt, so verwundert es nicht, wenn seine Frauenfiguren auch in den Denkstrukturen der männlichen Erzähler gefangen bleiben.

Eine solche literarische Figur ist Tina Halein in dem nach ihr benannten Text, die trotz ihrer 154 Lebensjahre und ihrer entsprechenden Erfahrung noch nicht bemerkt haben soll, daß die Anpassungsfähigkeit des weiblichen Körpers keineswegs unbegrenzt ist. Vielleicht aber herrschen in der Unterwelt dieses «Längeren Gedankenspiels» diesbezüglich auch ganz andere biologische Voraussetzungen, so daß die Figur dann tatsächlich «entzückt=entrüstet» bemerken kann: «*Also die Länge* ist ja geradezu polizeiwidrig !» (TINA 179) Die Forderung jedenfalls, daß ein Schriftsteller die Menschen beschreiben soll, wie sie «wirklich sind» (STH 104), scheint nicht nur in *Tina oder über die Unsterblichkeit*, sondern auch in einem anderen «Längeren Gedankenspiel», in der *Gelehrtenrepublik*, außer Kraft gesetzt zu sein. Der vorangegangene Atomkrieg dürfte – anders läßt es sich wirklich nicht erklären – die biologischen Voraussetzungen der Frauen derart verändert haben, daß sie sich dem ‹beliebten virilen Wunschtraum›, nunmehr ins Groteske verzerrt, anschließen und sich unter diesem Aspekt für Zentauren-Männchen interessieren: «Sie wissen ja nun selbst, *wie* die gebaut sind !» (GR 257) Es ist offenkundig, daß die beiden unvollständigen «Längeren Gedankenspiele» *Tina* und *Die Gelehrtenrepublik* hier in die «rosa/semig[en]» Wunscherfüllungsphantasien von Erzählern abgleiten, die «keine Ahnung» von dem Herbeiphantasierten haben.

In einem anderen Werk von Arno Schmidt, *Kaff auch Mare Crisium*, sind die Erzählerphantasien und die Realität, wie sie sich im Erzähler- bewußtsein spiegelt, zu einem vollständigen «Längeren Gedanken- spiel» zusammengezogen und machen insgesamt die Einheit dieses Textes aus. Dort gilt nun eindeutig die Forderung nach realistischem Erzählen im Sinne Schmidts, und, gemäß der Eigenart des Autors, wird diese Erzählintention auch mehrfach thematisiert (z. B. KAFF 102, 167, 259). Insbesondere auf der Ebene der Giffendorf-Realität läßt sich jedoch nachweisen, daß Schmidt nicht nur im Falle von unsterblichen (*Tina*) oder in der Zukunft lebenden Frauenfiguren (*Gelehrtenrepu- blik*), sondern auch in dem von ‹real› gemeinten Protagonistinnen die Denkstrukturen seiner männlichen Erzähler auf diese Figuren über- trägt. Vor allem bei der Gestaltung der Figur Tante Heete in *Kaff* wird deutlich, daß die Projektion von Wunschvorstellungen dieser Erzähler auf weibliche Figuren zu fiktiven Gestalten führt, die gerade nicht Menschen, wie sie «wirklich sind» (STH 104), darstellen, sondern Zerr- spiegel immer derselben Erzählerhaltung. Darüber hinaus weist *Kaff* unter dem Aspekt des Themas Sexualität so viele Brüche in der Erzähl- logik auf, daß dieser Text in besonderem Maße dazu geeignet erscheint, die oben vertretene These exemplarisch zu erörtern, Schmidts Erzähler hätten diesbezüglich «keine Ahnung» von dem Her- beiphantasierten.

Es ist vorwegzuschicken, daß sich die Frauenfiguren bei Arno Schmidt generell in zwei Kategorien aufteilen lassen, in solche, die ‹gut lassen›, und in solche, die ‹nicht gut lassen› (vgl. zu dieser Ausdrucks- weise z. B. LEZ 304; KAFF 32, 116, 156; FAUN 318). Um dieses Problem drehen sich in *Kaff* nicht nur viele Gespräche (z. B. KAFF 156), sondern darüber hinaus bekommt die Erzählerfigur Karl Richter je eine Figur dieser beiden Kategorien zugeordnet – «was die Eine nich hatte, hatte die Andere» (KAFF 201) –, die als weitgehend frigide Frau konzipierte Hertha Theunert (HT) nämlich und Tante Heete (TH), die freimütig bekennt: «‹Ich haap'ass immer *gern* gemachd; ich leug'n das gaa nich.›» (KAFF 154) Es ist weiterhin vorwegzuschicken, daß diese Figur Tante Heete, die «Schlüssel=Fieguhr des ganzn Theaters» (KAFF 99), nicht nur unter dem Aspekt des von ihr in Wort und Tat ständig präsent gehaltenen Themas Sexualität ein Alter ego des Erzählers Karl Richter ist. Auch hinsichtlich seiner Vorstellungen über die Aufgaben der Lite- ratur beispielsweise dient sie weitgehend als sein Sprachrohr (z. B. KAFF 259 f.). Doch signalisiert nicht zuletzt ihre Zuordnung zu dem russischen Teil des Mondes mit seinem ‹kaum zu bewältigenden› Frauenüberschuß Tante Heetes vorrangige Rollenzuschreibung. Die Figur Tante Heete in *Kaff* verkörpert den Typus «einfache Lannt= Frau» (KAFF 153), der kein Blatt vor den Mund nimmt und, nach eigener Aussage, «in gewissn altn, einfachn, Dingn» insgesamt «doch wohl natürlicher» ist als die Leute in der Stadt (KAFF 93). Um so verwunderlicher mutet es an, daß sie, der es nicht fremd ist, «ner Kuh bei'n Kalbm» zu helfen oder das «Kloh [...] aus [zu]pummpm» (KAFF 259), ein keineswegs unproblematisches Verhältnis zu «gewissn altn, einfachn, Dingn» zu haben scheint, sobald es um die körperliche Liebe geht. So erwähnt sie beispielsweise einmal Hertha gegenüber, alles sei doch in bester Ordnung, wenn diese nur «n *netten, sauberen* Mann» habe (KAFF 93), und bei der Beschreibung ihres verstorbenen Ehemannes betont sie, ein «Parrakleet an Schönheit & Sauberkeit» sei dieser nicht gewesen (KAFF 154). Karl Richter dagegen war ihr als Junge nicht zuletzt deshalb begehrenswert erschienen, weil sie ihn einmal nach dem Schwimmen in der Badehose «gans braun & sauber» (ebd.) gesehen hat. Diese Anhäufung von scheinbar beiläufigen Hervorhebungen des Sauberen und gleichsam Keimfreien ist für sich genommen noch recht unverdächtig; ihre volle Bedeutung gewinnen sie vor dem Hintergrund einer ebenso beiläufigen Bemerkung: «*Ja; könn'n tut sie ja*», sagt Tante Heete über die gerade nicht anwesende Hertha Theunert, «*das hap'ich* obm gerochn» (KAFF 155). Allein die Idee, daß die Spuren einer Liebesnacht noch am nächsten Morgen im Zimmer zu riechen sein könnten – zumal nach der an entsprechender Stelle beschriebenen peniblen Waschung und Präservativ-Verbrennung (KAFF 118 f.) –, zeugt von einem ausgeprägten Ekel vor dem Körperlichen und erscheint als Äußerung einer Figur mit einem angeblich natürlichen Verhältnis zu diesen einfachen Dingen des Lebens schlichtweg unglaubwürdig. Verständlich wird diese groteske Vorstellung über die noch stundenlang anhaltenden Gerüche des Geschlechtslebens jedoch im Vergleich mit verstreuten Bemerkungen anderer Figuren bei Arno Schmidt zum gleichen Thema – Erzählerfiguren allerdings. Charles Henry Winer in der *Gelehrtenrepublik* beispielsweise ist froh darüber, «daß wir nicht genau wissen, wie sehr wir die Frauen ennuyieren und anekeln» (GR 303 f.). Walter Eggers in *Das steinerne Herz* träumt in der ersten Nacht im Hause der Thumanns, daß ihn wieder «rote Fische aßen» (StH 15); dieses Traumbild wird wenig später in einer Szene mit Frieda Thumann aufgelöst: « ‹Komm her, Du Fisch !›[...] (alligatoren klafften

Schenkelkiefer; um ein buschiges Kleinnmaul : ihr Körper schnappte zu» (StH 53).

Die sich hier abzeichnende Grundeinstellung einer von Ekel und Angst besetzten Sexualität dürfte bei Arno Schmidt generell die «*Farbe*» des Glases sein, «*durch das* [der Leser] *schauen muß*» (GR 293). Somit liegt der Widerspruch in der Konzeption der Figur Tante Heete in *Kaff* nicht darin begründet, daß eine weibliche Figur solchen Ekel grundsätzlich nicht teilen könnte, sondern darin, daß hier einer Figur die sexuellen Komplexe der Schmidtschen Erzähler übergestülpt werden, die von ihren Grundlagen her ganz anders angelegt ist. Wie es zu diesem Fehlgriff kommen konnte, wird deutlich, wenn man die Funktion dieser Figur Tante Heete ein wenig eingehender betrachtet. Sie besteht nicht zuletzt darin, daß dem Erzähler mit dem sprechenden Namen «Richter» durch die Figur der einfachen Landfrau ein vermeintlich objektiver Anwalt in Sachen seiner ständigen Klage über den «Sexual=Terror» der Frauen im allgemeinen (KAFF 185) und über Herthas Sich-Entziehen im besonderen an die Seite gegeben wird. Die rustikale Tante steht dabei als Garant für eine gesunde Einstellung zur Sexualität und als Kontrastfigur zu der als frigide Frau angelegten Hertha Theunert. Die Art und Weise der gemeinsamen ‹Beweisführung› von Tante Heete und Karl Richter ist ebenso simpel wie schief, wird aber recht geschickt so über den Text verstreut, daß sie sich gleichsam die Bälle zuspielen. Tante Heete liefert dann stets die Bestätigung, daß Karl Richters Ansprüche und Ansichten berechtigt sind, mit denen er vorher Hertha Theunert bedrängt hatte. In einem indirekt wiedergegebenen Streitgespräch zwischen Karl Richter und Hertha Theunert vertritt der Mann beispielsweise die Auffassung, das allgemeine Problem des ‹Fremdgehens› würde sich von selbst lösen, wenn sich die Frauen nur an seine Aufforderung halten würden. «‹Ihr=Männer›, und ‹Eener wie der Andre›. Und ‹Was bloß'n Unterrock an hat› », hatte Hertha Theunert offenbar ärgerlich gesagt. «‹Befriedicht Ihr doch Eure Männer ! : Dann iss überhaupt keine Gefahr !› » (KAFF 60), ist Karl Richters Antwort, die durch die Großschreibung von Personal- und Possessivpronomen wie eine gleichzeitige Anrede an die Leserinnen wirkt. Kaum zufällig kommt Tante Heete später auf dasselbe Thema zu sprechen: «Aber das zu verhinnern» − nämlich die «Aff=färn mit *annern Waibern*» −, bemerkt sie, «hatt ne Frau ja inn'er Hant», und, da Hertha Theunert immer noch nicht begreift: «*Wieso ? ? − Na Mät=chnn :*

mein Mann hädda gar nicht die *Krafd*=zu gehapt ! : Da hap'ich woh für gesorcht» (KAFF 95).

Darauf eingestimmt, daß auf dem Land alles natürlicher zugeht, ist man vielleicht zunächst geneigt, diese Textstelle als Aussage darüber zu lesen, daß sich hier ein Ehepaar in ‹idealer› Weise ergänzt hat: Tante Heete ‹ließ immer gut›, und auf diese Weise ist ihr Mann nicht auf die Idee gekommen, sich nach anderen Frauen umzusehen. Zieht man jedoch andere Äußerungen derselben Figur hinzu, dann wird deutlich, was damit gemeint ist, wenn Karl Richter die Frauen auffordert, ihre Männer zu befriedigen, und Tante Heete indirekt bestätigt, daß sie dies immer getan hat. «*Nain.* : Das waa kain Genuß !» (KAFF 155), charakterisiert sie in einem anderen Gesprächszusammenhang die Intimitäten mit ihrem inzwischen verstorbenen Mann, und vor der Abreise nach Celle greift sie einen Ausdruck Karl Richters auf: «*‹seck=ßuell* un=er-löst› ? [...] ‹Ochmann – Datt bünn ick nu bald fofftich Johr !›» (KAFF 200) Die oben zitierte Antwort auf Herthas Frage impliziert also bei genauem Hinsehen eine Dienstleistung: Ebenso wie Tante Heete vermutlich für ihren Ehemann ständig gekocht hat, so hat sie auch regelmäßig dafür gesorgt, daß er auf anderem Gebiet ‹satt› wurde – wobei das Essenkochen dann immerhin den Vorteil gehabt haben dürfte, daß sie mitessen konnte. Der Versuch, mit den vereinten Kräften von zwei Figuren die dritte Figur dahingehend zu bedrängen, daß sie «brav ließe» (KAFF 270), erscheint somit zwar nicht auf der Ebene der fiktiven Realität – die Figur Hertha ist so angelegt, daß sie die Widersprüche nicht durchschaut –, dafür aber vom Ganzen des Textes her gesehen nicht ohne Brüche in der Erzähllogik: Wenn Tante Heete einerseits zugibt, es sei «kain Genuß» gewesen mit ihrem Mann, ande-rerseits die andere weibliche Figur verständnislos fragt: «Hassu denn *gaa*=kein'n Gennuß da=ann ? !» (KAFF 259), dann drängt sich der Ver-dacht auf, daß diese Figur überhaupt nicht weiß, wovon sie redet. Da letzteres jedoch in keiner Weise im Text angelegt ist, die Figur Tante Heete im Gegenteil als starke Persönlichkeit mit einer gesunden Ein-stellung zum Leben und zur Sexualität konzipiert ist, muß der Wider-spruch auf den Schöpfer des «Längeren Gedankenspiels» selbst zurückgehen.

Tatsächlich unterlaufen dem Autor auch bei der Konzeption des Verhältnisses von Karl Richter und Hertha Theunert einige decouvrie-rende Widersprüche, die darauf hindeuten, daß das gesamte Gebäude der gemeinsamen ‹Beweisführung› von Tante und Neffe letztlich nur als Ausdruck einer von ihm selbst nicht begriffenen Problematik gelesen werden kann; der besserwisserische Vortragsgestus dürfte dann – das läßt sich allerdings nur mutmaßen – die Funktion eines Abwehrmechanismus erfüllen, der von demjenigen gar nicht so weit entfernt ist, den Arno Schmidt dem von ihm analysierten Karl May unterstellt hat.

Die Aufforderung «Befriedicht Ihr doch Eure Männer !» zielt, wie gesagt, auf eine Dienstleistung; zu ergänzen ist, daß dahinter dennoch eine, wenn auch recht undeutliche, Vorstellung davon steht, daß diese Dienstleistung auf Gegenseitigkeit beruhen sollte. Genau dies ist jedoch der Punkt, an dem die Erzähllogik immer wieder durcheinandergerät, da die weibliche Sexualität für den Autor und seine Ich-Erzähler ganz offenkundig ein Rätsel bleibt. Das Argument der Zeitverhaftetheit, das an dieser Stelle vielleicht einzubringen wäre, erscheint dabei weniger gewichtig, wenn man bedenkt, daß ein Autor der Generation Arno Schmidts in einem etwa zeitgleich mit *Kaff* konzipierten, 1964 erschienenen Roman das hier diskutierte Thema bereits um einige Schritte weitergedacht hat, Max Frisch nämlich in seinem Roman *Mein Name sei Gantenbein*.[6]

Für seine Prämisse, daß es Frauen gibt, die ‹gut lassen›, und solche, die ‹nicht gut lassen›, hat Arno Schmidt nun in *Kaff* in bezug auf die Figur Hertha Theunert – «Sie *läß*’nich gut» (KAFF 156) – eine Erklärung gefunden, die Herthas Sich-Entziehen auf schlechte Erfahrungen in ihrer Kindheit und Jugend zurückführt (KAFF 133). Diese Erlebnisse bedingen, so der Text, daß die Figur Hertha «totall ve=krammft» (KAFF 156) und «schwer zu gewinn’n» ist (KAFF 117). Allerdings wird dieser Figur im Verlauf des Textes das Verständnis hierfür und die Sympathie mehr und mehr entzogen, einerseits dadurch, daß Tante Heete ihr explizit und implizit immer wieder klarmacht, daß sie in Karl Richter doch schließlich «n *netten, sauberen* Mann» gefunden habe, also kein Grund zu «Allbernheit unn Ziererei» besteht (KAFF 259), andererseits dadurch, daß der Erzähler Karl Richter auch gelegentlich das Einverständnis des Lesers erheischt, indem er ihn direkt anspricht: «Aber was’n Umschtand mit dem Frauenzimmer, nich ?» (KAFF 193) Wären Arno Schmidts Texte insgesamt darauf angelegt, die Bedenklichkeit der Wahrnehmungsmuster ihrer Ich-Erzähler offenzulegen, dann könnte man in einer solchen Leseranrede ein Signal für die Unsicherheit dieses Ich-Erzählers und für das Wanken seines bislang so selbstgewiß vorgetragenen Standpunktes lesen. Da dies nicht der Fall ist, muß man jedoch befürchten, daß es weder dem Erzähler Karl Richter noch seinem Schöpfer bewußt gewesen ist, in welchem Ausmaß der Text seine Widersprüche hervortreten läßt: Wenn der Erzähler Karl Richter sich beim Leser über den «Umschtand» beklagt, den er mit seiner Hertha auf sich nimmt, dann geschieht dies an einer Stelle im Text, an der die Nacht mit Hertha in der Dachkammer bereits erzählt ist. Und in dieser Nacht hat sich die Figur Karl Richter nun einmal nicht nur als schlechter Liebhaber erwiesen (vgl. bes. KAFF 118, Zeile 5 – 8), so daß es wirklich niemanden wundern wird, daß Hertha *«so schlecht läßt»* (KAFF 276), sondern vor allem hat er mit der erzählerischen Wiedergabe dieser Nacht ungewollt seine Ahnungslosigkeit in bezug auf die Sexualität der Frau offenbart. In früheren Texten hatte Arno Schmidt es im wesentlichen bei Andeutungen belassen, wenn es «zur Sache=selpst» (KAFF 146) ging. So wird in *Aus dem Leben eines Fauns* beispielsweise eine Zahl genannt – «dreimal die Wölfin» (FAUN 361) – und dem Leser überlassen, was er sich darunter vorstellen will, und in *Schwarze Spiegel* ist auch nur die Rede davon, daß «es» getan wird (SSP 250). Selbst in *Seelandschaft mit Pocahontas*, wo kaum etwas anderes getan wird, erscheinen intime Handlungen meist derart sprachlich verfremdet, daß sie kaum noch als solche zu erkennen sind. Gemäß der Forderung Tante Heetes, daß ein Schriftsteller «das getroos beschreibm» soll, «wie die Liebe von s=taddn geht» (KAFF 102), wird in *Kaff* dagegen eine Liebesszene erzählt, die in ihrer Deutlichkeit schon auf das spätere Werk vorausweist. Wahrscheinlich wäre es von diesem Erzähler Karl Richter zuviel verlangt, in der konkreten Situation daran zu denken, daß es sich bei der «*Herberge* des Abû Mansûr» unter anderem auch um den Geburtskanal handelt, der – keineswegs «biologische[r] Irrsinn dieser Welt» – glücklicherweise nicht mit einer Unzahl von «Närfnköpfe[n]» ausgestattet ist, die «aus allen Wänden» «schtecktn» (KAFF 117). Die Tatsache, daß ihm dieses Bild in den Sinn kommt, wirft jedoch die Frage auf, aus welchen merkwürdigen «einschlägijen Komm=penn=dijen für Gynäko=Mannie» (KAFF 150) dieser Ich-Erzähler seine Kenntnisse über die weibliche Sexualität bezogen haben mag. Solche Vorstellungen erklären immerhin – auf das Ganze nicht nur dieses Textes von Arno Schmidt betrachtet – die Erwartungen der männlichen Ich-Erzähler an die Partnerin und ihr Unverständnis, wenn die Reaktion auf ihre dilettantischen Bemühungen ausbleibt: «bei Ihr [war es] natürlich wieder *nicht* gekomm' [...] : ‹Herthie=Liepste : wann wirsDu einmal *gans* unverkrammft sein ?›» (KAFF 119) Und spätestens dann, wenn der Erzähler Karl Richter die Umarmung als die «schönstn *Sekundn* des Frauen=Leebns» (KAFF 252; Herv. v. mir) bezeichnet, wird deutlich, daß dieser Erzähler im eigenen Interesse besser verschwiegen hätte, wie bei ihm «die Liebe von s=taddn geht».

In dem *Historischen Roman aus dem Jahre 1954 nach Christi, Das steinerne Herz*, hatte Arno Schmidt die Frauen insgesamt «ne andre Menschensorte» genannt (StH 126). Es hat den Anschein, als habe er diese Andersartigkeit nicht im positiven Sinne und als Herausforderung für den Schriftsteller gemeint, sondern eher so, daß es nicht sehr viel Sinn habe, sich mit dieser anderen Menschensorte auseinanderzusetzen. Daß diese andere Sorte Mensch auch über eine andere Sexualität verfügen könnte, dürfte ihm zeitlebens nicht bewußt geworden sein. Auch das vom Thema Sexualität fast erdrückte Spätwerk zeugt kaum von einer tieferen Einsicht in die Andersartigkeit der Frauen auf diesem Gebiet, sondern eher davon, daß der Autor seine exzessive Lektüre in den sechziger Jahren durch pornographische Schriften erweitert hat. Wo auch immer man die zweifellos vorhandenen literarischen Qualitäten des Werkes von Arno Schmidt ansiedeln kann: bei seiner Behandlung des Themas Sexualität wohl kaum.

Anmerkungen

1 SIT 45.
2 Ernst-Dieter Steinwender: *Odysseus in der ‹Midlife-Crisis› oder Der Gang zu den Müttern. Zu «Die Abenteuer in der Sylvesternacht»*. In: *Bargfelder Bote* 54 (Juli 1981), S. 5.
3 Vgl. z. B. Boy Hinrichs: *Utopische Prosa als Längeres Gedankenspiel. Untersuchungen zu Arno Schmidts Theorie der Modernen Literatur und ihrer Konkretisierung in «Schwarze Spiegel», «Die Gelehrtenrepublik» und «Kaff auch Mare Crisium»*. Tübingen 1986, S. 63.
4 Vgl. zu anderen Fehlgriffen Arno Schmidts Walter Olma: *Naturerleben und «konsequente Erotik» in begrenzter Idylle. Arno Schmidts ‹Seelandschaft mit Pocahontas›*. In: *Arno Schmidt. Das Frühwerk II. Romane. Interpretationen von ‹Brand's Haide› bis ‹Gelehrtenrepublik›*, hg. v. Michael Matthias Schardt. Aachen 1988, bes. S. 135.
5 Steinwender (Anm. 2), S. 11.
6 Max Frisch: *Gesammelte Werke in zeitlicher Folge*. Bd. V. I. Frankfurt/M. 1976, bes. S. 106.

Friedrich P. Ott

Aufnahme und Verarbeitung literarischer Traditionen im Werk Arno Schmidts

für Anne

«Trotzdem ist es unerläßlich-wichtig, dies Dahinterblenden, dies Inbeziehungsetzen zur Tradition, dies Anknüpfen an das Große Gewebe, an dem wir Alle arbeiten [...].»
Arno Schmidt: Der Fall Ascher (TRI 424)

Auf die ersten Leser muß Arno Schmidt gewirkt haben wie ein monadischer Block, in der literarischen Landschaft war er zunächst einfach nur plötzlich ‹da› (*Leviathan*, 1949), ein Phänomen – nicht zu kategorisieren, nur auf- und anzunehmen. Die akademische Nachkriegsgeneration, an Werkimmanenz bzw. New Criticism orientiert, wußte auch, ein Text habe ausschließlich für sich selbst zu sprechen. Das taten Arno Schmidts Texte sowieso und paradoxerweise deswegen so unmittelbar, weil des Autors eigene Stimme, wovon dieser kritische Trend wenig wissen wollte, im Leser-Ohr sympathetisch mitvibrierte. Denn dieser Schmidt war alles andere als ein naiv unreflektierter Autor, sondern einer, der dann immer wieder in emphatischen Äußerungen selbstberedt zurückverwies auf sich und Gott-und-die-Welt, und auch auf die Landschaft seiner literarischen «Ahnen», auf «Schreckensmänner» und «Ritter vom Geiste» des 18./19. Jahrhunderts, besonders auf Romantiker; aus diesem Jahrhundert außer auf Joyce am ehesten noch auf Expressionisten, weil deren Weltsicht ähnlich realistisch sei wie die der fälschlicherweise so genannten Romantik. Die affektiv betroffenen Leser (andere hatte Arno Schmidt lange Zeit nicht) fanden es schwer, sich dem mitreißenden Lese-Katarakt je kritisch zu widersetzen, soweit sie überhaupt dazu willens waren. Zumal nicht zu leugnen war, daß dieser Autor stark didaktisch-pädagogische Impulse ausstrahlte, indem er z. B. die beschworenen Traditionen als weiterhin verbindlich und tragfähig empfahl und auf deren zu Unrecht vergessene Schriftsteller aufmerksam machte; wie bekannt, mit dem Erfolg, daß es zu einigen Neu-Editionen kam. Man verließ sich also nicht unberechtigt auf einen Konsens zwischen Autor und Leser. Dazu hatte Schmidts statische Sicht der Zeit als synchrone Fläche, auf der alles immer und gleichzeitig vorhanden sei, seine ‹Ahistorizität› also, neben der bedenklichen[1], ihre für Leser auch entwaffnende Seite, so in dem oft zitierten Credo: «Alles, was je schrieb, in Liebe und Haß, als immerfort mitlebend zu behandeln !» (DYA 12)

Damit ist eine Grundposition von Betroffenheit, die *affektive*, oftmals also subjektive Selbstbezogenheit Schmidts auf die Tradition, fixiert. Betroffen ist Schmidt immer: man braucht die Arbeiten zur Literatur (auch die, die nicht nur Brotarbeiten waren) gar nicht einmal zu bemühen, denn auch das belletristische Werk strotzt insgesamt vor souverän apodiktisch wirkenden, jedoch nicht unbedingt konsequenten *ad-hoc*-Urteilen, fast nur über längst tote (aber in diesem ihrem mehr oder weniger willigen Erben weiterhin vitale/virulente) Kollegen. Schmidts Betroffenheit zeigt sich in doppelter Form: in Lob *und* Tadel (bzw. «damning with faint praise»). Die Neigung zur Romantik sichert den Ahnen wie Fouqué, Tieck, E. T. A. Hoffmann stets liebevollfreundliche Zuwendung, auch in Form von literarischer ‹Adaption›, wie noch zu sehen sein wird. Problematischer gestaltet sich die Beziehung zu einem mehr zerebralen Familienzweig, zu den Ahnen der sog. Modernen Prosa[2], die ihm seit ca. 1959 als allein adäquat erschien. Diese, von Lewis Carroll bis Joyce, gelten ihm zwar als ‹Kirchenväter›, sind aber nicht etwa sakrosankt. Wie noch gezeigt wird, erweist sich das Verhältnis als zwiespältig, wobei Schmidt sich manchmal sozusagen selbst in den Haaren zu liegen scheint, wohl auf Grund der bangen Einsicht, daß Familienzugehörigkeit und autonome Originalität sich gegenseitig relativieren, oder als ob er geahnt hätte, daß diese Reise über *Kaff* hinaus, zu den «Etyms», doch kein Königsweg sein würde.

Unsicherheit, Unruhe, Angst davor, nicht als der Neuerer verstanden zu werden, der er sein wollte und im formalen Bereich auch in gewissem Maße ist, motivieren viele der Schmidtschen Strategien und Mystifikationen: man denke nur an das Bemühen in den *Berechnungen I-II*, die Texte der fünfziger Jahre als durchweg gezielt vorgeplante «Versuchsreihen» darzustellen, an die belegbare Manipulation, durch Rückdatierung der Entstehung des *Pharos* frühes Genie zu suggerieren.

Hinzu kommt, daß Schmidt auch in diesen Dingen typisch ‹deflektiv› vorgeht; also sich nicht unbedingt in dem Kontext als ehrlich-verläßlich erweist, in welchem er es zu sein vorgibt, sondern eben – und für findige Leser ja durchaus aufdeckbar – anderswo, indem er z. B. den Geist eines von ihm plagiierten Autors dadurch versöhnt, daß er ihn bei anderer Gelegenheit preist. Problematisch ist auch der souveräne Gestus, der zu verschleiern verstand, wie oberflächlich z. B. seine Rezeption von Freud, aber auch von naturwissenschaftlichen Erkenntnissen war. Wie hochpathologisch – nicht nur vatermörderisch, sondern gegenseitig zerstörerisch – die rezeptorische Auseinandersetzung werden kann, auch dafür ist Schmidt ein beklemmendes Beispiel, wie Hans Wollschläger bei der Arno-Schmidt-Tagung 1989 in Rendsburg zum Thema «Arno Schmidt und Karl May» ausführlich andeutend inkriminierte.[3]

Es wird klar: blindes Vertrauen ist nicht angebracht bei einem solchen Autor, der zudem «brav=lügen können» (ZT 48 mu) zu einer von zwei Kardinaltugenden erhob; die andere war «Exzerpte machen», also die Lesefrüchte, Zitate und Passagen, die er adaptierend, dahinterblendend, verschleiernd oder schlicht ‹stibitzend› fürs eigene Werk zu ‹expropriieren› gedachte (und deren Dechiffrierung nun so viel von der Energie spürnasiger Kritiker verbraucht).[4] Eine Rolle spielt hier sicher die erwähnte Ahistorizität, für welche Plagiat kaum ein Kriterium sein kann, da sie Priorität von Vorgängern nicht anerkennt. Schmidt wollte wohl eher seine Priorität und Originalität zeigen, als den wahren Weg zu seinem So-Sein nachvollziehbar sichtbar zu belassen. Insgesamt jedenfalls erweist sich: er setzt zwar wuchtig eigenes Sein, kann aber das Werden seines So-Seins in der Reibung an anderen Kräften nicht verhehlen.

Fiktion ergibt sich also – *auch* – aus Friktion! Das ist kein bloßes Wortspiel, Kalauer oder gesuchte Metapher. Vielmehr soll obige Einleitung offenbar machen, wie sehr der Wortkünstler die Einflüsse, denen er ja notwendig ausgesetzt ist, nicht nur mitlebend, sondern auch – leidend erfährt. Es geht um die *Anxiety of Influence*, wie Harold Bloom sein Buch[5] nannte. Zwar will Bloom seine Thesen über sechs verschiedene Strategien, literarische Ahnen beschwörend zu bannen, plausibel nur für Lyrik, aus der allein er Beispiele bringt, gelten lassen, doch könnten seine Ausführungen *mutatis mutandis* für die Schmidt-Kritik klärend und befreiend wirken: denn zum einen ist Schmidt ein Musterbeispiel für solche teils offenbare, teils defensiv deflektierte ‹Bangigkeit›; zum anderen könnten (dies nur ein Vorschlag hier) Blooms Kategorien helfen, endlich Klarheit zu schaffen, ob Schmidt denn nun ein «strong poet» (wie Bloom es nennt) ist oder nicht.

Im Hinblick auf die beschriebene Problematik befand ein Beobachter bei der Rendsburger Tagung, die Schmidt-Forschung habe immer noch Versäumnisse aufzuarbeiten. «Zehn Jahre nach dem Tod eines Autors sollte es möglich sein, sich von dessen Selbstauslegungen zu befreien.»[6] Solche Kritik an der Kritik ist nur zum Teil berechtigt: die ernsthaftere Forschung arbeitet schon geraume Zeit daran, vor allem inhaltlich konstituierende Übernahmen nachzuweisen; doch auch den Bemühungen der nach wie vor munteren Einzelstellen-Dechiffrierer ist zuzugestehen, daß sie ausgehen von einem gesunden Mißtrauen gegenüber dem Autor und seinen *pro-domo*-Äußerungen. Wenn sich die folgenden Ausführungen zu Arno Schmidt und seinen Quellen also vor allem auf Literatur zu Schmidt stützen, dann zudem in einem selektiven, teilweise sicherlich nur subjektiv zu verantwortenden Überblick, welcher die Fleißarbeiten der Detail-Puzzler ziemlich beiseite läßt. Zu oft demonstrieren diese allenfalls die Belesenheit des Schreibers sowie dessen komparatistisches Gespür für Parallelen und Ähnlichkeiten, obgleich wirklicher Einfluß nicht nachweisbar ist. Auch die Aufdekkung einer großen Zahl von Belegstellen, wie etwa zahllose verdeckte oder offene Goethe-Zitate in *Zettels Traum*, beweist allenfalls, daß Schmidt sich mehr an Goethe rieb als seine oftmals wegwerfenden Urteile suggerieren wollen; ob die Vielzahl dieser Zitate bei einem so polyvalenten Werk überhaupt wesensbestimmend wird (thematisch konstituierend, wie es z. B. für die vielen Rilke-Zitate im natürlich viel dichteren *Caliban über Setebos* nachgewiesen worden ist), bleibt dagegen fragwürdig. Manchmal wirken solche Anstrengungen im Resultat wie ein Schrotschuß: in der Streuung werden viele Flöhe im Fell erlegt, der Pudel allerdings – im hybriden Kern ungetroffen – regt sich nicht. Ganz anders dagegen wirken exemplarische Ansätze wie die weiter unten angeführten, weil sie stringent aufzeigen, wie Schmidt sein zitiertes Credo meinte und was für erbschaftliche Konsequenzen sich ihm daraus ergaben: das Repertoire bleibt, ist aber für unsere Zeit, und auf deren gesellschaftliche Verhältnisse bezogen, umzuschreiben, etwa im Sinne von George Santayana, der Goethe auch nicht mehr als Olympier weiter gelten ließ, sondern ihn abklopfte auf seine Brauchbarkeit für uns moderne ‹Schiffbrüchige›. Es ist dies ja auch eine typische Motivation von Schmidt, so in *Goethe und einer seiner Bewunderer*, oder wenn er betont, daß es ihm um Lessings Wirkung auf *unsere* Zeit zu tun ist; oftmals ist die Motivation eine sehr subjektive, besonders auch, wenn es – wie im Früh- und im Spätwerk – um den erwähnten romantischen Affekt geht.

Wie beginnt der Schreibprozeß? Die Frage ist zentral, nicht lediglich rhetorisch. Es gibt prägende Leseerlebnisse (das Kind als Vater des Mannes/Autors), wie Schmidt u. a. im zitierten Jules-Verne-Aufsatz (s. Anm. 4) ausführt und wie sie etwa der einsam-weltverlorene Kleine hat, der uns, natürlich etwas mythisiert, in *Abend mit Goldrand*, aber auch in *Der Rebell* bzw. *Das Kraulemännchen* (JUV 359 ff.) begegnet. Schmidt hat öfter auf solche Prägekraft hingewiesen, auf die von Wieland, Fouqué, Hoffmann, Tieck, Poe, Verne, sowie auf Expressionisten; auch auf Gustav Frenssen[7] und allenfalls noch auf die des *späten* (mythenträchtigen) Karl May; jedoch z. B. gar nicht, wie Werner Fuld (s. u.) feststellt, auf die von Gustav Freytag. Und man kann sich schon anhand der «*Wu Hi?*»-Texte den jungen Schmidt auf dem Wege vom Leser, über Reaktionen wie: ‹Das könnte, nein, kann ich auch, – und sogar besser!›, zum selber Schreibenden vorstellen. Zu den Briefen an Heinz Jerofsky in «*Wu Hi?*» bemerkt Peter Rühmkorf: «Ich meine, das hat doch schon alles Schwung und Schmiß und Profil [. . .]». Und er gibt zu bedenken, daß Schmidt sich diesen Elan «über einen vielfach geknickten, [. . .] gestörten Lebenslängsschnitt hinweg» gerettet hatte.[8]

Sicher ist nun, da die speziell literarischen Ersttexte, die sogenannten *Juvenilia* (des 1937, im Jahr der Niederschrift des *Insel*-Fragmentes, auch schon Dreiundzwanzigjährigen) vorliegen, die Zeit gekommen, nun weniger inhaltlichen Quellen nachzuwaten und sich stärker als bisher der Entwicklung des Stilisten Schmidt zuzuwenden. Erste entsprechende Reaktionen auf diese frühen Texte zeigten sich zögernd-beklommen, so als hätte man eigentlich mehr erwarten müssen. Aber muten sie wirklich nur ‹pennälerhaft› an? Das *Insel*-Fragment könnte man durchaus mit unkritischem Behagen weiterlesen, wobei selbst alte Bekannte aus dem Fundus, von alten Scharteken bis zu den Logarithmen (die einen in *Julia* nur noch angeödet hatten), sozusagen paradox frischen Reiz ausstrahlen, was gewisse pubertär-peinliche Privatima fast kompensiert. Natürlich ist es leicht, Schwächen auszumachen: die zwei Textteile, «Einleitung» des Finders wie dessen hundert Jahre alter «Textfund», ähneln sich stilistisch zu sehr, *Der junge Herr Siebold* leidet an Adverb/Adjektivsucht, wie man sie allerdings auch teilweise bei

Fouqué findet; von dem scheint auch Schmidts zeitweilige seltsame Vorliebe für das – wenigstens für uns Heutige – nichtssagende Adjektiv «nett» zu stammen, wie auch der «verwilderte» Blick, mit dem Schmidt seine Figuren gern ausstattete. Immerhin aber hob S. S. Prawer in seiner Besprechung der englischen Übersetzung von *Abend mit Goldrand* im *Times Literary Supplement* die literarische Qualität des (wohl erst 1943/44 entstandenen, was Prawer nicht wissen konnte) *Pharos* hervor, unter Hinweis auf eine ihn überraschende Affinität (die Schmidt wohl auch nicht zugegeben hätte) zum reifen Samuel Beckett: «the opening might almost be Clov's account of a conversation with Hamm before the two of them settled down to their Endgame.»[9] – Daß die *Juvenilia* ihr *Weltbild* weniger den Romantikern (bei allem diesbezüglichen *Affekt*) verdanken als einer vermutlich schamvoll verschwiegenen Vorlage, versucht der oben erwähnte Werner Fuld anhand von Gustav Freytags *Die verlorene Handschrift* aufzuzeigen. Seine, etwas globale, Konsequenz aus dieser Einsicht lautet:

«Nicht das jakobinische Erbe der Frühromantik übernahm er, sondern er stand ganz in der Tradition des bürgerlichen Bildungsromans, den er im Spätwerk nur formal verwandelte, wobei er als Nachfolger Gustav Freytags selbst zum Epigonen eines Epigonen wurde und die eigentlichen Ideale des Bildungsromans bei ihm unrettbar zu pseudophilologischer Wortspielerei und zu einem Bibliophilenquiz verkamen.»[10]

Zitiert wird das hier aus zwei Gründen: als Erinnerung an obige Bloomsche Herausforderung, da die frühen Texte in der Tat auf das Spätwerk verweisen, über dessen künstlerischen Stellenwert (Schmidt als ‹strong poet›?) am wenigsten Einigkeit besteht, gleichzeitig aber als Hinweis auf unseres Autors eklektisch fusionierendes Verfahren. Festhalten darf man: Gelehrigkeit und Talent demonstrieren die frühen Texte jedenfalls. In der Korrespondenz um 1934 an Heinz Jerofsky (z. B. WH 64) kündigt sich schon der Autor von *Gadir* an; dennoch läßt sich für die frühen literarischen Texte verallgemeinern, was Werner Morlang zu der «betulich-keusche[n]» Erzählung in Schnabels Nachfolge *Die Fremden* (von 1942) feststellt, nämlich daß von hier kaum ein stilistischer Konnex zu den Texten der fünfziger Jahre führt, die den *Berechnungen* verpflichtet sind.[11]

Bezüge zwischen den Erzählungen «aus der alten Zeit» (so der Untertitel von *Der junge Herr Siebold*) und Schmidts frühen Veröffentlichungen bestehen aber durchaus. Ernst-Dieter Steinwender hat für die Erzählung *Enthymesis* (1949) nachgewiesen, daß Schmidt hier «die moderne Variante eines romantischen Märchens» (E. T. A. Hoffmanns *Der goldne Topf*) geschrieben hat. Als romantische Züge ergaben sich «die Personenkonstellation, das Denken und Fühlen der Hauptfigur sowie das Hereinbrechen einer übersinnlichen Welt in die scharf gezeichnete Realität».[12] Diese «Realität» ist zwar keine unmittelbar moderne, doch erweisen ja alle vier in der Antike angesiedelten Texte Schmidts ihre wirkliche Bedeutsamkeit erst in Hinsicht auf unsere Zeit. Vor Steinwender hatte Peter Piontek, über Horst Thomés *Natur und Geschichte im Frühwerk Arno Schmidts* hinausgehend, bereits gezeigt, daß auch so ein anscheinendes Musterbeispiel für zeitbildverpflichteten Realismus wie der Nachkriegs- und Heimkehrerroman *Brand's Haide* (1951) unter der Oberfläche ein, Fouqué unmittelbar entstammendes, mythisch-romantisches Substrat aufweist.[13] Man mag fragen, wieso romantische Züge ausgerechnet hier etwas zu suchen haben? Die Antwort ergibt sich aus der Lektüre der frühen Texte: die Spannung in all diesen Texten zwischen harscher Realität und gedankenspielerisch träumender Sur-Realität ist nämlich die gleiche, die Schmidt in seinem Brief vom 24. 4. 1935 an den Freund Jerofsky klagen läßt: «Auch ich, Enrico, war in Arkadien geboren und laufe nun in harten Schuhen umher [...]» (WH 66) Gefolgt ist diese Klage von andeutungsweise skizzierten Trostmöglichkeiten – Keime von dann ausgeführten literarischen Gedankenspielen – unter Berufung auf Mozart, Homer, «die entzückenden altmodischen Ritterromane meines Lieblings Fouqué, die wunderlichen Märchen E. T. A. Hoffmanns, die weiten Bereiche der Weltgeschichte, Wandrer und Dichter, Lieder und Werke. Denn ich bin ein großer Zauberer!» (WH 67) Später, in *Der Dichter und die Mathematik*, erwies er sich dann doch als «Monteur», auf der Seite derer, die – statt sich auf Intuition zu verlassen – «ihre Kunstwerke auf dem Wege der *Konstruktion* herstellen!»[14]

Man kommt aber nicht daran vorbei, den romantischen Affekt bei Schmidt als authentisch anzuerkennen. Die Tonlage gerade der frühen Texte ist so unvermittelt ernsthaft, daß sie auch mehr sein müssen als eine Art Gesellenstück zum Beweis, daß die handwerkliche Tradition gemeistert und der Adept nun zu autonomem Schaffen bereit sei. Im Tieck-Nachtprogramm *Funfzehn* (1959) beschrieb Schmidt die Romantiker wie die Expressionisten, und implizit sich selbst, als Kinder kataklysmischer Zeiten (Zeiten also, in denen der zerstörerische «Nobodaddy» oder «Leviathan» sich in der Menschheit inkarniert);

die Produktionen (romantisches ‹Zauberwesen› eingeschlossen) solcher Zeitgenossen entspringen dann der realistischen Grunderkenntnis, «daß alles Dasein ein lebenslängliches Hakenschlagen ist, vor der Gefahr des Gefressenwerdens» (RVG 235). Literatur, Lesen wie Schreiben, als Hakenschlagen, also als Fluchtbewegung: in die Antike (immer mit Bezug auf das Heute), in den eigenen Kopf, auf Inseln oder faunische und andere Reservate, dort immer, auch zu zweit, eigentlich allein. Verpflichtet fühlt man sich der Tradition und ihren Exponenten, deren Werke es zu beschwören und ‹vervollkommnend› wiederzubeleben gilt. So zeigt Marion Diedel-Käßner, wie Goethes *Wahlverwandtschaften* thematisch (Viererkonstellation überkreuz) in das *Steinerne Herz* transformiert (adaptiert, kontrastiert und parodiert) wird. Denn hier «stellt [Schmidt] Goethes Roman in seiner Gesamttendenz ‹auf die Füße›, schreibt ihn neu und – *seinem* Prosa- und Realitätskonzept folgend – ‹richtig›.»[15] Es geht dabei aber nicht nur um die «persönliche Auseinandersetzung mit dem ‹Kollegen›»[16], sondern man kann, wie bereits angedeutet, in Schmidts ahistorischem Gestus auch eine objektivere, themenbezogene Motivation sehen, wie sie sich, stilistisch vergleichbar, auch in Alexander Popes neoklassischem *dictum* ausdrückt: «What often was thought / But ne'er so well express'd.»[17] Es geht Schmidt nämlich auch darum, sozusagen vorgegebene, allerdings zeitbedingt zu modifizierende Idealformen zu erfüllen, indem Werke von nacheinander folgenden Autoren zur Vollendung hin kultiviert werden. Diese Ahistorizität ist aber eine relative: Schmidts Bild von der Zeit als Fläche der Gleichzeitigkeit ist nicht ganz konsequent, sondern doch auch diachronisch: wie er in den *Berechnungen* anführt, haben wir Heutigen allein schon aufgrund des technologischen Fortschrittes einen größeren Metaphernschatz zur Verfügung als Goethe; zudem haben sich – nicht zuletzt durch Schmidt selbst – die formal-strukturellen Möglichkeiten, äußere und innere Realität literarisch wiederzugeben, erweitert und verfeinert.

Schmidts Folgerungen daraus beruhen auf der speziellen Art von «anxiety of influence», welche Bloom *Clinamen* bzw. *Tessera* nennt: Nachfolge bis zu einem gewissen Punkt, bzw. Vollendung da, wo der Vorgänger nicht weit genug ging oder gehen konnte. Für Schmidt war das alleinige Kriterium für solche Art der nachfolgenden Adaption: «ob man's *besser* machte» (*Dichter und ihre Gesellen,* TBZ 322). Es handelt sich also darum, den unvollkommenen Werken und Vorläufern sozusagen Wiedergeburtshilfe zu leisten. Im Kopfe ihres modernen

Kollegen Schmidt können die Älteren, dank dessen ‹mitlebender› leih-mütterlichen Bereitschaft, ihre Werke so vollenden oder vollendend umschreiben, wie sie es selbst tun müßten, wäre ihnen die Gnade späterer Geburt zuteil geworden, oder wie ein Schmidt es statt ihrer getan hätte, gäbe es dann wenigstens die Gnade der frühen Geburt. (In diese Richtung geht ja auch Pionteks Argumentation zu Schmidts *Alethes*-Leseerlebnis.)

Leser des oben erwähnten Briefes an Heinz Jerofsky wissen inzwischen, daß Schmidt jene angeblich weiten «Bereiche der Weltgeschichte» vor allem an der Hand Konrad Mannerts abschritt, dessen teils dezenten, teils flächendeckenden Fußabdrücken in allen vier Antike-Texten, vor allem aber in *Kosmas* und *Alexander*, Dieter Kuhn nachgegangen ist. Er weist detailliert diese Schmidtsche «Adoptions»-Methode nach[18], kommt aber zu Werturteilen, die fragwürdig sind, weil sie sich nur am quantitativen Integrationsgrad des (Mannertschen) Fremdmaterials orientieren.[19] Damit wird man Schmidts additiver Methode aber kaum gerecht, weil diesem Midas unter der stehlend-hehlenden Hand alles zum echten Eigentext transmutiert.

Edgar Allan Poe bietet schon in der Spannweite, von Schmidts Jugend bis zu *Zettels Traum*, ein illustratives Beispiel für eine typische Art der Rezeption, denn er gehört zu den Büchern der Kindheit, auf deren lange und wachsende Bedeutsamkeit Schmidt mehrfach verwiesen hat. Der romantische Affekt wird hier noch potenziert, da Schmidt sich doppelt bestätigt fühlen darf, teilt er doch mit dem verehrten Poe die Verehrung für andere Romantiker wie Fouqué und Tieck. Am Anfang steht vor allem eine sich später bestätigende Faszination mit der *Usher*-Erzählung, wie Thomas Hansen zu diesem Komplex ausführt. Er weist auch eine relativ frühe (jedoch typische) Art der Verarbeitung in *Dichtergespräche im Elysium* nach, wo Schmidts ‹pastiche› den stilistischen Tonfall Poes trifft und zudem dessen typische Metaphern nun nicht etwa einfach übernimmt, sondern mittels dazu parallelen eigenen *schöpferisch* umsetzt.[20] Während Schmidts Poe-Übersetzung kommen andere Aspekte der Faszination hinzu, nämlich biographische Parallelen (die Hansen auch anführt); nun waren für Schmidt solche Dinge nie pure Zufälligkeiten, sondern er empfand sie als Bestätigung für seine spezifische Art von ‹Metaphysik›, laut der alles mit allem zusammenhängt. In diesem Sinne äußert er sich ja auch in *Vorläufiges zu Zettels Traum*.

Damit kein Zweifel bleibt: Arno Schmidt ist nicht nur betroffener

Nachfolger, sondern auch «Pionier»[21], ein Neuerer vor allem im Bereich der strukturellen Form und deren typographischen Konsequenzen. Ein Grund, warum Jules Verne Schmidts Zustimmung fand, lag in des Vorgängers (allerdings inhaltlicher) ästhetischer Verarbeitung von technologischen Realitäten bzw. Visionen. Schmidt hat sich, was die Text*strukturierung* betrifft, daran ein Beispiel genommen, wie schon die Erscheinungsbilder der «Foto-Album»- und «Musivisches-Dasein»-Texte sowie des «Längeren Gedankenspiels» *Kaff* demonstrieren. Parallelen lassen sich herstellen zu zeitgenössisch-technologischen, photo- bzw. kinematographischen Methoden: von «Foto-Alben» voller Einzelaufnahmen über Filmstrips wie in *Kaff* bis hin zu den durch Querstriche strukturierten Texteinheiten besonders in den Typoskript-Büchern, die einfach regieführend das Hin und Her der Kameraeinstellung auf die jeweiligen Dialogpartner darstellen. (Die ästhetische Wirksamkeit solch simplen Hin- und Herschwenkens auch noch für den Film bewies vor einigen Jahren der handlungslose Filmdialog *My Dinner with André*.) Und wenn Suhrbier die Berechtigung der «Foto»-Einheiten etwa von *Seelandschaft mit Pocahontas* in Frage stellt, da sie zum Verständnis des «Textes» nicht notwendig seien, während die «Fotos» für sich genommen «viel Wesentliches» wegließen, so würde das zutreffen, wenn es sich um bloße Vermittlung von Informationen handelte und nicht um eine ästhetisch relevante Struktur und Textur.[22] Wie das konkrete Album ist solcher Text eine *Gedächtnis*stütze, die ihren Sinn erst im Wieder-Betrachten findet. Hier liegt eben die Ursache für die Erfahrung, daß Schmidts Texte immer wieder frisch wirken, eigentlich erst im Wieder-Lesen ihre volle Wirkung entfalten – empirischer Beweis für die Stringenz der «konformen Abbildungs»-Technik. Man fragt sich, ob Suhrbier damals Schmidts Absicht, einem technologischen Abbildungs-Phänomen literarisch Rechnung zu tragen, richtig zu würdigen wußte, bzw. ob solche Argumentation nicht eher das an sich Fragwürdige (s. dazu Susan Sontags Essay über Photographie[23]) der Bemühungen von Erinnerungsphotographen, schöne Augenblicke «konform» und somit lebendig auf Film zu bannen, trifft.

Kein Zweifel jedoch auch (und damit sind wir wieder in der unmittelbaren Thematik), daß Schmidts Bedeutung als Neuerer zu relativieren ist. Er selbst hatte ja Gelegenheit, sich «ähnlich derb am Hinterkopf zu kratzen» (тbz 269), als er feststellen mußte, daß Carroll, siebzig Jahre vor *Kaff*, mit *Sylvie and Bruno* eigentlich schon ein Zwei-Spalten-LG geschrieben hatte. Mit «ähnlich» meint Schmidt zwar Joyces angebliche eigene Betroffenheit Carroll gegenüber; man kommt aber nicht umhin, darin wieder eine Deflektion Schmidtscher Betroffenheit Joyce gegenüber (um die es hier in Wirklichkeit geht) zu sehen. Man kann sich vorstellen, daß Schmidt zunächst mit Recht befremdet aufsah, als bereits die ersten Rezensionen (schon ab 1949) ihn mit Joyce verglichen. Denn anscheinend hat er Joyce erstmals um 1956 gelesen (obwohl es da auch wieder einige Mystifikationen gibt), und dann ja auch über ihn geschrieben. Seine schließliche Betroffenheit als Schriftsteller äußert er erstmals deflektiv (pointiert indirekt) in *Kaff* (12), wo dem Vorgänger gerade durch Abwesenheit Glanz verliehen wird: Schmidts Alter ego Karl erwähnt, daß er für die Fahrt nach Giffendorf auf seinen «ESSENTIAL JAMES JOYCE» hatte verzichten müssen. Im Klartext soll das heißen: Um Joyce kommt man nicht herum, aber zu(m) *Kaff* bin ich ohne ihn gelangt! In der Folge zeigt Schmidts Auseinandersetzung mit diesem ‹Kirchenvater› einen besonders hohen Grad von Betroffenheit, von ‹anxiety›. Das hat die Kritik[24] auch durchaus erkannt und herausgearbeitet.

Bei den Typoskript-Büchern kann sich Schmidt formal aber durchaus auf sich selbst berufen. *Zettels Traum* ist ja ein monströs angewachsenes Nachtprogramm mit verteilten Stimmen, als ideale Form der Biographie, wie Schmidt fand. Daß es sich um die Biographie Poes wie die Schmidts handelt, und endlich also um Identifikation und deren Überwindung (vergleichbar der Überwindung Karl Mays in *Sitara*), ist von der Kritik festgehalten worden. Die folgenden Werke, als dialogisierte Romane, knüpfen zwar an eine Tradition an, aus welcher Schmidt selbst Schillers *Geisterseher* erwähnt.[25] Interessanter zu verfolgen wäre aber ein plausibler Konnex zu Raymond Queneau, den Schmidt nicht nur in *Zettels Traum*, sondern auch in persönlichen Gesprächen bestätigend erwähnte und dessen eigenen dialogisierten Roman *Le vol d'Icare* er 1969, also zur Zeit des Zettelaufbaus für *Die Schule der Atheisten* gelesen hat.[26]

Bei diesen Werken nach *Zettels Traum*, die den Bogen zum Frühwerk zurück spannen, wird nicht nur mehr die Verarbeitung literarischer Tradition konstitutiv. Selbst wenn nachzuweisen wäre, daß solche Werke zu 95 % aus Fremdmaterial adaptiert/montiert sind, wäre damit, wie schon angedeutet, so viel noch nicht gesagt. Viel bedeutsamer als die analytisch-archäologische Demontage bis hinunter zu Schräubchen, Nieten und Rostflecken ist etwa Kurt Jauslins Nachweis, daß und wie sehr die Tradition der bildenden Kunst, anstatt Literatur, konstitutiv wird: Hieronymus Bosch für *Abend mit Goldrand* und Jan Mytens für *Julia*.

Natürlich konnten die realistischen Zeitbild-Texte der fünfziger Jahre gelesen und goutiert werden, ohne daß man sich verborgener Bedeutungsschichten à la *Brand's Haide* bewußt sein müßte. Dies traf unter anderem zu, weil die Leser selbst Zeitgenossen waren, der Erfolg also schon durch eine Art ‹Kempowski-Effekt› mitgesichert war. Zweifellos aber hängt die – inzwischen anscheinend bange – Frage nach der Überlebenskraft von Schmidts Büchern auch davon ab, ob sie über Zeitbild-Bezogenheit hinaus repräsentativ und ästhetisch verbindlich wirken. Wenn sie das tun, dann neben der immer wieder vital wirkenden Sprachkraft sicher auch wegen ihrer Mehrschichtigkeit, einer Qualität, die traditionell eher der Lyrik wesensgemäß schien. Was im deutschen Wort für deren Produkt angelegt ist, eignet auch Schmidts Texten, eine – nur durch Dehydrierung, Konzentration, zu realisierende – reiche, zitat- und traditionsgebundene ‹Dichte›, aufgrund deren das additive Verfahren zu einer Synthese führen kann. So ist, um nur ein Beispiel zu geben, *Das steinerne Herz* (1956) nicht *nur* der erste Versuch eines zeitgenössischen deutschen Autors, sich dem Thema der deutschen Teilung zu stellen, auch nicht (wie Schmidt zunächst plante) hauptsächlich ein Roman über die spezielle Pathologie der Sammelleidenschaft: Wie die Kritik[27] herausgearbeitet hat, handelt es sich gleichzeitig um einen in ironisch mehrfachem Sinne historischen Roman (derart, daß das Schicksal der Prinzessin von Ahlden mit der Selbstinterpretation der Erzählfigur Walter Eggers verknüpft ist); dazu hat Schmidt, wie erwähnt, die *Wahlverwandtschaften* neu geschrieben, einen (sozusagen selbstinkriminierenden) Kriminalroman verfaßt und außerdem alle möglichen offenen und verdeckten Zitate eingebracht. Sicherlich wird noch mehr dazu gefunden und gesagt werden. Die Frage bleibt, ob Schmidts ‹additiver› Collagisten-Methode (Erfindungsgabe nimmt er für sich und seinesgleichen nicht in Anspruch; allenfalls Findungsgabe) auf solchem Wege überhaupt beizukommen ist, da das Ganze eben doch mehr ist als die Summe seiner Teile, denn alle diese Komponenten sind kunstvoll mit- und ineinander verwoben. Die Frage, ob solche ‹synthetischen› – als Gesamtwerk praktisch die ganze, nicht nur deutsche, literarische Tradition evozierenden, adaptierenden und parodierenden – Spätzeit-Werke Kunst sind, ist schließlich auch eine ideologische Frage, welcher z. B.

mit dem Schmidt oft gemachten Vorwurf elitärer Bildungshuberei nicht Genüge getan ist.

Am Beispiel von Schmidt hätte Harold Bloom eine weitere Kategorie entwickeln können, die sich am Plagiat als extremer Form des Erbantrittes orientiert. Schmidt hat zwar mehrmals über die verschiedenen Grade von Plagiat als ‹Nachfolge› geschrieben und sie verurteilt, dennoch hat er die gesamte Skala selber dreist benutzt. Wobei «dreist» allerdings die Problematik kaum erfaßt. Schmidt selbst hielt es offenbar mit seiner Genossin Jelena Kowalewna, Winers Dolmetscherin auf der russischen Seite der Gelehrtenrepublik: « ‹Das Plagiat : was ist es im letzten Grunde andres als Selbsterkenntnis ? Daß dem Betreffenden das fehlt, was er nimmt ?› » (GR 326) Anders gesagt: Schmidt hat sich nur geholt, was ihm zur Komplettierung des betreffenden fälligen Werkes fehlte; so wie der Plagiierte sich das ihm Fehlende von Schmidt geholt haben müßte, wäre die Position beider auf der Zeitfläche umgekehrt. Bei Gleichzeitigkeit allen Geschehens kann es, wie schon angedeutet, eigentlich keine zeitliche Priorität geben. So gesehen ist ‹plagiieren› für einen Schmidt eben auch nur eine Art, sein Credo zu verwirklichen: die älteren Kollegen befinden sich als Autorenkollektiv im ‹Kopf des Einen›: «Kombinat Schmidt erfüllt sein Romansoll», könnte man Zeile 33, S. 326, der *Gelehrtenrepublik* abwandeln. Hier ergibt sich allerdings ein seltsames Paradox, je nachdem, ob man auf den Autor oder das Werk abstellt. Ein Grund dafür, weshalb selbst die eklatantesten Plagiate erst relativ spät entlarvt wurden, liegt sicher darin, daß auch sie Schmidt-typisch wirken, eben auch Schmidt-Texte sind. Ebenfalls paradoxerweise – oder sollte man ‹perverserweise› sagen? – könnte Schmidt solche für ihn typische Strategie der Textgenese mittels Aneignung aus der Tradition (schon aufgrund des ‹dreisten› Grades) als Novum beanspruchen. Und so wie Fruchtbarkeit per se nichts mit Moralität zu tun hat, so mag auch der Begriff des Plagiats eher dem Kritiker relevant erscheinen als einem Künstler, der all sein Tun sieht als Dienst an der Literatur, als «Anknüpfen an das Große Gewebe, an dem wir Alle arbeiten» (TRI 424).

Anmerkungen

1 Zum Komplex «Ahistorizität» siehe: Hartwig Suhrbier: *Zur Prosatheorie von Arno Schmidt*. München 1980, S. 8; bzw.: Heiko Postma: *Aufarbeitung und Vermittlung literarischer Traditionen. Arno Schmidt und seine Arbeiten zur Literatur*. Frankfurt/M. ^{2}1982, S. 106 ff.

2 Hier sei nur kurz angedeutet, daß für Schmidt dieser Begriff determiniert ist durch ein verändertes, neues Verhältnis zum Wort und seinen Funktionen. Siehe dazu Boy Hinrichs: *Utopische Prosa als Längeres Gedankenspiel. Untersuchungen zu Arno Schmidts Theorie der Modernen Literatur und ihrer Konkretisierung in «Schwarze Spiegel», «Die Gelehrtenrepublik» und «Kaff auch Mare Crisium»*. Tübingen 1986, speziell den ersten Teil der Arbeit.

3 Hans Wollschläger: *Arno Schmidt und Karl May*. Vortrag beim Arno Schmidt Symposium in Rendsburg 1989; abgedr. in: *Akzente* 37, H. 1 (Februar 1990), S. 78–95.

4 Dies sind nur zwei Beispiele aus einer Skala von möglichen Plagiatsformen, die Schmidt in *Dichter und ihre Gesellen: Jules Verne* (TBZ 321–340) aufführt. («It takes one to know one»: wer so gut Bescheid weiß, der kann es auch selbst.)

5 Harold Bloom: *Anxiety of Influence*. New York 1973.

6 Jan Ross: *Abschied von einer Vaterfigur. Auf der Tagung der Arno-Schmidt-Stiftung wurden ketzerische Töne laut*. In: *Frankfurter Allgemeine Zeitung*, 5.7.1989.

7 In *Ritter vom Geist* erwähnt Schmidt, daß er durch Frenssens *Otto Babendiek* zu *Gadir* angeregt wurde (S. 159 f.). Thomas Krömmelbein fand weitere Spuren dieses Autors noch in *Die Schule der Atheisten*: «Kein Zweifel: der *Babendiek* gehört in die erste Reihe der Lieblingsbücher Arno Schmidts, geehrt und wiedergelesen wie Holbergs *Niels Klim* oder Vernes *Reise zum Mittelpunkt der Erde*.» («*Gerechtigkeit findet dort statt, wo man trotzdem preist*». Arno Schmidt und Gustav Frenssen. In: *Zettelkasten* 6 (1988), S. 58 f.). Verschiedene Untersuchungen haben gezeigt, daß andere Schriftsteller in ähnlicher Weise Früh- und Spätwerk motivierten, Tieck sogar durchgängig: mindestens zwei der *Stürenburg-Geschichten* sowie *Die Schule der Atheisten* und *Abend mit Goldrand* sind von ihm beeinflußt. Motive aus Jules Vernes Werk finden sich sowohl in *Kosmas* als auch in der *Gelehrtenrepublik* und in *Die Schule der Atheisten*.

8 Peter Rühmkorf: *Wu hi – ein Deckname als Programm. Der Aufklärer in der Rolle des Spurenlesers: Arno Schmidt*. In: *Frankfurter Allgemeine Zeitung*, 12.7.1986.

9 Siegberd S. Prawer: *Etyms and Endgames. Arno Schmidt: Evening Edged in Gold*. In: *Times Literary Supplement*, 5.9.1980.

10 Werner Fuld: *Der Weg von Atlantis nach Bargfeld. Arno Schmidts «Juvenilia» als letzter Band der Werkausgabe*. In: *Frankfurter Allgemeine Zeitung*, 4.10.1988.

11 Werner Morlang: *Bittersüsse Naschereien. «Arno Schmidts Wundertüte» aus den Jahren 1948/49*. In: *Neue Zürcher Zeitung*, 11.8.1989.

12 Ernst-Dieter Steinwender: *Arno Schmidts «Enthymesis», ein Phantasiestück in Hoffmanns Manier*. In: *Arno Schmidt. Das Frühwerk I. Erzählungen. Interpretationen von ‹Gadir› bis ‹Kosmas›*, hg. v. Michael Matthias Schardt. Aachen

1987, S. 72. Steinwender betont, daß Schmidt natürlich kein Romantiker sei, und setzt statt dessen eine Parallelverbindung zu existenzphilosophischen Motiven. Nun wäre es erstaunlich, wenn sich bei einem modernen, zudem atheistisch-pessimistischen Autor keine der Motive finden ließen, an denen sich solch eine zeitgenössische Philosophie orientiert. Erheblicher scheint, daß im Werk eines solchen Autors immer wieder romantische Affekte auftauchen, die dann doch per se ernst zu nehmen sind.

13 Vgl. Peter Piontek: *Zum Wald-Stück «Brand's Haide»*. In: *Bargfelder Bote* 71–72 (Juni 1983), S. 3–19.

14 In: *Die Zeit*, 9. 9. 1960.

15 Marion Diedel-Käßner: *«Das steinerne Herz»: Arno Schmidts «Wahlverwandtschaften»*. In: *Bargfelder Bote* 129–130 (Oktober 1988), S. 4.

16 Ebd.

17 In: *The Works of Alexander Pope*. New Edition. Vol. II, hg. v. Rev. Whitwell Elvin. New York 1967, S. 51, Vers 298.

18 Vgl. Dieter Kuhn: *Mannert: ich danke dir. Über eine Quelle zu Arno Schmidts «Kosmas»*. In: *Bargfelder Bote* 134–136 (März 1989), S. 4–33.

19 Laut Kuhn wäre *Alexander* dem *Kosmas* vorzuziehen: die Handlung von *Kosmas* sei zwar «überhaupt nicht dürftig, dennoch mit gutem Recht [als] einfallslos» zu bezeichnen (ebd., S. 22). Auf S. 28 wird sie dann weiter abqualifiziert: «Zweifellos ist die kurzatmige und sozusagen herbeigequälte Handlung mit den Materialmassen [aus Mannert] rettungslos überfrachtet.» Man darf widersprechen.

20 Vgl. Thomas S. Hansen: *Arno Schmidt's Reception of Edgar Allan Poe: Or, The Domain of Arn(o)heim*. In: *The Review of Contemporary Fiction* (Arno Schmidt Number, ed. F. P. Ott), VIII,1 (Spring 1988), S. 166–181. Eine ähnliche Strategie hat Hansen für *Kaff* nachgewiesen: danach hat Schmidt zwar einfach die ihm vorliegenden zwei Strophen der englischen Übersetzung des Nibelungenlieds von Lettsom als Leistung seines *Alter ego* Karl Richter requiriert, zeigt aber dann durch Fortschreiben in Lettsoms Stil, daß er solches auch selbst hätte leisten können. (*Schmidt's English «Nibelungenlied»-Source and the Many Tongues of «Kaff»*. In: *Bargfelder Bote* 139 (Juli 1989), S. 4–10).

21 Vgl. Suhrbier (Anm. 1), S. 11.

22 Ebd., S. 10.

23 Susan Sontag: *On Photography*. New York 1977.

24 Vor allem Robert Weninger: *Arno Schmidts Joyce-Rezeption 1957–1970*. Frankfurt/M., Bern 1982; und Stefan Gradmann: *Schmidt/Joyce: Anatomy of a Misunderstanding*, sowie David Hayman: *Schmidt/Joyce: A Case of Possession*; beide in Ott (Anm. 20).

25 Siehe Josef Huerkamp: *Nr. 8. Materialien und Kommentar zu Arno Schmidts Roman: «Das Steinerne Herz»*. München 1979, S. 211.

26 Brief Ernst Krawehls an den Verf. vom 6. 1. 1980.

27 Vgl. Huerkamp (Anm. 25), sowie ders. in: *Bargfelder Bote* 104–106 (Juli 1986), S. 3–38. Besonders auch Kurt Jauslin: *Robinsons Archive oder Der 6. Dezember*. In: *Bargfelder Bote* 87–88 (März 1985), S. 3–22.

Volker Wehdeking

Arno Schmidt und die deutsche Nachkriegsliteratur

Um es gleich vorwegzunehmen: dem lange als Außenseiter und Einzelgänger rezipierten Arno Schmidt gebührt ein zentraler Platz in der deutschen Nachkriegsliteratur. Sein Werk gilt der inzwischen nicht mehr auf die deutsche Germanistik beschränkten Forschung, aber auch der Feuilletonkritik, als frisch wie wenige andere Œuvres von Autoren der ersten beiden Nachkriegsgenerationen. Neben Böll und Grass, Johnson und Walser, Koeppen und Siegfried Lenz, Andersch und Nossack läßt sich seine Erzählprosa aus heutiger Sicht als durchaus vergleichbar nach Rang und sogar chronologischer Werkentwicklung einordnen. Seine zwei produktivsten und attraktivsten Werkphasen, 1949–1957, von *Leviathan* bis *Die Gelehrtenrepublik*, und 1960–1964, von *Kaff auch Mare Crisium* bis *Kühe in Halbtrauer*, fallen mit jenen von Böll und Koeppen für die ersten wichtigen Nachkriegsromane, mit Grass, Böll, Johnson, Walser und Andersch für die zweite Periode zusammen.

Es wäre ein Unding, hier zu versuchen, Schmidt mit allen genannten und in ihrer Zeitkritik im großen und ganzen kongenialen Autoren zu vergleichen. Das kann auf schmalem Raum weder intertextuell noch ‹weltanschaulich› gelingen. Schon das ‹Spiel mit drei Bällen›, das Reinhard Baumgart zugunsten einer Eingemeindung Arno Schmidts in den Kern der Nachkriegsliteraturgruppe bis etwa 1955 versuchte – «Böll, Koeppen, Schmidt, diese Drei» (1986) –, bedeutete ein höchst angestrengtes Jonglieren, wenn auch mit überraschend lohnenden Perspektiven. Was mir darüber hinaus für das Thema gewinnversprechend erscheint, ist ein Vergleich der Schmidt-Texte bis 1964 mit den ästhetischen und soziopolitischen Positionen der Gruppe 47, insbesondere mit jenen seines Mentors Alfred Andersch, und der Erzählliteraturprogramme seit dem Epocheneinschnitt 1945. Zunächst aber, und dies ist für die Nähe Schmidts zur Gruppe 47 wichtig, ist mit einem kurzen

soziopolitischen und literaturhistorischen Überblick der Nachkriegszeit der Frage nachzugehen, inwieweit eine zeitkritisch engagierte, realistische Epochenliteratur von anderen, breiter gelesenen Nachkriegs-
schriftstellern außerhalb der Gruppe (mit der anderen Ausnahme
Wolfgang Koeppen) überhaupt geboten wurde. Schmidts zeitkritische
Leistung und Nähe zu Borchert, Kolbenhoff, Andersch, Richter, Weyrauch, Schnurre, Böll, Koeppen, Eich und Krolow wird gerade in dieser
frühen Periode evident.

Zeitkritisches Aufarbeiten von Krieg und Nachkrieg: Deutsche Teilung, Restauration und Wiederbewaffnung in der Literatur

Das Leben der Deutschen schien sich in den ersten Nachkriegsjahren
bis in den ‹Hungerwinter› 1947 auf drei Fragen zu konzentrieren: «Wie
werde ich satt? Wo kann ich unterkommen? Wann finde ich meine
Familie?»[1] Die deutschen Städte waren mehr als zur Hälfte zerstört, ein
Fünftel der Bevölkerung waren Flüchtlinge und Vertriebene, deren
Anteil sich bis 1960 sogar auf ein Viertel der Westdeutschen erhöhte.
Die 1939 auf dem späteren Gebiet der Bundesrepublik lebenden 40
Millionen Reichsdeutsche waren, ungeachtet der Kriegstoten und der
von den Nationalsozialisten Ermordeten, bereits 1946 auf 44 Millio-
nen gestiegen, bis 1950 waren von den dann bereits 48 Millionen acht
Millionen Vertriebene und 1,6 Millionen Flüchtlinge oder Displaced
Persons. Arno Schmidt gehört mit Schnurre, Böll und Richter zu den
wenigen Autoren der Trümmerzeit, die sich dieses Thema (vor allem in
Die Umsiedler und *Brand's Haide*) frühzeitig zu eigen machten.

Der Zustrom von Arbeitskräften intensivierte nach anfänglicher
Belastung rasch die Leistungsfähigkeit; wie zuvor bildeten die Ruhr-
kohlevorkommen die Ausgangsbasis. Die Industrieanlagen waren weit
weniger zerstört als die Wohnungen in den Städten. Zudem waren sie
im Kriegsverlauf so ausgeweitet worden, daß die Produktion bei
Kriegsende noch den Stand von 1938, bis 1950 den Vorkriegszustand,
bis 1960 gar das Doppelte erreichte.

Deutschland erhielt, nach beispiellosen Kriegs- und KZ-Greueln,
nach der Niederlage und Befreiung, nach einschneidenden Gebiets-
und Menschenverlusten, Staatsauflösung und Besetzung, politisch
bald die Rolle eines Vorpostens im Kalten Krieg, die zur Teilung führte.

Hinter den Kulissen geschah dies bereits ab Mitte 1946, für alle ersichtlich in der gescheiterten Londoner Konferenz Ende 1947. Im Westen verzichteten die Sieger bald auf Reparationen und leisteten Wirtschaftshilfe. So kam es zur stufenweisen Konsolidierung der wirtschaftlichen und staatlichen Ordnung; Währungsreform und Marshallplan, später die Wiederaufrüstung bedeuteten aber auch die Zementierung der deutschen Teilung mit der Gründung der beiden Deutschland 1949.

Anders als die Weimarer Republik oder die DDR mußte die Bundesrepublik weit weniger an den Lasten der Niederlage tragen. Ausgerechnet durch den Koreakrieg erlebte sie im Gefolge des vom Europagedanken und von handfesten Konjunkturinteressen getragenen Schumann-Plans (Mai 1950) und Erhards Sozialer Marktwirtschaft (seit der Währungsreform 1948) die erste Hochkonjunktur. Zugleich spiegelten dieser Krieg und die Atom- und Wasserstoffbombenversuche der Großmächte (1949 und 1952), die deutsche Wiederbewaffnung, aber auch die innenpolitische Illiberalität der McCarthy-Ära (März 1947 bis Ende 1954) mit Truman-Doktrin, Marshallplan, ‹Containment›-Denken und Hexenjagden auf Linksintellektuelle, den ersten Höhepunkt des Kalten Kriegs. Die deutsche Rüstung schockierte die Intellektuellen nicht nur der Gruppe 47; und das muffige Klima der mittfünfziger Jahre der Restauration brachte reichlich Gesinnungsschnüffelei und moralinsaure Bevormundung der Medien durch Staat und Kirche. Das später eingestellte Strafverfahren gegen Schmidt, Andersch und den Luchterhand-Verlag 1955 wegen «Gotteslästerung und Pornographie» in *Seelandschaft mit Pocahontas* (entstanden 1953) ist ein drastisches Indiz und zwang Schmidt zum Umzug. Auswanderungsgedanken bei beiden Autoren waren die natürliche Folge. Und in jenem Text spiegelt sich die deutsche politische Misere der 50er bis in die 60er Jahre bereits deutlich genug:

«Drinnen erst mal die Abendnachrichten [...] : Die Amerikaner kreisten unbefangen weiter ein, andererseits rätselten die Westmächte, was Moskau mit seiner letzten Note wohl wieder meine : ‹Iss doch ganz klaa : entweder EVG oder Wiedervereinigung; Beedes gipts nich !›» (POC 410)

Jene sich kritisch einmischende Stimme durchzieht Arno Schmidts Frühwerk und färbt noch die *Ländlichen Erzählungen* der 60er Jahre. Angefangen mit der existentiellen Ausgesetztheit in Krieg und Nachkrieg in *Leviathan* und im *Faun*, wird hier Trauerarbeit geleistet, immer aus der Sicht ‹von unten› und im mentalitätsgeschichtlich relevanten Alltag, aus der pazifistischen und antifaschistischen Perspektive von Ich-Erzählern, die das NS-System in ein Doppelleben innerer Emigration zwang. Der Kalte Krieg prägt die Warnutopien von *Schwarze Spiegel* bis *Kaff auch Mare Crisium*.

Arno Schmidt gehört also zu den wenigen Autoren der frühen Nachkriegszeit, die sich in längeren Erzähltexten um ein aktuelles Epochenbild bemühten. Erst nach 1953 (mit Bölls *Und sagte kein einziges Wort* und Koeppens Roman-Trilogie), auf breiter Front seit 1958 in der Gruppe 47, kam es zu einem den bundesrepublikanischen Alltag einbeziehenden Erzählen. Doch bereits in den Trümmerjahren konnte eine Literatur innerlicher Zeitflucht, ‹als wäre nichts gewesen›, ebensowenig genügen wie eine zeitlos-metaphysische, nur im Mythos angelegte oder in weit zurückliegende Epochen ausweichende Prosa. Just diese wurde aber – außerhalb der Gruppe 47 – geschrieben und gelesen, konform mit jener These von Hans Robert Jauss zum Erwartungshorizont des Publikums: daß es brisante Texte wegen ihres innovativen und provozierenden, Engagement fordernden Charakters bei einem nicht trauern wollenden Publikum zunächst schwer haben müssen. Bevorzugt wurde der Nachhall unverbindlicher oder mythischer Zeitflucht ins Undeutliche.

Die Bedingungen einer in den Katakomben begonnenen, nach dem Krieg fertiggeschriebenen Romanliteratur der ‹Sklavensprache› haften den bedeutendsten ‹Schubladen›-Texten der ‹frühen Jahre› an: Kasacks *Die Stadt hinter dem Strom* (1947), Elisabeth Langgässers *Das unauslöschliche Siegel* (1946) sowie Romanen von G. R. Hocke und Bruno E. Werner. Kasacks Roman thematisiert nur im letzten von zwanzig Kapiteln den Nachkrieg, nur um seinen Protagonisten symptomatisch ein Eisenbahnabteil als neues Heim wählen zu lassen, bevor er, die Heimkehr zur eigenen Familie verweigernd, über den ‹Strom› in die Totenstadt zurückkehrt.

Hermann Lenz' vor dem Krieg begonnener Roman einer Jugend im Wien des ausgehenden 19. Jahrhunderts, *Das stille Haus* (1947), gehört ebenso in die Nähe der naturnahen, Ordnung suchenden und den Epochenwandel zugunsten ‹privater› Rückzüge abwehrenden *Kolonne*-Gruppe. «Das alte Wien» wird zum Rückzugsort einer «reinen», politikfreien Sphäre. Die Kontrastfunktion des alten Wien lag für Hermann Lenz in seiner noch Kunst, Harmonie und einen verschwimmenden Panoramablick in der Nähe Stifters erlaubenden Projektion.

Ebensowenig fand die Literatur der Inneren Emigranten in der Fortschreibung einer Philosophie zeitabgewandter Innerlichkeit – mit dem Vorbild Heidegger und naturmagischem Pessimismus – zu einem aktuellen und gültigen Epochenbild im Nachkrieg. Ernst Jüngers demokratiefeindlicher Essay *Der Waldgang* (1951) ist ein typischer Text. Gerd Gaiser bleibt in seinem Heimkehrerroman *Eine Stimme hebt an* (1950) und in dem Kriegsroman *Die sterbende Jagd* (1953) der konservativ-jugendbewegten und nationalistischen Lyrik seines Debüts mit *Reiter am Himmel* (1941) verhaftet. Es geht um eine romantisch-völkische Ordnungssehnsucht nach Natur und Provinz, die die verbitterte Einstellung seines Heimkehrers und der vergeblich heroischen Jagdflieger zwar antikapitalistisch, aber – ohne einen Gedanken an Widerstand gegen die als korrupt erkannte Führung im Dritten Reich – fatalistisch und rückwärtsgewandt färbt.

In den Nachkriegsromanen des früh (1953) mit dem Büchnerpreis ausgezeichneten Ernst Kreuder, mit dem Schmidt im Briefwechsel blieb, erweist sich die neuromantische Zeitflucht als Hindernis auf dem Weg zu einem zeitkritischen Realismus. Andersch begrüßte den Autor zunächst im *Ruf* (1946, Nr. 13) als «erste große Hoffnung der jungen deutschen Literatur», warnte jedoch angesichts des «tollkühnen Balanceakts zwischen Phantasie und Wirklichkeit» bereits vor einem Abgleiten in Provinzialität für den Fall wachsender Distanz zum Realismus. Der zeitlose Antirealismus der Erzählung *Die Gesellschaft vom Dachboden* (1946) und des Romans *Die Unauffindbaren* (1948, begonnen 1938) kamen der vorherrschenden Verdrängungstendenz beim Leser der Zeit weitgehend entgegen. Auch wenn bei ihm, neben jenem der deutschen Romantik, in der frühen Nachkriegszeit der Einfluß der Moderne (Wolfe, J. C. Powys) deutlicher wird, kann die neue Brüderlichkeit tagträumerischer Sonderlinge nur vorübergehend als Lebenshilfe dienen. Sie sollte angesichts der Alltagsmisere der Trümmerzeit triste Zweckrationalität verhindern helfen. Sein zwischen mystischer Ganzheitlichkeit, Hesse und Heidegger schwankender Sonderweg sowie eine Poetik bar jeden Zeitrequisits und Engagements führten zum raschen Abnehmen des Rezeptionsinteresses beim Leser der späten 50er Jahre und bis heute. Nur die Schreibkrise und Ideologieskepsis nach Krieg und Gefangenschaft teilte er mit der ‹Jungen Generation›.

Gerade gegenüber Kreuders zunehmender Innerlichkeit und metaphysischen Neigungen grenzt sich Arno Schmidt 1959 (in *Bedeutend;*

aber..., LEP 87f.) auf eine Weise ab, die ihn in unmittelbare Nähe zu den politischen Anliegen der Gruppe 47 rückt:

«Sehr schön die ehrliche Entrüstung gegen den Hitlerkrieg; aber der ist überlebt : warum nicht, gleich eifrig, gegen die laufende ‹Wiederaufrüstung› ? Sehr nett der snapshot, wie die Lokomotive vorbeifährt an den Wachsbüsten von Stalin=Hitler=Churchill=Roosevelt, (nachher kommen noch Mussolini und Chruschtschow dazu) : wo aber bleiben, gleichermaßen mit Namen genannt, Eisenhower, der Papst, de Gaulle, und – in dem betreffenden unscharfen Zusammenhang hätte nicht einmal Mut dazu gehört – Adenauer ? Ebenso fehlt das Problem aller Probleme, das jeden Tag dringlichere : die sorgliche Betrachtung (zumindest besorgte Erwähnung !) der Bildung des neuen deutschsprachigen Teilstaates im Osten, gekontert mit den dubiosen Praktiken unserer einheimischen Bundesregierung.»

Sind damit die gemeinsamen zeitkritischen Anliegen der 47er und Arno Schmidts umrissen, muß auch gleich zugegeben werden, daß die ruppige und verbohrte Art, mit der Schmidt auf jede Gruppe, und sei es die eigene Zunft, reagierte, ihm früh den Zugang zur Gruppe 47 verstellte. Hinzu kam dann noch das Insistieren auf obskure Leuchten aus dem 18. und frühen 19. Jahrhundert als relevanter fürs Engagement als Sartre oder Camus (obwohl der Autor doch selbst existentiell einem Camus mit einem Schuß popularisiertem Heidegger nahestand[2]), und das brüske Ablehnen von der im Nachkrieg in der Gruppe wichtig genommenen Kurzgeschichte als Form zugunsten des autodidaktisch erarbeiteten Prosakonzepts vom «Längeren Gedankenspiel». Dieses Programm der frühen *Berechnungen* (1955) war ästhetisch irreführend, weil es für die etablierte Gattungszuordnung (in der Nähe der Long Short Story mit anekdotischer Zuspitzung im filmischen Schnittverfahren und mit Einschüben Inneren Monologs) nichts erklärte, vielmehr für die Frage nach seinen kürzeren Erzähltexten tautologisch auf sich selbst verwies.[3]

Schmidt hätte 1949 durchaus seine Chance gehabt, durch Hans Werner Richter in die Gruppe 47 integriert zu werden, als dieser ihn nach dem *Leviathan*-Vorabdruck in der *Zeit* und auf Empfehlung von Andersch zur Gruppentagung einlud:

«Schmidt wollte aus demselben Grund nicht in die Gruppe wie Koeppen: er wollte keine Leute, war menschenscheu. Später [1964, als Schmidt den Fontane-Preis erhielt, d. V.], als ich ihn dann persönlich kennenlernte, habe ich [...] festgestellt, daß er wirklich nicht zu uns gehörte. Wir verstanden uns garnicht [...]. Dazu war er viel zu kauzig.»[4]

Ebenso hat Peter Rühmkorf in *Die Jahre die Ihr kennt* (1972) und in seiner behutsam differenzierenden Laudatio (1986) auf Schmidt die erschreckende, besserwisserische Distanz Schmidts zu der jüngeren Generation der Gruppe 47-Autoren, Grass, Johnson, Höllerer, Ingeborg Bachmann und Rühmkorf selbst (anläßlich eines Treffs des *Literarischen Colloquiums* bei Ingeborg Bachmann ihm zu Ehren), am Rande der Fontane-Preisverleihung beschrieben:

«Wie groß war indes mein Befremden und wie schnell wuchs sich der gute Geselligkeitsgeist zur allgemeinen Beklemmung aus, als Schmidt in seinem wetter- und menschenabweisenden Kradmeldermantel herangerauscht kam und uns – statt sich erst einmal unsere Ehrenbezeugungen gefallen zu lassen – auf die unerträglichste und fast schon wachtmeisterhafte Weise zu examinieren begann. Den Fouqué nur auszugsweise gelesen und auch den unerläßlichen Massenbach nicht mehr ganz auf der Reihe. Von Pape nicht die genügende Ahnung und auch im Wezel nicht richtig zuhaus. Mit Poe nur sehr oberflächlich vertraut und bei Karl May nie über den *Winnetou* hinausgekommen [...], es war kein Vergnügen [...], diese maskenhafte Selbstaufführung [...], Wirkungszusammenhang von nervöser Verstörung und poetischer Verklärung [...].» (SP 86, 21 f.)

Einzig Alfred Andersch (von der Gruppe 47 in ihrer frühen, programmatisch wichtigsten Phase, darüber hinaus noch Wolfgang Koeppen und Ernst Kreuder) blieb ihm nahe, und Böll, der zentrale Autor der Gruppe, bewunderte ihn im frühen Nachkrieg. Was Andersch mit Schmidt verband, begann mit Anderschs unermüdlicher Loyalität gegenüber dem in zehn Nachkriegsjahren nur von dreihundert DM monatlich lebenden Schmidt, dem er in Frankfurt seit 1952 und in den wichtigen Stuttgarter Jahren (1955–58) den Rundfunk und die Zeitschrift *Texte und Zeichen* als Forum öffnete. Auch neue Verlage – nach dem kurzfristigen Rowohlt-Engagement um 1950 – vermittelte Andersch dem in vielem kongenialen Gleichaltrigen: Beide Autoren teilten die Sympathie für den ‹vierten Stand›, das ungebrochene Vertrauen in engagierte Kunst und eine durchgehaltene Erzählperspektive, sozialen Humanismus und Aufklärung, gepaart mit dem Ideologieverdacht heimatloser Linker, bei Schmidt noch versetzt mit Atheismus und dem Interesse an Naturwissenschaften. Manchmal wurden die autodidaktischen Werdegänge beider und die verhinderten Schreibanfänge im Dritten Reich (als man reichlich naturnah und innerlich für die Schublade experimentierte) durch geistesaristokratischen Gestus überkompensiert, bei Schmidt ausgeprägter, wie die Leidenschaft für

Poe, Joyce, Cooper, Wieland und Entlegenes zeigt. Ohne Andersch wäre, wie der Briefwechsel (1985) belegt, Schmidts Werk *so* nicht zustande gekommen.

Dennoch, das Näherheranrücken Schmidts an die Gruppe 47 hat seine Grenzen in einem Solipsisten, der – anachronistisch genug – mit zwanzig davon träumte, ein antikes Epos (*Sataspes*) zu dichten und die letzte Schaffensdekade an polyhistorische Mammuttyposkripte mit stark reduziertem Zeitbezug wendete. Den Umbruch zur experimentellen Moderne hat Schmidt (wie Weyrauch, Richter und Andersch, aber auch Eich in den Lagergedichten) seit dem Epocheneinschnitt 1945 und wahrscheinlich in jenem Jahr mit *Pharos* vollzogen[5], und dennoch in Schüben bis zur erst posthum veröffentlichten (1989) *Wundertüte* (1949/51) aus Vor- und Nachkriegstendenzen gemischt[6], so daß er noch 1951 einen – allerdings zeitkritischen – *Sonettenkranz* dichten kann. All das wird begleitet von nie ganz ernstzunehmenden Absagen an den Zeitgeschmack. So erreichte Schmidt, daß man ihn lange Zeit nur in der Außenseiterrolle wahrnehmen konnte. Für die deutliche Tendenz nach 1945 zum seismographisch zur Bestandsaufnahme disponierten Medium Kurzgeschichte hat der Ich-Erzähler am Beispiel *des* Erzählmodells Hemingway nur höhnende Worte (hier gegenüber einer Vertreterin des ‹Vierten Stands› in *Brand's Haide*, 1951, mit Bekenntnisemphase geäußert), obwohl Schmidt doch unter dem Aufarbeitungsdruck der frühen Nachkriegsgeschichte höchst sensible Seismogramme im Filmschnittverfahren erzählte. Sie können bei aller Rastertechnik und Tagebuchstruktur durchaus zur Long Short Story mit offenem Eingang und Schlußpointe gerechnet werden:

« ‹Kunst überhaupt ! – Weißt Du, für mich ist das keine Verzierung des Lebens, son Feierabendschnörkel, den man wohlwollend begrüßt, wenn man von der soliden Tagesarbeit ausruht; ich bin da invertiert : für mich ist das Atemluft, das einzig Nötige, und alles Andere Klo und Notdurft. Als junger Mensch : 16 war ich, bin ich aus Euerm Verein ausgetreten. Was Euch langweilig ist : Schopenhauer, Wieland, das Campanerthal [von Jean Paul, d. V.], Orpheus [von Gluck, d. V.] : ist mir selbstverständliches Glück; was Euch rasend interessiert : Swing, Film, Hemingway, Politik : stinkt mich an.› » (BH 165)

Entscheidend für diese irreführende Absage an Film (das Schmidt am nächsten liegende Verfahren) und Kurzgeschichtenmodell ist jedoch die Wendung gegen *Politik* bei einem engagierten Autor. Nicht daß Schmidt ähnlich optimistisch wie die Autoren um den *Ruf* und die ‹Junge Generation› an eine Veränderung der Verhältnisse durch elitäre

‹Oasen› der Kunst geglaubt hätte: 1848 und 1948 verbindend; dazu war sein Geschichtsbild zu pessimistisch in der Nähe Schopenhauers. Aber die immer wieder nach Atomkatastrophen in Warnutopien beschworene Bücherhütte eines Kunstgläubigen ist ebenso vom Ideologieverdacht geprägt wie das Schreibverständnis der engagierten Autoren in der frühen Gruppe 47.

Schmidt und der andere Außenseiter in Gruppennähe, Koeppen, teilen mit den zentralen Autoren der Gruppe 47 (bis etwa 1967) die Ferne zur praktischen Politik. In den letzten Jahren seines Schaffens, in den Typoskripten, nimmt zudem der Aktualitätsbezug Arno Schmidts rapide ab, so daß jede Nähe zu Autoren wie Grass, Johnson, Walser, Böll endgültig schwindet.

Schmidts Intentionen im Vergleich mit anderen engagierten Literaturprogrammen nach 1945

Arno Schmidts Widersprüche, sein diffuser Aufklärungsbegriff und der dagegen stehende Geschichtspessimismus, sein beharrliches Festhalten an elitärer Kunst und durchgehaltener Erzählperspektive eines vereinzelten Ich inmitten chaotischer Natur im Frühwerk, «seine ausgefallene Neigung zu Staatshandbüchern und seine fast schon rührend anmutende Liebe zu Baum, Busch und Strauch» (Rühmkorf, SP 86, 25), all das verstellt eher den Blick auf seine Sprecherrolle für den ‹Vierten Stand› und die Opfer der Geschichte. Der geistesaristokratische Bildungsgestus sprach nur die ‹happy few› an, die sich in ihren bürgerlichen, später studentischen Erwartungen vom Autor von Phase zu Phase antizyklisch provoziert sahen. Dennoch blieb Schmidts auf die Bestandsaufnahmesituation der deutschen Nachkriegsliteratur ebenso adäquat wie innovativ reagierende Prosa der Diskontinuität im Zeitbewußtsein bis in die Programmatik hinein ein wesentlicher, experimenteller Impuls. In *Berechnungen I* spricht er von «Wassersturz» statt «epischem Fluß», von «löchriger Gegenwart», «Perlenkette kleiner Erlebniseinheiten», «Traum» und «Längerem Gedankenspiel», um eine fast graphische Darstellung intellektueller Vorgänge zu erreichen: «subjektive Versuche einer konformen Abbildung von Gehirnvorgängen durch besondere Anordnung von Prosaelementen» (vgl. R&P 284).

Diese Kombination von outrierter Empirie – wer kann schon im Ernst ‹objektive› und ‹subjektive› Realität («E I und E II») als ‹Spirale einwärts› oder ‹Spirale auswärts› erzählen wollen – und klassischer Moderne im Bewußtseinsstrom-Verfahren bleibt im Bereich der Fiktionstheorie für die Spät- und Postmoderne eher anachronistisch, für eine Erhellung von Schmidts Erzählpraxis eher tautologisch. Gerade die Emanzipation des Lesers – durch Unbestimmtheitsstellen – von einer allzu genau lenkenden, auktorialen Projektion auf den Lektürevorgang, das Deutenmüssen durch den Leser, wäre innovativ.

Auch die ungebrochene Vorstellung von einer empirischen Objektwelt außerhalb des Subjekts ist philosophisch überholt. In der frühen Nachkriegszeit herrschte aber in der deutschen Literatur eine allgemeine Theorieunlust, besonders bei den Autoren selbst, die kaum zu Programmen neigen konnten, wo zur Deutung des überwundenen Faschismus und der Gegenwart noch die Distanz fehlte. Dies erklärt vielleicht den hohen Stellenwert von Schmidts Prosatheorie in Forschungsansätzen. Der Prosapoet und ‹Wortmetz› Schmidt läßt sich in vielem einem Spät- und Nachexpressionismus im Wechsel mit neusachlichen Verfahren an der Seite Döblins und Borcherts sowie den existentiellen Neigungen von Andersch und anderen Gruppe 47-Autoren zuordnen. Die Einbeziehung von Naturwissenschaften ins Weltbild (Einstein und Laplace, pulsierendes Universum und Leviathan) läßt Interpreten sogar an die Nähe Schmidts zu Hans Dominik denken[7], womit nicht viel gewonnen ist, oder bei der Poetik an Schönbergs Zwölftonalik[8]; in jedem Fall macht sie Schmidts Singularität unter den Nachkriegsautoren aus. Seine politische Verweigerung mündet außerdem nicht in den Versuch einer Neuorientierung, ein sekundäres Handeln durch ‹Enthüllen› an der Seite Sartres, wie es die engagierten Gründer der Gruppe 47 anstrebten, sondern in einen ausweglosen Geschichtspessimismus im Frühwerk. Auch hier bleibt Schmidt allein, wenn man ihm nicht Koeppens Melancholie als anthropologische Grundkonstante zur Seite stellen will. Gerade die Ablehnung Balzacs und Zolas im *Faun*, weil deren realistischer Gesellschaftsroman «kein Verhältnis zur Natur» und zuviel Milieuexposition statt Originalität (FAUN 375) enthalte, macht am Unterschied zu Bölls Balzac-Nachfolge – in der Aufgabe des Autors als ‹Arzt und Anatom› der Gesellschaft – den Abstand zur ‹Jungen Generation› evident.

Dennoch: Was Reinhard Baumgart an Schmidt, Böll und Koeppen

vergleichbar findet, den Nachkriegsdruck zur pathetisch-moralischen Bestandsaufnahme, singulär durch Intensität, in den Erzählmitteln dennoch traditionell aufklärerisch, erhellt aus einer Interpretation der fulminanten Schlußpassage des *Faun*, der Explosion einer Munitionsfabrik 1944. Dies «‹Guernica› in Worten»[9] erscheint Baumgart in seiner «Pracht des Grauenhaften» (durch Personalisierung des Unbelebten und Reduzierung der Menschen zu Marionetten) als ein «Manierismus» gerechtfertigt, weil die Fragmentierung und Entmenschlichung der Phänomene der Kriegs- und Trümmerzeiterfahrung korrespondiert:

«Kalt, schön und schauerlich, als Artefakt läßt er die Prosa triumphieren über das Unsägliche. [...] Daß Schmidts Prosa Trümmerstruktur hat, eine Torsoarchitektur entwirft, verrät sie schon durch ihre graphische Anordnung [...], die Rekonstruktion des Zersprengten mit allen erhaltenen Rissen und Klebestellen als Collage, als Schnittfolge, denn Wahrheit ist nur möglich als Fragmentarik, dafür in Ekstasis. War Schmidt also ein Realist? [...] Auch Schmidts Unverwüstlichkeitspathos hält [...], obwohl so drastisch anders als die aufmerksame Todtraurigkeit Bölls, wie diese nicht jene Distanz zur Wirklichkeit, deren Zurückhaltung, ja Diskretion, den epischen Realismus des 19. Jahrhunderts getragen hat und die Johnson in immer neuer Anstrengung [...] noch einmal regenerieren wird [...].»[10]

Hier lohnt auch ein Vergleich mit Borcherts nachexpressionistischem Prosaverfahren. Denn die Passage im *Faun*, eine «*glühende Leiche* fiel schmachtend vor mir auf die Kniee, und brachte ihr qualmendes Ständchen; ein Arm flackerte noch und schmorte keck» (FAUN 382), hat bis heute zum Vorwurf gereicht, Schmidt habe hier, ästhetisch stilisierend, versagt, sein Düring flüchte sich «bei der Schilderung der Explosion einer Munitionsfabrik in ästhetisierende Kontemplation».[11]

Das plötzliche Fremdwerden der vertrauten Realität ist als Prosaverfahren vielmehr der «völlige[n] Entpersönlichung des Individuums im Inferno dieser Explosionskatastrophe»[12] ebenso adäquat wie Borcherts Schilderung einer ähnlichen Grenzsituation in seiner Kurzgeschichte *Die Kegelbahn*, wo es heißt: «Da war der Kopf kaputt.» Vielmehr soll die Leiche bei Schmidt als Marionette wirken, «die, an den Fäden des ‹Leviathan› zappelnd, einen grotesken Totentanz vollführt».[13] Die Dinge als Chiffren der Bedrohung werden von beiden Autoren mit den Mitteln expressionistischer Groteske so verfremdet, wie es das entmenschlichte Geschehen nahelegt. Gegen Ende dieser Passage mündet Arno Schmidts ‹Faun›, Düring, denn auch in die gleiche Verzweiflung am Medium Sprache, in die gleiche Skepsis gegenüber einem durch das Dritte Reich entwerteten und entstellten Deutsch, wie die ‹Junge Generation› und ihr Vorläufer Borchert:

> «*Wir sahen* mit platten Augen und umgestürzten Gesichtern an Schilf und Wald, über denen, fern, immerfort, das rote Meer wellte und rempelte. Ich war aller Worte müde : ausgewaschene Worte, abgelutscht von Milliarden Zungen, dietricheckartschen, abgetragen in Milliarden Maultaschen, fritschgoebbelsschen, schiefgelatschte auf allen Luftwegen, breitgequetschte mit allen Lippen, nasalierte, ausgespuckte, splittergebackne, durch Besen geschissne : Muttersprache ! (Och, was n reizendes sinniges Wort, nich ? !).
> *Aber wenn Einem die Sprache im Munde brennt : Mir !* [...]» (FAUN 387)

Das Interesse der frühen Gruppe 47 an Borchert, seinem nachexpressionistischen Hörspiel und Drama *Draußen vor der Tür* (1947), seinen Kurzgeschichten und seinem Generationsmanifest war groß; man las sie mit an Identifikation grenzender Aufmerksamkeit, und 1949 umriß Andersch die frühe Gruppenentwicklung mit der Formel: «Vom Borchertismus zur individuellen Form».[14] Richter hatte noch versucht, den im November 1947 jung verstorbenen Autor zur zweiten Tagung der Gruppe nach Herrlingen einzuladen.[15] Andersch und Böll beriefen sich sogleich in bewundernden Rezensionen auf sein Werk. Mit seinem unideologischen, existentiellen Pazifismus hatte er den Nerv einer Zeit der Heimkehrer und hungernd Überlebenden getroffen; seine bohrenden Fragen nach der Kriegsverantwortung und seine traurig kurze Biographie trugen zu einer ‹quasi-hagiographischen› Rezeption des Autors bei. Auch wenn das moralische Gewicht seiner reinen Stimme des Opfers vielen Mitläufern «eine wunderbare, wenn auch uneingelöste Entlastung» anbot[16], mußten sein bald verfügbares Prosawerk und seine Programmatik (in *Generation ohne Abschied* und *Das ist unser Manifest*, 1946/47) Arno Schmidt ansprechen.

Sein in jenen Texten deutliches Generationsgefühl des Transitorischen (ohne Bindung), der fortwährenden Abschiede im Krieg, so daß in einer Art Selbstschutz keine Gefühle mehr für den einzelnen Abschied bleiben, schließlich die fortdauernde Unbehaustheit (ohne Heimkehr), in flüchtigen Liebeserlebnissen «draußen vor der Tür» der reuelosen Majorität, waren Schmidt ebenso vertraut. Allerdings fehlt dem Älteren Borcherts vage Hoffnung auf Erneuerung und Ankunft («neuer Stern, neues Leben, neue Sonne, neues Lieben, neuer Gott»), während etwa Andersch ein ähnliches Erneuerungspathos mit Sartres

Les Mouches (1947 durch Gründgens in Düsseldorf aufgeführt) und dessen Orest verband: «Alles ist neu hier, alles ist von vorn zu beginnen».

In der Frage der «neuen Harmonielehre», die Borchert in seinem zuletzt geschriebenen «Manifest» aufnimmt, ist seine «Ästhetik der Disproportion»[17], verbunden mit existentiellen Eruptionen («Dissonanz», «heißkalter Rhythmus», «Chaoschoral aus Mozartmelodien und Herms Niel-Kantaten») wieder nahe an der Sprachskepsis Arno Schmidts in der zitierten *Faun*-Passage. Und auch Schmidt findet im «großen heiligen Expressionismus» unverbrauchte Gegenmittel, statt zur kargen Parataxe, zur exoterischen Lakonie und zum Neorealismus der frühen Gruppe 47 zu tendieren:

«Wer unter uns [...] weiß einen Reim auf das Röcheln einer zerschossenen Lunge, einen Reim auf einen Hinrichtungsschrei, wer kennt das Versmaß, das rhythmische, für eine Vergewaltigung, wer weiß ein Versmaß für das Gebell der Maschinengewehre, eine Vokabel für den frisch verstummten Schrei eines toten Pferdeauges, in dem sich kein Himmel mehr spiegelt und nicht mal die brennenden Dörfer, welche Druckerei hat ein Zeichen für das Rostrot der Güterwagen, dieses Weltbrandrot, dieses angetrocknete blutigverkrustete Rot auf weißer menschlicher Haut?»[18]

In dem hier vorgeführten ‹Abklopfen› der nicht mehr geeigneten Stilmittel, ungeachtet des eigenen Pathos aus «empfindlichem deutschem Rilke-Herz», treffen sich Borchert, Schmidt und die ‹Junge Generation›.

Die Autoren der ‹Jungen Generation› haben in der Nachkriegszeit keine Poetik des Romans formulieren können, ebensowenig eine Auseinandersetzung mit der Romantradition oder dem Realismusbegriff. Dazu fehlten in den ersten Jahren Distanz, Voraussetzungen einer ästhetischen Theoriebildung und Relevanz. Was Hocke, Andersch und Richter im *Ruf* forderten und Böll mit seinem *Bekenntnis zur Trümmerliteratur* (1952) summierte, ist näher an Sartres Enthüllungs-Engagement als an Schmidts Aufklärung und Geschichtspessimismus. Weyrauchs Kahlschlagsrezepte von 1949 und Arno Schmidts poetologische Selbstvergewisserung von 1953/56 anhand von Max Benses *Die Mathematik in der Kunst* (1949) und Freuds *Der Dichter und das Phantasieren* (1908)[19] trennen Welten. Am ehesten konnte Andersch mit *Die Blindheit des Kunstwerks* (über die Antwort von Experiment und Abstraktion auf Ideologiezwang, 1956) und mit seinen hellwachen Vergleichen von Film und Literatur (in: *Das Kino der Autoren*, 1961) sich Schmidts posthum veröffentlichten *Berechnungen III* (1956) mit

ihrer, vom Autor selbst nicht erkannten, filmischen «Entelechie»[20] zur
Seite stellen. Schließlich fehlte der ‹Jungen Generation› des Bargfelders
«trotzig rotzige kynisch-demokritisch-epikureische Moralität».[21]

Das wurde noch deutlicher in jenem Werk, das Schmidts frühe Ent-
wicklungslinien bündelt und Ansätze zum Spätwerk erkennen läßt:
Kaff auch Mare Crisium. Denn dieses ist wohl in der Dimension des
gelungenen großen Wurfs mit der *Blechtrommel,* den *Mutmaßungen
über Jakob, Billard um halb zehn* und *Halbzeit* vergleichbar, nicht aber
in der Art des Zurücktretens von Themen und Fabel gegenüber einer
auch in ihrer subtilen Komik (in Travestien des amerikanisierten *Nibelungenlieds* und des ‹russischen› *Cid*) höchst eigenen Struktur des Rie-
senmosaiks. Die negative Utopie der Mondkolonie beider Großmächte
nach dem Erduntergang kreist in langsamer Bahn über der Lüneburger
Heide (als einstigem Schlachtschauplatz) und um die alten Themen
Krieg, Flucht und Überleben. Die erotischen Leitmotive der Frauen verweisen im Kontrast noch einmal auf Schmidts als traumatisch empfundene Kriegserfahrung: Eros-Thanatos bei Hertha, herrührend aus den
schockhaften Initiationserlebnissen auf der Flucht aus Schlesien, und
Tante Heetes Suggestion von Wärme, Sicherheit und stabilen Verhältnissen, wie sie die Ordnungssehnsucht von Schmidts Krisengeneration
spiegeln.

Vergleichbar bleiben die genannten Werke der Gruppe 47-Autoren
mit Schmidts Meisterroman vielleicht noch in dieser aufklärerischen
Leistung: die an der Entwicklung der Protagonisten, besonders der
Ich-Erzähler, nachvollziehbare alternative Geschichtsschreibung mit
dem Leitthema ‹Wie wir wurden, was wir sind›. Dies konnten die
Geschichtsbücher der Zeit nicht leisten.[22] Für die Identitätsfindung der
Leser und für ein Engagement als Resultat der erkannten persönlichen
Verantwortung in der Geschichte war es ein unabdingbarer Beitrag.[23]

Nachhall von August Stramm, Nähe zu Günter Eich

Es mag überraschen, daß hier am Ende einer Nähe Arno Schmidts zum
wichtigsten Naturlyriker aus dem Kreis der *Kolonne*-Zeitschrift
(1929–1932) nachgegangen wird. Jedoch ist Günter Eich eine Schlüs-
selfigur für naturlyrische Kontinuität nach 1945 und den resignativen
Existentialismus Heideggers, da er mit seinen Lagergedichten, besonders *Inventur,* auch in der Gruppe 47 frühe Anerkennung fand, ja

sogar 1950 deren ersten Preis erhielt. Schmidt, Andersch und Richter hatten im Dritten Reich bereits für die Schublade geschrieben (oder sogar wenige Feuilletons veröffentlicht), und einiges davon war Naturlyrik, oft versetzt mit Rilkebildern. Die besonders im naturlyrischen Motivbereich (Mond, Wald und Insel) bis ins Spätwerk nachwirkende Affinität zu *Kolonne*-Positionen und Nachexpressionismus zeigt in Arno Schmidts Werk ein Stück Kontinuität über die Epochenschwelle 1945 hinaus, bei allem sonstigen Strukturwandel und erstmals offener Zeitkritik nach Kriegsende.[24]

Erst als er seine Zettelkästen um sich aufgebaut hatte und furchtlos auf die Großhauswelten seiner vier Typoskripte zusteuerte, trennte sich Arno Schmidt von seinen frühen lyrischen Neigungen. Am Beispiel Gottfried Benns sprach er 1962 im Blick auf Joyces *Ulysses* von den Lyrikern als ‹dubioser Randgruppe› unter den Künstlern («ausgesprochenen *Kurzstreckenläufer[n]*», 2ZK, 4, 318); da hatte er es erzählerisch bereits auf das assoziative Bewußtseinsprotokoll eines in den *Berechnungen I/II* entworfenen Zeitgefühls jenseits des kontinuierlichen epischen Stroms, und doch von ähnlicher Breite, abgesehen: «dem wechselnden Tempo von auch nur 24 Stunden wird nur gute Prosa gerecht» (ebd.). Immerhin hielt ihn aber Böll für den größten Poeten unter den deutschen Prosaautoren nach 1945. Die an den Expressionisten, vor allem August Stramm, geschulte Metaphorik spiegelt sogar bis in die Mikrostruktur die existentielle Spannung seiner lyrischen Prosa: Verbmetaphern (Stramm: «Lichte dirnen aus dem Fenster») verfremden und dynamisieren zugleich den Bezug von erzählendem Subjekt und Welt, Adjektivmetaphern («lächelnde Sterne») anthropomorphisieren die noch eben verfremdete Welt wieder zur romantischen Naturvertrautheit. Die geliebte, einsam erlebte ‹Landschaft› und das dämonische, Leviathan hörige ‹Gelände› bestehen in lyrischer, oft neologistischer Bildlichkeit unversöhnt nebeneinander. In Schmidts Erzählungen der frühen 50er Jahre verdichtet sich im Höhepunkt der Handlung, am Ende des *Faun*, nach der fulminanten Zerstörungsszene in Käthes letztem, idyllischen Lied, oder in *Schwarze Spiegel*, als der vermeintlich letzte Mensch nach der Atomkatastrophe noch einmal das Glück menschlicher Begegnung ahnt, die Prosa zur Lyrik eines existentiellen Moments: «*Maßlose Blicke* : Hände, Schultern, ein Gesicht. Hände schultern ein Gesicht. Augen lippen einen Mund : Du !» (ssp 240)

Der Wolken Irregang (1952), den *Umsiedlern* vorangestellt, ist ein nicht unbedeutendes Herbstgedicht mit kühnen Metaphern und

Naturpersonifikationen, die auf Gleichklang zwischen Poet und Naturstimmung deuten. Expressionistische Manier (August Stramms Einfluß) wirkt nach in eigenwilliger, zum Teil bereits sinnverdunkelnd verkürzter Syntax und neologistischen Komposita oder Adjektiven: «6. Der blaue Wolkenflamberg/ hatte den Mond zerspellt/ in zwei leichige Stücke. (Spitze Leichen?)» (GED 170). Insgesamt aber ist dies Gedicht der Spätherbstmelancholie – «8. (Novembernes für/ Dr. Martin Walser, Stuttgart).» (ebd.) – und Todesgedanken des Autors («Der braune Leichnam» eines Herbstblattes berührt seinen Handrücken) mit Abstand Schmidts geschlossenstes, unverstellt modernes Naturgedicht und von einigem ästhetischen Reiz:

«4. Der Nebelbach
glitt über die Bodenwelle,
hatte mich erreicht, rann ums Tannenufer,
und zerging in einen streifigen Teich (der noch lange
federgraute und verebbte).
Hagerer Mond fror
in unzureichendem Gewölk, ging auch bald wieder,
krumm; aus altem Löschpapier gestanzt. Der Nebelteich
füllte sich mehr und stieg,
kam durchs schlafe Gras und hob.
In Floßschuhen.
Windgelall im Wald. Kalt. Die
Büsche mümmelten blattlos,
und fochten miteinander; unter schlappen Wolken.» (GED 169)

Mit dem Stilmittel der Paronomasie, dem die russischen Formalisten so viele sensible Untersuchungen zur Lyrik widmeten[25], hat Schmidt hier bereits eine Synchronschreibung im Effekt vorweggenommen. Es kommt zu reizvollen Unbestimmtheitsstellen und kontrollierter Polysemie: aus Trennung (durch Komma am Zeilenende) und Enjambement entstehen Bilder des (als Sichel) gekrümmten, aber auch des «krumm gehenden», anthropomorphen Mondes. Das «schlafe Gras» läßt «schlaff» und «schlafen» assoziieren, der im Fragment (ohne Objekt) auf «hob» endende Satz erlaubt durch das folgende, ebenfalls verkürzte Sytagma «In Floßschuhen» und das anschließende akustische Notat «Windgelall im Wald» eine synästhetische und semantische ‹Streuung›, eine traumhafte, schwebende Stimmung, wo sich Nebel wie Wasser um das lyrische Ich bildet, verebbt («verebbte»), und dies Ich wie auf «Floßschuhen» (einem Neologismus) schwebend hebt, während sich zugleich «Windgelall» «hob». Die blattlos «mümmelnden» Büsche lassen die auf Tod und Alter hinauslaufenden Motivkluster hier mit «zahnlos» assoziieren, wozu «schlappe Wolken» und «schlafes Gras» weitere Bildfelder eröffnen:

«1. Der Wolken Irregang.
   Grauhaarige Gärten. Sehnige Straßengewinde.
   Häuser. Entlang.
   (Der Daumen friert mir an der Hand).

2. Worte dommeln
   im Röhricht meines Hirns; Danken fliegen auf,
   manchmal ganze Ketten epi dia skop :

6. [...]
   Die lange Birkin
   fror hinter mir und flüsterte mechanisch Klagen;
   schwarze Büsche bettelten aufmerksam
   am Sandweg.

7. Noch später: der Himmel
   lag voller Wolken und mattem Sternenschutt,
   silbernes Gerümpel,
   und zerfetzte Wischlappen;
   Oper und Pfandhaus.» (GED 169 f.)

Zusammen mit dem Eingangsvierzeiler erinnert das den Winter und Tod in Stadt, Garten (3. Strophe) und Wald vorwegnehmende Spätherbstthema, das sich am Ende auf die Lebensbühne als Schmierenkomödie («Oper und Pfandhaus» in einem) und den ebenso moribunden Himmel kosmisch ausweitet, an Günter Eich und seine Trümmerlyrik. Im Nachkrieg ist es vor allem das Hölderlins *Andenken* verpflichtete Gedicht *Latrine* (1945/48), das dem Idyll des Klassikers und dem Schlußvers «Was bleibet aber, stiften die Dichter» widerspricht und das in den zwei letzten Strophen Arno Schmidts *Der Wolken Irregang* zum poetischen Dialog herausgefordert haben mag. Da es im Nachkrieg rasch bekannt wurde, und ähnlich mit bitteren ironischen Kontrasten arbeitet wie Schmidts Verfahren, lassen sich die dritte und vierte Strophe als mitlaufende Bildgeber bei Schmidts betont filmnahem Herbstgedicht (Gedankenassoziationen und Bilder aus dem Buch des «Hirns» mit einem «Epidiaskop» an die Wand projiziert) interpretieren:

«Irr mir im Ohre schallen
Verse von Hölderlin.
In schneeiger Reinheit spiegeln
Wolken sich im Urin.

‹Geh aber nun und grüße
die schöne Garonne –›
Unter den schwankenden Füßen
schwimmen die Wolken davon.»[26]

Sicherlich handeln beide Gedichte auch vom Dichten: bei Schmidt
«dommeln Worte im Röhricht» seines «Hirns» und «Danken fliegen
auf». An Eichs Vogelgedichte zu erinnern, an die mitgemeinte «Rohr-
dommel» und herbstliche Vogelformationen («Ketten») beim «Auf-
fliegen» der [Ge-]«Danken» scheint legitim. Was Eichs Gedicht aus der
Kriegsgefangenschaft am Rheinufer zurückweist, Hölderlins berühmtes *Andenken* an Dichterberuf und Freunde im Frühling in arkadischer
Landschaft («schneeiger Reinheit»), wird hier ebenfalls von Wolken
gespiegelt: das Irrewerden an einer solchen Berufung zur Projektion
von Worten und Wortketten, ihrer gefühlsdichten Übertragung auf
Leser durch Poesie («Epidiaskop») in feindseliger Natur oder existentieller Gefährdung. Bei Schmidt klingt das Nebeneinander von ent-
fremdeter (leviathanischer) und versöhnter Natur im Dualismus von
Kunst und Leben, «Oper und Pfandhaus», aus, im Klagen der Natur
über verlorene Kraft und kosmischen Verfall («Sternenschutt»). Der
Winter naht in «grauhaarigen Gärten». Rückblick und «Danken»
scheinen geboten in dieser Stimmung «altkluger» «Eulen» (5.), evoziert in verstümmelten, auffliegenden [Ge]-«Danken»: «Andenken»
und «Gedächtnis» der eigenen Dichtertradition, nun mit «altem
Löschpapier» getrocknet, brüchig. Die Wolken unter den Füßen und
die «Floßschuhe» bezeichnen vielleicht einen schwebenden Moment
unter Dichtern. Dazu wäre es stimmig, daß Schmidt diese melancho-
lische Absage (zusammen mit Eich) an Hölderlins Idyll im Nachkrieg
dem engagierten jüngeren Autor Martin Walser zueignete.
  Die Flucht aus dem Dritten Reich ins Wolkenreich der Dichter hat
die durchgängigsten Motive zur Folge, und sie sind bei soviel nach
außen gekehrter, bärbeißiger Nüchternheit allesamt überraschend
romantisch und naturlyrisch: die ephemere Gestalt von Wolken und
Winden, die Inselmetaphorik (bis zur Eisscholle und «Floßschuhen»)
und das faunische «Einwachsen» in Wald und Heide waren auch im

Nachkrieg und im banalen Bargfelder Alltag bei allem Verdruß über restaurative Entwicklungen willkommene Gegenwelten.

Anmerkungen

1 Theodor Eschenburg: *Jahre der Besatzung 1945–1949. Geschichte der Bundesrepublik Deutschland*. Bd. 1. Stuttgart 1983, S. 61.

2 Vgl. Ernst-Dieter Steinwender: «*Mein Leben ? ! : ist kein Kontinuum!*» *Existenzphilosophische Motive im Frühwerk Arno Schmidts*. In: *Bargfelder Bote* 73–74 (September 1983).

3 Jürgen von Stenglin: *Der Schreibtisch als imaginierter Stammtisch. Zu Arno Schmidts «Berechnungen»*. In: *Arno Schmidt. Das Frühwerk III. Vermischte Schriften. Interpretationen von ‹Die Insel› bis ‹Fouqué›*, hg. v. Michael Matthias Schardt. Aachen 1989, S. 227–243.

4 Hans Werner Richter: *Exilautoren und Außenseiter in der frühen Gruppe 47 und Hans Werner Richters Schreibanfänge im Dritten Reich*. [Gespräch mit Volker Wehdeking am 6.10. 1988] In: Volker Wehdeking: *Anfänge westdeutscher Nachkriegsliteratur. Aufsätze, Interviews, Materialien*. Aachen 1989, S. 184 f.

5 Zur Datierung vgl. Volker Wehdeking: *Aus dem Dritten Reich ins Reich der Dichter. Die noch nicht verleugnete Idylle beim jungen Arno Schmidt*. In: *Arno Schmidt* (Text + Kritik-Band 20/20a), hg. v. Heinz Ludwig Arnold. München 1986, S. 55–57; Peter Kock: *Lesen? Leben, Schreiben... Über Arno Schmidts «Pharos oder von der Macht der Dichter»*. In: *Arno Schmidt. Das Frühwerk III* (Anm. 3), S. 194 ff. Und ähnlich auf 1945 datierend Friedhelm Rathjen: *Revelry by Night. Vergebliche Mutmaßungen zur Datierung von «Pharos»*. In: *Bargfelder Bote* 134–136 (März 1989), S. 35–44.

6 Friedhelm Rathjen: *Ein intrikates Ding. Anmerkungen zu «Arno Schmidts Wundertüte»*. In: *Arno Schmidt. Das Frühwerk III* (Anm. 3), S. 112 ff.

7 Eberhard Gerstmann: *Arno Schmidts Nachkriegsweltbild in «Leviathan» und «Die Umsiedler»*. In: *Arno Schmidt: Das Frühwerk I. Erzählungen. Interpretationen von ‹Gadir› bis ‹Kosmas›*, hg. v. Michael Matthias Schardt. Aachen 1987, S. 205.

8 Wolfgang Proß: *Arno Schmidt*. München 1980, S. 76 f.

9 Reinhard Baumgart: *Nachkrieg und Postrevolte: Zwei Momentaufnahmen deutscher Prosa. Böll, Koeppen, Schmidt – diese Drei*. In: R. B.: *Glücksgeist und Jammerseele. Über Leben und Schreiben, Vernunft und Literatur*. München, Wien 1986, S. 170.

10 Ebd., S. 170 ff.

11 Vgl. Jürgen von Stenglin (Anm. 3), S. 243, Anm. 44, und Dieter Kuhn: *Das Mißverständnis. Polemische Überlegungen zum politischen Standort Arno Schmidts*. München 1982, S. 57.

12 Steinwender (Anm. 2), S. 15.

13 Ebd., S. 16.

14 Alfred Andersch: *Gruppe 47. Fazit eines Experiments neuer Schriftsteller.* In: *Sprache im technischen Zeitalter* 26, H. 106 (Juni 1988), S. 86.

15 Richter im Gespräch mit dem Verf. am 6.10.1988.

16 Reinhard Baumgart: *Wolfgang Borchert, ein Hungerkünstler.* In: R. B.: *Die verdrängte Phantasie. 20 Essays über Kunst und Gesellschaft.* Darmstadt 1973, S. 173 ff.

17 Peter Rühmkorf: *Wolfgang Borchert.* Reinbek 1961, S. 151.

18 Wolfgang Borchert: *Das Gesamtwerk* (1949). Reinbek 1985, S. 228 f.

19 Vgl. von Stenglin (Anm. 3), S. 238 f.

20 Vgl. Lenz Prütting: *Arno Schmidt.* In: *Kritisches Lexikon zur deutschsprachigen Gegenwartsliteratur,* hg. v. Heinz Ludwig Arnold. München 1978 ff. (1985), S. 9.

21 Baumgart (Anm. 9), S. 166.

22 Vgl. Theo Elm: ‹Erinnerung›. *Geschichte im westdeutschen Roman um 1960.* In: *Kontroversen, alte und neue.* Bd. 10. Tübingen 1986, S. 155 ff., und T. E.: *Literatur als Kulturfunktion. ‹Vergangenheitsbewältigung› im westdeutschen Nachkriegsroman.* In: *Nürnberger Lehrerzeitung,* Sonderheft 1 (1988): *Gruppe 47,* hg. v. Skott Grunau, S. 67 ff.

23 Volker Wehdeking: *Engagiertes Schreiben im besetzten Deutschland (1945 – 1949).* In: *Bestandsaufnahme Gegenwartsliteratur* (Sonderband Text + Kritik), hg. v. Heinz Ludwig Arnold. München 1988, S. 13 ff.

24 Vgl. Volker Wehdeking: *Vom epigonalen Idyll zur zeitkritischen ‹Neon-Romantik›. Arno Schmidts Fingerübungen in Gelegenheitslyrik (1933–1960).* In: *Arno Schmidt. Das Frühwerk III* (Anm. 3), S. 91 ff.

25 Als paradigmatisch für die Paronomasie bei den Formalisten können Viktor Schklowskijs Studien *Von der Ungleichheit des Ähnlichen in der Kunst* (München 1973) bis in den Titel der Sammlung gelten: *Tetiwa. O ne s'chodstwe s'chodnowo.* Moskau 1970.

26 Günter Eich: *Gesammelte Werke.* Bd. 1. Frankfurt/M. 1973, S. 36 f.

DIE WIRKUNG

Helmut Schmiedt

Das Werk Arno Schmidts im Spiegel der Kritik

Über mangelnde publizistische Resonanz hat sich Arno Schmidt nicht beklagen können. Gewiß fiel das Echo auf seine literarische Arbeit erheblich geringer aus als die Aufmerksamkeit, die manch andere Koryphäe, wie der etwa zur gleichen Zeit tätige Heinrich Böll, erntete. Berücksichtigt man jedoch, daß Schmidt zum einen als ausgesprochen ‹schwieriger› Schriftsteller galt und daß er sich zum anderen konsequent den werbewirksamen Mechanismen dessen entzog, was man gelegentlich den Literaturbetrieb nennt, so ist zumindest in quantitativer Hinsicht die Beachtung, die er in den Feuilletons fand, recht bemerkenswert. Schmidts Bücher sind, seit seinem Debüt mit dem *Leviathan* (1949), ausgiebig rezensiert worden. Die Liste der Kommentatoren weist viele besonders prominente deutsche Kritiker der ersten Nachkriegsjahrzehnte auf, von Friedrich Sieburg bis Walter Jens, von Marcel Reich-Ranicki bis Heinrich Vormweg; auch eine große Zahl illustrer und z. T. sehr verschiedenartiger Kollegen ist darunter, von Alfred Andersch über Günter Grass, Hans Habe, Helmut Heißenbüttel und Peter Rühmkorf bis zu Wolfgang Weyrauch. Herausragende Ereignisse in Schmidts literarischer Laufbahn, wie die Verleihung des Goethe-Preises (1973), wurden ebenfalls zum Anlaß zahlreicher Kommentare, und auch in der Auslandspresse hat man sich wiederholt intensiv mit Schmidt beschäftigt. Er wurde sogar, wie nur ganz wenige andere Schriftsteller, zum Gegenstand einer Titelgeschichte des *Spiegel*, deren Überschrift als einzigartig in die Annalen dieser Zeitschrift eingegangen sein dürfte: «,;.-:!-:!!» (13. 5. 1959).

Den extremen, ungewöhnlichen Zügen des Schmidtschen Werkes und dem aus dem Rahmen des Üblichen fallenden Auftreten des Autors selbst entspricht es, daß die Urteile der Rezensenten weit auseinanderklaffen; mag es auch zum Alltag des kulturellen Lebens einer liberalen Gesellschaft gehören, daß über den Wert literarischer Texte gestritten wird, so klingen die Dissonanzen in diesem Fall doch besonders schrill. Mit Sätzen wie «Gott schütze die deutsche Literatur!» (*Mannheimer Morgen*, 7. 12. 1956) und der Frage «leben wir in einem Tollhaus oder noch im Abendland?» (*Publikation*, Bremen, Nr. 6, Dezember 1956) hat man beispielsweise auf *Das steinerne Herz* reagiert: an dem einen Ende der Skala; an dem anderen stehen Erklärungen wie die, Arno Schmidt sei «mit Abstand Deutschlands bedeutendster Prosa-Autor der mittleren Generation» (*Konkret*, Nr. 2, Februar 1958) bzw. – noch umfassender – «der bedeutendste deutsche Prosaschriftsteller unserer Zeit» (*Civis*, H. 8, 1963).

Trotz dieser gewaltigen Divergenzen bewegt sich die publizistische Auseinandersetzung im wesentlichen um einige wenige Themenkomplexe. Immer wieder kehren die Kommentatoren zu den gleichen Fragen zurück, beantworten sie kontrovers, gelangen aber kaum dazu, in der Substanz neue Akzente zu setzen. So hartnäckig wirkt die Fixierung auf das Immergleiche, daß die Lektüre gesammelter Rezensionen manchmal fast den Eindruck erweckt, die Zeit sei stehengeblieben. Skeptische Kritiker Schmidts werden aus dieser Beobachtung den Schluß ziehen, im Verlauf seiner literarischen Entwicklung habe sich so wenig bewegt, daß eben nichts fundamental Neues zu erschließen gewesen sei, während seine Verteidiger einerseits auf die Ignoranz der Beobachter und andererseits auf die kompromißlose Geradlinigkeit seiner Arbeit verweisen mögen: Damit wäre schon wieder einer jener Streitpunkte berührt, um die die Diskussion beharrlich kreist.

Eine herausragende Rolle unter den immer wieder besprochenen Themen nimmt die Frage nach Schmidts Standort in historischer Hinsicht ein: Wie ist sein Werk literaturgeschichtlich einzuordnen? Vielen Äußerungen gerade zu diesem Komplex eignet der Zug ins Extreme, der nur das Entweder-Oder kennt: Registriert z. B. der eine Kommentator von *Brand's Haide*, Schmidt sei «ein Erbe, kein ‹Avantgardist›» – und zwar insbesondere ein wenig origineller Joyce-Erbe (*Deutsche Zeitung*, 8. 12. 1951) –, so befindet der andere, Schmidt sei «der kühnste Pionier der neueren deutschen Epik» (*Neue Literarische Welt*, Darmstadt, 10. 1. 1952); auf ähnliche Weise wird Schmidt immer wieder einerseits als uninspirierter Verwalter von z. T. schon obsolet gewordenen Traditionen beschrieben oder andererseits als Autor, der mit gelungenen Experimenten den Weg in die literarische Zukunft bahnt. Manche Betrachter freilich fällen ein differenzierteres Urteil, indem sie auf die Verbindung von Tradition und Innovation verweisen: «Das

Überraschende und für uns Neuartige ist die künstlerische überzeugende Einfügung wissenschaftlichen Denkens in die unzerstörte Form der Novelle», heißt es in einer Besprechung des *Leviathan* (*Welt am Sonntag*, 27. 11. 1949). Andere verfolgen diese ‹mittlere Linie›, indem sie mit den Eigentümlichkeiten der jüngeren deutschen (Literatur-) Geschichte argumentieren: «Arno Schmidt ist die Summe der nach dem letzten Krieg in der Literatur versäumten formalen Möglichkeiten» (*Frankfurter Hefte*, H. 6, 1962). Weitgehend Einigkeit besteht darin, daß Schmidts Werke, wie zukunftsweisend sie auch immer hätten sein können, letztlich «in der westdeutschen Literatur seltsam folgenlos geblieben» sind (*Süddeutsche Zeitung*, 18. 1. 1974).

Natürlich konzentrieren sich die Überlegungen zur literaturgeschichtlichen Position des Autors vor allem auf seinen Umgang mit der Sprache, und dies ist auch der Punkt, an dem Lob und Tadel besonders kraß aufeinanderprallen. Daß es sich bei den sprachlichen Experimenten zumindest teilweise um kaum mehr als «Kalauer und Schüler-Blödeleien» (*Stuttgarter Zeitung*, 10. 1. 1961) oder um das Produkt einer «unüberbietbaren Sprachverschluderung» (*Rheinischer Merkur*, 15. 8. 1952) handelt, wenn nicht gar um ein «wirres, ekles Gestammel, ein pathologisches Gekritzel» (*Kulturpolitische Korrespondenz*, Nr. 45/46, 10. 7. 1957), wird ebenso formuliert wie die These, Schmidt habe sich «eine neue Prosa geschaffen», die es ihm erlaube, «der Wirklichkeit auf die Spur zu kommen» (*Die Zukunft*, Wien, Dezember 1956). *Zettels Traum* wird unter dem letztgenannten Gesichtspunkt besonders hervorgehoben: «ihre [= der Sprache] beunruhigende, flüssige Form impft gegen jene Dummheit unreflektierten Sprechens, die glaubt, alles wäre geordnet» (*Stuttgarter Zeitung*, 8. 8. 1970).

In engem sachlichem Zusammenhang mit diesem allgegenwärtigen Themenkomplex steht ein zweiter: die häufig als recht eigenwillig empfundenen Gedanken Schmidts zur Literaturgeschichte, deren Besonderheiten schon darin auffällig zutage treten, daß er einige seiner Bücher mit weitgehend unbekannten Titeln aus dem 18. Jahrhundert ausstattet. Daß er für Autoren wie Poe und Joyce streitet, wird durchweg als verständlich angesehen und akzeptiert; daß er manchmal offene Türen einrennt, beispielsweise mit vehementen Plädoyers für Schriftsteller und Werke, die gar nicht in dem von ihm unterstellten Ausmaß vergessen sind, wirkt befremdlich oder wird mit leisem Spott registriert. Vor allem aber erscheinen seine Werturteile provozierend und irritierend, wenn es um die Kritik an weithin anerkannten Größen der Literaturgeschichte und die Belobigung tatsächlich wenig geschätzter Autoren geht. «Sein solider schlechter Geschmack ließ Schmidt Karl May preisen und Goethe in den Staub ziehen», heißt es noch Jahre nach Schmidts Tod, und die Erläuterung dazu lautet: «Wie nur je ein Autodidakt erhob Arno Schmidt seine jugendlichen Lieblingsbücher in den Rang von Meisterwerken und putzte dafür alles germanistisch Abgesegnete von den Altären» (*Die Zeit*, 28. 10. 1988). So sehr manche Kritiker auch Einzelheiten in Schmidts Bemühungen um eine Neubewertung der Literaturgeschichte rühmen: Ihre Überzeugungskraft wird generell eher niedrig eingestuft. Beispielhaft erscheint Friedrich Sieburgs Monitum zum *Fouqué*-Buch, Schmidt mache nirgends deutlich, welche künstlerischen Qualitäten in Fouqués Werk denn den gewaltigen Aufwand rechtfertigen, den sein Biograph mit ihm treibt (*Frankfurter Allgemeine Zeitung*, 22. 11. 1958); und zur *Sitara*-Studie heißt es in ähnlichem Sinne: Schmidt «schießt mit philologischen und psychologischen Kanonen auf einen (wie er selbst glaubt) literarischen Spatzen!» (*Ruhr-Nachrichten*, 5. 3. 1964) Gibt es in den publizistischen Kommentaren zu Schmidt überhaupt einen Sachverhalt, zu dem wenigstens ein Minimum an Einigkeit besteht, so findet er sich hier: Es sei Schmidt in den meisten Fällen nicht oder nicht hinreichend gelungen, seine literaturgeschichtlichen Umwertungen plausibel zu machen. Schmidts Verächter halten dafür, zumindest in Andeutungen, eine elementare Erklärung parat: seine partielle fachliche Inkompetenz. «Arno Schmidt, frisch gebackener Goethe-Preisträger, begann seine Dankansprache mit einem Goethe-Zitat – das in Wahrheit von Schiller stammt» (*Die Welt*, 31. 8. 1973).

Die teilweise für abwegig befundenen literarischen Neigungen Schmidts werden, wie sich in den eben zitierten Sätzen aus der *Zeit* von 1988 schon verrät, gelegentlich angesehen als unmittelbare Konsequenz aus den ihm nachgesagten monomanischen Tendenzen – ein drittes zentrales Motiv der Kritik. Daß Schmidt der seit langem «größte Monomane in der deutschen Literatur» sei, gilt vielen Kritikern als unzweifelhaft: Seine Werke kreisten mit größter Beharrlichkeit um ihn selbst als um ihr über Jahrzehnte hinweg unverändertes Zentrum, sie handelten «immer und ausschließlich von Arno Schmidt» (*Die Weltwoche*, 13. 9. 1963), und zu fragen bleibe nur, ob dies ein Vor- oder Nachteil oder gar beides ist. Das Phänomen wird verschieden gedeutet: als Wesensmerkmal des auf seine Autonomie pochenden «Gegentyp[s]» zum sozial bewußten Schriftsteller. Öffentlichkeit ist für Schmidt offenbar eine Kategorie, die nur Schreckendes, Verächtliches enthält» (*Frankfurter Allgemeine Zeitung*, 30. 8. 1973); ideologiekritisch-politisch als «Selbstbespiegelung eines kleinbürgerlichen Gemüts, Produkt eines aufgeblähten subjektiven Bewußtseins, das die objektive Wirklichkeit als belanglose Nebenerscheinung behandelt» (*Deutschlandsender*, Berlin/DDR, 26. 2. 1962); als ambitionsreicher literarischer Versuch mit philosophischen Implikationen, indem auf «den solipsistischen Zug des auf sich allein bezogenen monologischen Bewußtseins» (*Deutsche Zeitung*, 21. 1. 1961) verwiesen wird; als ebenso aufregendes wie ergiebiges psychologisches Experiment, wenn etwa bei einer Besprechung des *Abend mit Goldrand* «das spannungsgeladene PsychoDrama einer tödlich bedrohten, in Frage gestellten Existenz – der Arno Schmidts» (*Der Spiegel*, 8. 9. 1975) in den Mittelpunkt des Interesses rückt. Der in künstlerischer Hinsicht gewichtigste Vorwurf, der sich an die Thesen vom ‹Monomanen› Schmidt knüpft, lautet, der starre Selbstbezug des Autors verhindere sinnvolle literarische Weiterentwicklungen innerhalb seines Gesamtwerks. So heißt es in einer Rückschau des Jahres 1963 auf den *Leviathan*: «Schon in diesem ersten sind die Maschen entwickelt, nach denen er noch heute seine Werke strickt» (*Die Weltwoche*, 13. 9. 1963); und ein Rezensent der posthum veröffentlichten *Julia* bekräftigt: «Ausweglos kreiste seine Phantasie auf den immer gleichen literarischen Bahnen, die einmal eingestellte Perspektive änderte sich nicht mehr»; auch das zur Diskussion stehende Fragment sei Zeugnis «der zwanghaften Fixierung auf die einmal geschaffenen Objekte der Phantasie» (*Frankfurter Allgemeine Zeitung*, 7. 5. 1983).

Zu den Themen, auf die Schmidt durchgängig besonders intensiv fixiert bleibt, zählt die Sexualität, und sein literarischer Umgang damit führt zu zahlreichen und teilweise heftigen Reaktionen. Immer wieder echauffieren sich Kommentatoren unterschiedlichster Provenienz über das Gewicht, das der Autor diesem Bereich zuerkennt, und dessen indezente Darstellung: «Er schwimmt im trübsten Schmutzwasser, beständig rührt er sexuellen Schlamm auf. Es gibt kein Tabu, das ihm gälte», notiert der Schmidt im ganzen durchaus wohlgesonnene FAZ-Kommentator des *Steinernen Herzens* (19. 1. 1957); und ein Rezensent aus der DDR, der «in dem nicht einmal dreihundert Seiten starken Buch ganze sechzehn hochnaturalistische Beischlafsschilderungen gezählt» hat, entschuldigt sich für die Wiedergabe einschlägiger Stellen, die Schmidts «Aufklärung des Menschen [...] über die ihm von Jugend an innigst vertrauten Sexual- und Darmentleerungsgebräuche» veranschaulichen sollen, und erklärt, ihm drehe die Vorstellung «den Magen um», derartiges werde sich «auf den Gesamtzustand unserer Literatur auswirken» (*Die Weltbühne*, Berlin/DDR, 11. 12. 1957). Auch in späterer Zeit wird immer wieder auf das Thema verwiesen, doch die Reaktionen klingen allmählich – in Analogie zu den allgemeinen Veränderungen der Sexualmoral und des Sprechens darüber – weniger empört und verbissen; man bespricht etwa in sachlichem Ton die Rolle der Sexualität in der Etym-Theorie oder registriert beiläufig, Schmidt könne «so herrlich obszön sein» (SDR 2, 7. 8. 1970).

In Kommentaren bis zu den frühen sechziger Jahren verbindet sich der Vorwurf der sexuellen Eskapaden häufig mit Angriffen auf Schmidts politische Neigungen; z. B. entdeckt ein anonymer *Kaff auch Mare Crisium*-Rezensent, die «kaum noch wiederzugebende Schweinerei» werde «natürlich durch den sogenannten ‹politischen Nonkonformismus› ergänzt» (*aktuell*, München, 4. 11. 1961). Dies ist ein weiterer wichtiger Zielpunkt der Kritik: die aus Schmidts Werken zu erschließenden und in seinen nicht-fiktionalen Texten ausdrücklich artikulierten Meinungen und Überzeugungen zu Politik und Zeitgeschichte, seine Wertvorstellungen und seine Weltanschauung. Auch einige wohlwollende Kritiker sehen hier, von Einzelheiten abgesehen, nur in engen Grenzen Rühmenswertes; gelegentlich wird darauf verwiesen, Schmidt habe es gerade nicht mit den «sogenannten großen Themen» zu tun, sein Stoff sei vielmehr «das Leben schlechthin», beispielsweise der «kleine Mann zwischen West und Ost, Arbeit und Wunschtraum, Genuß und Enttäuschung» (*Die Zukunft*, Wien, Dezember 1956). Wenn man sich mit der ‹Ideologie› der Werke Schmidts befaßt, wird generell deren Radikalität betont: sei es, daß man ihn – wie der eben zitierte Münchner Anonymus – als Quasi-Kommunisten beschimpft, sei es, daß man in ihm den Verfechter «einer auf die großen Einzelnen zugeschnittenen und von ihnen geprägten Gemeinschaft» sieht (*Die Zeit*, 15. 6. 1979). Schmidts Radikalität wird jedoch nur in seltenen Fällen mit solchen Hinweisen auf das, was er positiv will, beschrieben; viel häufiger sind Hinweise auf ihren negativen, destruktiven Charakter, häufig mit dem Tenor, seine Ansichten seien nur «für das unscharfe Auge allesamt ‹links›, in Wirklichkeit freilich nur grundsätzlich oppositionelle Raunzerei gegen alles und jedes» (*Die Weltbühne*, Berlin/DDR, 11. 12. 1957). Schon im Zusammenhang mit Schmidts erstem Buch ist von drohendem «Nihilismus» (*Stuttgar-*

ter Nachrichten, 29. 12. 1949) bzw. vom «nihilistischen Charakter des Inhalts» (*Berliner Zeitung*, Berlin/DDR, 29. 12. 1949) die Rede, und daß Schmidt nichts gelten lasse, keine Autorität und keine ethischen Werte, wird bald zum Topos: *Aus dem Leben eines Fauns* etwa erntet den Kommentar, es sei «ein Dokument des Hasses gegen Geist, Sprache, Mensch – und nicht zuletzt auch gegen Gott und Christentum» (*Rheinischer Merkur*, 11. 9. 1953) und darin werde «mit den Werten überhaupt Schluß gemacht» (*Die Bücher-Kommentare*, 15. 9. 1953). Freilich klingen auch Äußerungen dieser Art in späterer Zeit gedämpfter und werden seltener formuliert. Kritiker, die es nicht bei der Feststellung und Verurteilung der «Raunzerei gegen alles und jedes» belassen wollen, fragen danach, wie es um die Überzeugungskraft einer Zeitkritik bestellt ist, die eigentlich nur Defizite und Verdammenswertes registriert; andere heben dagegen die Originalität einer Sicht auf die Welt hervor, die mit gängigen politischen oder gar parteipolitischen Kategorien nicht zu fassen sei.

Selbstverständlich konnte hier nur ein sehr grober Abriß zur publizistischen Wirkungsgeschichte Arno Schmidts gegeben werden; manches ließe sich hinzufügen, etwa der häufige Hinweis wohlwollender Rezensenten, Schmidt erweise sich selbst nach traditionellen Kriterien immer wieder als hochrangiger Erzähler. Allerdings dürften ausführlichere Rekapitulationen den obigen Bericht in der Substanz bestätigen: die weitreichende Konzentration der Kommentatoren auf einige Standardthemen, die in großen Teilen relativ geringfügige Bewegung in der Diskussion über mehrere Jahrzehnte hinweg und die Polarisierung der Meinungen, zu der ein Journalist vermerkte, es scheine kaum ein «mittleres Interesse zwischen bedingungslosem Ja und abschätzigem Nein [...] zu geben» (*Frankfurter Allgemeine Zeitung*, 30. 8. 1973).

Fragt man nach den politischen Hintergründen dieses Umgangs mit Schmidt, so ist mit einem simplen Rechts-links-Schema wenig auszurichten: Die in den fünfziger Jahren in der DDR formulierten Angriffe gegen ihn klingen ähnlich schrill wie die mancher konservativ geprägten Publikationen aus der Bundesrepublik. Zustimmung, Wohlwollen oder zumindest freundliche Aufgeschlossenheit findet Schmidt noch am ehesten bei liberalen bzw. linksliberalen Kritikern, die sich auf den Perspektivenreichtum ihrer Betrachtungsweise einiges zugute halten. Aber auch dies ist keine uneingeschränkt gültige Feststellung; zu den langjährigen Verteidigern seiner Arbeiten zählt beispielsweise der bekannte konservative Publizist Armin Mohler, der sich durch

Schmidts ‹linke› Neigungen in den fünfziger Jahren kaum beirren läßt – «er hatte wirklich etwas zu sagen über unsere Zeit» – und sich erst um 1970 von ihm abwendet, da Schmidt nunmehr «seine Dichtung zur Manier erstarren ließ» (*Die Welt*, 8. 6. 1979).

Daß allerlei elementare Mechanismen des ‹Kulturbetriebs› die Reaktionen auf Schmidt prägen, ist hingegen relativ leicht zu sehen. Dazu gehört z. B., daß sowohl Anhänger als auch Gegner Schmidts der jeweils anderen Seite vorhalten, sie dominiere auf äußerst fragwürdige Weise das öffentliche Gespräch über ihn. Nach Alfred Andersch haben eigentlich nur er selbst und Max Bense Schmidts Werk «eine fortlaufende publizistische Unterstützung» angedeihen lassen (*Frankfurter Allgemeine Zeitung*, 10. 2. 1958), während umgekehrt Hans Habe nach dem Erscheinen von *Zettels Traum* beklagt, daß «niemand mehr den Mut [hat], den Blödsinn mit dem Wort Blödsinn abzutun» (*tz*, München / *Kölnische Rundschau*, 9. 5. 1970).

Es kann hier nicht im einzelnen untersucht werden, ob und gegebenenfalls inwiefern das Feuilleton Arno Schmidt gerecht geworden ist. Alles in allem freilich drängt sich der Eindruck auf, seine Rezeptionsgeschichte sei nicht eben ein Ruhmesblatt der neueren Publizistik. Von den schon an der Oberfläche merkwürdig-faszinierenden Zügen seiner Person und seines Werks – die unverkennbar selbst durch jene Kommentare bezeugt werden, die zu abwertenden Urteilen gelangen – hat man sich gar zu häufig und intensiv blenden lassen, und beredt überspielte Ratlosigkeit war dann vielfach das veröffentlichte Ergebnis. Es zeigt sich nicht nur in der stetigen Fixierung auf ein paar unveränderte Argumentationsmuster, sondern auch und noch eher daran, daß manche naheliegende Überlegung de facto kaum einmal zur Sprache kam. Der nicht sonderlich originelle Gedanke etwa, die monomanisch auf ihren Autor bezogenen Elemente der Werke, die autobiographisch ableitbaren Tendenzen des Immergleichen seien gerade in ihrer Beharrlichkeit vielleicht – als Kondensat von ‹Welt› – ein Paradigma für weit über das Individuum Schmidt hinausreichende Zusammenhänge, ist ebensowenig ausführlich geprüft worden wie manch anderer, der den Kreis der Argumentationsstereotypen dauerhaft und ertragreich hätte aufbrechen können.

Bibliographischer Hinweis

Mit Ausnahme der Formulierung aus der *Zeit* v. 28.10.1988 wurden sämtliche Zitate den beiden vorzüglichen Materialienbänden entnommen: *Über Arno Schmidt. Rezensionen vom «Leviathan» bis zur «Julia»*, hg. v. Hans-Michael Bock. Zürich 1984, sowie *Über Arno Schmidt II. Gesamtdarstellungen*, hg. v. Hans-Michael Bock und Thomas Schreiber. Zürich 1987.

Michael Schneider

Geschichte und Schwerpunkte der Arno-Schmidt-Forschung

Die Bilanzen der Arno-Schmidt-Forschung auf kaum einem Dutzend Seiten ziehen zu wollen –: das ist ein gewagtes Unterfangen (wo doch bereits die Auflistung vorhandener Forschungsarbeiten mehr Raum benötigte).[1] Eine vollständige Revue von Themen und Fragestellungen, geschweige der Titel, kann da nicht das Ziel sein. Vorzuziehen ist ein summarischer Überblick, der die Quintessenz der bisherigen Forschung nach drei Schwerpunkten gliedert, innerhalb deren jeweils Hinweise auf zeitliche und thematische Entwicklungen, exemplarische Arbeiten sowie auf Desiderate, Defizite und zukünftige Herausforderungen möglich sind. Ein spezifisches Merkmal des Gegenstandes stützt diese Absicht: Die Schmidt-Forschung erscheint als relativ homogen; sie besitzt nur einen geringen Grad an Verzweigungen nach unterschiedlichen Richtungen. Die Gründe dafür sind zunächst kurz zu umreißen.

Zwar gab es früh, in den 50/60er Jahren, seriöse Versuche, Arno Schmidts Werk unter Forschungsgesichtspunkten so abzuhorchen, wie man es – präterpropter – mit dem Werk anderer Autoren auch tat, beispielsweise in Gesamtdarstellungen literarischer Lexika zur Nachkriegsliteratur.[2] Indes: dieser ‹normale› akademische Ansatz machte nicht Schule. Die notorische Eigenart von Schmidts Werk, beim Leser polare Reaktionen entweder höchster Zustimmung oder tiefster Ablehnung, kaum aber der maßvollen Besinnung auszulösen, begann schon bald, die Forschung dergestalt zu prägen, daß das *fandom* Dominanz gewann: Schmidt-Forscher sind bis heute überwiegend die Schmidt-Fans; als Auslöser ihrer Forschungstätigkeit fungieren weit stärker Passionen wie Bewunderung und Begeisterung für den Autor als allgemein fachlich-literaturwissenschaftliches Interesse.

Akzentuiert wird dieses in der Erforschung der deutschen Literatur gewiß einzigartige Charakteristikum dadurch, daß die beschreibenden/

erklärenden/deutenden Zugriffe auf Schmidts Werk sich mehrheitlich darin ähneln, daß sie sich ihm in der gleichen Weise annähern, in der Schmidt selbst an Literatur – sei's die eigene, sei's die der andern – heranzugehen pflegte. Nämlich: messend, entschlüsselnd, berechnend. Diesen von Schmidt quasi anbefohlenen Verfahrensweisen läßt sich der größere Teil der Analysen seines Werks zuordnen (mit Überschneidungen im einzelnen). Es dürfte keinen zweiten deutschen Autor geben, dessen Weisungen bezüglich der Inhalte und Methoden der Interpretation seines Werks so gehorsam befolgt worden sind.

1. Messen

Die Prototypen dieser Richtung der Schmidt-Forschung trugen Gummistiefel: Bewaffnet mit Feldstechern und Meßtischblättern durchkämmten sie die Lüneburger Heide, spähend auf den Spuren des eventuellen authentischen Substrats Schmidtscher Erzählungen, wähnend, wie der bewunderte Autor «gekettet an Daten und Namen»[3] zu sein – an die Daten und Namen freilich, die Schmidt gesetzt hatte. Es ist ein doppeltes Wissenwollen, dem diese Schiene der Forschung – die biographisch ausgerichtet ist, sich also an der Person des Autors orientiert – folgt: Welche Realitätspartikel sind in die Werke eingeflossen, welche Rückschlüsse erlauben sie auf des Autors Biographie? Das Werk wird positivistisch behandelt als Fundgrube für die Lebensbeschreibung, des weiteren (geistesgeschichtlicher Methodenlehre gemäß) als Reflex von Weltanschauung und Philosophie seines Urhebers.

Wenn man feuilletonistische Proben abzieht, finden sich erste, inkohärente Ergebnisse dieser Forschung in den frühen Heften des *Bargfelder Boten*, auf den unten näher einzugehen sein wird. Pars pro toto, mit Bezug auf *Kaff* (31): «Wenn Giffendorf, was wahrscheinlich ist, mit Bargfeld [...] gleichzusetzen ist, so ist die Schilderung des Hauses und des Anwesens die getreue Wiedergabe seines eigenen Grundstücks, von ONO kommend».[4] Der Lokaltermin dient als Instrument der Literaturerforschung; die Lebensräume des Autors werden abgeschritten und ausgemessen mit dem Ziel, ihre Spuren in den Werken wiederzufinden.

In der 1981 erschienenen Dissertation von Josef Huerkamp, *«Gekettet an Daten & Namen»*[5], wird dieses Procedere zum methodischen Prinzip erhoben. Ausgangspunkt Huerkamps ist die als vorherrschend angetroffene «Überzeugung vom exponierten Autor in seinem Werk»

(S. 27); sie ermächtigt ihn, «jenen Sockel von Autobiographie im Gesamtwerk frei[zu]legen, über dem die Authentizitätspoetik vom Autor generiert wird» (S. 32). Mit viel Fleiß wird Faktisches und Authentisches, entstammend Schmidts Leben, aus seinem Werk herausgefiltert, gegliedert nach Raum, Zeit und Autor-Ich. Was Huerkamp, gestützt auf eine Fülle von Details, konstatieren kann, ist die «authentische Verknüpfung von exakter Beschreibung» bezüglich Schauplatz, Zeitverhältnissen und Population (S. 304). Daraus leitet er ab, «daß das Werk Schmidts selbst bereits eine der unumgänglichen Vorarbeiten für eine Biographie ist» (S. 280).

Genauso las der Schriftsteller Schmidt Literatur, allerdings nicht literaturwissenschaftlich motiviert, sondern auf der Suche nach Anregungen und Begründungen für die eigene Produktion. Huerkamps exemplarische Übertragung dieses Verfahrens der Zergliederung von literarischen Werken nach authentischen Bestandteilen – ihr ‹Ausmessen› – offeriert dem Leser Lesehilfe: Informationen zum gründlicheren Verständnis der buchstäblichen Textbedeutung und zum besseren Nachvollziehen der Textentstehung. Das ist schon viel, und mehr sollte man sich von einem solchen Verfahren nicht versprechen. Skepsis ist angebracht hinsichtlich Huerkamps Folgerung, die in der Schmidt-Forschung breite Zustimmung findet, Schmidts Werk sei mit den herkömmlichen literaturwissenschaftlichen Kriterien und Kategorien nicht zu erfassen (S. 118); der Singularität dieses Werks würden nur neue Interpretationsverfahren wie z. B. das Vermessen des Authentischen gerecht.

Dagegen ist zu erinnern: Der Reichtum an Authentischem setzt die Fiktionalität der Texte, in die er eingegliedert ist, nicht außer Kraft; im größeren Ganzen der Fiktion erfüllt das Authentische – bei Schmidt wie bei anderen Autoren aller Zeiten auch – ästhetische Funktionen, die ihren Herkunftscharakter affizieren. Schon die Tatsache, daß sich das Authentische bei Schmidt im Frühwerk wie im Spätwerk findet, obwohl beide Werkgruppen in der Wirklichkeitsauffassung so grundverschieden angelegt sind, macht deutlich, daß die Aufreihung der Realien zwar die Katalogisierung der Textmaterialien voranbringt, die Auswertung der ästhetischen – und gar historischen! – Bedeutung allerdings damit erst beginnt. Darin indessen ist die Schmidt-Forschung bis heute noch nicht weit gelangt; ein Grund dafür ist die Kopie von Schmidts biographisch orientierter Art zu lesen. Merkwürdig genug, daß es trotz dieser Prädilektion bislang nicht gelungen ist, eine

Biographie Arno Schmidts, die mehr wäre als eine der verbreiteten Skizzen, vorzulegen.

Ebenfalls am Authentischen – der Person des Autors – interessiert sind die Arbeiten, die Schmidts präsumtivem Weltbild nachgehen, partiell auch auf das methodisch fragwürdige Verfahren gestützt, aus den Erzählungen einzelne Partikel ungeachtet des fiktionalen Kontextes herauszulösen. Freilich dienen die Funkessays ebenfalls als Quellen. Expositionen der Themen findet man in den 70er Jahren: Aufklärung (einschließlich Rolle von Mathematik und Naturwissenschaften), Romantik, Schopenhauer, Freud; durchgeführt werden sie in größeren Monographien zu Beginn der 80er Jahre.[6] Zusammengenommen legen diese Arbeiten die Züge des geistigen Porträts Arno Schmidts frei, auf die eine Biographie wird zurückgreifen müssen. Gleichzeitig verdeutlichen sie aber die Gefahr, die in der Absicht auf philosophisches Porträtieren angelegt ist –: systematisch zu vervollständigen, wo bloß Fragmente vorhanden sind. Schmidt war kein Philosoph, kein Baumeister eines stimmigen Weltbildes (wiewohl sein Werk durchaus mit ästhetischen Mitteln ein Bild von der Welt gestaltet!); intellektuell war er Eklektiker. Eine Interpretation sollte das insbesondere da nicht zu glätten versuchen, wo es ihr über das Biographische hinaus um die Werkdeutung geht.

Verwirrt gibt sich die Schmidt-Forschung beim Nachzeichnen des politischen Profils ihres Autors. Sehen die einen den Verfasser des Frühwerks so, wie er sich selbst gern sah: als unerschrockenen und kritischen Jakobiner – erst im Spätwerk habe er sich zum Konservativen gewandelt (das finden alle nicht so gut) –, so gilt das den andern als Mißverständnis: reaktionär sei er immer gewesen.[7] Die DDR-Germanistik, die 1980 mit einem Aufsatz von Jürgen Grambow in die Schmidt-Forschung einstieg[8], braucht offenbar einen ‹fortschrittlichen› Schmidt zur Legitimation ihres Tuns; entsprechend wird er zurechtgebogen: Schmidt wollte «auf Leser wirken, und über Leser in die Gesellschaft des westlichen Nachkriegsdeutschland».[9] Ähnliche, politisch präzise Intentionen werden ihm auch hier zugetraut: «Eine wesentliche Intention, nämlich durch die Darstellung dieser Mißstände aufklärerisch auf die Gesellschaft rückzuwirken, liegt dabei zugrunde.»[10] Andererseits legt die eingehende Prüfung der Sammlung *Deutsches Elend* überzeugend nahe, daß Schmidts ‹politische Haltung› nichts als ein Sammelsurium simpler und in sich kaum stimmiger Ressentiments gewesen ist.[11] Eine mit größerer Selbstzurücknahme als bisher üblich unternommene politische Charakterisierung Schmidts wird sich wohl dieser letzten Einschätzung anschließen müssen, sowohl für den frühen wie den späten Schmidt. Der Rang seines Werks wird davon gar nicht berührt.

Umfangreich ist die Gruppe von Forschungsarbeiten, die Schmidts Verhältnis zu anderen Autoren behandeln. Unter der Spitzmarke ‹Arno Schmidt und...› trifft man in den einschlägigen Periodika und Sammelbänden auf eine stattliche Reihe von Aufsätzen, die da wichtige Arbeit leisten, wo sie Einflüsse und Anregungen von bzw. Auseinandersetzungen mit – beispielsweise – Stifter, Carroll oder Tieck direkt am Text belegen. Zur Untersuchung der Frage, wie Schmidt es – über Zitate, Allusionen und bloße Apostrophe hinaus – mit der literarischen Tradition in Gestalt anderer Autoren hielt, ist hier der Ansatzpunkt.

Robert Weninger lieferte 1982 ein Beispiel dafür, wie eine solche Aufgabe erfolgreich angegangen wird.[12] Zunächst bereitet er Schmidts Joyce-Rezeption so auf, wie sie sich im Laufe ihrer Entwicklung niederschlug – der Ansatz ist vorderhand biographisch. Er überschreitet aber im Unterschied zu den ‹Vermessern› des gegenwärtigen Kontextes die Immanenz des Schmidtschen Kosmos durch die Herausarbeitung eines Schmidt eigenen «autobiographischen Reduktionismus» (S. 98), der sein Verständnis etwa von *Finnegans Wake* massiv beeinflußt habe. Schließlich geht Weninger den «prosapraktischen Konsequenzen» nach (S. 10), die das spezifische Joyce-Verständnis Schmidts für das eigene Werk zeitigten: Er konstatiert die Konkordanzen, hebt aber nicht minder – das ist eine Stärke – die funktionalen Divergenzen hervor.

Stefan Gradmann knüpfte daran 1986 in *Das Ungetym*[13] an. Auf der Basis einer – sehr begrüßenswerten und der künftigen Schmidt-Forschung ins Stammbuch zu schreibenden – «Emanzipation von Schmidtschen Kategorien der Literaturanalyse» (S. 11) vergleicht er das Verhältnis von Sprache und Wirklichkeit bei Joyce und Schmidt. Im Ergebnis erkennt er auf grundlegende Differenzen in den poetologischen Intentionen der beiden so oft in einem Atemzug genannten Autoren. Diese Differenzen habe Schmidt nicht wahrgenommen: Wie Gradmann schlüssig dartut, ist sein Joyce-Verständnis realiter ein Mißverständnis, das auf der illegitimen Anwendung der eigenen Kategorien auf Joyce beruht (S. 78 f.). Ein Mißverständnis freilich, das bei Schmidt eine folgenreiche Produktivität freisetzte (S. 109).

2. Entschlüsseln

Die ersten Vertreter dieser Richtung, die das öffentliche Bild von der Schmidt-Forschung noch heute bestimmt, waren diejenigen, die in Pantoffeln schlüpften, sich im Ohrensessel niederließen und – gleichsam in einem globalen Akt des Kollationierens – Schmidts Werk mit der Bücherwelt verglichen auf der Suche nach Zitaten und Allusionen. Diese Forschung ist primär an den Texten interessiert, nicht so sehr an der Person des Autors. Das Textinteresse bezieht sich jedoch weniger auf Strukturen und Gehalt als auf zunächst literarische, später auch mythische und psychoanalytische Details, die der Autor in den Texten verborgen hat – Rekonstruktion des Zettelkastens! Solches Dechiffrieren schlug in den letzten Jahren verstärkt dadurch den Bogen zur Autorpersönlichkeit zurück, daß versucht wurde, verborgene – evtl. auch unbewußte – Indizien seiner psychischen Verfassung in den Texten zu enttarnen.

Publikationsorgan der Dechiffrierer ist seit 1972 der *Bargfelder Bote*, dessen Beiträge in den ersten Jahren vorrangig Einzelstellennachweise, später dann vermehrt zusammenhängende Texte waren. Geleitet ist das Unternehmen eher von Arno Schmidts Losung «Unsterblichkeit für Amateure»[14] als von Gepflogenheiten der akademischen Forschung, was im einzelnen die Chance unkonventioneller Erkenntnisse eröffnet, de facto aber sich zumeist, gemessen an Standards philologischer Einsichten, in Belanglosigkeiten erschöpft.[15]

Anspruchsvoller und vom Prinzip her die Einsicht befördernder sind diejenigen selbständigen Arbeiten, die sich einzelne Werke – wie z. B. *Das steinerne Herz* oder *Die Schule der Atheisten* – behufs Dechiffrierung und Kommentierung vornehmen; umgekehrt geht Friedhelm Rathjen in «...*schlechte Augen*» (1988) vor, worin er Schmidts Werk bis *Zettels Traum* darauf abklopft, wo und wie James Joyce vorkommt.[16] Gemeinsam ist diesen Arbeiten, daß sie Erläuterungen anbieten, die vor allem der Schmidt-*Leser* bei der Lektüre benutzen kann. Dem Interpreten geben sie Materialien an die Hand, deren systematische Auswertung freilich Aufgabe der künftigen Forschung bleibt – die Bemerkungen zu den Ergebnissen des ‹Messens› gelten hier unverändert.

Die jüngere Variante des Dechiffrierens erweitert den Objektbereich. Über literarische Zitate und Allusionen hinaus interessieren nun Spuren des Mythischen und Psychoanalytischen, bzw. – wie bei Boenicke[17] – die Verbindung beider. Mit dem Orpheus redivivus in *Caliban über Setebos* und dem psychoanalytisch zerlegten Karl May in *Sitara* – von *Zettels Traum* ganz zu schweigen – hat Arno Schmidt selbst das Startsignal zu solcher Spurensuche gegeben, die sich da als instruktiv erweist, wo sie das von Schmidt zweifelsfrei eingearbeitete Unterfutter heraustrennt. Zu nennen sind besonders die beiden 1980/ 1982 erschienenen Aufsätze Goerdtens.[18] Ihr Vorzug ist, daß sich der Autor nicht lange bei der – ansonsten sehr beliebten – Paraphrase der ‹Etymtheorie› aufhält, sondern untersucht, wie sich ihre Applikation auf die Erzähltexte auswirkt. Goerdten ist bestrebt, die Einzelresultate seines Entschlüsselns in traumlogische Sequenzen zu montieren – womit er sich bewußt begnügt. Das partikulare und bestenfalls assistie- rende Interpretationsverfahren des Entschlüsselns wird nicht als Ele- ment einer interpretatorischen Gesamtstrategie relativiert, sondern in einer abenteuerlichen Wendung als Zweck inthronisiert. Daran kran- ken im übrigen alle bisherigen Entschlüsselungsübungen, auch wenn anderweitige Absichten proklamiert werden.

Darüber hinaus durchzieht alle Beiträge mythisch-psychoanalyti- schen Dechiffrierens eine deutliche Grenze, jenseits deren den Anforde- rungen an Plausibilität nicht mehr Genüge getan wird und das Dechif- frieren in Willkür, ab und an in Abstrusität, ausartet. Eine weitere Grenze wird innerhalb dieser Beiträge da überschritten – der Tod Schmidts wirkte hier wie eine Öffnung –, wo nicht mehr nach dem gesucht wird, was Schmidt absichtsvoll in die Texte hineinpraktiziert hat, sondern was ihm unbewußt entschlüpft sein könnte. Schmidts Methode der May- oder Poe-Analyse wird als Lizenz verstanden und auf ihn selbst angewandt. Freilich: was bei Schmidt als im weitesten Sinne poetisches Verfahren legitim ist, wird bei seinen Auslegern unter nicht-fiktionalen Vorzeichen leicht unappetitlich (und dieser Kritik wird begegnet mit dem Totschlag-Argument, sie sei Ausdruck des ‹Widerstands› des Kritikers[19]). Mythologisches wie psychoanalyti- sches Dechiffrieren: Hilfreich ist das Verfahren, wo es Produktionsfak- toren Schmidtscher Texte rekonstruiert; unsinnig wird es, sobald es nur noch die Phantasie des Dechiffrierers zur Richtschnur hat.[20]

Diese Einsicht schwebte wohl auch Wolfgang Hink vor, als er 1989 in *Der Ausflug ins Innere der eigenen Persönlichkeit*[21] die Funktion der Zitate bei Schmidt erklärtermaßen mit Blick auf den «epischen Gesamtzusammenhang» (S. 6) bestimmen wollte. Leider verspricht diese Absicht weitaus mehr, als sie auch nur im Ansatz zu halten vermag. Schmidt wird auf die psychoanalytische Couch gelegt, Kriterium der Analyse ist das «Einfühlungsvermögen» (S. 99) des Interpreten. «Mit etwas gutem Willen» (sic!, S. 83) kann man so schon in *Brand's Haide* «den Einfluß der Freudschen Theorie spüren» (S. 45) oder in *Kaff* die «etwas verblüffende Funktion Herthas als Phallussymbol» (S. 128) erkennen, von Stichworten wie «Gesäßlandschaft» (S. 89) und «latente[r] Homosexualität» (S. 123) ganz zu schweigen... Auf eine gründliche Untersuchung der Funktion der Zitate wartet man weiter vergebens.

3. Berechnen

Der dritte Schwerpunkt der Schmidt-Forschung ist der poetologische. Arno Schmidt war passionierter Poetologe, der die Ergebnisse seiner Selbstdeutung in den *Berechnungen* explizierte und in vielen der Funkessays an Parallelen oder Kontrasten exemplifizierte; zudem enthalten einzelne Prosawerke gezielte selbstbezügliche Notizen. Geläufige Stichworte seiner Poetik sind: ‹musivisches Dasein›, ‹Fotoalbum›, ‹Längeres Gedankenspiel›, ‹Etymtheorie›. Die Forschungsrichtung, die hier ihren Ausgang nimmt, will Schmidts Prosatheorie systematisch ausformulieren; ihren Anfang markiert Hartwig Suhrbiers Magisterarbeit von 1969.[22] Kaum eine danach entstandene Arbeit über Schmidt verzichtet auf die Paraphrase der theoretischen Intentionen seiner Prosa, Redundanzen nicht scheuend. In der Regel sind diese Paraphrasen verknüpft mit der Behandlung der Realismusfrage, wobei ‹Realismus› so definiert wird, wie Schmidt ihn verstanden wissen wollte – etwa in der Untersuchung der Funkessays durch Werner Morlang.[23] Kritische Distanz zu Schmidts Intentionen vermißt man hier gänzlich.

Im gleichen Jahr wie *Zettels Traum* (1970) erschien die erste Dissertation über Schmidt: Reimer Bull, *Bauformen des Erzählens bei Arno Schmidt*.[24] Diese stützt sich auf Schmidts *Berechnungen* und beschreibt mit ihrer Hilfe Verfahren der Textstrukturierung in Schmidts Frühwerk. Bull konstatiert einen Verzicht auf zeitliche Sukzession, die doch nach einem Standardwerk der Germanistik[25] geradezu ein Gesetz des Erzählens sei. Er folgert daraus, daß es Schmidts innovativem Erzählansatz gelungen sei, essentielle Charakteristika der Erzähltradition außer Kraft zu setzen. Korrekturen an den Kategorien der Literaturanalyse seien angebracht. Es war schon zu sehen, daß Huerkamp, gestützt auf die Quantität des Authentischen, später zu einer gleichen Einschätzung kommt. Das ist folgerichtig: Die Verabsolutierung von Schmidts eigenen Kriterien und Kategorien führt zur Vorstellung von seiner Singularität und Unvergleichbarkeit.

Diese Einschätzung wird radikalisiert und auf die Spitze getrieben in der 1986 erschienenen Dissertation von Boy Hinrichs, *Utopische Prosa als Längeres Gedankenspiel*.[26] Hinrichs entwertet die Arbeit seiner Vorgänger an Schmidts Prosatheorie zu Recht «als unzulängliche und antizipatorische Paraphrasierung», die «ohne produktive Auswirkungen auf die begriffliche Einordnung des Werkes [...] und auf seine begriffliche Bestimmung» bleibe (S. 2). Beides leistet seine eigene Arbeit minutiös und detailbesessen – die systematische Explikation von Schmidts verstreuten Bemerkungen zu seiner Prosatheorie als Theorie neuer Prosaformen im Kontext der ‹Modernen Literatur›. Dabei kommt dem Konzept des ‹Längeren Gedankenspiels› die größte Bedeutung als Strukturbegriff zu, der es zudem erlaubt, traditionelle Begriffe und literarische Traditionen wie Utopie und Satire neu zu sehen.

Hinrichs' Kerngedanke ist, daß Schmidts Werk eine Struktur verkörpere, «die ihre Baugesetze von einem Bewußtseinsvorgang herleitet» (S. 122); traditionelle Kategorien und Typologien der Literatur könnten daher hier kaum benutzt werden. Insbesondere das ‹Längere Gedankenspiel› sei eine «Struktur, die nicht in Begriffen und Kategorien der traditionellen Literaturtheorie aufgeht» (S. 125). Hinrichs' Arbeit erschöpft sich mit Fleiß in der werkimmanenten und begrifflichen Rekonstruktion dieser Struktur; *Schwarze Spiegel*, *Die Gelehrtenrepublik* und *Kaff* werden in nicht nachlassender Akribie als Paradigmen der entwickelten Theorie Schmidts analysiert. Hinrichs profiliert sich damit als versierter Dolmetsch der Intentionen Schmidts, die er in die Sprache der Literaturwissenschaft überträgt. Fragen nach Sinn oder Gehalt beschäftigen ihn nicht bzw. ihre Behandlung bleibt da, wo sie en passant aufgerufen werden, unsystematisch, wo nicht aufgesetzt.

4. Ausblick

Die Schmidt-Forschung bewegt sich in einer Sackgasse. Ursächlich dafür ist die unbesonnene Gutgläubigkeit in der Befolgung von Schmidts Weisungen. Einem ‹Fan› mag das gut anstehen; von einem

‹Forscher› ist mehr zu erwarten. Weder das Nachmessen von Schmidts Exaktheitsanspruch noch das Entzetteln des Verzettelten oder das Nachrechnen seiner Berechnungen vermag auf Dauer literaturwissenschaftlichen Anforderungen zu genügen. Damit wird aber das so hochgeschätzte Werk in Wahrheit unter Wert behandelt. Ein Verlassen dieser Sackgasse setzt voraus, daß die bisherigen schwachen Ansätze, Schmidts Kosmos zu transzendieren, aufgegriffen werden; das bislang Geleistete muß damit nicht notwendig durch die Bank Makulatur werden. Zwei abschließend vorzustellende Arbeiten zeigen weitere mögliche Wege auf.

Diametral entgegengesetzt zu Huerkamp und Hinrichs bestreitet die Dissertation von Michael Schneider, *Bilanzen des Scheiterns*[27], die klassifikatorische Singularität von Schmidts Werk: Trotz seiner innovatorischen Substanz stehe es im Horizont der Tradition und sei «nach tendenziell ältlichen Maßstäben der Interpretation und der philologischen Deutung in den Blick zu nehmen» (S. 8). Das sich auf Schmidts Poetik beschränkende Interpretationsverfahren sei grundsätzlich fragwürdig, da es die poetologischen Intentionen verabsolutiere, die doch bestenfalls Elemente im Ensemble der Textstruktur seien und als solche der Interpretation bedürften. Die Strukturbeschreibung bleibt aber nicht Selbstzweck, sondern sie wird integriert in die umfassendere Frage nach Sinn und Gehalt: «Was sagen die Werke über die transliterarische Wirklichkeit durch die Gestaltung literarischer Wirklichkeit aus?» (S. 8)

Einen weiteren Weg weist die Dissertation von Michael R. Minden aus dem Jahre 1982[28], der wichtigste Beitrag der angelsächsischen Schmidt-Forschung. Diese startete erstaunlich früh, 1972 in England mit der Veröffentlichung von Tony Phelan: *Rationalist Narrative in some Works of Arno Schmidt* – ein Einstieg in Schmidts Werk mit Hilfe der *Berechnungen* und vergleichenden Blicken auf Tendenzen avantgardistischer Literatur.[29] Auch in den USA und in Kanada wurden verblüffend früh aus dem akademischen Raum Arbeiten über Schmidt publiziert.

Minden erforscht und beschreibt die Grundstrukturen von Schmidts Prosa, wobei der Trennungsstrich zwischen Frühwerk und Spätwerk – anders als sonst üblich – nicht allzu markant gezogen wird. Gewiß referiert er dabei in extenso Schmidts Prosatheorie, doch stellt er sich darüber hinaus die fruchtbare Frage – die auch bei Hinrichs eine prominente Rolle spielt –, in welchem Verhältnis Schmidts Prosa zur modernen Literatur stehe. Im Gegensatz zu Hinrichs, der sich indes an Schmidts Selbsteinschätzung orientiert, sieht Minden deutliche Unterschiede: «Schmidt [...] has no feeling for the modern taste for impersonality, or for the conception of art as something autonomous, as a self-referring artifact» (S. 11). Der Grund: anders als in gewichtigen Richtungen moderner Literatur regiert hinter Schmidts Texten, hinter den Ich-Erzählern des Frühwerks wie hinter den Typoskripten des Spätwerks, groß und sichtbar der Autor selbst, der es – laut Minden – dadurch verhindert, daß sich die Werke von ihm lösen oder verselbständigen; das beeinträchtige ihre Modernität.

Mit dieser Problematisierung der Modernität von Schmidts Werk wird die einheitsstiftende Zuversicht der bisherigen Schmidt-Forschung erschüttert: Müssen nicht alle wichtigen Fragen neu durchdacht werden, deren Antworten bislang so schlüssig aus Schmidts Selbstverständnis abzuleiten waren, wenn er nicht der Spitzenreiter der Avantgarde nach 1945 gewesen sein sollte, als der er sich so gern gerierte? In der Tat – Schmidts Selbstverständnis ist heute genügend erforscht und bieder katalogisiert. Was not tut, ist, diese Selbsteinschätzung an den Realitäten zu messen. Auch die Schmidt-Forschung der Zukunft wird sich aus der Begeisterung für das Werk speisen, aber sie bedarf größerer Nüchternheit bei dessen Analyse. Welchen Rang es einnimmt, zeigt sich schon darin, daß einem für die Zeit nach 1945 kein zweites deutsches Œuvre einfallen dürfte, das es der Literaturwissenschaft so leicht macht, den nächsten Regalmeter Sekundärliteratur zu füllen.

Anmerkungen

1 Hans-Michael Bock: *Bibliografie Arno Schmidt 1949–1978*. 2. verb. u. erg. Aufl. München 1979; Michael Matthias Schardt: *Bibliographie Arno Schmidt 1979–(7)1985. Mit Ergänzungen und Verbesserungen zur Arno-Schmidt-Bibliographie 1949–1978*. Aachen 1985. Bisher existiert ein Forschungsbericht zum Thema: Michael Schneider: *Zum gegenwärtigen Stand der akademischen Arno Schmidt-Forschung*. In: *Zettelkasten* 3. Frankfurt/M. 1984, S. 227–246.
2 Frühester Beleg: Franz Lennartz: *Die Dichter unserer Zeit. Einzeldarstellungen zur deutschen Dichtung der Gegenwart*. Stuttgart ⁵1952, S. 431 f.
3 Arno Schmidt: *Der Dichter und die Mathematik*. In: *Die Zeit*, 9.9.1960.
4 *Bargfelder Bote* 4 (September 1973), unpag.

5 Josef Huerkamp: «*Gekettet an Daten & Namen*». *Drei Studien zum ‹authentischen› Erzählen in der Prosa Arno Schmidts*. München 1981.

6 Vgl. die Sammelbände text + kritik Nr. 20, München 1968 (^{2}1971) u. *Gebirgslandschaft mit Arno Schmidt. Grazer Symposion 1980*, hg. v. Jörg Drews. München 1982. Zudem: Wolfgang Proß: *Arno Schmidt*. München 1980; Horst Thomé: *Natur und Geschichte im Frühwerk Arno Schmidts*. München 1981; Reinhard Finke: «*Der Herr ist Autor*». *Die Zusammenhänge zwischen literarischem und empirischem Ich bei Arno Schmidt*. München 1982.

7 Hiltrud Gnüg: *Warnutopie und Idylle in den Fünfziger Jahren. Am Beispiel Arno Schmidts*. In: *Literarische Utopie-Entwürfe*, hg. v. Hiltrud Gnüg. Frankfurt/M. 1982, S. 277–290; Dieter Kuhn: *Das Mißverständnis. Polemische Überlegungen zum politischen Standort Arno Schmidts*. München 1982; Bert Blumenthal: *Der Weg Arno Schmidts. Vom Prosaprotest zur Privatprosa*. München 1980.

8 Jürgen Grambow: *Hinweis auf A. S.* In: *Sinn und Form* 32, H. 4 (1980), S. 868–883.

9 Hubert Witt: *Arno Schmidt für Leser*. Zit. n. *Arno Schmidt. Das Frühwerk I. Erzählungen. Interpretationen von ‹Gadir› bis ‹Kosmas›*, hg. v. Michael Matthias Schardt. Aachen 1987, S. 17.

10 Schardt (Anm. 9), S. 17.

11 Bernhard Sorg: *Vom Elend des Politischen. Anmerkungen zu einigen Ressentiments Arno Schmidts*. In: *Arno Schmidt. Das Frühwerk III. Vermischte Schriften. Interpretationen von ‹Die Insel› bis ‹Fouqué›*, hg. v. Michael Matthias Schardt. Aachen 1989, S. 271–277.

12 Robert Weninger: *Arno Schmidts Joyce-Rezeption 1957–1970. Ein Beitrag zur Poetik Arno Schmidts*. Frankfurt/M., Bern 1982.

13 Stefan Gradmann: *Das Ungetym. Mythos, Psychoanalyse und Zeichensynthesis in Arno Schmidts Joyce-Rezeption*. München 1986.

14 Arno Schmidt: *Unsterblichkeit für Amateure*. In: *Die Zeit*, 8. 11. 1963.

15 Vom Herausgeber selbst in den Jubelnummern 50 (Januar 1981), S. 3, und 100 (Januar 1986), S. 3 f., kaum verhohlen als Manko beklagt.

16 Josef Huerkamp: *Nr. 8. Materialien und Kommentar zu Arno Schmidts Roman: «Das Steinerne Herz»*. München 1979; Leibl Rosenberg: *Das Hausgespenst. Ein begleitendes Handbuch zu Arno Schmidts «Die Schule der Atheisten»*. München 1977 (Ergänzungsband: München 1979); Friedhelm Rathjen: «*... schlechte Augen»: James Joyce bei Arno Schmidt vor «Zettels Traum». Ein annotierender Kommentar*. München 1988.

17 Otfried Boenicke: *Mythos und Psychoanalyse in «Abend mit Goldrand»*. München 1980.

18 *Symbolisches im Genitalgelände. Arno Schmidts «Windmühlen» als Traumtext gelesen*. In: *Protokolle* 1 (1980), S. 3–28; *Zeichensprache, Wurzelholz und Widerstand. Arno Schmidts Erzählung «Kühe in Halbtrauer» als Vier-Instanzen-Prosa gelesen*. In: *Protokolle* 1 (1982), S. 61–80.

19 Ulrich Goerdten: *Symbolisches im Genitalgelände* (Anm. 18), S. 3

20 Vgl. Eva Heinemeyer: «*Notzustand im Künstlerreservat*». *Eine Annäherung an die Erzählung «Schwänze»*. In: *Bargfelder Bote* 99 (Dezember 1985), S. 4–18: «Der Phantasie des Lesers sind dabei keine Grenzen gesetzt.» (S. 4)

317

21 Wolfgang Hink: *Der Ausflug ins Innere der eigenen Persönlichkeit. Zur Funktion der Zitate im Werk Arno Schmidts (Am Beispiel von «Brand's Haide», «Kaff auch Mare Crisium» und «Zettels Traum»)*. Heidelberg 1989.
22 Hartwig Suhrbier: *Zur Prosatheorie von Arno Schmidt*. München 1980.
23 Werner Morlang: *Die Problematik der Wirklichkeitsdarstellung in den Literaturessays von Arno Schmidt*. Bern, Frankfurt/M. 1982.
24 Reimer Bull: *Bauformen des Erzählens bei Arno Schmidt. Ein Beitrag zur Poetik der Erzählkunst*. Bonn 1970.
25 Eberhard Lämmert: *Bauformen des Erzählens*. Stuttgart 1955.
26 Boy Hinrichs: *Utopische Prosa als Längeres Gedankenspiel. Untersuchungen zu Arno Schmidts Theorie der Modernen Literatur und ihrer Konkretisierung in «Schwarze Spiegel», «Die Gelehrtenrepublik» und «Kaff auch Mare Crisium»*. Tübingen 1986.
27 Michael Schneider: *Bilanzen des Scheiterns. Raum, Wirklichkeit und Subjekt in Arno Schmidts Werken*. Frankfurt/M. 1984.
28 Michael R. Minden: *Arno Schmidt. A Critical Study of his Prose*. Cambridge 1982.
29 Tony Phelan: *Rationalist Narrative in some Works of Arno Schmidt*. University of Warwick 1972.

Friedhelm Rathjen

Weites Feld, dünn besiedelt

Zur Wirkung Arno Schmidts auf Schriftstellerkollegen

Die Frage nach der literarischen Wirkung eines Autors, also nach seinem Einfluß auf Kollegen, hat immer ihre Tücken. Das beginnt damit, daß die sichtbarsten Einflußspuren oft gleichzeitig die oberflächlichsten sind und die nachhaltigsten Wirkungen am unscheinbarsten daherkommen, und es endet noch lange nicht damit, daß mit der Behauptung von Einflüssen ein neuer Autor ebensogut zum rechtmäßigen Erben großer Vorgänger geadelt wie auch zum Epigonen abgestempelt werden kann. Epigonalität, also das bloße Kopieren einer bewunderten Schreibweise, ist die eindeutigste Form, in der ein Autor vom anderen rezipiert werden kann, und doch ist sie auch die uninteressanteste, zumal sie eher bei minderbegabten Schriftstellern vorkommt; kreativ starke, zu eigener schreiberischer Individualität befähigte Autoren dagegen verwandeln sich das Werk von Vorläufern, gerade wenn sie davon stark beeindruckt sind, meist eher auf eine Weise an, die auf den Einflüssen etwas ganz und gar eigenes aufbaut und daher die Bedeutung dieser Einflüsse sehr viel geringer aussehen läßt, als sie tatsächlich ist. Die Suche nach literarischen Einflüssen ist daher bei drittklassigen Autoren in der Regel erfolgreicher als bei den großen Wortkünstlern – ein Sachverhalt, der dem Verständnis literarischer Nachfolgschaft nicht eben förderlich ist.

Nun lassen sich bislang weder unter den profilierteren noch unter den nachrangigen Gegenwartsautoren viele finden, die auf Anhieb für die Frage nach Arno Schmidts literarischer Wirkung interessant zu sein scheinen; Arno Schmidt hat nicht Schule gemacht. Dies wird nicht zuletzt an der Außenseiterrolle liegen, die ihm im literarischen Leben zeit seiner Karriere zugemessen wurde: Schmidt war für viele zwar nicht gerade uninteressant, aber eben doch immer ein wenig verschroben und abgelegen; er schien der Entwicklung der Gegenwartsliteratur auf merkwürdige Weise enthoben, insofern er seine ureigene, nicht zuletzt von der eigenen Persönlichkeit lebende Gegenwartsliteratur machte, und ließ sich daher nicht ohne Verrenkungen in ihren Fortlauf zurückbiegen. Schmidt war so eigenständig, daß jeder Versuch, seine Schreibweisen auch nur punktuell zu übernehmen, leicht wie Nachäfferei oder unfreiwillige Parodie hätte wirken müssen.

Nachgeäfft wurde Schmidt dann doch, aber weniger von den Kollegen als von dem, was man seine «Gemeinde» zu nennen pflegt: von den Schmidt-Enthusiasten, den militanten Schmidt-Lesern. In der Privatkorrespondenz solcher Leute finden sich mehr «Schmidtianismen», als sich das ein Außenstehender vorzustellen vermag, und nicht umsonst mußte Jörg Drews, der Herausgeber des *Bargfelder Boten*, seine Beiträger mehrmals nachdrücklich ersuchen, sie möchten doch «nicht so oft stilistisch jenen Meister nachahmen»[1], dem sie in dieser Zeitschrift auf die Schliche kommen wollten. Und Drews' Mahnung blieb nicht unwidersprochen: der Schmidtianer und Literaturkritiker Wolfram Schütte hielt dagegen, diese Form der Schmidt-Anleihe sei «gar nicht der schlechteste Teil seiner fortzeugenden Wirkung».[2] Schütte selbst macht Ernst damit: in seinen Feuilletonartikeln – nicht nur in denen zu Arno Schmidt – sind Schmidtsche Spuren, deren geringste noch der häufige Gebrauch des geschäftsmäßigen «&»-Zeichens ist, keine Seltenheit.

Genau dies ist Schmidt-Einfluß in Reinkultur – mit *literarischer* Wirkung, mit Wirkung auf die Literatur freilich hat das zunächst wenig zu tun. Immerhin findet sich in den Reihen der Schmidtianer auch eine Riege von Selbst-Schreibenden, von Prosa-Autoren durchaus unterschiedlicher Provenienz und Qualität. Ulrich Goerdten, einer der namhaftesten Schmidt-Interpreten, legte schon vor zwei Jahrzehnten einen Band mit eigenen lyrischen und Prosatexten vor; Bernd Rauschenbach, Sekretär der Bargfelder Schmidt-Stiftung, publizierte eine Reihe kürzerer Prosaarbeiten; von seinem Mitarbeiter Wolfgang Schlüter stammt ein hochartifizielles Prosawerk namens *Eines Fensters Schatten*; der eigenwillige und -wegige Schmidt-Forscher Dieter Paul Rudolph schließlich stellte parallel zu seinen Schmidt-Lesemodellen den Roman *Genozid* her.[3] Eine Lektüre der schriftstellerischen Arbeiten dieser und anderer Gefolgsleute Schmidts zeigt allerdings schnell, daß sie durchaus kein Interesse daran haben, dessen Werk zu kopieren. Sie suchen sich gegen Schmidt zu behaupten, was sich beispielsweise in den Zurückweisungsgesten des Rudolphschen Ankündigungstextes («Was das mit Arno Schmidt zu tun hat? – Wenig.»[4]) ausdrückt. Gleichwohl entkommt gerade Rudolph dem Schmidtschen Werk, wie er es sieht, auch im eigenen Schreiben kaum; *Genozid* ist als eigenständiger Text farblos und lesenswert am ehesten noch zur Illustration des «Wortweichen»-Konzeptes, mit dem Rudolph in seinen Sprachanalysen dem Werk Schmidts zu Leibe rückt.

In den Jahren seit Schmidts Tod ist das Interesse an ihm auch unter jüngeren Autoren gestiegen; dies äußert sich nicht zuletzt darin, daß man bei der Lektüre von Buchneuerscheinungen häufiger auf Schmidts Namen stoßen kann. Das gilt, um nur wenige Beispiele zu nennen, etwa für neue Prosabände von Libuše Moníková, Hartmut Geerken oder dem Debütanten Andreas Neumeister.[5] Daß solches name-dropping noch nicht unbedingt etwas mit tiefergreifenden Einflüssen zu tun hat, bezeugt Neumeisters Selbstauskunft: «Tatsächlich hat mich A. S. vielweniger beeinflußt, als vielmehr beeindruckt.»[6] Allerdings ist natürlich auch das per se schon eine Wirkung, und zwar eine, die vielerorts geteilt wurde und wird. Der weithin unbekannte Prosaminiaturist Richard Nöbel zählt Schmidt zu den ihm wichtigen Autoren und bestätigt gleichzeitig die Unmerklichkeit von Wirkungsprozessen, indem er versichert, «daß alles Lesen auf das Schreiben Einfluß nimmt so oder so, aber das tut das Wetter auch».[7] Otto Jägersberg schildert in einem seiner Romane den Kauf eines Schmidt-Bandes, ohne daß deswegen ein spezifischer Einfluß greifbar wäre.[8] Bei Rolf Dieter Brinkmann dagegen wird Schmidt nicht nur ständig erwähnt, sondern ist auch mit seinen prosatheoretischen Erörterungen und praktischen Umsetzungen der diskontinuierlichen Welterfahrung offensichtlich Anreger gewesen: beim frühen Schmidt wie bei Brinkmann (und schon einige Jahre vor diesem bei Rolf Roggenbuck) zersplittert die Welt über den montierten Trümmern minutiöser Detailbeschreibungen.[9]

Eine stattliche Reihe von Kollegen hat sogar in gesonderten Arbeiten zum Werk Arno Schmidts Stellung genommen: in Buchbesprechungen und Laudationes, in Reden, öffentlichen Geburtstagsgrüßen und Nachrufen. Auch dies läßt nicht von vornherein auf eingehende Rezeptions- und Verwertungsprozesse schließen; Alfred Anderschs Romane beispielsweise wollen kaum die Handschrift jenes enthusiasmierten Kämpfers für Schmidts Position preisgeben, der Andersch doch lange Jahre hindurch war, und der von Schmidts Können offenbar kaum minder beeindruckte Uwe Johnson erklärte sogar kategorisch: «Ich bewundere Arno Schmidt sehr, aber man kann nichts von ihm lernen.»[10] Es ist durchaus wahrscheinlich, daß Schmidt trotz dieser Auskunft auf sublime Weise etwas bewirkt haben wird im Schaffen Johnsons und anderer, deren Werk unmittelbare Reaktionen auf Schmidt nicht abzulesen ist – nur: nachweisen läßt sich das schwerlich.

Doch es gibt auch Autoren, in deren Arbeiten man auf konkrete Weise fündig wird. Im letzten Heft von Alfred Anderschs Zeitschrift *Texte und Zeichen*, die Arno Schmidt regelmäßig mit Beiträgen versorgte, findet sich die Prosa *Saison* eines damals jungen und unbekannten Autors, und schon die Diktion dieses Textes bezeugt, wer hier Pate gestanden hat:

«Libelle hubschraubert über den Wadi. Criquets zerfleischen die Stämme. Beim Knacken schwappts im Gedärm. Gras und Kräuter sparsam angelegt. Koniferennadeln unentbehrlich. Zum Andenken an diesen Abend Pinien und Zedern. Aber auch das Filigran der erfrorenen Mimosen, früh schon von Caius Julius Caesar importiert. Der Mistral enthält sich des Einspruchs. Meerwärts zu schauen Touristenauge begehrt.»[11]

Diesen Text, der im übrigen auch noch eine mathematische Formel enthält – was ja für Schmidt so ganz untypisch nicht ist –, schrieb Mitte der fünfziger Jahre Ludwig Harig, der mehr als zwei Jahrzehnte später in einem Nachruf geschildert hat, welche enorme Leitfigur Schmidt in frühen Jahren gewesen ist. Das ist dem Prosatext *Saison* aus Harigs Anfangszeit sehr wohl anzumerken; in späteren Arbeiten Harigs wird man solch deutliche Spuren kaum finden können. Auch hierin spiegelt sich die Regel, daß mit steigender Selbstsicherheit und Profilierung eines Autors das Werk von Vorgängern immer weniger oberflächlich nachgeahmt und immer mehr dem ganz eigenen Schreibhorizont anverwandelt wird.

Eher umgekehrt als bei Harig sieht es dagegen zumindest auf den ersten Blick bei einem anderen Romancier aus, der Schmidt in einem aufschlußreichen Nachruf die Ehre erwiesen hat: bei Walter Kempowski, der, wie man weiß, in seinen (unpublizierten) Anfängen fast plagiatorisch den ausgetretenen Spuren Kafkas folgte. Sein veröffentlichtes Werk hingegen lebt von ganz anderen Prosatechniken, unter denen diejenigen Arno Schmidts unentwegt kenntlich bleiben. Kempowski komponiert seine Romane wie Schmidt aus vorsortierten Karteizetteln, und wie bei Schmidt führt das auch bei Kempowski zu einer porösen Prosastruktur: Die detailverliebt abgebildete Realität wird partikularisiert zu Kleinstbruchstücken, die rasterartig-unverbunden aufeinander folgen. Hinzu kommt eine auch von Schmidt gewohnte Betonung von Dialekten, Sondersprachen und umgangssprachlichen

Verkürzungen. Wenn dann auch noch gelegentlich Anspielungen auf Arno Schmidt in Kempowskis Arbeiten auftauchen oder Schmidtsche Vorlieben – im folgenden beispielsweise ein Buchtitel – repliziert werden, so ist die Verwandtschaft augenscheinlich:

« ‹In der Küche steht noch eine halbe Melone, mein Jung’, die nimm dir man, die darfst du essen...›
Kurt Laßwitz: ‹Auf zwei Planeten›.» [12]

Dennoch, und auch mit Blick auf den Roman *Hundstage*[13], der wie Schmidts *Ländliche Erzählungen* und einige seiner Typoskripte die brüchige Alltagserfahrung eines isolierten und in sanfter Resignation verbiesterten Schriftstellers entwirft, will Kempowskis Werk nicht so recht den Eindruck echter Schmidt-Nachfahrenschaft aufkommen lassen. Anstelle bissiger Tiraden finden wir bei Kempowski nur milde Ironie; ihm fehlt das Ungestüme, Vorwärtsdrängende der Schmidtschen Prosa. Statt sprachlicher Aufrauhungen tritt dem Leser Kempowskis eine eher beschauliche Sprachlandschaft entgegen, was dazu geführt hat, daß die von ihren Konstruktionsprinzipien her durchaus unkonventionelle Prosa Kempowskis einerseits von Lesern, die nie ein Buch Schmidts anfassen würden, genüßlich konsumiert wird und arriviertere Leser ihr andererseits entgegenhalten, sie lasse die von Unruhe getriebenen Baugesetze Schmidts zu betulicher Biedermeierlichkeit erstarren.

Ein unruhiger, widerborstiger und kraftvoller Sprachduktus findet sich dagegen in der Prosa Libuše Moníkovás, obgleich sie im Vergleich mit Arno Schmidt zunächst eher konventionell wirkt. Daß Moníkovás bislang umfangreichster Roman *Die Fassade* in der Kritik weithin in Schmidts Nähe gerückt wurde, dürfte denn auch nicht zuletzt daher rühren, daß die Autorin sich bei Lesungen und Interviews, vor allem aber mit der Erzählung *Pavane für eine verstorbene Infantin* als profunde Schmidt-Kennerin zu erkennen gegeben hat. So wird ihre offensichtliche Wissensfülle, ihr Anspielungs- und Zitatenreichtum («Mein Leben ist eine Abfolge von Literatur- und Filmszenen, willkürliche Zitate, die ich nicht immer gleich einordnen kann.» [14]) als Reflex auf die Zitatdichte von Schmidt-Texten bewertet, obgleich es dafür natürlich auch andere Vorbilder gibt. Tatsächlich ist Libuše Moníkovás eigene Schaffenskraft stark genug, um auf oberflächliche Adaptionen verzichten und mit dem Erbe Schmidts frei und souverän umgehen zu können. Daß sie dies tut, belegt *Die Fassade* in seiner Gesamtheit mehr als in zitierbaren Oberflächenanspielungen; in einigen Passagen – etwa den Reiseepisoden im Niemandsland Sibiriens, die einen Vergleich mit dem ersten Teil der Schmidtschen *Gelehrtenrepublik* sehr nahe legen – scheint die Produktivität der Einflüsse allerdings besonders groß zu sein. Und hinter alledem steht auch bei Moníková die Kardinalforderung Arno Schmidts: «Lest doch!»[15]

Während Arno Schmidt vor allem zu Lebzeiten als avantgardistischer Autor galt, wird man dies von Kempowski und Moníková kaum behaupten können. Zumindest das Experimentieren mit dem Wortmaterial ist ihnen fremd. Das Gegenteil gilt für einen in Arbeit befindlichen Roman von Ginka Steinwachs, der schon im Titel einen Hinweis auf den späten Schmidt enthält: *Und loses Blattwerk heißt hier soviel wie welcher von Zettels Träumen.* Vorveröffentlichte Teile zeigen eine Sprache, die auf vielfältige Weise zum Spielmaterial wird und sich der Instrumentalisierung durch Realismusforderungen entzieht: «es sollen der bruchstücke viele und sie sollen im zettelverfahren angeordnet sein. das war es, was sie verstand unter scherbengesicht im scherbengericht.»[16] Im übrigen beruft sich Ginka Steinwachs auch bei der Nutzbarmachung älterer Literaturen – etwa der Arbeiten Klopstocks – ausdrücklich auf Empfehlungen und Entdeckungen Schmidts. In diesem speziellen Sinne hat Schmidt hier also tatsächlich einmal Schule gemacht.

Ein Schüler Arno Schmidts im engeren Sinne ist jedoch allenfalls einer: Hans Wollschläger, der in jungen Jahren lange Zeit mit Schmidt persönlichen Umgang hatte und dessen Roman *Herzgewächse* schon damals von Schmidt – vergeblich – zur Publikation empfohlen wurde. Es nimmt daher kaum wunder, daß Wollschlägers essayistisches Werk viele Gedanken Schmidts getreulich repliziert. Der Zusammenhang der einzig greifbaren umfänglicheren Erzählprosa Wollschlägers – des Romans *Herzgewächse* eben – mit Schmidt ist dagegen sehr viel komplizierter – nicht zuletzt, weil uns nur eine gründlich überarbeitete Fassung zugänglich ist; der engere Konnex der Urfassung mit Schmidt kann nur vermutet, aber nicht überprüft werden. Wollschlägers Sprungbrett ist der Schmidt von *Kaff*: jener Schmidt also, der sprachlich-lautliche Mehrschichtigkeit entdeckt, aber noch nicht entwickelt hat. Wollschlägers Umgang mit polyphonen Sprachstrukturen, die bei ihm die Sprachhandhabung vollends bestimmen, ist daher von Eigenentwicklung bestimmt und verfügt gegenüber Schmidt vor allem über die zusätzliche Qualität einer hochgradigen Musikalität. Ebenso wie der späte Schmidt legt Wollschläger seinen Roman durchgängig als Mehrschichtentextur an; ebenso wie bei Schmidt ist bei ihm diese Mehrschichtigkeit psychoanalytisch begründet. Die Bedingungen und Weisen der Umsetzung dieses fundamentalen Bauprinzips in die Textwirklichkeit sind jedoch ganz eigenständiger Natur, wie jeder Blick in Wollschlägers Text offenbart:

«und alle andern Worte – Aller Andern : uneigen, fremd – versanden unter mir – und schallen doch unstillbar ferner fort : meine Hell-Hörigkeit – : ihr hustendes Gebell – obwohl das Kodein ja längst gewirkt hat – und auch : ER – sie, nicht er : ihr spindeldürrer Spott – in Regen raschelnd, gerauschend – spielt mit mir – ganz fern : in einem Dunkel, das mit mir in mir zu : rück weich t . .t,t . . wei ch»[17]

Hans Wollschläger schreibt eleganter als Schmidt; er ist im eigentlichen Sinne ein begnadeter Stilist, der Schmidt nie war, dessen Texte auch deswegen so sperrig und spröde wirken, weil in ihnen die unterschiedlichen Sprachregister, die gezogen werden, eben keine organische Liaison eingehen, sondern sich zu einem Sprachspektrum voller Ecken, Kanten und Unebenheiten vermengen. Hier zeigt sich, daß Wollschläger von Haus aus ganz andere Schreibanlagen mitbringt als Schmidt und dessen Werk in der produktiven Anverwandlung unter gänzlich andersartigen Bedingungen verwertet; genau dies ist die Voraussetzung für die Eigenständigkeit der Wollschlägerschen Prosa trotz des immensen Einflusses, den Schmidt darauf genommen hat.

Vergleiche der Schreibweisen Arno Schmidts mit denen bestimmter Kollegen scheinen auch jenseits von Einflußbehauptungen noch sinnvoll, denn ähnliche Darstellungs- und Ausdrucksimpulse finden sich unabhängig voneinander bei einer Reihe von Autoren. Ein Beispiel dafür ist das Schaffen Uwe Dicks, der in seiner *Sauwaldprosa* konstatiert: «Wer zu den Quellen des Denkens strebt, wird mehr brauchen als Einheitsdeutsch. Und mehr, als nur eine Mundart.»[18] Die Brauchbarkeit phonetischer Schreibweisen ist nicht nur von Schmidt, sondern eben auch z.B. von Dick erkundet worden – und beide haben sie in ganz unterschiedlicher Weise entdeckt, daß manches sprachliche Reservoir erst dann erschlossen werden kann, wenn die Sprachbehandlung die mimetischen Prinzipien dieser phonetischen Schreibung auch noch hinter sich läßt. In diesem Zusammenhang ist auch Marianne Fritz zu nennen, die von der Kritik bislang aus eher irrelevanten Gründen in Schmidts Nähe gerückt wurde.[19]

Doch Wirkungen Arno Schmidts sind das gerade nicht, sondern eher untersuchungswürdige Parallelfälle. Wer ähnlich nachhaltige Einflüsse Schmidts wie die auf Wollschläger sucht, wird weniger im Zentrum des Literaturbetriebes fündig werden als an dessen äußerster Peripherie: in kleinen und kleinsten Zeitschriften und in unbeachteten Verlagen bei – häufig zu Unrecht – völlig unbekannten Autoren. Hier, in den Randzonen des Publikumsinteresses, wird gerade an die Sprachaufsplitterung des späten Schmidt oft direkt angeknüpft, und zwar in ungebrochener Experimentierfreude: Das, was Schmidt sich mühsam gegen die eigenen Dogmen von Realitätsabbildung und Wirklichkeitstreue ertrotzen mußte, gehört zum selbstverständlichen Formenreservoir vieler jüngerer Autoren. Da ist zum Beispiel der Computerlinguist Christoph Schwarz:

«*aus-flug* an'm so'ntag mimm rennrad. man sieht den wall-d vor (!) tree-kotz nicht meer: alle die gleichen fa(h)rben (hertie... und frau-T shirt sich um (!) nichts. häs-lich wie sie ist: eine gesellschaft im partner-lug!).»[20]

Und da ist zum Beispiel der Germanistikstudent Armin Eidherr:

« ‹Mitgeburten›? – und darf selbst da doch kaum hoffen: im Niedergegangähnen, das jede Re=&Sonanz in die unersättlichen Saugeschoße & Pansenkgruben seiner unärrmesslichen Hohlhäut ein=schlingt & =schluckt:... isolyrend...:^ arob!... & damit jeklichem chümärlichen VersTand die AEhre des Zu=Tritts fairwehrt & =wirrt wird, sei die mühseriöse Auf·gabe nicht gescheut, heut zu·mind·ersteinmal im Portale steinichte Statu(et)ten als O_r^{bst}akel und so zu angehlegendelicher Seelektion zu s·tab̬uieren –»[21]

Der Vorwurf der Epigonalität mag hier dann tatsächlich nicht ganz fern liegen, verliert sich aber bei der Lektüre des gesamten Textes doch etwas und relativiert sich zudem, wenn man zur Kenntnis nimmt, daß Eidherr Jahrgang 1963 ist – Arno Schmidt konnte seine eigene Epigonalität bekanntlich erst um das 30. Lebensjahr überwinden. Im übrigen fällt bei einem Vergleich dieser Texte mit der um über ein Jahrzehnt älteren, in ihrem wortdeformatorischen Charakter prinzipiell ähnlichen Arbeit *Semiramis* von Helmut Küppers auf, daß Schwarz und Eidherr zumindest der Küppers zur Hürde gewordenen Gefahr entgehen, die Sprachexperimente in oberflächlicher Effekthascherei zu erschöpfen.[22]

Daß die Überwindung epigonaler Tendenzen andererseits nicht automatisch schon ein Gewinn sein muß, zeigt das Beispiel des Schweden Staffan Seeberg, dessen Erstlingsroman *Der Lungenfisch* gleich eine Fülle Schmidtscher Darstellungsweisen und -techniken (Entwurf einer negativen Utopie im porösen Prosageflecht; extensive Interpunktion; umgangssprachliche Diktion; versteckte Hommagen an Kollegen, unter denen auch Schmidt zu finden ist) repliziert und dennoch lesenswert ist.[23] In seinem späteren Werk hat Seeberg sich von Schmidts Einfluß fast gänzlich freigemacht, kann aber kein eigenes ästhetisches Profil an dessen Stelle setzen und daher einen Leser, der mehr von einem Roman verlangt als eine von Klischees bedrohte Story, kaum überzeugen.[24] Schade ist das um so mehr, als Seeberg außerhalb des deutschen Sprachraums fast der einzige Autor ist, der sich von Schmidt beeinflußt zeigt; ihm zur Seite wäre wohl nur noch der Spanier Julián Ríos zu stellen.

Anmerkungen

1 Jörg Drews: *Zur 50. Lieferung des Bargfelder Boten.* In: *Bargfelder Bote 50* (Januar 1981), S. 3 f.; hier S. 4.

2 Wolfram Schütte: *Kraut & Rüben. Nebenbei, ein paar Fragen zu A. S.* In: *Gebirgslandschaft mit Arno Schmidt. Grazer Symposion 1980,* hg. v. Jörg Drews. München 1982, S. 149.

3 Vgl. Ulrich Goerdten: *Loosung und Leertext.* Berlin 1969; Wolfgang Schlüter: *Eines Fensters Schatten oder Mercurius' Hochzeit mit der Philologie.* Berlin 1984; Dieter Paul Rudolph: *Genozid.* Blieskastel 1989. Arbeiten Bernd Rauschenbachs finden sich z. B. in den Heften 7, 8, 9, 11 und 19 der «Berliner Zeitschrift für Literatur» *Litfass.*

4 Dieter Paul Rudolph: *Einladung zur Subskription.* In: *Schauerfeld 2,* H. 3 (1989), S. 15.

5 Vgl. Libuše Moníková: *Pavane für eine verstorbene Infantin.* München 1988, S. 18, 57, 147 u. ö.; Hartmut Geerken: *mappa.* Spenge 1988, S. 27, 285, 432, 443 u. ö.; Andreas Neumeister: *Äpfel vom Baum im Kies.* Frankfurt/M. 1988, S. 110.

6 Andreas Neumeister: Brief an Friedhelm Rathjen v. 9. 1. 1989.

7 Richard Nöbel: Brief an Friedhelm Rathjen v. 5. 5. 1989.

8 Vgl. Otto Jägersberg: *Weihrauch und Pumpernickel. Ein westphälisches Sittenbild.* Zürich 1975, S. 134. Als ähnlichen Fall einer folgenlosen Verbeugung vor Schmidt vgl. z. B. Axel Schulze: *Das Gastmal Balthasars.* Berlin 1973, S. 137.

9 Vgl. Rolf Dieter Brinkmann: *Rom, Blicke.* Reinbek 1979; Rolf Roggenbuck: *Der Nämlichkeitsnachweis.* Reinbek 1967.

10 Uwe Johnson, zitiert nach *Bargfelder Bote* 110 –112 (Januar 1987), S. 20.

11 Ludwig Harig: *Saison.* In: *Texte und Zeichen* 3 (1957), S. 629 – 632; hier S. 629.

12 Walter Kempowski: *Tadellöser & Wolff. Ein bürgerlicher Roman*. München 1971, S. 245.

13 Vgl. Walter Kempowski: *Hundstage*. München, Hamburg 1988.

14 Moníková (Anm. 5), S. 19.

15 Libuše Moníková: *Die Fassade. M. N. O. P. Q*. München, Wien 1987, S. 429.

16 Ginka Steinwachs: *Barnarella oder Die Dilettantin des Wunders vom Dandysmus der Armen*. In: *Schreibheft* 30 (November 1987), S. 111–117; hier S. 113.

17 Hans Wollschläger: *Herzgewächse oder Der Fall Adams. Fragmentarische Biographik in unzufälligen Makulaturblättern*. Bd. 1. Zürich 1982, S. 201.

18 Uwe Dick: *Sauwaldprosa. Erweitert um 2 × 13 Taschenbuchstaben zur Weltformel*. München 1981, S. 161.

19 Vgl. Marianne Fritz: *Dessen Sprache du nicht verstehst*. 3 Bde. Frankfurt/M. 1985.

20 Christoph Schwarz: *das(s)/die wort'fetzen*. In: *Delfin* 5, H. 1 (1987), S. 49 – 56; hier S. 49.

21 Armin Eidherr: Aus: *Mnemosynes Welt*, 3. Teil. In: *literaPur* 1 (Frühjahr 1989), S. 90 –104; hier S. 93.

22 Vgl. Helmut Küppers: *Semiramis. ROH&e(igen)tümliche MANiriertHEITEN*. Darmstadt 1975.

23 Vgl. Staffan Seeberg: *Der Lungenfisch. Ein Zukunftsroman*. Übers. v. Hanns Grössel. Frankfurt/M. 1973.

24 Vgl. Staffan Seeberg: *Der Wald von Grönland*. Übers. v. Angelika Gundlach. Frankfurt/M. 1981.

ANHANG

Zitierweise und Sigleverzeichnis

Um den Anmerkungsapparat zu entlasten, werden die Zitate aus den Werken Arno Schmidts sowie aus einigen wichtigen Materialienbänden direkt im Text mit Sigle und Seitenzahl in Klammern nachgewiesen. Zum Beispiel steht (DE 12) für (*Deutsches Elend*, S. 12); (ZT 612 mo) steht für (*Zettels Traum*, S. 612, mittlere Spalte, oben). Bei den beiden *Zürcher Kassetten* wird zusätzlich der Band angegeben (2ZK, 3, 12). Soweit erschienen werden die Werke Schmidts nach der *Bargfelder Ausgabe*, 1986 ff., zitiert; andernfalls nach den jeweiligen ersten Buchausgaben. Im Fall *Eberhard Schlotter. Das zweite Programm* nach dem Erstdruck in: *Akzente* 14, H. 2 (1967), S. 110–134. Die genauen bibliographischen Angaben zu den im Sigleverzeichnis genannten Texten sind im Anhang (Auswahlbibliographie) nachzulesen. Zitat-Zusätze und -Auslassungen der Beitragsautoren werden durch eckige Klammern gekennzeichnet.

ALX	Alexander (Bargfelder Ausgabe, Band 1 = BA1)
AmG	Abend mit Goldrand
BAA	Briefwechsel mit Alfred Andersch
BEL	Belphegor
BH	Brand's Haide (BA1)
BWM	Briefwechsel mit Wilhelm Michels
BWS	Briefwechsel mit Werner Steinberg
DE	Deutsches Elend
DYA	Dya Na Sore
ENT	Enthymesis (BA1)
ES2P	Eberhard Schlotter: Das zweite Programm
FAUN	Aus dem Leben eines Fauns (BA1)
FOU	Fouqué und einige seiner Zeitgenossen
GAD	Gadir (BA1)
GED	Gedichte (BA4)
GR	Die Gelehrtenrepublik (BA2)
JUL	Julia, oder die Gemälde
JUV	Juvenilia (BA4)
KAFF	Kaff auch Mare Crisium (BA3)
KEZ	Kleinere Erzählungen (Stürenburg-, Inselstraßen- und andere Geschichten; BA4)
KOS	Kosmas (BA1)
LEP	Das Leptothe=Herz
LEV	Leviathan (BA1)
LEZ	Ländliche Erzählungen (Früher der Band: Kühe in Halbtrauer; BA3)
MAS	Massenbach / Historische Revue (In: BEL)
PeK	Porträt einer Klasse. Arno Schmidt zum Gedenken
POC	Seelandschaft mit Pocahontas (BA1)

Zeittafel

1883	30. 1. Geburt des Vaters Friedrich Otto Schmidt in Halbau.
1894	30. 7. Geburt der Mutter Clara Gertrud, geb. Ehrentraut in Lauban.
1911	18. 3. Geburt der Schwester Luzie Hildegard in Lauban.
1914	18. 1. Geburt Arno Otto Schmidts in Hamburg-Hamm.
1916	24. 6. Geburt Alice Murawskis, Schmidts späterer Frau.
1920	Ostern bis Ostern 1924 Besuch der Volksschule in Hamburg. Bis 1928 mehrere Ferienfahrten mit den Eltern nach Schlesien.
1924	Ostern bis November 1928 Besuch der Realschule in Hamburg.
1928	8. 9. Tod des Vaters in Hamburg.
	November Übersiedlung der Familie nach Lauban.
	Dezember bis Ostern 1933 Besuch der Oberrealschule in Görlitz.
1931	oder 1932 Plan zu einer Oper zusammen mit Schulfreund Heinz Jerofsky (Musik), nach E. T. A. Hoffmanns *Die Bergwerke zu Falun* (nicht ausgeführt). Erste Beschäftigung mit Fouqué und Poe.
1932	Erste Gedichte entstehen.
1933	1. 2. Schmidt schenkt Jerofsky seine Gedichtsammlung *Schritte in der Nachtstille.*
	10. 3. Abitur.
	März bis September Besuch der Höheren Handelsschule in Görlitz.

Abfassung einer Arbeit über Nietzsche; Auszüge bietet Schmidt zum Druck an. Arbeit am Versepos *Sataspes* (beide Texte verschollen). September/bis 27. 1. 1934 ist Schmidt arbeitslos; Stellensuche.

1934   27. 1. bis 31. 1. 1937 Kaufmännische Lehre bei den Greiff-Werken, einer Textilfirma in Greiffenberg.

Ca. Juni Schmidt schickt das Gedicht *Verworrenheit* an Hermann Stehr, der sich am 6. 8. brieflich dafür bedankt; Hermann Hesse übersendet er das Gedicht *Verbrüderung*, der sich am 19. 6. mit seinem Gedicht *Dreistimmige Musik* bedankt.

17. 12. Erste briefliche Erwähnung Alice Murawskis.

1935   7. 1. Schmidt schickt Hermann Hesse zwei weitere Gedichte.

1936   oder 1937 Schmidt beginnt mit der Arbeit an einer 7- und 10-stelligen Logarithmentafel (Fertigstellung 1948).

1937   31. 1. bis 10. 4. 1940 Angestellter als graphischer Lagerbuchhalter bei den Greiff-Werken.

19. 5. bis Mitte Juni Erste Wehrübung als Kanonier in Sprottau.

21. 8. Heirat mit Alice Murawski.

Das Erzählfragment *Die Insel* entsteht.

1938   1. 3. Schmidt zieht mit seiner Frau in die erste eigene Wohnung nach Greiffenberg.

Anfang August Einwöchige Bildungsreise mit Alice nach England.

Anfang Dezember 8 Tage Soldat beim Sudeteneinmarsch.

1939   Mai Bildungsreise mit Alice nach Rudolstadt, Weimar, Oßmannstedt, Leipzig und Dresden.

26. 8. Einberufung.

2. 9. Entlassung wegen Soldatenüberzahl.

Schmidts Schwester emigriert mit ihrem jüdischen Ehemann, dem Kaufmann Rudi Kiesler, in die USA.

1940   10. 4. Erneute Einberufung zur leichten Artillerie nach Hirschberg (bis Januar 1941).

August Dolmetscherlehrgang in Halle.

In der 2. Jahreshälfte entstehen elf der zwölf *Dichtergespräche im Elysium*, die Schmidt seiner Frau zu Weihnachten schenkt.

1941   10. 1. Versetzung zur Garnison nach Hagenau im Elsaß (bis 4. 10.).

Anfang des Jahres entsteht in Hagenau das 12. *Dichtergespräch* (posthume Veröffentlichung aller «Elysiumsgespräche» 1984).

Des weitern verfaßt Schmidt hier die Jugenderzählungen *Der junge Herr Siebold* (Frühjahr 1941), *Der Rebell* (14. 8.– 24. 9. 1941), *Das Kraulemännchen* (vermutl. 1941) und *Das Haus in der Holetschkagasse* (Herbst 1941), die zusammen mit den anderen Jugendwerken von 1942/43 posthum 1988 veröffentlicht werden (*Rebell* und *Kraulemännchen* bereits 1986).

4. 10. Versetzung zur Feldtruppe; Lauban (bis 26. 3. 1942).

1942   26. 3. bis 20. 4. Anreise zum Einsatzland Norwegen, wo Schmidt bis zum 14. 1. 1945 Dienst in der Schreibstube absolviert.

Sommer Urlaub in Schlesien.

Niederschrift der Erzählungen *Der Garten des Herrn von Rosenroth* und *Die Fremden.*

1943   Juni/Juli Urlaub in Schlesien.

Herbst Niederschrift der Erzählung *Mein Onkel Nikolaus*, die nicht zu Ende geführt wird – möglicherweise aus Verbitterung über den frühen Tod Werner Murawskis, Bruder Alices und enger Freund Arno Schmidts, der am 17.11. bei Smolensk 18jährig fällt.

1944   *Pharos*, das letzte Jugendwerk, wird möglicherweise nach Murawskis Tod verfaßt (Datierung noch ungeklärt).

November Dienstreise nach Drontheim.

1945   14.1. Versetzung zur kämpfenden Truppe als Freiwilliger.

1.2. bis 21.2. Urlaub und Hilfe bei der Flucht Alices nach Quedlinburg.

21.2. bis 20.3. Lehrer im Vermessungslehrgang in Ratzeburg.

30.3. bis 16.4. Fronteinsatz im Oldenburgischen.

16.4. Schmidt begibt sich in englische Kriegsgefangenschaft, Überführung in ein Lager bei Brüssel, dort bis zum

19.8. Anschließend Überführung nach Luthe/Hannover.

22.9. Überführung nach Munster, wo Schmidt Dolmetscher wird.

4.11. Ankunft von Alice in Munster.

29.12. Überführung nach Cordingen, wo Schmidt bis zum 31.11. 1950 auf dem Mühlenhof wohnt und wie seine Frau als Dolmetscher an der Deutschen Hilfspolizeischule Benefeld arbeitet.

1946   Luzie Kiesler schickt Lebensmittelpakete nach Cordingen.

Februar Niederschrift der Erzählung *Enthymesis.*

Oktober Niederschrift der Erzählung *Leviathan.*

Dezember Entschluß, freier Schriftsteller zu werden.

1948   März bis Juli Niederschrift der Erzählung *Gadir.*

Fertigstellung der Logarithmentafeln und Arbeit an der Biographie Fouqués.

1949   Schmidt fährt mit dem Tandem nach Hamburg, wo er Ernst Rowohlt und den Lektor Kurt W. Marek trifft.

10.3. *Die Zeit* druckt Auszüge der Erzählung *Leviathan*; die erste Veröffentlichung Schmidts.

September Die Erzähltrilogie *Leviathan* erscheint.

Es entstehen *Alexander* (Februar) und die historische Revue *Massenbach.*

1950   Januar bis September Niederschrift des Kurzromans *Brand's Haide.*

Am Jahresende entwickelt sich ein Rechtsstreit mit der Vermieterin, weil Schmidt die Möbelmiete nicht zahlen kann.

November Umsiedlung nach Gau-Bickelheim, wo die Schmidts bis November 1951 wohnen.

1951   14.1. Schmidt erhält den Großen Literaturpreis der Akademie der

Wissenschaften und Literatur in Mainz, zusammen mit Werner Helwig, Hans Hennecke, Oda Schaefer und Heinrich Schirmbeck, dotiert mit je 2000 DM.

Mai Niederschrift von *Schwarze Spiegel.*

Oktober *Brand's Haide* erscheint.

Herbst Reise nach Tübingen und München.

3. 12. Umzug nach Kastel bei Saarburg, wo die Schmidts bis 2. 9. 1955 wohnen.

1952   Mai Niederschrift der *Umsiedler.*

19. 8. Schmidt lernt Martin Walser und Alfred Andersch kennen. Andersch – der ihm freundschaftlich verbunden bleibt – unterstützt Schmidt bei der Suche nach Veröffentlichungsmöglichkeiten und bietet ihm Gelegenheit, regelmäßig für den Funk zu arbeiten.

Schmidts erste Übersetzung aus dem Englischen erscheint. Fortan regelmäßige übersetzerische Arbeiten. Bis 1978 erscheinen ca. zwanzig Übersetzungen.

Dezember/bis Januar 1953 Niederschrift von *Aus dem Leben eines Fauns.*

1953   Juli bis Oktober Niederschrift von *Seelandschaft mit Pocahontas.*

21. 10. Wilhelm Michels nimmt Kontakt mit Schmidt auf. Eine langjährige Freundschaft beginnt.

Die Umsiedler und *Aus dem Leben eines Fauns* erscheinen.

Schmidt wird Mitglied der Darmstädter Sezession (bis 1957).

1954   Januar Niederschrift des *Kosmas.*

Abfassung der *Stürenburg-Geschichten* (bis 1956).

November/bis April 1955 Niederschrift des Romans *Das steinerne Herz.*

1955   15. 1. *Seelandschaft mit Pocahontas* erscheint zusammen mit *Berechnungen I* in Anderschs Zeitung *Texte und Zeichen.*

März *Kosmas* erscheint.

16. 4. Strafanzeige gegen Schmidt, Andersch und den Luchterhand Verlag wegen Gotteslästerung und Pornographie in der *Seelandschaft.*

Juni Schmidt verkauft seine Fouqué-Dokumente an das Deutsche Literaturarchiv in Marbach.

August Ernst Krawehl vom Stahlberg Verlag besucht Schmidt in Kastel. Stahlberg wird Schmidts Hausverlag.

Nähere Bekanntschaft mit Max Bense (seit 1952), Ernst Kreuder (seit 1951) und Eberhard Schlotter.

24. 9. Umzug nach Darmstadt mit Hilfe von Kreuder und Schlotter, wodurch Schmidt dem konservativen Gerichtskreis Trier entgehen will, dem die *Pocahontas*-Akte übergeben werden soll. In Darmstadt bleibt Schmidt bis November 1958.

21. 10. Der erste Funkessay (über Brockes) wird gesendet; etwa zwei Dutzend folgen in den nächsten Jahren.

Herbst Die ersten *Inselstraßen-Geschichten* entstehen (bis 1959).

November Niederschrift der *Tina*.

Beginn von Schmidts intensiver Publikationstätigkeit in Zeitungen, Zeitschriften und Funk.

Zwischenzeitliche Pläne auszuwandern werden aufgegeben.

1956   18.2. Erste und einzige öffentliche Lesung Schmidts in Schönberg/ Taunus; Veranstalter ist Freund Wilhelm Michels, mit dem Schmidt häufiger Fahrten in die nähere Umgebung unternimmt.

26.7. Das Verfahren gegen Schmidt wegen Gotteslästerung und Pornographie wird eingestellt, nachdem Hermann Kasack ein Gutachten vorgelegt hat.

Oktober *Das steinerne Herz* erscheint in selbstzensierter Fassung nach längeren Auseinandersetzungen zwischen Schmidt und Krawehl. (Die Originalfassung erscheint erst 1986.)

Bekanntschaft mit Peter Rühmkorf.

1957   Januar Niederschrift des *Goethe*.

Juli bis August Niederschrift der *Gelehrtenrepublik*, die im Oktober erscheint.

Beginn der Auseinandersetzung mit den Schriften von Freud und Joyce.

Dezember Öffentliche Auseinandersetzung mit Georg Goyert, dessen *Ulysses*-Übersetzung Schmidt scharf kritisiert.

1958   Nach über 25 Jahren wird die Biographie über Fouqué abgeschlossen. Sie erscheint in drei verschiedenen Ausstattungen.

November Als erste gedruckte Sammlung der Funkessays erscheint *Dya Na Sore*.

Bekanntschaft mit Hans Wollschläger, den Schmidt als einzigen Schüler akzeptiert und fördert.

November Schmidt erwirbt ein kleines Haus im Heidedorf Bargfeld durch die Vermittlung der Familie Schlotter. Noch im selben Monat ziehen die Schmidts dorthin.

1959   *Rosen & Porree* erscheint.

November/bis Februar 1960 Niederschrift von *Kaff auch Mare Crisium*.

1960   Beschäftigung mit James Joyces *Finnegans Wake*. Schmidt beabsichtigt, den Roman zu kommentieren und zu übersetzen, findet aber keinen Verlag.

Kaff erscheint.

August *Windmühlen* entsteht als erste Erzählung des *Kühe in Halbtrauer*-Bandes, der 1964 veröffentlicht wird.

November Niederschrift von *Der Sonn' entgegen* . . . . .

1961   April bis Juni Niederschrift von *Schwänze*.

Juli Niederschrift von *Kühe in Halbtrauer*.

Oktober Niederschrift von *Großer Kain*.

Belphegor erscheint.

1962   Mai Niederschrift von *Kundisches Geschirr*.

Juli Niederschrift von ‹Piporakemes !›.

Arbeit an der Karl-May-Studie.

1963   Januar Niederschrift von *Die Wasserstraße*.

March   März Niederschrift von *Die Abenteuer der Sylvesternacht*.

April und Mai Niederschrift von *Caliban über Setebos*.

Mai *Nobodaddy's Kinder* erscheint.

Sitara und der Weg dorthin erscheint und sorgt bei May-Lesern und -Forschern für großes Aufsehen.

Studienfahrt zusammen mit dem Ehepaar Michels und Alice nach Barlt und Kiel.

Dezember Beginn einer Übersetzung der Werke Edgar Allan Poes, zusammen mit Hans Wollschläger u. a., die 1973 abgeschlossen wird.

Beginn der Materialsammlung für *Zettels Traum* (bis 1965).

1964   18. 3. Schmidt erhält in Berlin den Fontane-Preis, der mit 10 000 DM dotiert ist. Die Laudatio hält Günter Grass.

Mai Studienfahrt nach Holland.

Studienfahrt nach Husum und an die Eider.

August *Kühe in Halbtrauer* erscheint.

1965   *Die Ritter vom Geist* erscheint.

28. 9. Schmidt erhält in Fulda die Ehrengabe für Literatur des Kulturkreises im Bundesverband der deutschen Industrie.

Beendigung der Materialsammlung für *Zettels Traum* und Beginn der Niederschrift.

1966   *Trommler beim Zaren* erscheint.

1969   19. 2. Korrekturen an *Zettels Traum* werden beendet.

Studienfahrt nach Tellingstedt und an die Eider für die Materialsammlung des geplanten Romans *Die Schule der Atheisten*.

Der Triton mit dem Sonnenschirm erscheint.

1970   *Zettels Traum* erscheint und sorgt für große Aufregung bei Lesern und Kritikern. Im gleichen Jahr kommt ein Raubdruck des Romans heraus. Das ihm dafür angebotene Honorar lehnt Schmidt ab und erstattet, zusammen mit dem Verlag, Anzeige gegen Unbekannt.

1971   Frühjahr bis Sommer Niederschrift von *Die Schule der Atheisten*.

1972   Herzanfall; Schmidt ist mehrere Monate arbeitsunfähig.

Die Schule der Atheisten erscheint.

1973   28. 8. Alice Schmidt nimmt in Vertretung ihres Mannes den Goethe-Preis der Stadt Frankfurt entgegen. Die Dankrede wird zum Eklat.

17. 10. Tod der Mutter in Quedlinburg.

Beginn der Arbeit an *Abend mit Goldrand*.

1974   Niederschrift von *Abend mit Goldrand*.

1975   August Wald- und Heidebrände bedrohen Bargfeld, deshalb wird ein Teil der Manuskripte ausgelagert.

September Mit *Abend mit Goldrand* erscheint das letzte vollendete Werk Schmidts.

Beginn der Übersetzung von Coopers *Littlepage*-Trilogie (bis 1978).

1976	Beginn der Materialsammlung für *Julia, oder die Gemälde* (bis Februar 1979).
	September *Vorläufiges zu Zettels Traum* erscheint.
1977	24. 7. Schwester Luzie stirbt in New York.
1979	10. 2. Beginn mit der Niederschrift von *Julia*.
	31. 5. Schmidt erleidet einen Gehirnschlag. Überführung in ein Krankenhaus in Celle.
	3. 6. Arno Schmidt stirbt.
1981	26. 11. Alice Schmidt und Jan Philipp Reemtsma gründen die Arno Schmidt Stiftung, die den Nachlaß betreut und erste Texte daraus veröffentlicht sowie eine Ausgabe der Werke und Briefe in Angriff nimmt.
1982	Der mit 50 000 DM dotierte Arno Schmidt Preis wird erstmals vergeben; Preisträger ist Hans Wollschläger (1984 erhält Wolfgang Koeppen den Preis, 1986 Peter Rühmkorf, 1988 Karlheinz Deschner).
1983	1. 8. Alice Schmidt stirbt.

Auswahlbibliographie
der Primär- und Sekundärliteratur

Unter I. werden in dieses Literaturverzeichnis die Werke und Briefe Arno Schmidts aufgenommen, unterteilt in I.1. Werkausgaben, I.2. Einzelbände (Erstausgaben), I.3. Briefe und I.4. Übersetzungen durch Schmidt. Die Literatur *über* Arno Schmidt (II.) gliedert sich in: II.1. Bibliographien, II.2. Periodika, II.3. Materialienbände, II.4. Handbücher und Register, II.5. Sammelbände, II.6. Monographien und II.7. Aufsätze. Verzichtet wird im Werkverzeichnis auf die Nennung von zweiten oder weiteren Auflagen, Zeitungs- und Zeitschriftenbeiträgen Schmidts, Radiosendungen und Übersetzungen seiner Werke. Im Bereich der Sekundärliteratur (Monographien und Aufsätze) kann nur ein geringer Teil des äußerst umfangreichen Schrifttums aufgeführt werden. Mit Ausnahme einiger wegweisender Arbeiten wurde vor allem auf vornehmlich für den Forscher interessante akademische Spezialliteratur verzichtet. Ausführliche Literaturverzeichnisse bieten die einschlägigen Bibliographien zu Arno Schmidt (siehe II.1.) sowie der *Bargfelder Bote* (siehe II.2.).

I. PRIMÄRLITERATUR

I.1. Werkausgaben

I.1.1. Bargfelder Ausgabe. Zürich 1986 ff.
Werkgruppe I. Romane Erzählungen Gedichte Juvenilia.

Band 1. Enthymesis, Leviathan, Gadir, Alexander, Brand's Haide,

Schwarze Spiegel, Die Umsiedler, Faun, Pocahontas, Kosmas.

Band 2. Das steinerne Herz, Tina, Goethe, Die Gelehrtenrepublik.

Band 3. Kaff auch Mare Crisium, Ländliche Erzählungen (Windmühlen, Der Sonn' entgegen....., Schwänze, Kühe in Halbtrauer, Großer Kain, Kundisches Geschirr, ‹Piporakemes!›, Die Wasserstraße, Die Abenteuer der Sylvesternacht, Caliban über Setebos).

Band 4. Kleinere Erzählungen, Gedichte, Juvenilia (Die Insel, Dichtergespräche im Elysium, Der junge Herr Siebold, Der Rebell, Das Kraulemännchen, Das Haus in der Holetschkagasse, Der Garten des Herrn von Rosenroth, Die Fremden, Mein Onkel Nikolaus, Pharos).

(Weitere Bände in Vorbereitung.)

I.1.2. Das erzählerische Werk in 8 Bänden (Zürcher Kassette). Zürich 1985.

I.1.3. Das essayistische Werk zur deutschen Literatur in 4 Bänden. Sämtliche Nachtprogramme und Aufsätze (2. Zürcher Kassette). Zürich 1988.

I.1.4. Ausgewählte Werke. 3 Bände, hg. v. Chris Hirte. Berlin (Ost) 1990. (Mit Nachwort des Hg. im 3. Band.)

I.2. Einzelbände (Erstausgaben)

I.2.1. Leviathan. Hamburg u. a. 1949.

I.2.2. Brand's Haide. Zwei Erzählungen. Hamburg 1951.

I.2.3. die umsiedler. 2 prosastudien. Frankfurt/M. 1953.

I.2.4. Aus dem Leben eines Fauns. Kurzroman. Hamburg 1953.

I.2.5. Kosmas oder Vom Berge des Nordens. Krefeld, Baden-Baden 1955.

I.2.6. Das steinerne Herz. Historischer Roman aus dem Jahre 1954. Karlsruhe 1956.

I.2.7. Die Gelehrtenrepublik. Kurzroman aus den Roßbreiten. Karlsruhe 1957.

I.2.8. Fouqué und einige seiner Zeitgenossen. Biographischer Versuch. Darmstadt 1958.

I.2.9. Dya Na Sore. Gespräche in einer Bibliothek. Karlsruhe 1958.

I.2.10. Rosen & Porree. Karlsruhe 1959.

I.2.11. Kaff auch Mare Crisium. Karlsruhe 1960.

I.2.12. Belphegor. Nachrichten von Büchern und Menschen. Karlsruhe 1961.

I.2.13. Sitara und der Weg dorthin. Eine Studie über Wesen, Werk & Wirkung Karl May's. Karlsruhe 1963.

I.2.14. Kühe in Halbtrauer. Karlsruhe 1964.

I.2.15. Die Ritter vom Geist. Von vergessenen Kollegen. Karlsruhe 1965.

I.2.16. Trommler beim Zaren. Karlsruhe 1966.

I.2.17. Der Triton mit dem Sonnenschirm. Großbritannische Gemütsergetzungen. Karlsruhe 1969.

I.2.18. Zettels Traum. Stuttgart 1970.
I.2.19. Die Schule der Atheisten. Novellen-Comödie in 6 Aufzügen. Frankfurt/M. 1972.
I.2.20. Abend mit Goldrand. Eine Märchen-Posse. 55 Bilder aus der Lä/Endlichkeit für Gönner der Verschreibkunst. Frankfurt/M. 1975.
I.2.21. Vorläufiges zu Zettels Traum. Frankfurt/M. 1977. (Kassette mit 2 Langspielplatten, Textheft und Beilagen.)
I.2.22. Julia, oder die Gemälde. Scenen aus dem Novecento. Zürich 1983.
I.2.23. Dichtergespräche im Elysium (2 Bände). Zürich 1984.
I.2.24. Deutsches Elend. 13 Erklärungen zur Lage der Nationen. Zürich 1984.
I.2.25. ... denn 'wallflower' heißt ‹Goldlack›. Drei Dialoge. Zürich 1984.
I.2.26. Das Leptothe=Herz. 16 Erklärungen zur Lage der Literaturen. Zürich 1987.
I.2.27. Arno Schmidts Wundertüte. Eine Sammlung fiktiver Briefe aus den Jahren 1948/49, hg. v. Bernd Rauschenbach. Zürich 1989.
I.2.28. Griechisches Feuer. 13 historische Skizzen, hg. v. Bernd Rauschenbach. Zürich 1989.
I.2.29. Eberhard Schlotter: Das Zweite Programm. Zürich 1989.
I.2.30. Stürenburg- und andere Geschichten von Arno Schmidt, hg. v. Bernd Rauschenbach. Zürich 1990.
I.2.31. Atheist?: Allerdings! Zürich 1990.

I.3. Briefe

I.3.1. Briefe an Werner Steinberg. Mit einer einleitenden Rezension und einem Nachwort von Werner Steinberg. Zürich 1985. («16 Briefe aus den Jahren 1954–1957».)
I.3.2. Arno Schmidt. Der Briefwechsel mit Alfred Andersch. Mit einigen Briefen von und an Gisela Andersch, Hans Magnus Enzensberger, Helmut Heißenbüttel und Alice Schmidt, hg. v. Bernd Rauschenbach. Zürich 1985.
I.3.3. Arno Schmidt. Der Briefwechsel mit Wilhelm Michels. Mit einigen Briefen von und an Elfriede Bokelmann, Erika Michels und Alice Schmidt, hg. v. Bernd Rauschenbach. Zürich 1987.
(Weitere Bände in Vorbereitung.)

I.4. Übersetzungen durch Arno Schmidt (Auswahl)

I.4.1. Stanislaus Joyce: Meines Bruders Hüter. Frankfurt/M. 1960.
I.4.2. James Fenimore Cooper: Conanchet oder die Beweinte von Wish-Ton-Wish. Stuttgart 1962.
I.4.3. William Faulkner: New Orleans. Skizzen und Erzählungen. Stuttgart, Zürich 1962.

I.4.4.	Das Dubliner Tagebuch des Stanislaus Joyce. Frankfurt/M. 1964.
I.4.5.	Wilkie Collins: Die Frau in Weiß. Roman. Stuttgart 1965.
I.4.6.	Edgar Allan Poe: Werke. 4 Bde. Olten, Freiburg/Br. 1966–1973. (Zusammen mit Hans Wollschläger, Kuno Schumann u. a.)
I.4.7.	Edward Bulwer-Lytton: Was wird er damit machen? Nachrichten aus dem Leben eines Lords. Roman. Stuttgart 1971.
I.4.8.	Edward Bulwer-Lytton: Dein Roman. 60 Spielarten Englischen Daseins. Roman. Frankfurt/M. 1973.
I.4.9.	James Fenimore Cooper: Satanstoe. Bilder aus der amerikanischen Vergangenheit. Roman. Frankfurt/M. 1976.
I.4.10.	James Fenimore Cooper: Tausendmorgen. Bilder aus der amerikanischen Vergangenheit II. Roman. Frankfurt/M. 1977.
I.4.11.	James Fenimore Cooper: Die Roten. Bilder aus der amerikanischen Vergangenheit III. Roman. Frankfurt/M. 1978.

II. SEKUNDÄRLITERATUR

II.1. Bibliographien

II.1.1.	Hans-Michael Bock: Bibliografie Arno Schmidt 1949–1978. 2., verbesserte und ergänzte Auflage. München 1979.
II.1.2.	Michael Matthias Schardt: Bibliographie Arno Schmidt 1979– (7)1985. Mit Ergänzungen und Verbesserungen zur Arno-Schmidt-Bibliographie 1949–1978. Aachen 1985.

II.2. Periodika

II.2.1.	Bargfelder Bote. Materialien zum Werk Arno Schmidts. September 1972 ff. (Register zu den Lieferungen 1–50, April 1981, sowie 51–100, September 1986 von Günther Flemming.) (Enthält u. a. kontinuierlich bibliographische Hinweise.)
II.2.2.	Zettelkasten. Aufsätze und Arbeiten zum Werk Arno Schmidts. Frankfurt/M. 1984 ff. (Bisher erschienen die Bände 1, 3–7; Band 2 fehlt. Seit Band 4, 1986, zugleich Jahrbuch der Gesellschaft der Arno-Schmidt-Leser.)
II.2.3.	Der Haide-Anzeiger. Mitteilungen zu Arno Schmidt. November 1985 ff.
II.2.4.	Schauerfeld. Mitteilungen der Gesellschaft der Arno-Schmidt-Leser. 1988 ff.

II.3.   Materialienbände

II.3.1.   Porträt einer Klasse. Arno Schmidt zum Gedenken, hg. v. Ernst Kra-
wehl. Frankfurt/M. 1982.
II.3.2.   Günther Flemming: Letternspuren. Arno Schmidt und Eberhard
Schlotter – die Außenseite ihrer Freundschaft. München 1983. (Ent-
hält neben einem Material- auch einen Leseteil.)
II.3.3.   Über Arno Schmidt. Rezensionen vom «Leviathan» bis zur «Julia»,
hg. v. Hans-Michael Bock. Mitarbeit und Redaktion von Thomas
Schreiber. Zürich 1984.
II.3.4.   Der Rabe 12 («Der Arno-Schmidt-Rabe»), hg. v. Jan Philipp Reemts-
ma und Bernd Rauschenbach. Zürich 1985.
II.3.5.   «Wu Hi?» Arno Schmidt in Görlitz Lauban Greiffenberg, hg. v. Jan
Philipp Reemtsma und Bernd Rauschenbach. Zürich 1986.
II.3.6.   Über Arno Schmidt II. Gesamtdarstellungen, hg. v. Hans-Michael
Bock und Thomas Schreiber. Zürich 1987.
II.3.7.   In Sachen Arno Schmidt ./. Prozesse 1 & 2, hg. v. Jan Philipp Reemts-
ma und Georg Eyring. Zürich 1988.
II.3.8.   Rudi Schweikert: Arno Schmidts Lauban. Die Stadt und der Kreis.
Bilder und Daten. München 1990.
II.3.9.   Arno Schmidts Die Umsiedler/Alexander oder Was ist Wahrheit?
Zusammengest. v. d. Frankfurter Verlagsanstalt. Frankfurt/M. 1990.
(Kassette mit Text- und Materialienband.)

II.4.   Handbücher und Register

II.4.1.   Dieter Stündel: Register zu Zettels Traum. Eine Annäherung. Mün-
chen 1974.
II.4.2.   Leibl Rosenberg: Das Hausgespenst. Ein begleitendes Handbuch zu
Arno Schmidts «Die Schule der Atheisten». Band 1: München 1977;
Band 2: Ergänzungsband in Zusammenarbeit mit Klaus Jürgen und
Hedwig Pauler. München 1979.
II.4.3.   Josef Huerkamp: Erläuterungen, Materialien & Register zu Arno
Schmidts «Sitara und der Weg dorthin». München 1979.
II.4.4.   Josef Huerkamp: Nr. 8. Materialien und Kommentar zu Arno
Schmidts Roman: «Das Steinerne Herz». München 1979.
II.4.5.   Dieter Kuhn: Kommentierendes Handbuch zu Arno Schmidts Roman
«Aus dem Leben eines Fauns». München 1986.
II.4.6.   Friedhelm Rathjen: «...schlechte Augen»: James Joyce bei Arno
Schmidt vor «Zettels Traum». Ein annotierender Kommentar. Mün-
chen 1988.
II.4.7.   In christlicher Nacht. Ein Handbuch zu Arno Schmidts «Kosmas», hg.
v. Lothar Meyer. München 1989.

II.5.   Sammelbände

II.5.1.   Text + Kritik. Heft 20: Arno Schmidt. Aachen 1968; 2. Aufl.: München 1971; Heft 20/20a: 3. Aufl.: München 1977; 4. Aufl.: Neufassung. München 1986.

II.5.2.   Der Solipsist in der Heide. Materialien zum Werk Arno Schmidts, hg. v. Jörg Drews und Hans-Michael Bock. München 1974.

II.5.3.   Gebirgslandschaft mit Arno Schmidt. Grazer Symposon 1980, hg. v. Jörg Drews. München 1982.

II.5.4.   Arno Schmidt. Das Frühwerk I. Erzählungen. Interpretationen von ‹Gadir› bis ‹Kosmas›, hg. v. Michael Matthias Schardt. Aachen 1987.

II.5.5.   New Light on Arno Schmidt from the Irish Perspective. With a Preface by Ernst Krawehl and an Afterword by Bernd Rauschenbach ed. by Peadar O'Donnell. Galway 1987 (Essays and Daresays Series No. 9).

II.5.6.   Arno Schmidt. Das Frühwerk II. Romane. Interpretationen von ‹Brand's Haide› bis ‹Gelehrtenrepublik›, hg. v. Michael Matthias Schardt. Aachen 1988.

II.5.7.   The Review of Contemporary Fiction (Arno Schmidt Number), Vol. 8, No. 1, hg. v. Friedrich Peter Ott. Elmwood Park, Ill. USA 1988.

II.5.8.   Arno Schmidt. Das Frühwerk III. Vermischte Schriften. Interpretationen von ‹Die Insel› bis ‹Fouqué›, hg. v. Michael Matthias Schardt. Aachen 1989.

II.6.   Monographien (Auswahl)

II.6.1.   Reimer Bull: Bauformen des Erzählens bei Arno Schmidt. Ein Beitrag zur Poetik der Erzählkunst. Bonn 1970.

II.6.2.   Heiko Postma: Aufarbeitung und Vermittlung literarischer Traditionen. Arno Schmidt und seine Arbeiten zur Literatur. Hannover 1975.

II.6.3.   Oswald Wiener: Wir möchten auch vom Arno-Schmidt-Jahr profitieren. München 1979.

II.6.4.   Wolfgang Proß: Arno Schmidt. München 1980.

II.6.5.   Josef Huerkamp: «Gekettet an Daten & Namen». Drei Studien zum ‹authentischen› Erzählen in der Prosa Arno Schmidts. München 1981.

II.6.6.   Horst Thomé: Natur und Geschichte im Frühwerk Arno Schmidts. München 1981.

II.6.7.   Dieter Kuhn: Das Mißverständnis. Polemische Überlegungen zum politischen Standort Arno Schmidts. München 1982.

II.6.8.   Michael R. Minden: Arno Schmidt. A Critical Study of his Prose. Cambridge u. a. 1982.

II.6.9.   Robert Weninger: Arno Schmidts Joyce-Rezeption 1957–1970. Ein Beitrag zur Poetik Arno Schmidts. Frankfurt/M., Bern 1982.

II.6.10. Michael Schneider: Bilanzen des Scheiterns. Raum, Wirklichkeit und Subjekt in Arno Schmidts Werken. Frankfurt/M. 1984.

II.6.11. Boy Hinrichs: Utopische Prosa als Längeres Gedankenspiel. Untersuchungen zu Arno Schmidts Theorie der Modernen Literatur und ihrer Konkretisierung in «Schwarze Spiegel», «Die Gelehrtenrepublik» und «Kaff auch Mare Crisium». Tübingen 1986.

II.6.12. Wolfgang Rasch: Arno Schmidts Zeitungsartikel. Eine Studie über Werden, Wesen und Wirkung der journalistischen Brotarbeiten Arno Schmidts zwischen 1954 und 1971. Frankfurt/M. 1988.

II.7.   Aufsätze (Auswahl)

II.7.1. Werner Riegel: Arno Schmidt. Porträt eines Dichters. In: Zwischen den Kriegen, H. 25 (September 1955).

II.7.2. Jürgen Manthey: Arno Schmidt und seine Kritiker. Bemerkungen zur Artistik in der Zeit. In: Frankfurter Hefte 17, H. 6 (1962), S. 408 – 416.

II.7.3. Karlheinz Schauder: Arno Schmidts experimentelle Prosa. In: Neue Deutsche Hefte, Nr. 99 (Mai/Juni 1964), S. 39 – 62.

II.7.4. Wilfried von Bredow: Der militante Eremit oder: Vom Schicksal eines westdeutschen Jakobiners. In: Kürbiskern 4 (Dezember 1970), S. 598 – 610.

II.7.5. Günter Häntzschel: Arno Schmidt, ein verkannter Idylliker. Schwierigkeiten beim Bewerten eines unbequemen Autors. In: Germanisch-Romanische-Monatsschrift, Neue Folge, Bd. 26, H. 3/4 (März 1976), S. 307 – 321.

II.7.6. Werner Eggers: Arno Schmidt. In: Deutsche Literatur der Gegenwart in Einzeldarstellungen. Bd. 1, hg. v. Dietrich Weber. Stuttgart ³1976, S. 312 – 337.

II.7.7. Friedrich Peter Ott: Tradition and Innovation: An Introduction to the Prose Theory and Practice of Arno Schmidt. In: The German Quarterly, Vol. LI, No. 1 (Januar 1978), S. 19 – 38.

II.7.8. Ulrich Goerdten: Symbolisches im Genitalgelände. Arno Schmidts «Windmühlen» als Traumtext gelesen. In: Protokolle 1 (1980), S. 3 – 28.

II.7.9. Josef Huerkamp: Arno Schmidt und einige seiner Zeitgenossen oder: gibt es eine literarische ‹Nachfolge›? In: Protokolle 1 (1980), S. 29 – 53.

II.7.10. Jörg Drews: Caliban casts out Ariel. Zum Verhältnis von Mythos und Psychoanalyse in Arno Schmidts Erzählung «Caliban über Setebos». In: Protokolle 2 (1981), S. 145 – 160.

II.7.11. Jörg Drews: Ein Kratersturz ins Unbewußte. Zur Konstruktion von Traum und Tagtraum in Arno Schmidts Roman «Kaff auch Mare Crisium» (1960). In: Psyche 35, H. 12 (Dezember 1981), S. 1103 – 1121.

II.7.12. Lenz Prütting: Arno Schmidt. In: Kritisches Lexikon zur deutschsprachigen Gegenwartsliteratur, hg. v. Heinz Ludwig Arnold. München 1981.

II.7.13. Hubert Witt: Arno Schmidt für Leser. In: Arno Schmidt: Aus dem Leben eines Fauns. Kurzromane. Auswahl und Nachwort von Hubert Witt. Leipzig 1981, S. 322–350.

II.7.14. Ulrich Goerdten: Zeichensprache, Wurzelholz und Widerstand. Arno Schmidts Erzählung «Kühe in Halbtrauer» als Vier-Instanzen-Prosa gelesen. In: Protokolle 1 (1982), S. 61–80.

II.7.15. Hiltrud Gnüg: Warnutopie und Idylle in den Fünfziger Jahren. Am Beispiel Arno Schmidts. In: Literarische Utopie-Entwürfe, hg. v. Hiltrud Gnüg. Frankfurt/M. 1982, S. 277–290.

II.7.16. Hans Wollschläger: Die Insel und einige andere Metaphern für Arno Schmidt. In: Arno Schmidt Preis 1982 für Hans Wollschläger. Bargfeld 1982, S. 19–62.

II.7.17. Hilde Rubinstein: Zettels Traum(-Deutung). In: Sinn und Form 35, Nr. 4 (Juli/August 1983), S. 796–813.

II.7.18. Wolfgang Koeppen: Gedanken und Gedenken. In: Arno Schmidt Preis 1984 für Wolfgang Koeppen. Bargfeld 1984, S. 17–22.

II.7.19. Dieter Bänsch: Rückzug in die Heide. Über Arno Schmidts fünfziger Jahre. In: Die fünfziger Jahre. Beiträge zu Politik und Kultur, hg. v. Dieter Bänsch. Tübingen 1985, S. 326–365.

II.7.20. Reinhard Baumgart: Nachkrieg und Postrevolte. Zwei Momentaufnahmen deutscher Prosa: Böll, Koeppen, Schmidt – diese Drei. In: R. B.: Glücksgeist und Jammerseele. Über Leben und Schreiben, Vernunft und Literatur. München 1986, S. 165–182.

II.7.21. Jörg Drews: «Wer noch leben will, der beeile sich!» Weltuntergangsphantasien bei Arno Schmidt. In: Apokalypse. Weltuntergangsvisionen in der Literatur des 20. Jahrhunderts, hg. v. Gunter E. Grimm u. a. Frankfurt/M. 1986, S. 14–34.

II.7.22. Peter Rühmkorf: Bausteine zu einem Arno-Schmidt-Denkmal. In: Arno Schmidt Preis 1986 für Peter Rühmkorf. Bargfeld 1986, S. 17–29.

II.7.23. Jürgen Manthey: Arno Schmidt. In: Genie und Geld. Vom Auskommen deutscher Schriftsteller, hg. v. Karl Corino. Nördlingen 1987, S. 465–479.

II.7.24. Karlheinz Deschner: «. . . bereit zu jeder Rebellion». In: Arno Schmidt Preis 1988 für Karlheinz Deschner. Bargfeld 1988, S. 19–37.

II.7.25. Astrid Wintersberger: Der gespaltene Text: Arno Schmidt und der Poststrukturalismus. In: Protokolle 1 (1989), S. 10–21.

II.7.26. Hans Wollschläger: Arno Schmidt und Karl May. In: Akzente 37, H. 1 (Februar 1990), S. 78–95.

Autorenverzeichnis

Monika Albrecht, geboren 1953. Promotion 1988 mit der Arbeit ‹Die andere Seite› – Zur Bedeutung von Werk und Person Max Frischs in Ingeborg Bachmanns ‹Todesarten›, ersch. 1989. Zur Zeit Mitarbeiterin am Forschungsprojekt ‹Ingeborg Bachmann – Nachlaß› des Fonds zur Förderung der wissenschaftlichen Forschung, Wien.

Georg Guntermann, geboren 1950. Privatdozent an der Universität Bonn. Promoviert mit einer Arbeit über Barthold Heinrich Brockes' ‹Irdisches Vergnügen in Gott› und die Geschichte seiner Rezeption in der deutschen Germanistik, ersch. 1980; habilitiert mit einer Untersuchung zu Kafkas Tagebüchern (Vom Fremdwerden der Dinge beim Schreiben, 1990). Weitere Veröffentlichungen: Deutsche Gegenwartslyrik von Biermann bis Zahl. Interpretationen (zus. mit Peter Bekes u. a.), 1982; Deutsche Gegenwartsdramatik. 2 Bde. (zus. mit Lothar Pikulik u. Hajo Kurzenberger), 1987. Daneben Publikationen zur Ode im 18. Jahrhundert, Max Halbe, Arno Schmidt und Bernward Vesper.

Boy Hinrichs, geboren 1949. Studium der Germanistik, Literaturwissenschaft, Philosophie und Theologie in Kiel. Promotion. Tätigkeiten in Forschung und Lehre am Philosophischen Seminar der Pädagogischen Hochschule Flensburg und am Institut für Literaturwissenschaft der Universität Kiel. Veröffentlichungen: Flutkatastrophe 1634. Natur Geschichte Dichtung (Hg.), 1984; Utopische Prosa als Längeres Gedankenspiel. Untersuchungen zu Arno Schmidts Theorie der Modernen Literatur und ihrer Konkretisierung in «Schwarze Spiegel», «Die Gelehrtenrepublik» und «Kaff auch Mare Crisium», 1986; «Ich bin». Die Konsistenz des Johannes-Evangeliums in der Konzentration auf das Wort Jesu, 1988.

Thomas Krömmelbein, geboren 1952 in Frankfurt/M. Studium der Germanistik, Skandinavistik und Philosophie in Freiburg/Br. Promotion 1981 über skaldische Kenningsprache in altisländischen und -norwegischen Dichtungen. Wiss. Mitarbeiter an der FU Berlin. Veröffentlichungen: Aufsätze zur altisländischen Literatur; Artikel und Rezensionen zu Richard Wagner und Arno Schmidt. Herausgeber der Jahrbücher 1986 u. 1988 der Gesellschaft der Arno-Schmidt-Leser. Ein zweibändiges Handbuch zu Abend mit Goldrand ist in Vorbereitung.

Michael R. Minden, geboren 1949 in London. Seit 1977 Dozent für Germanistik an der Universität Cambridge. Veröffentlichungen: Arno Schmidt. A Critical Study of his Prose, 1982; Aufsätze u. a. zu Kafka und dem deutschen Stummfilm der zwanziger Jahre. Arbeitet über den deutschen Roman, besonders über Wilhelm Meisters Lehrjahre und den deutschen Bildungsroman des 19. Jahrhunderts.

Friedrich P. Ott, geboren 1931. Studium in Mainz und an der Sorbonne in Paris. 1960 M. A. an der Marquette University, USA; 1968 Ph. D. in Vergleichender Literaturwissenschaft an der Harvard University. Professor für

Germanistik an der University of Massachusetts – Boston. Veröffentlichungen: Arbeiten, vor allem über Arno Schmidt, in amerikanischen, spanischen und deutschen Zeitschriften. Editorische und übersetzerische Mitarbeit an den englischsprachigen Ausgaben von *Aus dem Leben eines Fauns, Das steinerne Herz* und *Abend mit Goldrand*. Herausgeber und Beiträger des ersten internationalen Schmidt-Sammelbandes *Arno Schmidt Number* der *Review of Contemporary Fiction* (Chicago), 1988.

HEIKO POSTMA, geboren 1946 in Bremerhaven. Studium der Germanistik, Philosophie und Politikwissenschaft an der TU Hannover. 1975 Promotion, Dissertation über Arno Schmidts Arbeiten zur Literatur, ersch. 1975. Mitarbeiter verschiedener Zeitschriften, Zeitungen und Rundfunkanstalten (Literatur-, Theater-, Film- und Fernseh-Kritiken); Redakteur der Zeitschrift *die horen*. Mitarbeit an den *Haidnischen Alterthümern* (Jules Verne, H. A. Oppermann). Zahlreiche Veröffentlichungen über Arno Schmidt.

FRIEDHELM RATHJEN, geboren 1958 in Westerholz bei Scheeßel. Studium der Publizistik, Germanistik und Anglistik in Münster. Freier Literaturkritiker. Publizierte Lyrik, Prosa, Hörspiele, Essays und Funkfeatures; Übersetzungen (u. a. aus James Joyce: *Finnegans Wake*); zahlreiche Beiträge zum Werk Arno Schmidts. Buchveröffentlichungen: *Dublin → Bargfeld. Von James Joyce zu Arno Schmidt*, 1987; *«... schlechte Augen»: James Joyce bei Arno Schmidt vor «Zettels Traum». Ein annotierender Kommentar*, 1988; *Reziproke Radien. Arno Schmidt und Samuel Beckett*, 1990.

MICHAEL MATTHIAS SCHARDT, geboren 1954. Studium der Wirtschaftswissenschaften in Siegen, der Germanistik, Philosophie, Geschichte und Theologie in Bielefeld und Paderborn. Veröffentlichungen: *Spiegelungen* (Mitautor), 1980; *Bibliographie Arno Schmidt 1979 – (7)1985*, 1985; Herausgeber von: *Arno Schmidt. Das Frühwerk I–III* (Interpretationen), 1987– 89; *Paul Scheerbart: Na Prost! Phantastischer Königsroman*, 1987; *Paul Scheerbart: Ich liebe Dich! Ein Eisenbahnroman mit 66 Intermezzos*, 1988; *Paul Scheerbart: «Ja .. was .. möchten wir nicht Alles!» Ein Wunderfabelbuch* (Mhg.), 1988; *Paul Scheerbart: Katerpoesie, Mopsiade und andere Gedichte*, 1990; *Stanislaw Przybyszewski: De profundis und andere Erzählungen* (Mhg.), 1990. Daneben Aufsätze und Rezensionen zur Literatur des 19. und 20. Jahrhunderts.

HELMUT SCHMIEDT, geboren 1950. Apl. Professor für Neuere deutsche Literaturwissenschaft an der Universität Bonn. Promotion 1977, Habilitation 1984. Veröffentlichungen: *Karl May. Studien zu Leben, Werk und Wirkung eines Erfolgsschriftstellers*, 1979, [2]1987; *Karl May* (Hg.), 1983; *Regression als Utopie. Psychoanalytische Untersuchungen zur Form des Dramas*, 1987; *«Wie froh bin ich, daß ich weg bin!» Goethes Roman «Die Leiden des jungen Werther» in literaturpsychologischer Sicht* (Hg.), 1989. Aufsätze und Rezensionen zur deutschen Literaturgeschichte seit dem 18. Jahrhundert.

ELKE SCHMITTER, geboren 1961. Studium der Philosophie in München. Theaterarbeit; Lektoratstätigkeit in verschiedenen Verlagen. Zur Zeit Kulturredakteurin der *tageszeitung*, Berlin. Veröffentlichung eines Lyrikbandes: *Windschatten im Konjunktiv*, 1981.

Michael Schneider, geboren 1954. Studium der Germanistik, Geschichte, Philosophie, Komparatistik und Erziehungswissenschaften in Bonn. Promotion 1983. Veröffentlichungen: *Geschichte als Gestalt. Formen der Wirklichkeit und Wirklichkeit der Form in Gustav Freytags «Soll und Haben»*, 1980; *Bilanzen des Scheiterns. Raum, Wirklichkeit und Subjekt in Arno Schmidts Werken*, 1984; *Die Mission des Mäzens. Zur öffentlichen und privaten Förderung der Künste* (zus. mit Klaus Daweke), 1986; daneben Aufsätze und Rezensionen in Zeitschriften.

Bernhard Sorg, geboren 1948 in Fulda. Studium der Germanistik und Anglistik in Gießen und Zürich. Promotion 1973. 1973–1983 Wissenschaftlicher Assistent am Germanistischen Seminar der Universität Bonn. Habilitation 1982. 1985–1990 Professor (auf Zeit) für Neuere deutsche Literaturwissenschaft an der Universität Bonn. Veröffentlichungen: *Zur literarischen Schopenhauer-Rezeption im 19. Jahrhundert*, 1975; *Thomas Bernhard*, 1977; *Das lyrische Ich. Untersuchungen zu deutschen Gedichten von Gryphius bis Benn*, 1984; *Der Künstler als Misanthrop. Zur Genealogie einer Vorstellung*, 1989. Ferner Aufsätze und Rezensionen in verschiedenen Fachzeitschriften.

Dieter Sudhoff, geboren 1955 in Büren. Studium der Sprach- und Literaturwissenschaften in Paderborn. Promotion 1989. Wissenschaftlicher Mitarbeiter im ‹Corvey-Projekt› der Universität-GH Paderborn. Veröffentlichungen: *Karl Mays «Winnetou IV». Studien zur Thematik und Struktur*, 1981; *Hermann Ungar. Leben – Werk – Wirkung*, 1990; Herausgeber von *Karl May: Winnetou Bd. IV (Augsburger Postzeitung 1909/10)*, 1984; *Hermann Ungar: Der Kalif und andere Kurzprosa*, 1986; *Hermann Ungar: Die Verstümmelten*, 1987; *Paul Leppin: Der Gefangene. Gedichte eines alten Mannes*, 1988; *Karl Mays ‹Winnetou›. Studien zu einem Mythos* (Mhg.), 1989; *Hermann Ungar: Der Bankbeamte und andere vergessene Prosa*, 1989; *Hermann Ungar: Krieg. Drama aus der Zeit Napoleons*, 1990. Daneben Aufsätze und Rezensionen zur literarischen Moderne.

Hartmut Vollmer, geboren 1957. Studium der Germanistik und Geschichte in Paderborn. Promotion 1987. Zur Zeit Mitarbeiter des Forschungsprojekts ‹Geschichte des deutschen Romans 1815–1830› an der Universität-GH Paderborn. Veröffentlichungen: *Karl Mays «Am Jenseits». Exemplarische Untersuchung zum «Bruch» im Werk*, 1983; *Alfred Lichtenstein – Zerrissenes Ich und verfremdete Welt. Ein Beitrag zur Erforschung der Literatur des Expressionismus*, 1988; Herausgeber von: *Hans Ehrenbaum-Degele: «Das tausendste Regiment» und andere Dichtungen*, 1986; *Henriette Hardenberg: Dichtungen*, 1988; *Richard Oehring: Straßen fließen steinern in den Tag. Gedichte, Erzählungen, Aufsätze*, 1988; *Karl Mays ‹Winnetou›. Studien zu einem Mythos* (Mhg.), 1989; *Alfred Lichtenstein: Dichtungen* (Mhg.), 1989; *Stanislaw Przybyszewski: De profundis und andere Erzählungen* (Mhg.), 1990. Daneben Beiträge zur deutschen Literatur des 19. und 20. Jahrhunderts in Sammelbänden, Jahrbüchern, Zeitschriften und Zeitungen sowie Funkessays.

VOLKER WEHDEKING, geboren 1941. Studium der Germanistik, Anglistik und Anthropologie in München, Yale und Konstanz. Promotion 1970 (Yale). 1970 Assistant Professor für Germanistik an der University of Kansas. Seit 1984 Professor für Literaturwissenschaft an der FHB Stuttgart. Veröffentlichungen: *Der Nullpunkt*, 1971; *Alfred Andersch*, 1983; *Zu Alfred Andersch* (Hg.), 1983; *Anfänge westdeutscher Nachkriegsliteratur*, 1989; *Erzählliteratur der frühen Nachkriegszeit*, 1990; diverse Aufsätze zur Exil- und Nachkriegsliteratur.

HUBERT WITT, geboren 1935. Studium der Germanistik 1953–1957 in Leipzig. 1959–1985 Lektor im Reclam Verlag. Hochschullehrer am Institut für Literatur «Johannes R. Becher» in Leipzig. Veröffentlichungen: Nachdichtungen von Lyrik, u. a. aus dem Mittelhochdeutschen und Jiddischen. Nachworte zu deutscher Literatur; Herausgeber u. a. von: *Erinnerungen an Brecht*, 1964; *Der Fiedler vom Getto. Jiddische Dichtung aus Polen*, 1966; *Oswald von Wolkenstein: Um dieser Welten Lust*, 1968; *Bertolt Brecht: Der Städtebauer. Geschichten*, 1978; *Joseph Roth: Die Rebellion*, 1979; *Arno Schmidt: Aus dem Leben eines Fauns. Kurzromane*, 1981; *Die nicht erloschenen Wörter. Westdeutsche Lyrik seit 1945*, 1985.